产业发展之路：培育、组织和规制

吕 薇 著

中国财政经济出版社

图书在版编目（CIP）数据

产业发展之路：培育、组织和规制/吕薇著．—北京：中国财政经济出版社，2012.5

ISBN 978-7-5095-3648-3

Ⅰ.①产…　Ⅱ.①吕…　Ⅲ.①产业发展-文集　Ⅳ.①F062.9-53

中国版本图书馆CIP数据核字（2012）第080158号

责任编辑：翁晓红　郁东敏　　责任校对：徐艳丽

封面设计：邹海东　　版式设计：兰　波

中国财政经济出版社出版

URL：http：//www.cfeph.cn

E-mail：cfeph@cfeph.cn

社址：北京市海淀区阜成路甲28号　邮政编码：100142

营销中心电话：88190406　北京财经书店电话：64033436　84041336

涿州市新华印刷有限公司印刷　各地新华书店经销

787×1092毫米　16开　23.25印张　370 000字

2012年8月第1版　2012年8月涿州第1次印刷

定价：42.00元

ISBN 978-7-5095-3648-3/F·3000

（图书出现印装问题，本社负责调换）

本社质量投诉电话：010-88190744

前 言

我们正处于一个伟大的历史转折期。改革开放30多年来，我国从一个低收入国家进入中等收入国家的行列，成为世界第二大经济体。我国的经济社会经历了一系列根本性的转变：一是从计划经济体制向市场经济体制转变；二是从被动封闭发展向主动改革开放发展转变。这些重要变化极大地促进了生产力发展，推动我国从传统工业化模式走向新型工业化道路。2008年爆发全球金融危机以来，世界经济结构和战略格局处于调整之中，我国也进入转变发展方式的关键时期。随着要素成本的快速上升，环境和资源压力加大，我国低成本优势正在减弱，高投入、高消耗、低产出的粗放发展方式不可持续。《中华人民共和国国民经济和社会发展第十一个五年规划纲要》提出，加快转变经济增长方式，切实走新型工业化道路。

呈献给读者的这部文集收录了20世纪90年代中期以来，本人有关产业制度与政策方面的研究成果和发表的文章，并按照产业培育、产业组织和市场规制的思路进行了整理，一定程度上反映了转轨时期产业制度改革、产业组织调整和市场竞争培育的渐进过程，涉及了产业转型发展中的一些重要体制和机制问题。

本书第一篇是"产业培育"。为了应对世界金融危机，调整经济结构，一些发达国家加大了对科技前沿的投资，加快对新兴技术及其产业发展的布局，以抢占新一轮经济增长的战略制高点。发展战略性新兴产业是我国转变发展方式和产业升级的重要途径，在新的形势下，要充分认识战略性新兴产业的发展规律和特殊性，以掌握核心技术与培育市场为突破口，正确选择、规划和支持战略性新兴产业发展。本篇分为三个层次。一是论述了战略性新兴产业的特征、定位，以及发展战略性新兴产业应把握的几个问题；二是重点围绕新一代信息技术、物联网、新型可再生能源、高技术服务业等新兴产业，探讨研究其发展规律、产业组织、运行机制和技术政策，以及配套环境等；三是促进中小企业发展与创新。中小企业是创造就业和技术创新的重要力量，培育和扶持中小企业既需要公平竞争的环境，又需要政策扶持。本文重点从法律、资本市场、金融和创新政策等方面研究了如何营造适合中小企业发展和创新的政策环境。

本书第二篇是“产业组织”。20 世纪 90 年代中期，我国经历了短缺经济时代，进入调整产业结构、转变增长方式的阶段。《中华人民共和国国民经济和社会发展“九五”计划和 2010 年远景目标纲要》提出：积极推进经济体制和经济增长方式的根本转变，一是经济体制从传统的计划经济体制向社会主义市场经济体制转变；二是经济增长方式从粗放型向集约型转变。转变增长方式是一项长期而艰巨的任务，必须与产业体制改革和机制创新相结合。

“产业组织篇”包括三方面内容。一是重大战略产业技术自主化的组织模式研究。这部分围绕大型飞机、新一代核电技术和高速铁路装备等重大战略领域，研究如何以国家利益统筹引进技术消化吸收和再创新，实现产业自主化发展。二是转变增长方式与产业组织结构调整。产业发展对产业组织具有路径依赖，实施产业发展战略要与产业体制改革和组织结构调整相结合。这部分研究报告从总体上分析了影响我国产业组织结构的深层次体制原因，以及产业组织结构调整的目标与重点任务；以石油开采与加工、天然气、核电和汽车等行业为例，研究如何从改革行业管理体制和调整产业组织入手，促进产业集约发展；从提高要素生产率的角度研究衡量企业集约增长的指标，以及近年来传统产业改造升级的模式等。三是国有经济战略性改组。20 世纪 90 年代中期，我国国有企业改革从放权让利进入了国有经济战略调整的攻坚阶段。国有经济体制改革分为两个层次：国有经济布局调整和国有企业改革。本部分从总体角度研究国有经济布局战略调整的优先顺序和原则；探讨了如何根据行业技术经济和产业组织特征，进行大型国有企业的改革与重组；以石油天然气、电力、电信等行业为案例，研究行政性垄断公司的改组、有序引入竞争的问题。

本书第三篇是“市场规制”。本篇系统介绍和比较了美欧的反垄断法、企业并购政策框架及其在产业重组中的应用，分析其共性和差别；提出了限制垄断的本质、区别优势企业和垄断企业的依据；重点围绕天然气、电力和电信等行业，研究自然垄断环节的监管、改革和重组，以及产业组织和管理体制因素对垄断行业改组模式的影响。同时，对制定和实施限制滥用知识产权的反垄断措施、建立区域信用体系等问题进行了研究探讨。

建设社会主义现代化，必须走新型工业化的道路。在新的形势下，要依靠技术进步和体制改革，着力提高自主创新能力，改造传统产业，培育新兴技术产业，提升劳动者素质，提高资源利用效率，增强可持续发展能力。我国的市场经济体制基本建立，但许多制度仍不完善，需要通过进一步改革和开放，加快转变增长方式，从工业大国走向工业强国。

把这部文集献给读者，就是为了与大家共同探索中国特色的新型工业化道路。由于本人的学识有限，文中难免有不当之处，加之有的研究报告时间跨度较大，有些观点会带有发展阶段的认识局限，诚恳地希望读者提出批评指正。

吕薇

2012 年 7 月

目　录

第一篇　产业培育

第二篇　产业组织

第三篇　市　场　规　制

第　一　篇

产　业　培　育

关于战略性新兴产业特性及我们的选择*

2012 年的政府工作报告强调，推动战略性新兴产业健康发展，促进产业结构优化升级。发展战略性新兴产业，既是应对国际产业格局变化的重要举措，也是推动我国经济发展的重要引擎之一。当前，我国战略性新兴产业进入实质性推进阶段。在新形势下，我们要充分认识战略性新兴产业的发展规律和特殊性，正确选择、规划和支持战略性新兴产业发展。

一、找准战略性新兴产业的定位

世界金融危机以来，一些发达国家加大对科技前沿的投资，加快对新兴技术及其产业发展的布局，力争通过发展战略性新兴产业走出危机，抢占新一轮经济增长的战略制高点。

战略性新兴产业是以重大技术突破和重大发展需要为基础，知识技术密集、物质资源消耗少、成长潜力大、综合效益好的产业。战略性新兴产业有两个基本特征。一是战略性。战略性是指全局性和长期性，该类产业包括重大前沿技术领域、对多数行业具有带动和支撑作用的领域等。二是新兴产业。新兴产业是指新技术处于产业化的初期阶段，但未来的发展潜力巨大。

国务院《关于加快培育和发展战略性新兴产业的决定》已确定了战略性新兴产业的战略领域和重点方向，在推进和落实上应注意把握几个原则：

一是发展战略性新兴产业是一项长期战略，切忌短期行为。应根据技术和市场成熟度，发展一批、培育一批和储备一批。在技术相对成熟、应用前

---

* 本文发表于《经济日报》理论与实践版，2012 年 4 月 6 日。

景明朗的领域，实现规模化发展。在技术路线尚未稳定，处于发展初期和成长期的领域，需鼓励创新创业企业，通过科技成果产业化，培育新兴产业。此外，还应选择一些具有产业化和市场需求前景的技术，重点支持培育可商业化的技术，为发展未来的新兴产业做准备。

二是以掌握核心技术与培育市场为突破口。一方面，目前我国的战略性新兴产业大多是通过引进技术发展起来的，建设投资增长较快，研发投入不足，未掌握核心技术，许多还处于低端制造。有些领域的应用与国际接近，但在掌握核心技术上与发达国家仍有差距。因此，应从要素驱动转向创新驱动，在突破关键核心技术上下工夫。另一方面，有些领域以扩大产能为主，国内市场开拓不够。如，我国的太阳能光伏发电设备制造已实现规模化发展，但因发电成本较高等因素，国内未能大规模利用，太阳能光伏产业主要以电池制造和出口为主。产业链上耗能大和有污染的加工制造留在国内，清洁发电输到国外。此外，有些新兴产业并不是自身的技术突破，而是通过商业模式创新，形成新的业态。如，阿里巴巴、腾讯等企业主要靠商业模式创新。因此，发展战略性新兴产业要两手抓，一手抓核心技术，一手抓市场开拓。

三是提高经济性和市场的可接受性。技术突破和工程化不等于发展产业。技术突破和工程化是解决技术可行性和有无问题，而发展产业则要求经济可行和被市场接受。在一些新兴产业发展初期，政府给予一定补助，但只能是阶段性的。仅靠政府补贴政策的行业是难以持续发展的，唯有加大技术研发、积极开拓市场，才能提高竞争力，真正为市场接受。

四是注意发展质量，防止片面追求数量。要因地制宜，根据地区比较优势、技术和产业基础，选择与本地产业关联作用较大的新兴领域，集中力量培育区域特色优势产业群，带动一批相关配套产业的发展，真正带动区域经济。

二、战略性新兴产业面临不确定性

目前，世界范围内许多重点新兴技术还处于产业化初期，技术和市场尚不成熟。发展战略性新兴产业没有经验可循，我们不能再依靠模仿和跟踪发达国家的模式。战略性新兴产业的发展面临不确定性。

一是技术发展路线的不确定性。新兴产业在起步阶段创新活跃，技术变化快。如，目前太阳能光伏发电技术有多晶硅、单晶硅和薄膜技术等多种技术路线，各有利弊。又如，液晶显示技术在短短的几年内从5代升到8.5代，乃至更高。一项几十亿元、上百亿元的投资项目可能很快过时。

二是市场需求的不确定性。新兴产业发展初期市场规模小、商业模式不确定，还可能与现有的产品和技术竞争，市场成长慢。因此，初期大规模投资效益不一定好。

三是产业成长过程中外部环境具有不确定性。新兴产业的基础设施和产业链配套条件不成熟，相关政策和制度还不健全。政策、标准等制度变化，可能对产业发展形成不稳定因素。

面对这些不确定性，发展战略性新兴产业需要政府重点支持与发挥市场机制配置资源相结合。一方面，应尊重战略性新兴产业的自身发展规律和市场需求，充分发挥市场机制配置资源的基础性作用，建设和完善与创新有关的各种要素市场，以企业为主体，以市场为导向发展战略性新兴产业。另一方面，政府的主要作用是做好战略规划，培育生产要素市场，构建激励创新的制度与政策，支持和促进创新成果产业化。值得强调的是，在成熟产业的技术追赶阶段与新兴产业发展初期，政府的作用不同。在技术追赶阶段，技术路线和市场明确，政府可以通过计划和投资项目引导，实现追赶。而在新兴技术产业化初期，技术路线多样化，市场不确定，不能再沿用依靠政府配置资源和投资激励政策的老办法。根据国际经验，政府应重点支持核心技术研究开发、重大技术示范项目、早期市场培育等，并通过深化体制改革和机制创新，营造适应战略性新兴产业发展的制度环境。

三、产业发展需要转方式、调结构

发展战略性新兴产业是关系到国家长期发展的重大战略决策，对我国经济结构调整和发展方式转变具有重要推动作用。应从全局入手，统筹规划，科学引导，有效监管，尽快把战略性新兴产业的发展抓出成效，在新一轮国际科技竞争中赢得主动。具体到操作层面，应注意以下几点：

第一，要加强跨部门、跨领域的统筹规划，配套发展。打破部门和地区分割，在国家总体战略目标下统筹规划，形成合力，发挥整体效益。加强相关核心技术研发、产业链各环节配套、产业基础设施建设，以及相关标准、制度和政策的统筹规划。如，发展风电与配套电源和电网建设统筹规划；发展电动汽车与充电系统、电池技术、电池材料技术和汽车技术统筹规划；装备制造国产化要与技术消化吸收再创新、标准、检测体系统筹规划等。

第二，要持续支持关键环节和核心技术的研究开发，加强基础研究和技术储备，提高技术创新能力。加强各部门之间和各类科技计划的衔接，建立研究开发与示范、推广为一体的管理体系。加大研究开发投入，从需求出发倒推基础研究和应用基础研究的重点，加大示范工程的投入。鼓励各种形式的产业技术战略联盟，支持产、学、研、用相结合的研究开发联合体，建立国家支持和企业分担的投入模式，通过合理的利益和知识产权分享机制，形成产、学、研、用合作长效机制。

第三，建立以真实成本效益分析为基础的投资决策机制。重大技术的推广应用要进行全寿命期内能源转化效率和环境影响评价。在技术可行性的前提下，根据能源效率和环境影响确定不同技术路线的优先顺序和优惠政策。

第四，从供给和需求两方面支持战略性新兴产业，加强鼓励需求的政策，为新兴产业开拓市场。切实落实消费型增值税，进一步细化政府采购政策，通过法律、技术标准、安全标准、市场准入等措施促进新技术的利用和推广。通过税收、金融等政策，鼓励采购首台（套）或首批次重大技术装备。

第五，有效发挥市场机制配置资源的作用。首先，政府要公平支持各种不同的技术路线，政府通过制定能耗、安全、环保等标准，建立市场准入门槛，由市场选择新兴产业的技术方向。其次，要加快资源型产品价格形成机制改革，建立反映稀缺和环境影响的资源价格和税收体系，利用市场机制推动和引导企业创新。

第六，要发挥民间资本和小企业的作用，增强创新活力。要鼓励民间资本进入战略性新兴产业，调动各方面积极性，充分发挥小企业的创新活力和发展的多样性，不能过早以规模标准为门槛限制中小企业的发展。要优化创业环境，孵化和培育创新创业企业，培育新兴产业。

与此同时，还要把传统产业技术改造与发展战略性新兴产业结合起来，促进传统产业平稳转型升级。

发展战略性新兴产业应注意的几个问题*

发展战略性新兴产业是我国转变发展方式和产业升级的重要途径。2010年10月，国务院作出《关于加快培育和发展战略性新兴产业的决定》，提出加快培育发展战略性新兴产业的指导思想、目标、重点任务和重大政策措施；并根据我国国情和科技、产业基础，提出节能环保、新一代信息技术、生物、高端装备制造、新能源、新材料、新能源汽车等产业作为战略性新兴产业的发展重点。《国民经济和社会发展第十二个五年规划纲要》明确“十二五”期间战略性新兴产业增加值要达到GDP的8%。各地加快部署，已形成发展新兴产业的热潮。

总体上看，我国新兴产业大多是从引进技术发展起来的，技术应用与国外基本在同一起跑线，但在掌握核心关键技术方面滞后。许多新兴产业还处于低端制造，地区布局雷同，技术上与发达国家有较大差距。发展战略性新兴产业也要坚持科学发展观，防止走粗放增长的老路。

一、发展战略性新兴产业应注意的几个问题

（一）注意加强系统规划和配套发展

战略性新兴产业是一个系统，不是单项技术、单个产品或某个环节的突破就能发展起来。如，我国的风力发电装机容量增加很快，但由于风电的不稳定性，需要稳定的电源与其配套。目前，我国陆上大规模风电场大都在发

* 本文发表于《中国投资》2011年第10期，2011年10月5日。

展中地区或欠发达地区，有些地区缺少配套稳定电源，电网建设跟不上，设备利用效率低。又如，发展插电式电动汽车，必须解决方便充电问题才能推广使用，同时要解决汽车技术、电池技术和电池材料技术配套发展等。目前，国内大部分电动汽车生产企业是组装厂，电池技术、材料技术和充电设施是“短板”。因此，要跨部门和跨领域做好规划和配套发展，提前做好部署。

（二）注意避免重复低端制造的老路

我国发展新兴产业大部分靠引进技术，不掌握核心技术，建设投资增长较快，研究开发投入不足；研究开发与产业化脱离，论文多，发明专利少，转化能力较弱。如，现在国内上百家企业生产电动汽车，大部分是组装，真正掌握核心技术的企业很少。有些甚至是打着“发展电动汽车”的旗号生产传统汽车。又如，我国风电装机容量已经达到世界第 4 位，核心部件要靠进口，标准和检测体系不健全等。因此，要加强技术开发和掌握核心技术，防止重走“引进、落后、再引进”的低端制造老路。

（三）注意成本效益

新兴产业要规模化、商业化发展，一定要加强成本效益分析。美国在发展智能电网时，美国能源部组织编制了成本效益分析框架，相关部门和企业从成本效益分析的角度出发决定发展重点。我国在发展新兴产业时，有些项目缺乏科学论证和准确资源评估，刚上马就被叫停；有些项目，没有经过示范工程就上马；有些国有企业存在不惜成本的做法。成本效益不仅是财务和经济的成本效益，还要考虑社会成本效益的平衡，考虑全寿命期的能源转化效率和环境影响。特别是发展新能源的项目，不能因为获得一种新能源而消耗更多的传统资源和环境容量。

（四）注意发展与市场开拓相结合

我国的太阳能光伏电池制造业发展很快，但因发电成本较高等原因，太阳能发电应用较少，使节能环保的效益流向国外，污染和资源消耗留在国内。同时，要防止有些地方利用政府采购保护本地产品，地方保护不利于创新和优势企业的规模化发展。

（五）注意防止新兴产业的技术和市场风险

发展新兴产业面临的主要风险是产业成长过程中的不确定性。一是技术发展路线不确定性。新兴技术在起步阶段创新活跃程度高、技术不成熟，一项投资几十亿元、上百亿元的项目可能很快过时。二是未来市场需求不确定性。通常新兴产业发展初期的需求规模小，商业模式不确定，加上基础设施不完善，产业链配套条件不成熟，市场成长慢，经济性不一定好。

（六）注意防范政策和制度风险

新兴产业领域缺少相应的法律和制度环境，政策具有不确定性。从国际经验看，在一些新兴产业发展初期，政府给予阶段性补助，但是不可持续。如，欧洲对太阳能发电的补贴取消后，我国部分太阳能光伏电池出口企业受到冲击。同时，发展初期技术标准体系建设滞后，体制机制不配套。又如，因没有生物柴油标准，生物柴油不能进入销售主渠道；风电设备制造缺少标准和检测体系等。

（七）注意将战略性新兴产业与一般性新兴产业区分开

战略性新兴产业需要政府重点支持，如，16个重大科技专项、国外垄断和封锁的领域等。而一般性新兴产业主要靠市场选择，靠市场竞争来发展。目前，一些地方政府借发展新兴产业，采取了新一轮投资激励政策，导致又一轮的扩大投资和重复建设。

二、统筹规划，科学引导，有效监管，促进战略性新兴产业健康持续发展

（一）加强跨部门、跨领域的统筹规划，配套发展

打破部门和地区分割，在国家总体战略目标下统筹规划，形成合力，发挥整体效益。加强相关技术研发、产业链各环节配套、产业基础设施建设，以及相关标准、制度和政策的统筹规划。如，发展风电与配套电源和电网建设统筹规划，发展电动汽车与充电系统、电池技术、电池材料技术和汽车技

术统筹规划，发展装备制造国产化与技术消化吸收再创新、标准、检测体系统筹规划等。

（二）持续支持关键环节和核心技术的研究开发，加强基础研究和技术储备，提高技术创新能力

加强各部门之间和各类科技计划的衔接，建立研究开发与示范、推广为一体的管理体系。加大研究开发投入，从需求出发倒推基础研究和应用基础研究的重点，加大示范工程的投入。鼓励各种形式的产业技术战略联盟，支持产、学、研、用相结合的研究开发联合体，建立国家支持和企业分担的投入模式，通过合理的利益和知识产权分享机制，形成产、学、研、用合作长效机制。

（三）建立以真实成本效益分析为基础的投资决策机制

新兴技术的应用推广工程要进行全寿命期内能源转化效率和环境影响评价。在技术可行性的前提下，根据能源效率和环境影响确定不同技术路线的优先顺序和优惠政策。

（四）从供给和需求两方面支持战略性新兴产业，加强鼓励需求的政策，为新兴产业开拓市场

切实落实消费型增值税，进一步细化政府采购政策，通过法律、技术标准、安全标准、市场准入等措施促进新技术的利用和推广。通过税收、金融等政策，鼓励采购首台、首套或首批次重大技术装备。从国际经验看，政府对需求的资助和补贴大都是在发展初期的临时政策，而且对象是节能环保等社会效益较大的技术、产品和服务。同时，要防止以政府采购等办法搞地方保护。

（五）有效发挥市场机制配置资源的作用

政府支持技术开发和早期产业化，但是技术选择和产业的发展还要靠市场机制。首先，政府要公平支持各种不同的技术路线。政府通过制定能耗、安全、环保等标准，建立市场准入门槛，由市场选择新兴产业的技术方向。其次，要加快资源性产品价格形成机制改革，建立反映稀缺和环境影响的资源价格和税收体系，利用市场机制推动和引导企业创新。

（六）不仅关注大中型企业发展，更要发挥中小企业的作用

在技术相对成熟的领域，可以通过引进技术，实现规模化发展。但是，有许多处于技术不成熟、发展初期的新兴技术产业，以中小企业为主。要优化创业环境，培育和扶持基于创新的创业企业，培育新兴产业。应鼓励民间资本进入战略性新兴产业，调动各方面积极性，不能过早以规模标准为门槛限制中小企业的进入。

（七）把传统产业技术改造与发展战略性新兴产业结合起来，少铺新摊子

许多新兴技术产业是利用新技术改造传统产业发展起来的。如，电动汽车是在改造传统汽车的基础上发展起来的；智能电网是互联网、传感技术在现有电网的应用等。因此，要支持和鼓励传统行业的企业技术改造，促进传统产业平稳转型升级。

加强新一代信息技术产业发展的统筹规划和示范*

——以物联网产业为例

新一代信息技术产业已经列入国家战略性新兴产业，将成为我国“十二五”的新增长点。目前，以物联网为代表的新一代信息技术应用已成为欧、美、日等发达国家和地区应对世界金融危机、抢占新一轮经济和科技制高点的重要领域。

一、我国物联网产业的发展阶段与特点

物联网技术是以需求为导向的互联网、智能技术和计算技术等现代信息技术的集成创新。物联网技术在我国的城市管理、交通、物流、电网、石油天然气生产和运输、医疗和教育等多个领域，得到一定程度的应用。目前，我国物联网产业还处于发展初期，主要呈现以下主要特点：

（一）处于起步阶段，有一定基础，但基础不够坚实

与国际上主要物联网国家相比，我国物联网技术研发和应用存在“中间强、两头弱”的局面。在网络层和应用方面，与国外差距较小，感知技术和产业、高端软件和集成服务等方面差距较大。总体看，核心技术和高端产品受制于人，比较薄弱，研发、生产集中在低端。

---

* 本文引自《国务院发展研究中心调查研究报告择要》2010年第130号，2010年12月31日。

（二）企业和地方主导，缺少高层整体规划

物联网技术在各行业的应用体系框架和路线尚不明确，重点不够突出。一些地方政府和具有垄断力量的企业积极性较高，大都各自为政，缺少国家层面的整体规划和部署。

（三）体制机制和政策是影响物联网产业发展与效率的主要因素之一

一是基础设施的部门分割。三网融合进展缓慢，存在许多网络瓶颈。二是信息内容的部门分割，导致信息不能共享。如，智能交通中交通部门、公安部门的信息系统分割；电子政务中各部门之间形成信息孤岛等。三是缺少配套政策，影响效率。如，若无电力价格体系改革配套，用户没有积极性节约用电，智能电网的效率难以发挥。

（四）缺乏真实的成本效益分析

国际上，物联网技术的应用以需求为导向、成本效益分析为依据、节能减排和提高效率为目的。而我国物联网应用项目可行性研究都是建设和使用部门自己评价，缺乏真实数据支撑的成本效益分析，许多项目以基本设施建设为主，而不是通过智能化提高效率。

（五）封闭式发展，产业链各环节之间发展不协调

物联网产业包括从应用方案设计、工程实施，到配套制造和运营服务等环节，相互依存。我国物联网技术应用和发展主要集中在少数网络性较强的行业和城市。一些特大型企业在物联网发展中具有绝对控制权，往往是内部一体化发展，利益相关者参与较少，对相关行业的带动性不大。

（六）基础设施和配套行业尚需加强

随着物联网技术的应用范围不断扩大，互联网、传感器和云计算等方面的配套能力不适应发展物联网产业的需要，产业规模较小，分散布局，产业链不完备，缺乏龙头企业和骨干企业，缺乏软件、网络、平台、运营融合的综合服务能力。

二、“十二五”发展物联网产业的有关建议

（一）抓紧制定国家层面的战略规划，加强统筹规划，分步实施

一方面，要加强物联网产业链的统筹规划，促进物联网应用项目与网络基础设施、传感器的中国制造和云计算服务，以及相关服务业等环节的协调发展；另一方面，针对解决各环节面临的共性问题做好部署，打破标准壁垒。如，网络互联互通标准、信息采集和传输标准，网络信息安全技术、各领域的共性、关键核心技术研究开发和标准编制等。

（二）技术和标准先行，突破核心关键技术

目前，全球物联网产业的核心技术尚不成熟，标准体系正在构建中，加之物联网应用涉及国家安全的重点领域，为保证信息安全和防止落入物联网产业价值链低端，我国必须在核心关键技术和标准方面取得突破。要加快推进国家科学研究及技术攻关计划，支持产、学、研、用相结合的技术标准联盟。为使我国的互联网产业能够参与国际合作和竞争，应采取我方主导下的开放合作方式制定标准，实现合作共赢。

（三）加强示范，逐步推进应用

首先在公共领域和网络性强的行业进行示范和试点，重点推进物联网在城市管理、物流、交通、医疗、教育和电力等领域示范应用。

（四）以需求为导向，实行引进技术消化吸收与自主研发相结合

在政府资助的重要应用示范工程中，参照政府采购的一般原则，增加中国制造产品的采购。加强引进技术的消化吸收，引进技术时，安排相应的消化吸收再创新项目，部署关键技术攻关。在关系国家信息安全和技术封锁领域，加大自主研发的力度。

（五）加强物联网领域的知识产权创造和布局

根据物联网发展的技术路线图，国家科技计划有重点地支持相关技术研

发，与国外进行交叉许可，开放式制定标准。

（六）分类规划和指导，突出重点

1. 加强网络基础设施建设，实现信息基础设施资源的整合与有效利用。互联网是物联网的基础平台，要加快宽带网络建设和布局，提高网速，增加接口，在CGNI基础上推进IPv6的应用范围，促进物联网发展与自主标准的TD－SCDMA网络结合。加大网络安全技术攻关力度，制定网络安全法律法规，加强网络安全体系建设。重点针对接入网和城域网重复建设问题，细化三网融合基础设施共建共享的措施和办法。抓紧制定三网融合的统一技术标准，如统一的网络协议，促进各运营商实现技术上的互联互通。

2. 以需求为导向，实现传感器制造业的多样化和专业化发展。各行业的物联网应用对传感器的要求不同，要加强科研机构与制造企业、用户的合作，开发适合用户需要的传感器。加强传感器共性技术的研究开发，提高中国制造传感器的质量和水平。在政府资助的重要应用示范工程中，增加采购国内制造传感器，为我国企业开发新型传感器开辟市场空间。

3. 发展智能交通。要加强总体规划，加大投入力度，推进信息共享。增强全国智能交通系统协调指导小组的协调能力，实行统一部署下各部门分工合作，实现智能交通领域的科研、项目和工程统一部署。加强标准化工作，促进各种运输方式和各地智能交通网络之间的互联互通，信息共享。探索智能交通的商业化运行模式，引导社会资金参与智能交通建设，开发增值服务。

4. 发展智能电网要加强配电系统和用户端的智能化，提高用电效率。加强政府对智能电网建设的引导，建立以成本效益分析为基础，利益相关方参与的科学决策机制。加强配电系统和用户端的智能化，辅之以电价和配电投资体制改革，提高发展智能电网的整体效益。改进分布式可再生资源和循环利用发电的接入管理和价格机制，调动企业利用可再生能源和循环利用资源发电的积极性。

5. 以充分利用现有计算资源和为中小企业服务为重点，发展云计算服务业。发展云计算的目的是根据需要，充分利用分布式的计算资源，节约信息化成本。可以先选择重要的公共服务（如医疗、电子政务或教育）作为试点，用政府采购服务的方式带动云计算服务业的发展。鼓励商业模式创新，促进社会上云计算服务的多样化发展。建立以云计算安全审计和信用资质为基础的市场监管制度，布局和建设适应云计算的新一代数据中心。

物联网产业发展机制与政策研究*

进入21世纪以来，一些发达国家为了推动信息社会发展，提出建设“无所不在的网络社会”（Ubiquitous Network Society，UNS），并将其作为国家或地区信息化发展的重要组成部分，纷纷出台相关的战略和政策。以物联网、云计算、下一代互联网和下一代移动通信技术等为代表的新一轮信息技术革命正在催生新技术、新产品、新应用和信息产业群。为应对世界金融危机，一些国家把发展新一代信息技术作为刺激经济计划的一部分，加快了发展速度。2010年，我国发布的《国务院关于加快培育和发展战略性新兴产业的决定》也把新一代信息技术作为战略性新兴产业的重点领域，提出加快建设宽带、泛在、融合、安全的信息网络基础设施，推动新一代移动通信、下一代互联网核心设备和智能终端的研发与产业化，加快推进三网融合、物联网和云计算的研究和应用示范。

一、物联网产业的基本特征与发展规律

（一）物联网的基本概念、内涵和本质

1. 物联网（Internet of Things）是互联网的延伸与拓展，将互联网扩展到人民生活、生产的各个方面。2005年国际电联对物联网的定义是，通过射频识别、红外感应器、全球定位系统、激光扫描器等信息传感设备，按约定的协议，把任何实物与互联网连接起来，进行信息交换和通讯，以实现对

* 本文引自《国务院发展研究中心调查研究报告专刊》，2011年第29期、第30期和第31期。

实物的智能化识别定位、跟踪、监控和管理的一种网络。2009年，国际商业机器公司（IBM）提出的智慧地球是指把感应器嵌入和装备到电网、铁路、桥梁、隧道、公路、建筑、供水系统、大坝、油气管道等各种物体中，普遍连接形成所谓物联网，并通过超级计算机和云计算将物联网整合起来，实现人类社会与物理系统的整合。智慧地球是对物联网应用效果的一种形象比喻和描述。

狭义的物联网是指物对物的链接和信息交流。广义的物联网概念不仅包括物对物（或机器对机器）的链接和信息交流，还包括人与人、物与人之间广泛的链接与信息交流。本项研究使用广义物联网的概念。

2. 物联网是新理念引导下新一代信息技术的应用集成创新。物联网以互联网为基础设施，是传感网、互联网、自动化技术和计算技术的集成及其广泛和深度应用。物联网主要由感知层、网络传输层和信息处理层三个层面构成。其功能是，各类实物信息被不同的传感器感知、采集、形成数字信号，通过各类网络快速传输到信息处理层。加工处理的信息形成信号或知识，一方面为管理服务提供信息依据；另一方面可以通过传输层反馈至传感设备，实现对实物的操作。物联网既是网络技术的发展，又是自动控制技术在巨型复杂系统中的应用。

3. 物联网的应用是以需求为导向的工业化与信息化的深度融合。过去，信息技术与制造业“两层皮”，信息基础设施与实物基础设施“两层皮”，信息基础设施建设、通信、互联网、数字内容等领域独立发展。物联网集合了许多现代信息技术，实现信息基础设施与实物基础设施相结合，把信息化融入产业发展、人民生活和社会管理的各个方面，推动信息技术、互联网技术、自动化技术在更多领域深度应用，促进更多行业、更大范围的信息化与工业化的融合。如，智能交通是在车辆大幅度增加后，传统的交通管理模式不能满足交通安全需要的情况下发展起来的；城市智能化管理是在城市功能不断丰富和互联网普及的情况下，为了提高管理效率而发展起来的。

4. 物联网产业是传统产业与新兴产业的有机结合。物联网技术的应用与推广，将改造提升一批传统产业，带动一批新兴产业发展，扩大一批传统产业的市场规模。目前，物联网大都应用于传统产业，如，交通、物流、电网、石油天然气、食品等行业，极大提升了这些传统产业的效率，改进其发展方式。同时，物联网的应用带动了相关制造业和服务业的发展，包括芯片、传感器、集成模块及设备、中间件制造业，以及应用系统设计与集成、软件开发、试验检测、工程实施、云计算和系统运维等高技术服务业的发展，扩大其市场规模。

（二）物联网产业发展的一般规律与特点

以物联网为依托的产业群成长性好，带动面宽，发展潜力大。

1. 物联网功能多、应用面宽，以市场需求为发展动力。物联网技术的应用是运营、管理和商业模式创新引导的集成创新。发展物联网的动力是满足市场需求，节约能源，降低成本，改善管理，提高效率和便捷生活。物联网不仅应用于诸多影响国计民生的重要行业，而且在人民生活等领域拥有巨大潜在市场。物联网应用有三大市场。一是以政府公共服务为主的公共管理和服务市场。如，电子政务、城市管理、医疗、教育等领域。二是以企业为主的行业应用市场。如，电信、电力、物流、石油天然气等行业。三是以个人和家庭为主的消费市场。如，购物、家用电器、休闲娱乐等消费领域。随着技术的不断发展，物联网服务的领域正在扩展。

2. 物联网产业链长，是制造业与服务业的有机融合，形成以服务业为主的新业态。纵向看，物联网的产业链可以分为上、中、下游。上游是网络设施、终端设备、传感器、芯片、集成模块、中间件制造等相关制造业；中游是互联网及其运营服务；下游是物联网的用户和服务商，包括应用系统设计和集成、软件开发、试验检测、工程实施、云计算和系统运维等高技术服务业。其中，云计算等是新业态。物联网涉及众多应用领域，具有多个跨多学科、多部门的细分市场。每个物联网应用领域又构成各自的产业链。如，智能电网产业链包括智能电表、智能发电设备、智能输电设备和智能控制系统等。

物联网产业链中服务业比例较高。物联网产业的中、下游大都是信息技术服务业，发展物联网不仅将带动相关制造业发展，而且将极大促进高技术服务业的发展，形成服务业新业态。

横向看，物联网应用主要由四个环节构成：应用解决方案、传感感知、传输通信和运算处理。其中，应用解决方案是核心，传感感知是基础，传输通信是保障，运算处理是能力①。物联网的应用模式主要有两大类：一类是以自我服务为主，自建网络系统，如智能电网的建设和运营以电网公司为

---

① 中关村物联网产业联盟，长城战略咨询研究所联合发布：“物联网产业发展研究（2010）”，载于《企业研究报告》，2010年4月。

主；另一类是提供面向社会的服务，如云计算、物流等。

3. 物联网产业链各环节的技术经济特征决定其产业组织模式和特点。物联网产业的市场细分度高，产业链上、中、下游的技术特征不同，产业组织特点不同（见图1）。

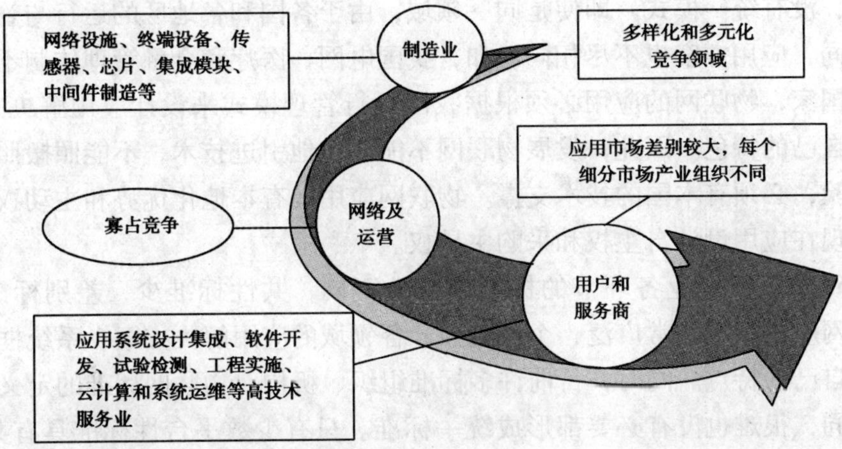

图1 物联网产业上、中、下游及其产业组织特征

上游是多样化和多元化的竞争性领域。终端设备、传感器、中间件等用途广泛，种类繁多，大、中、小型企业并存，属于竞争性行业。特别是传感器，包括不同功能、不同材料、不同传输方式等，由于各行业的物联网模式不同，用户对传感器和终端设备的需求差别较大。因此，传感器等具体产品设计多样化，其设备供应和应用系统基本是个性化的非标设备和软件。传感器行业尚未形成具有市场控制力的垄断企业。物联网的应用与发展对传感器提出了更新、更高的要求，传感器行业将朝着智能化、系统化、高精化、专业化和规模化方向发展。

中游产业是寡占竞争。网络基础设施及其运营环节的垄断性较强，除了少数网络性较强的行业用户（如电网、交通等）有自己的信息传输网络外，大部分用户以互联网为传输基础。因此，网络运营商具有自然垄断性。目前，我国的网络运营形成几家寡占竞争的局面。

下游应用市场的差别较大，每个细分市场的产业组织特点不同。面向中小企业和家庭的社会服务领域，包括许多个性化服务，以分散经营为主。而自我服务领域大部分是集中的大用户，具有垄断性，如电网、城市管理等。因此，物联网运营商是巨型企业和中小企业并存，垄断与竞争并存。既有形成垄断力量的软件供应商，又有众多小型服务商；用户从政府、大型共用基础设施企业到中小企业和个人。

4. 物联网以应用模式创新为引导，具有技术应用的本地化优势。物联网是根据应用系统特点设计的网络。各领域要解决的问题不同，应用方案也不同，没有统一模式。即使是同一领域，由于各国和各地区的运行与管理模式不同，应用方案也不尽相同。如，我国电网、医疗和金融管理体制不同于其他国家，物联网的应用必须根据我国运行管理模式来设计应用解决方案，形成自己的特色。因此，发展物联网不能简单地引进技术，不能照搬照抄国外经验，必须有本国的技术支撑。物联网应用具有本地化优势和主动权，主要体现在应用设计自主权和采购主导权。

5. 物联网产业各环节的标准共享性不同，共性标准少，差别标准多。物联网应用领域非常广泛，个性化强，各领域的应用解决方案、系统框架等都有自己的特点。同时，目前许多标准组织、机构对物联网标准的定义和认识不同，很难也没有必要都形成统一标准。只有少数平台性标准具有共性，其余大部分标准是差别性的。物联网面临的共性问题和互联互通问题，需要制定统一标准。如，网络基础设施及其运营环节的共性最强，网络间互联互通需要共同标准；不同传感器的信号不同，信号输出、输入和信息处理必须互相识别，需要共同的信号转换和数据传输标准；网络环境和网络安全以及隐私保护是各行业面临的共性问题，需要有统一规范和标准；芯片技术是传感器的共性技术，需要在芯片技术平台上，开发不同的传感器芯片和传感器等。物联网的标准体系包含多个层面，如术语标准、分类标准、系统架构标准和新技术标准。有些标准是技术性的，有些则是程序和流程性的，如云计算的安全标准就包括授权程序和责任等。

6. 物联网的发展对基础设施、产业组织、政府管理和网络安全等外部环境提出更高要求。一是对网络基础设施提出更高要求。要求网络带宽更宽、传输速度更快、接入地址更多，需要建设行业数据中心和数据库等。因此，美国提出了要建设无处不在的网络（泛在网）。二是对政府的管理能力要求更高。如，智能城市中的城市基础设施和信息基础设施的协调配套、跨部门的信息整合等方面，都需要政府的规划和政策引导，以及部门之间的协调与合作。三是对网络安全要求更高。随着物联网的广泛应用，特别是扩展到一些涉及国家安全的重要领域，互联网原有的安全问题被放大了。四是要求进一步完善市场环境和机制，如智能电网需要配套政策才能发挥整体效益。

7. 物联网技术动态发展，应用模式不断发展和更新，应用以示范为主。目前，物联网技术正在从传统向新一代升级。传统的物联网技术包括将传统的集成电路卡、射频识别、红外感应器、全球定位系统、激光扫描器以及有线、无线网络和管理信息系统等进行综合应用。近些年来，新型传感器、下一代网络、智能信息处理等新技术被引入应用。更重要的变化是物联网的核心理念转向通过更透彻的感知、更广泛的互联，以及更区分职能的分析处理，实现对物体智能化的识别、定位、跟踪、监控，以及管理和服务，建立物体、机器与人之间的泛在智能网络，真正实现物理世界与虚拟世界之间的有机联系。物联网涉及的学科广泛，一些领域的技术尚不成熟，其应用和商业模式还在探索中，因此，物联网技术发展仍有不确定性，物联网应用仍处于示范和探索阶段。

二、国际上物联网产业发展的基本趋势

目前，全球物联网产业部分领域处于重大技术突破的孕育期和产业发展初期，物联网技术的研发和应用主要集中在美国、欧洲、日本、韩国、中国等少数国家及地区。有关国家物联网技术发展和应用呈现以下主要趋势：

（一）起步早，准备期长，示范先行，逐步推进

早在20世纪70年代，智能交通就已经在一些发达国家应用。直到20世纪90年代，随着相关技术逐步发展和成熟，智能交通得到更广泛的应用与发展。在21世纪初，美国就已经开始着手发展智能电网，经过组织论证、编制计划和制定相关法律、组织智能电网联盟，部署关键技术开发和示范工程等一系列准备。直到2008年爆发全球金融危机，奥巴马政府把智能电网作为战略性产业进行支持。到目前为止，美国重点支持探索降低峰值电力需求、验证智能电网技术可行性、成本效益和商业模式的示范项目，资助了100个可直接商业化的智能电网投资补助项目。2010年8月，美国能源部宣布已经安装了200万台智能电表，用于降低居民和商业能源开支。

（二）需求导向，整体规划，目标明确

近些年来，欧、美、日、韩等国家及地区纷纷出台发展物联网的战略计划。有以下特点：

1. 优先在社会效益较大的领域布局，逐步向生活消费领域发展。目前，各国政府主要在医疗、电子政务、电网、教育、交通、城市管理等领域推动物联网计划。如，世界金融危机后，美国政府以刺激经济为目标，重点支持宽带网、智能电网、卫生医疗信息技术应用等。欧洲从发展绿色经济的角度出发，优先发展智能汽车和智能建筑，2009 年发布的《欧盟物联网战略研究路线图》又提出了航空航天、汽车、医药、能源等 18 个物联网主要应用领域。日本从营造“使国民安心和有活力的社会环境”出发，以交通、医疗、教育、环境监测、政府治理等公共领域的信息服务为重点。韩国则从寻求增长动力和发展优势产业出发，在食品和药品管理、交通和物流管理、环境监测、安全监测、工业自动化等方面进行应用示范；全球金融危机后，又提出发展智能通信、家庭应用和娱乐等，推动物联网在消费领域的应用。

2. 根据实际需要确定物联网应用重点，有针对性地解决行业问题。总体来看，欧美地区的物联网在工业领域的应用相对领先，如，智能电网、电子医疗等。日本、韩国消费者认知较高，尤其是个人用户的带宽基础好，高带宽低资费，重点推动物联网在个人消费领域的应用。目前，日本、韩国又启动物联网在公共事业领域的应用，以支撑 U - Japan 和 U - Korea 计划。2003 年，美国能源部在召集政府、电力企业、设备制造商、大学和国家实验室等部门代表探讨的基础上，出台了“2030 电网计划”（Grid 2030）。美国发展智能电网的主要目的有三。一是改造老化电网，提高电力系统可靠性和安全性。美国大部分电网设备是在二十世纪五六十年代设计和安装的，已不能适应快速增长的电力输送需求，导致电力中断等事故日益增加，造成了重大损失。二是提高电网控制的智能化程度，吸纳更多的可再生能源电力，分布式就近提供和使用可再生电源。三是改进用电效率，提高整体效益。安装智能电表，提供充分的电价信息，给用户多种供电方案和电价选择。后来美国的智能电网发展基本遵循这个计划。

3. 市场需求驱动，企业自主创新发展。大部分物联网技术的应用是水到渠成，当信息技术发展到一定程度，出现了应用物联网技术的市场需要。

如，物流行业最初应用物联网技术是出于对食品安全监控的需要；发展云计算是一些掌控信息资源的企业为了利用剩余的计算资源，通过商业模式创新与技术创新发展起来的。

（三）坚持成本效益原则，提高社会整体效益

有些大规模应用的物联网投资巨大，只有当其整体效益超过提供者和用户负担的成本时，投资才有意义。从国际经验看，物联网应用项目大都遵循“谁受益、谁投资”的原则，无论是政府的物联网项目还是民间的物联网应用，都进行深入细致的成本效益评估。两者的主要差别是：民间投资主要评估项目的财务成本效益；政府资助的公共性项目则要考察项目利益相关者的整体效益，确保社会效益最大化。如，美国政府为了引导电力企业和全社会参与发展智能电网，充分评估智能电网建设的成本效益，委托美国电力科学研究院开发了一个评估项目的方法框架，为评估不同项目的成本和收益提供了共同的分析基础。又如，美国政府应用云计算是为了节约电子政务的成本和资源消耗，减少政府财政支出。美国国家标准技术研究院对云计算的定义是，以最少的管理或供求互动方式，快速按需求提供共享计算资源配置服务的使能计算[①]，即根据需要，充分利用分布式计算资源，节约成本。

（四）应用导向，技术和标准先行

目前，全球物联网产业的核心技术尚不成熟，标准体系正在构建中。研制与物联网有关的标准不仅有利于规范市场、指导产业发展，而且对各国掌握物联网产业发展的主导权具有重要意义。因此，发达国家在发展物联网的过程中，一方面根据应用需求进行技术研发，掌握关键核心技术；另一方面积极制定标准。如，在智能电网计划的启动阶段（2003 年），美国能源部、环境保护署、国家标准和技术研究院等机构联合组建了联邦智能电网工作小组，推动智能电网相关技术的发展和应用。能源部还牵头组织了联邦政府、州政府、企业参加的智能电网联盟，主要在政策、愿景、计划、技术研发、制定标准等方面开展合作工作。

在制定标准过程中，除少数共性标准外，政府通常并不直接干预标准制

---

① 国务院发展研究中心国际技术经济研究所：“美国政府部门实施云计算中的安全问题”，《国际技术经济导报》2010 年第 10 期。

定，而是支持和引导民间协会和企业制定标准，帮助其推广，并走向国际市场。如，美国国家标准和技术研究院组织社会力量开展云计算标准研究，提出制定云计算标准路线图，为编制云计算标准提供指导。日本政府则指定“智能云研究会”负责研究制定云计算技术标准。

（五）政府搭台，社会唱戏

各国政府推动物联网发展的主要做法是加强法律法规、基础设施和政策环境建设，具体应用由行业和企业自主发展。一是制定规划和相关法律法规，为物联网发展创造良好的外部环境。二是对技术研发和标准制定给予资助和支持。三是加大基础设施投资力度，为发展物联网搭建平台。美国政府制定投资计划建设无处不在的网络，而企业则自主开发了云计算模式。四是政府在公共品领域作为“先锋”用户，培育新兴市场。如美国联邦政府实施政府云计算计划，24 个主要政府部门中有一半使用云计算，并通过服务外包的方式获得服务，扩大了云计算服务市场。五是政策引导，提高物联网应用的社会效益。在一些外部效益较大的领域，政府给予政策支持和适当补偿。如，推广智能电网在促进用户节约用电的同时，减少了发电企业和输电企业的利润。美国国会出台了一系列法规，政府出台了相应政策，通过对电力能效管理的奖罚机制，使电网和发电企业能够从节约用电中获得奖励和利益分成。对商业领域应用物联网，基本采取“谁投资、谁受益”的原则，政府不直接干预，而是通过安全、环境、能耗等一系列标准和政策引导资金投向真正有效益的领域。

（六）国际上物联网技术研发和应用基本形成两大方阵

目前，国际上物联网技术研发和应用分化为引领型与跟随型两大方阵。欧美以引领型为主，日本、韩国以跟随型为主。欧美的物联网技术标准相对完善，生产制造领先，产业内聚集全球 100 强企业；日本、韩国的物联网相关研发能力很强，紧跟欧美推行自主研发标准体系。欧美地区的物联网产业链基本形成，传统厂商、运营商以及新兴厂商积极参与，共同推进；通过内部并购、合作和整合，促进产业链结构优化。日本、韩国的物联网产业链尚未形成，但各环节的运营商正在积极开展各自的业务，成为产业链发展的主要推动力。

三、物联网主要应用领域的发展模式与国际比较

目前，我国物联网应用主要集中在智能交通、智能电网、云计算、物流和石油天然气生产输送等领域。为了能够有效借鉴国际经验，重点对智能交通、智能电网、云计算和网络互联互通等领域的发展模式进行国际比较。

（一）中国与欧、美、日智能交通发展模式比较

目前，在各类物联网应用中，智能交通技术相对成熟，在国际上应用比较广泛，欧、美、日都制定了智能交通发展规划。

智能交通是指在交通运输基础设施之上，综合应用感知技术、通信技术、信息处理技术、控制技术等，使基础设施、载运工具、交通管理、用户等参与交通运输的要素集成联动，从而改善整个交通运输系统运行。根据国际经验，智能交通的发展经历了三个阶段：一是规划、起步阶段；二是技术研发和示范试点阶段；三是产业化和规模化发展阶段。通常，在第一、第二阶段，以政府为主；第三阶段企业开始进入，以企业为主，政府支持。欧、美、日智能交通的发展模式不同。

1. 美国模式：政府主导下自上而下的发展。政府直接制定智能交通的发展目标、系统框架、功能、重点以及财政支出，并通过相关立法提供保障。由于交通具有公共产品属性，美国联邦政府要求将智能交通发展与建设纳入各级政府基础设施投资计划程序中，并注重创建新的投资机制，部署、支持、开发和建设智能交通。美国政府主要投资于基础设施建设，大部分智能交通的投资资金是通过传统方式筹集的，如公路信用基金等，由联邦、州和各级地方政府提供。同时，注重发挥民间企业的作用，调动其积极性。民间企业主要投资和开发增值服务，如物流、导航等。

2. 日本模式：以民间投资为主，官产学协调自下而上发展。在智能交通发展初期，以行业协会为主编制规划，政府部门根据规划进行协调，对技术研究开发和基础设施建设进行资助和补贴。1995 ~ 1999 年，日本政府四省一厅共投入 3 683.66 亿日元智能交通研发、实施资金。其中，90% 用于智能交通实施，10% 用于智能交通技术研发。日本政府对智能交通的投资主要来源于与汽车相关的税收。

3. 欧洲模式：官民并行、双管齐下。欧盟主导交通整体计划，制定了“欧洲道路、车辆专用信息系统计划”（简称“DRIVE 计划”），汽车、通信、电子业厂商等民间机构主导具体项目实施计划。欧洲智能交通的技术研发是欧盟和民间并行，由政府、企业和个人三方面共同出资进行智能运输系统的研究。在智能交通的建设和运营中，政府与企业分工明确，政府主要负责基础设施的投资、交通管理和交通规划，以及一些公益性信息的发布；企业主要负责个性化的出行信息服务，如路径选择和导航等。

4. 中国模式：政府投资为主，部门分头建设。我国智能交通研究与应用起步晚于发达国家。二十世纪七八十年代，开始零星试验。20 世纪 90 年代初引进、消化了城市信号控制系统，在北京、天津、上海等一些大城市示范。我国发挥后发优势，虽然整体规模和层次与世界发达国家还有不小差距，但通过技术引进和自主创新，部分领域技术水平已处于世界领先位置。目前，阻碍我国智能交通发展的主要是体制问题：一是统筹协调不够。由于条块分割的交通运输管理体制，智能交通管理机构众多，包括交通部门、公安部门、市政部门、城建部门、港航部门、民航部门、铁道部门、气象部门等，呈现各自发展智能交通的局面；不同运输方式的行业管理部门不同，制度不同，数据格式不同，无法实现信息共享、数据互换、设备互联、运行互操作。国家虽然成立了协调指导小组，但协调机制还不完善，协调力度不够。二是资金投入不足。我国智能交通建设以政府投入和运营为主，社会参与不够。智能交通投资主体主要是中央政府和地方政府，大部分省份资金短缺，社会资金参与不足。东部发达地区投入多、中西部欠发达地区投入少；城市投入多，农村地区道路信息化程度很低。三是标准化工作滞后。引进的技术和设备来自不同国家，系统之间相互独立，缺乏协调。重技术引进，轻消化吸收，重复引进浪费严重。智能交通产业化程度较低，产业发展还处于起步阶段，研发机构、制造商、集成商、运营商没有形成完整的产业链。

综上所述，虽然各国发展智能交通都是为了实现更高的通行效率、更安全的出行、更好的服务、更智能化的车辆，但各自的智能交通目标重点不同。美国更注重安全，日本更注重效率，欧洲更注重服务，我国则侧重交通管理。

（二）中、美智能电网发展模式比较

中国和美国是发展智能电网的主要国家。总体看，两国发展智能电网的主要目的都是为了解决供电安全，接入可再生能源发电，提高用电效率。但

因电力体制、电网基础、电力布局与发展战略不同，中、美智能电网的发展模式不同。

1. 美国模式：智能政策引导智能电网。

（1）美国发展智能电网的目的是改进旧电网和提高能效。美国的电网大部分建于二十世纪五六十年代，许多设备和设施老化过时，亟须提高电力系统可靠性和安全性；由于能源安全和环境压力等问题，要大力发展可再生能源。同时，随着电力市场化推进，用户要求增加用电选择权，降低能源支出成本的积极性越来越高。因此，美国能源部提出建设“智能电网/坚强电网”，其目标是可靠、抵御攻击或灾害、经济、高效、环境友好和安全。其重点是对电网进行升级改造，提高电网信息化和自动化水平，尽可能避免或减少因停电或电力供应质量问题造成严重后果，扩大可再生能源接入和增加用户的用电自主选择权。

（2）智能电网的发展基于成本效益分析和利益相关者共同参与的决策过程。智能电网的投资是否合理，主要看用户是否能够接受。美国联邦政府组织利益相关方参与智能电网发展规划的编制和论证，并委托美国电力科学研究院对规划作了全面的成本效益评估。同时，美国联邦政府牵头组织了智能电网联盟，这是一个涵盖整个能源供应链的行业组织，拥有 100 多家会员。其主要任务是与政府决策层及行业监管机构沟通，为智能电网发展提供建议和反馈意见，并进行宣传以提高公众对智能电网的认知。

（3）根据节能减排的需要确定智能电网建设重点，突出需求侧管理智能化。美国智能电网的重点在配电和用电的智能化。一方面，通过加强需求侧管理，进一步提高用电环节能效。智能电网要实现节约能源、提高能源效率的目标，需要用户响应与互动，因此，需要用户根据动态电价来选择用电时间。另一方面，推动分布式可再生能源发展，平等对待各种能源。目前，主要在配电自动化、微型电网、能源储备等方面示范，推广用户端智能电表。截止到 2010 年 8 月，安装了 200 万个智能电表。美国智能电网的最大受益者将是电力用户，因为智能电网将帮助消费者选择使用最低廉的用电时间。根据电力科学研究院的分析，到 2030 年，智能电网技术将使电力消耗量减少逾 4%，届时美国企业与消费者可节省 204 亿美元电费。

（4）能效管理政策促进智能电网实现能源效率、可再生能源平等接入和减排。在推行智能电网之前，美国已经实行能效管理计划。尽管有些州的电力监管机构怀疑智能电网技术是否物有所值，有些州则怀疑高压远距离输电线路是否有效益，但无论是否有“智能电网/坚强电网”，能效管理政策都将产生效益。政府根据智能电网的各种性能，出台相关政策。首先，联邦政府进行前期投入，主要用于相关技术研发、启动示范项目、知识普及等。如，在美国政府公布的百亿美元智能电网投资计划中，已有34亿美元用于技术开发，6.15亿美元用于补贴相关示范项目（民间配套投资不低于50%）。其次，制订分时电价和阶梯电价与推广智能电表结合，消费者可以在双向互动环境和知情的情况下，直接参与降低负荷的运作，引导消费者避开高峰时段，充分利用现有电力设施，节约新建设施的费用。最后，实行能效管理项目与智能电网结合，促使电网公司参与能源效率项目，调动用户响应的积极性。美国的能源效率项目是由电力企业、用户和第三方投入。如家庭设施是用户投入，第三方投资用户端的节电工程和提供相应服务，电网和发电设施由电力企业投入。通过政策和机制引导，最终节能效益在各主体之间进行分配，对消费者采取电价激励政策，对电网和配电公司则是补助政策。

2. 中国模式：电网公司主导，政府支持。

（1）改革开放以后，我国输电网络发展较快，信息化程度较高。但长期以来我国电力发展形成了“省为实体”的格局，各省力求自我电力平衡，区域间电网互联互通发展较慢。2002年年底，实行电网公司重组，成立了国家电网公司和中国南方电网公司两大国有电网公司。国家电网公司负责经营华北、东北、西北、华东、华中五大区域电网。中国南方电网公司负责经营云南、贵州、广西、广东和海南地区电网。两大电网公司的建立加大了跨区域输电线路的建设，但至2009年，跨区域输电量仅占发电量的3.38%。配用电环节自动化程度较低，配电数字化覆盖范围不到9%，还未延伸到用户端，远低于发达国家水平。

（2）我国能源资源分布与用电布局不均衡，需要长距离输电。特别是我国采取大规模集中发展风力、太阳能等可再生能源发电的模式，正在西北部地区建设多个千万千瓦级的风电基地，需要解决远距离输送可再生能源电力。

（3）我国的电价由政府定价，电价不能根据需求情况变化，用户也不能根据电价情况选择用电。目前，仅对少数大型工业用户实行了峰谷电价，对普通居民和商业用户基本实行固定电价。

（4）我国智能电网的发展基本上是电网公司主导。目前，国家还未出台关于发展智能电网的规划，从项目论证到规划都由电网公司主持，两大电网各自定义和主导智能电网建设。国家电网公司将智能电网定义为：以特高压电网为骨干网架、各级电网协调发展的坚强电网为基础，以信息化、数字化、自动化、互动化为特征的坚强智能电网。中国南方电网公司则把智能电网定义为实现电力工业发展方式转变、促进低碳经济发展的重要技术支撑和网络平台，实现三个变化：电源结构变化、需求侧变化，以及电力和信息潮流变化。国家电网公司发展智能电网的目标是建设坚强的智能电网，并开始各类试点，重点放在长距离输电，优先在输变电环节推广智能电网技术。中国南方电网公司的智能电网侧重于配电和用电智能化，在配网自动化、智能调度节能发电、分布式可再生能源电源接入、建设电动汽车充电站基础设施等方面开展示范。

（5）国内各方面对应该发展智能电网基本形成共识，但对发展方向和重点认识不同。主要表现在以下几个方面：智能电网的重点是配电和用电智能化，还是输变电环节智能化；要不要发展分布式电源接入，特别是分布式可再生能源；从智能电网技术发展阶段看，是否具备大规模发展的条件等。

（三）中国与日本、美国的云计算发展模式比较

云计算是基于商业模式创新和技术创新的新兴产业，具有巨大市场潜力。近些年来，欧、美、日、韩等地政府都相继制定了发展云计算的计划，但发展模式不尽相同。

1. 美国模式：企业先导，政府支持。美国的云计算是企业开发的新兴产业，IBM、谷歌和微软等掌握云计算先进技术的 IT 巨头企业都在美国，美国政府的作用侧重于推广和应用。目前，美国主要的云计算服务提供商都是拥有计算资源和信息资源的企业，主要有四种基本模式。一是亚马逊模式，利用剩余计算能力。亚马逊网上销售的季节性订货导致计算机资源利用不均衡，有时拥挤，有时剩余。亚马逊公司开发了计算机软件，在销售淡季出租虚拟 PC，利用闲置资源。二是微软模式，搭建计算平台，提供数据存储和处理服务。微软通过开发新的操作系统，与其数据中心结合，搭建微软的蓝天服务平台，为用户提供数据存储和处理等服务。三是 IBM 模式，提供一揽子解决方案服务。IBM 组织相关企业，从设计开始，为用户提供建立云计算环境的交钥匙工程。四是谷歌模式，把云计算的功能与浏览器融合在一起，在为用户提供浏览服务时提供云计算服务。

美国政府主要从三个方面推动云计算产业发展。一是网络建设。美国政府提出建设无所不在的信息网络，为发展云计算提供了良好的基础设施条件。二是政府作为大用户。美国政府推进电子政务外包，24 个主要联邦政府

部门中有一半利用云计算服务。三是重点支持网络安全技术开发。如，联邦政府在推进政府云计算时，专门制定针对政府云计算的安全规则和管理办法。美国联邦审计总署建议，需要建立针对云计算的特别信息安全指南，包括移动、交互作用式和虚拟式等类信息的安全保障，确定云计算供应商及客户在信息安全中的作用及责任程序。

2. 日本模式：政府引导，企业跟随。日本的云计算还处于起步阶段。首先，明确政府主管部门。日本总务省及下属研究机构负责制定云计算政策和政府信息系统的云计算平台建设。总务省设立了“智能云研究会”、政府信息系统建设方向研究会，以及云计算时代数据中心应用策略研讨会等，负责云计算政策制定、应用技术与标准研究，及政府云计算平台建设。其次，制定战略规划。“智能云研究会”撰写了一份研究报告《智能云战略中间报告》，提出了日本发展普及云计算的基本思路、主要原则、环境建设、政府的作用等。再次，加大对研究开发的支持力度。重点支持有利于减轻环境负荷的云技术及提升安全性和可信性的云技术。“智能云研究会”研究制定云技术标准，推进云技术的标准化，并强调云技术标准的国际推广。最后，推动云计算的应用。日本政府在医疗、教育、农业、社区管理、基础设施等领域推广云计算，重点推动云计算在政府管理中的应用。政府部署了“霞关云”，建设政府通用信息平台时引入云计算技术，整合各政府部门的信息系统，促进信息共享；在地方政府部署都道府县、市镇村系统一体化的“自治体云”，提高地方政府及其公共机构的服务水平。

3. 中国模式：民间与政府两条路径。一是企业自发发展云计算服务。如百度、阿里巴巴、腾讯等拥有信息和计算资源的企业，根据市场需要开发云计算服务。一些电信运营商凭借其计算和网络资源，也开始尝试云计算。二是地方政府建立超算中心和计算中心。目前，一些地方政府投巨资建设各种计算中心，实际利用水平和层次较低，导致部分资源闲置。这两种途径独立进行，存在“两张皮”的现象。尽管后一种模式与真正意义上的云计算相差甚远，但有些高新区建设的计算和软件中心，对中小企业提供计算和软件服务，为解决中小企业自身信息化成本高的问题做出了一定贡献。我国的政府电子政务因为体制分割，短期内没有使用云计算的计划。

国内的云计算技术研发相对滞后。目前只有中科院、阿里巴巴、瑞星和百度等少数研究单位和企业正在研究，以跟随为主，技术水平和影响力较弱。企业反映，目前制约我国云计算应用的主要因素有：一是相关法律和环境保障不足；二是网络基础设施不配套，网络速度低，收费高；三是安全问题。云计算的安全问题主要有两方面：一方面是客观存在的网络传输和数据存取安全；另一方面是服务商的信用安全，即能否遵守协议，保证用户的信息安全和隐私等。

我国发展云计算的潜力巨大。目前，我国个人电脑硬件利用率只有1% ~ 5%，应用软件功能的利用率不到5%，数据中心服务器的利用率只有70%，企业信息成本中70%用于投资和维护信息基础设施，不到30%用于业务应用。特别是一些中小企业的信息化程度较低，信息化成本较高。发展云计算对提高计算机硬件和软件的利用效率，提高中小企业的信息化水平将具有积极作用，带来较大社会效益。

（四）中国与英、美的网络互联互通模式比较

互联网是物联网的基础设施和信息传输通道。物联网技术的应用与发展对互联网提出了更高的要求，要求网络互联互通，无处不在。世界各国早就开始推进网络融合，其重点是实现网络公平接入（见表1）。

表1　有关国家和地区物联网应用模式比较

领域	智能电网	智能交通	云计算	网络互联互通
发达国家和地区	美国：智能政策引导智能电网。 政府规划，利益相关者参与； 侧重需求侧管理的智能化； 能效管理政策与智能电网配合，用户与电网之间进行利益分配。	美国：政府主导，自上而下发展。 日本：民间投资为主，官学协调自下而上发展。 欧洲：官民并行、双管齐下。	美国：企业先导，政府支持。 日本：政府引导，企业跟随。	欧美：业务双向进入，网络公平接入。
中国	电网公司主导，政府支持。 电网公司制定规划和可行性研究； 国家电网和南方电网公司的侧重点不同； 利益相关者参与不够； 国内对发展重点有不同意见。	政府投资为主，部门分头建设。	民间与政府两条路径。	侧重业务融合和管理分权。 网络公平接入无具体措施。 运营商接入不够。

1. 美国：业务融合与公平接入并举。美国是最早推进网络融合的国家。从 1996 年起，美国推进电信和广电市场相互开放。第一，《1996 电信法》取消对各种电信业务市场的限制。一方面，允许长话、市话、广播、有线电视、影视服务等业务互相渗透；另一方面，允许各类电信运营商互相参股，创造自由竞争的法律环境。从此，美国电信和广电企业及业务进入了大融合阶段，收购兼并不断，电信和广电的概念已经模糊，取而代之的是大通信概念。同时，保留了对有线电视业务的许可制度，提供有线电视业务需要获得地方政府的本地许可证。第二，要求本地网络主要运营商必须向竞争对手开放线路，但不必以非绑定方式开放其拥有的宽带接入网。

2. 英国：统一监管，接入网与通信运营商分离。2001 年起，英国开始推进电信业与广播电视业对称进入。2003 年英国议会批准了《通信法草案》，明确规定准许传统广电和电信双向进入。第一，实现监管机构合并，将原来的电信管理局、无线电通信管理局、独立电视委员会、无线电管理局、播放标准委员会等通信行业的监管机构合并，成立了英国电信监管机构（OFCOM）。第二，建立双向准入的监管办法。对电信业采取竞争开放式监管，经营电信业务实行一般授权制，申请电信业务不需要许可证；对广电业的准入相对严格一些，经营广播电视业务需要许可证；对融合性业务，广电企业和电信企业都可以经营。同时，为了保障公平接入，对英国电信公司实行“网运”分离，将英国电信公司的本地接入网分离出来成立网络运营公司。

3. 中国模式：以业务融合为主。我国互联网技术与国际上的差距较小，主要差距在体制。2010 年 1 月，国务院常务会议作出加快三网融合的决定，扩大了三网融合的试点。我国三网融合重点是广电和电信的业务融合和政府部门管理分权。一是促进广播电视和电信企业间业务双向开放、相互融合。二是强调网络基础设施的改造。推进有线电视网络数字化和双向化改造，加快电信宽带网络建设。但仅对无源基础设施的共享有一些原则规定，对网络的互联互通没有具体指导意见。三是加快产业发展，创新产业形态，鼓励移动多媒体广播电视、手机电视、数字电视宽带上网业务等。四是实行分业管理。五是加强政策扶持，支持相关技术研发和产业化，对相关产品和服务提供金融、财税支持等。与国际上其他国家的网络融合政策相比，我国现行三网融合政策对网络基础设施互联互通和公平接入重视不够，对互联网及其服务企业的参与重视不够。

综上所述，信息网络互联互通是新一代信息技术的发展趋势。物联网要求网络无缝覆盖，使用统一的IP协议，实现数据、声音、图像等信息流互联互通。国际电联（2008）认为，平等接入网络，即所有市场参与者都应享有对重要网络设施的平等接入权，是确保关键设施方面公平竞争性的重要措施，还可以降低宽带网络部署成本，实现广泛和可支付得起的ICT接入。近些年来，发达国家都在进行下一代互联网的研发和部署，因此，我国必须尽快解决城域网的平等接入问题，实现网络间互联互通和网络运营商的公平竞争。

四、关于我国发展物联网产业的几点建议

（一）我国物联网产业处于起步阶段，具有较好基础

目前，我国成为世界上少数推动物联网技术应用的国家之一。我国物联网产业处于发展初期，具有一定产业、技术和应用基础，产业体系正在逐步形成，部分领域形成一定规模。物联网技术在我国许多领域都有初步应用，如交通、城市管理、电网、石油天然气生产和运输、医疗和教育等。国际金融危机以来，为了发展新的经济增长点，我国物联网应用进入积极推进的新阶段。

1. 处于起步阶段，有一定基础，但基础不够坚实。我国大部分与物联网应用相关的行业处于试验和示范阶段。与欧美、日、韩等主要应用物联网的国家与地区相比，我国物联网技术研发和应用存在的差距主要表现为：一是缺乏核心关键技术，缺少适用标准。核心技术和高端产品受制于人，研发、生产薄弱且集中在低端。二是我国物联网技术研发和应用存在“中间强、两头弱”的局面。即网络层和应用等方面与国外的差距较小，少数领域居前列；传感器、传感芯片等感知技术及产业、高端软件和集成服务等方面与国外差距较大。

2. 企业和地方主导，缺少高层整体规划。物联网技术在各行业的应用体系框架和路线尚不明确，重点不够突出。一些地方政府和企业积极性较高，但各自为政，缺少国家层面的整体规划和部署。地方的动作快于中央部委。一些地方政府制定了发展物联网的规划，打造区域物联网产业链；多个

城市要建设智慧城市，与 IBM 签订了框架协议；许多地方政府投巨资建立各种超算中心和计算中心；国家电网公司、中国南方电网公司都制定了智能电网发展规划，并开展示范，但以电网公司为主，缺少利益相关者的参与。

3. 体制、机制和政策是影响物联网产业发展的主要因素之一。体制、机制导致行业壁垒和资源难以共享。一是基础设施的部门分割。三网融合推进缓慢，存在许多网络瓶颈，导致信息传输不畅。二是信息内容的部门分割，导致信息不能共享。如，智能交通中交通部门、公安部门的信息系统分割；电子政务中各部门之间形成信息孤岛等。三是缺少配套政策，影响效率。如，若无电价改革配套，用户没有节约用电积极性，智能电网的效率难以发挥。四是投资主体的分割。如，目前我国电网主干网是国有电网公司投资，但局域网则有三个投资主体，即电网公司、地方政府和大用户。电网公司负责局域网的运营管理。其他投资者的投资与收益相分离，没有智能化投资的积极性。

4. 缺乏真实的成本效益分析，投资效果不确定。从国际经验看，物联网技术的应用以需求为导向，以成本效益分析为依据，以节能减排和提高效率为目的。而我国各行业应用物联网技术的可行性研究都是建设和使用部门自己评价，缺乏真实数据支撑的成本效益分析，许多项目是以基础设施建设和固定资产投资为主，而不是通过智能化提高效率。如，现在一些地方政府投资建设了计算中心，但是没有需求，造成设备闲置。目前，我国物联网项目的成本效益分析通常包括全部基础设施投资带来的成本和效益，而较少重点考察智能化部分带来的增量成本和收益。

5. 封闭式发展，产业链各环节之间发展不协调。物联网产业包括从应用方案设计、工程实施，到配套制造和运营服务等环节，相互依存。我国物联网应用主要集中在少数网络性较强的行业和试点城市。一些特大型企业在物联网应用与发展中具有绝对控制权，往往是内部一体化发展，利益相关者较少参与，对相关行业的带动不大。

6. 基础设施和配套行业尚需加强。物联网技术应用范围的不断扩大，对网络基础设施和配套行业的要求相应提高。目前，互联网、传感器制造和云计算服务等行业配套能力不适应发展物联网产业的需要，产业规模小、分布散，产业链不完备，缺乏龙头企业和骨干企业以及软硬件、网络、平台、运营融合的综合服务能力。网络传输速度慢、接口少、收费高；网络信息安全和个人隐私保护以及频段分配问题亟待解决。

综上所述，我国物联网产业发展总体处于起步阶段，具有一定产业、技术和应用基础，产业体系正在逐步形成，在部分领域形成一定规模。但是，应用水平较低，范围较窄；产业规模小，配套能力弱；核心技术依赖于人，标准体系尚未建立；传输频率资源短缺，网络信息安全和个人隐私保护等问题有待解决；缺乏总体规划和合理布局，存在低水平重复建设和盲目投资现象。

（二）统筹规划，加强示范，需求牵引，分类指导

我国发展物联网的目的是转变发展方式和培育新的经济增长点。应坚持政府引导与市场导向相结合的原则，遵循物联网产业的发展规律，坚持科学决策，防止技术风险、投资风险和安全风险，加强示范，逐步推进。坚持需求牵引、创新推动、重点突破、协同发展的方针，以应用集成创新为龙头，引进技术消化吸收再创新和自主研发相结合，跨部门联合突破关键核心技术，开放合作发展。坚持机制、体制改革和管理模式创新，以物联网技术的深度和广度应用为抓手，推进信息化和工业化的深度融合，构建物联网产业体系。

1. 正确发挥政府的作用，政府搭台社会唱戏。物联网涉及产业和领域广泛，市场和部分技术还不成熟，政府应主要在以下几个方面发挥作用：一是重点支持核心关键技术研发与共性标准编制。二是加强网络基础设施的建设，为物联网发展提供良好的基础设施条件。三是完善法律法规和规范市场秩序，为物联网产业各环节的企业提供公平竞争的经营环境。鼓励民间资本自主创新发展，探索新的应用模式和商业模式。四是政府作为大用户，培育市场。政府可以在一些公共性较强的领域先行示范和试点，逐步扩大市场需求。

2. 坚持需求驱动，防止技术导向，以应用带动产业链协调发展。物联网技术是应用导向的信息技术集成创新，我国在物联网技术方面有一定基础，要在物联网领域走在世界前列，挖掘需求是关键。物联网应用领域广泛，涉及各行各业，发展物联网产业的关键是应用模式和解决方案。物联网产业的主体是企业，要建立产、学、研、用相结合的开放式应用解决方案研究平台，针对行业的情况探索应用模式；根据应用发现技术需求，根据需求倒推技术开发项目；根据产业发展需要确定标准体系框架，以标准体系框架支撑产业发展；探索各行业应用物联网的可持续商业模式，降低应用成本，

促进产业规模化发展。目前，物联网技术和应用模式尚不成熟，其发展要从示范起步。首先在技术比较成熟、网络性较强的公共领域进行示范。发挥中央、地方和企业的积极性，开展行业和城市试点，重点推进物联网在城市管理、交通、电力、医疗、教育等领域的应用示范。在其他应用领域，建立公平的市场准入标准，根据细分市场确定差别政策。

3. 建立成本效益分析为基础的投资决策机制，提高发展物联网的整体社会效益。发展物联网的目的是提高社会效率，实现减排降耗，便捷生活，物联网应用能否推广和实现产业化发展，关键在于能否提供性价比高的好服务，减少用户负担。特别是智能电网、智能交通等项目投资巨大、周期长，应对物联网应用计划和项目进行深入细致的成本效益分析。在公共领域，从利益相关者的角度出发，进行社会成本效益分析，获得整体效益最大化。要重点考察智能化带来的增量成本效益，而不是以全部投资的成本效益替代智能化的成本效益。在一般商业应用领域，采取“谁投资、谁受益、谁负责”的原则。物联网应用不一定都是“绿色”的，为了切实转变发展方式，无论是公共项目还是一般商业应用，都要进行节能减排效果分析。

4. 技术和标准先行，重点突破核心关键技术和共性标准。目前，全球物联网产业的核心技术不成熟，标准体系正在构建中，加之物联网应用涉及国家安全的重点领域，为保证信息安全和防止落入物联网产业价值链低端，我国必须在核心技术和标准方面取得突破。要加快推动国家科学研究及技术攻关计划，根据需求加大对关键共性技术的攻关，支持产、学、研、用相结合的技术联盟。物联网产业涉及面广，需求多样化，标准多，政府有关部门应组织力量加强物联网产业标准体系的研究和分析，明确物联网的共性标准与差别标准。政府重点支持影响全局的共性标准和核心关键技术标准制定，其余由行业协会和企业联盟研究制定。为使我国物联网产业能够参与国际合作和竞争，应采取我方主导下的开放合作方式制定标准，实现合作共赢。

5. 发挥物联网应用的本地化优势，坚持引进技术消化吸收与自主研发相结合，以集成创新带动物联网产业自主化发展。以自主集成为龙头，掌握应用解决方案设计和采购的自主权，以采购主导权带动物联网产业的中国制造，促进应用服务发展。在政府资助的重要应用示范工程中，按照政府采购的原则，增加国产产品的采购。加强引进技术的消化吸收，引进技术时，安排相应的消化吸收再创新项目，部署关键技术攻关。在关系国家信息安全和国外技术封锁领域，加大自主研发的力度。

6. 加强物联网领域的知识产权创造与布局。根据物联网发展的技术路线图，国家科技计划有重点地支持相关技术研究开发及知识产权布局。加强国内专利与国外交叉许可，开放式制定标准，提高我国物联网产业的国际地位。

7. 加强统筹规划，分类指导。抓紧制定国家层面的战略规划，加强统筹规划，分步实施。整体规划分为两个层次。一方面，加强物联网产业链的统筹规划，促进物联网应用项目与网络基础设施、传感器的国产化和云计算服务等相关服务业环节的协调发展。另一方面，针对解决各环节面临的共性问题作好部署，打破标准壁垒。如，网络互联互通标准、信息采集和传输标准、网络信息安全技术、各领域的关键共性技术研发和标准编制等。

（1）加强信息网络基础设施建设，实现资源整合与有效利用，促进信息网络的畅通、融合、泛在。互联网是物联网的基础平台，物联网的发展对互联网提出了更高要求，在下一代互联网基础设施建设中，应根据发展物联网的需要，提前部署、统筹规划，为新技术的应用预留空间，实现新老技术兼容转换。要加快宽带网络建设和布局，提高网速，增加接口，在 CGNI 基础上扩大 IPv6 的应用范围；加强对下一代互联网的数学建模，进行系统的性能分析和行为预测。促进物联网发展与自主标准的 TD－SCDMA 网络结合；加大网络安全技术攻关力度，制定网络安全法律法规，加强网络安全体系建设。针对接入网和城域网重复建设问题，以城域网和局域网的平等接入为重点，细化网络互联互通的措施和办法，促进网络基础设施共建共享，特别要促进网络的公平接入。目前，影响各种网络基础设施互联互通的一个重要技术障碍是各种网络的物理基础不同，缺乏统一的技术协议。因此，应抓紧制定网络融合的统一技术标准，促进统一的网络协议，改进监管体制，以公平接入促进各种网络的互联互通，各种运营商的业务相互融合。

（2）以需求为导向，实现传感器制造业的多样化和专业化发展。各行业的物联网应用对传感器的要求不同，要加强科研机构与制造企业、用户的合作，开发适合用户需要的传感器。加强传感器共性技术的研究开发，提高中国制造传感器的质量和水平。在政府资助的重要应用示范工程中，适当增加采购国内制造的传感器，为我国企业开发新型传感器开辟市场空间。

（3）加强总体规划，加快智能交通的协调发展。智能交通技术相对成熟，应用领域较广。增强全国智能交通系统协调指导小组的协调能力，打破部门界限，实行统一部署下各部门分工合作，提高信息的共享程度。加强标准化工作，促进各地智能交通网络之间的互联互通，实现智能交通领域的科研、项目和工程统一部署。探索智能交通的商业化运行模式，引导社会资金参与智能交通建设。

（4）加强智能电网的需求侧管理智能化，提高用电效率。智能电网是未来电网的发展方向，也是物联网应用的重要领域。应加强政府对智能电网建设的引导，提高发展智能电网的整体效益。建立以三方成本效益分析为基础、利益相关方参与的科学决策机制，在不增加用户总体负担的情况下，确保投资可回收性。输、配、用智能化并举，加强配电系统和用户端的智能化，优化电价设计，引导用户自主选择用电时段，提高用电效能，减少新建项目需求，可先在大用户中试点。改进分布式可再生资源和循环利用发电的接入管理和价格机制，调动就近利用可再生能源和循环利用资源发电的积极性。

（5）以充分利用已有计算资源和为中小企业服务为重点，发展云计算服务业。发展云计算的目的是根据需要，充分利用分散的计算资源，节约信息化成本。可先选择重要的公共服务领域（如医疗、电子政务等）进行试点，以政府采购的方式带动云计算服务业发展。鼓励商业模式创新，促进云计算服务业的多样化发展。建立以云计算安全审计和信用资质为基础的市场监管制度，根据需求布局和建设适应云计算的新一代数据中心。建立小企业云计算推广基金，用以支持为中小企业提供云计算服务。

（6）发展电子病历，推动业务协同和信息共享，为医疗改革提供信息保障。以降低医疗成本、缩小地区差距、建立覆盖城乡居民的基本医疗卫生保健制度为目标，充分利用我国已有的信息基础设施，发挥中央与各级地方政府、医院、企业、社会的力量，共同推进；建立合理的利益机制，加强业务协同和信息共享，有效利用医疗资源。

参考文献

［1］工信部电子科学技术情报研究所软件与信息服务研究部：“美、英、日、韩政府推进云计算发展策略综述”，《软件服务业动态》2010年2期。

［2］中关村物联网产业联盟，长城战略咨询研究所联合发布：“物联网产业发展研究（2010）”，载于《企业研究报告》，2010年4月。

［3］国务院发展研究中心国际技术经济研究所：“美国政府部门实施云计

算中的安全问题”，《国际技术经济导报》2010 年第 10 期。

[4] 中国科学院信息领域战略研究组：《中国至 2050 年信息科技发展路线图》，科学出版社 2009 年版。

[5] 邓寿鹏等：《物联网（传感网）应用和发展研究》，国家工业与信息化部委托国务院发展研究中心技术经济研究部“‘十二五’信息化发展有关问题研究”课题，2010 年 8 月。

[6] 科技部国际合作司、国务院发展研究中心国际技术经济研究所：“新一轮信息技术革命浪潮及其对我国的影响”，《国际技术经济导报》2010 年第 2 期。

可再生能源开发利用的机制和政策*

一、世界可再生能源的发展趋势和政策取向

目前，世界面临两种能源威胁：一是很难以可承受的价格获得充足可靠的能源供应；二是过度消耗能源导致对环境不可恢复的破坏。因此，发展可再生能源要实现能源安全和保护环境双重目标。

（一）世界可再生能源的发展现状与趋势

随着石油价格上升和环境压力增加，全球可再生能源的开发利用速度加快。

1. 全球范围内可再生能源供应量增长略快于总能源供应量，新型可再生能源（新型可再生能源包括风能、太阳能、地热、潮汐、生物质发电和液体燃料等）增长快于传统可再生能源。总体来看，1971～2004年，全球主要能源供应总量（TPES）的年增长率为2.2%；可再生能源供应的年增长率为2.3%，略高于能源总供应。在可再生能源中，易燃的可再生物和废物（含商业和非商业用途，以下简称CRW）年增长率为2.1%，水电为2.6%，风能、太阳能、地热等其他新型可再生能源增长8.2%。新型可再生能源中，风电和太阳能利用增长较快，分别增长48%和28%以上；地热和潮汐分别增长7.5%和0.3%（见表1）。随着世界石油价格暴涨，一些国家加快了新型可再生能源的开发利用。2007年，全球风能和太阳能装机容量分别增长了28.5%和37%，生物乙醇产量增加了27.8%①。

---

* 本文引自《国务院发展研究中心调查研究报告》，2008年第140期和第144期。

① 资料来源：《BP世界能源统计2008》。

表 1　世界能源供应年增长率（1971~2004 年）　（单位:%）

	增长率	风能	太阳能	地热	潮汐
TPES	2.2				
可再生能源	2.3				
CRW	2.1				
水电	2.6				
其他新型可再生能源	8.2				
其中各类增长率		48.1	28.1	7.5	0.3

资料来源：IEA，《Renewables in Global Energy Supply》，2007。

2. 能源供应和消费结构中新能源和清洁能源的比例大幅提高，化石能源消耗增长放缓，新型可再生能源的份额增加，但比例仍然较低。目前，世界的能源结构以石油、煤炭等化石能源为主，但各国都在控制化石能源需求的增长。在世界能源供应和消费结构中，化石能源的比例下降，清洁能源和可再生能源的比例上升。

2006 年，世界主要能源供应中，石油和煤炭分别占 34.4% 和 26%，天然气和核电分别占 20.5% 和 6.2%，可再生能源占 12.9%。在可再生能源中，CRW 比例较高，约占世界能源供应的 10.1%（传统 CRW 占 7%）；水电和其他新型可再生能源比例较低，分别占 2.2% 和 0.6%。2004 年，在其他新型可再生能源中，地热、风能、太阳能和潮汐分别占 80%、12.4%、7.5% 和 0.7%。

1973~2006 年，世界能源供应总量中，石油的份额下降 11.7 个百分点，煤炭上升了 1.5 个百分点，天然气与核电分别增加了 4.5 和 5.3 个百分点，可再生能源的份额增加了 0.4 个百分点。在可再生能源中，CRW 的份额减少 0.5 个百分点（一些发展中国家利用现代工业能源替代农村的植物燃料，减少了传统的 CRW），水电增加 0.4 个百分点，其他新型可再生能源增加 0.5 个百分点（见表 2）。

表 2　世界重要能源供应结构变化

	1973 年	2005 年	2006 年	2006 年比 1973 年变化百分点
总量（Mtoe）	6 115	11 435	11 741	
石油（%）	46.1	35	34.4	-11.7
煤炭（%）	24.5	25.3	26	+1.5
天然气（%）	16.0	20.7	20.5	+4.5

续表

		1973 年	2005 年	2006 年	2006 年比 1973 年变化百分点
核电		0.9	6.3	6.2	+5.3
可再生能源	CRW	10.6	10.0	10.1	−0.5
	水电	1.8	2.2	2.2	+0.4
	其他	0.1	0.5	0.6	+0.5
	合计	12.5	12.7	12.9	+0.4

注：不包括电和热交易；其他可再生能源包括地热、太阳能、风能等。

资料来源：IEA：《世界主要能源统计 2006》和《世界主要能源统计 2008》。

在全球电力供应中，可再生能源发电的份额居第三位，但新型可再生能源的比例较低。2006 年，世界电力供应中，可再生能源发电占 18.3%，比 1973 年减少了 3.3 个百分点。其中，水电占发电量的 16.0%，比 1973 年降低了 5 个百分点；其他可再生能源（包括 CRW）发电占 2.3%，比 1973 年增加了 1.7 个百分点（见表 3）。

表 3　世界电力生产中各种能源电力的比例　（单位：%）

		1973 年	2005 年	2006 年
煤电		38.3	39.8	41.0
天然气发电		12.1	17.9	20.1
核电		3.3	15.7	14.8
石油		24.7	6.7	5.8
可再生能源发电	水电	21.0	16.1	16.0
	CRW	0.6	1.0	2.3
	其他		0.8	
NRW			0.3	

注：NRW 为非可再生的废物。

资料来源：IEA，《Renewables in Global Energy Supply》，2007；IEA，《世界主要能源统计 2008》。

2006 年，世界最终能源消费中，石油和天然气分别占 43.1% 和 15.3%，CRW 和煤炭分别占 12.9% 和 8.6%，电力占 16.7%，其他新型可再生能源占 3.4%。与 1973 年相比，2006 年世界最终能源消费中，石油和煤炭的比例分别下降了 5 和 4.7 个百分点，CRW 的份额减少 0.3 个百分点，电力增加 7.3 个百分点，其他新型可再生能源和天然气的份额分别增加 1.8 个百分点和0.9个百分点（见表4）。

表4　　世界最终能源消费结构变化

	1973年	2005年	2006年	2006年比1973年变化百分点
总量（Mtoe）	4 672	7 912	8 084	
石油（%）	48.1	43.4	43.1	-5.0
电力（%）	9.4	16.3	16.7	+7.3
天然气（%）	14.4	15.6	15.3	+0.9
CRW（%）	13.2	12.9	12.9	-0.3
煤炭（%）	13.3	8.3	8.6	-4.7
其他可再生能源①（%）	1.6	3.5	3.4	+1.8

注：①包括地热、太阳能、风能等新型可再生能源。

资料来源：IEA：《世界主要能源统计2007》。

3. 发达国家成为开发利用新型可再生能源的主要力量，但其能源消费结构中可再生能源的份额仍低于世界平均水平；发展中国家主要利用传统可再生能源，中国、巴西、印度等发展中大国在部分新型可再生能源领域进入世界前列。第二次世界能源危机以后，发达国家加快了新型可再生能源的开发和利用。据IEA的统计，2004年和2005年，OECD国家的其他新型可再生能源分别占全球的66.1%和67.9%，2005年比1973年上升了6.5个百分点；水电分别占全球的45.1%和44.5%，2005年比1973年下降了27个百分点。2004年，76.4%的传统CRW主要分布在亚洲的非OECD国家（不含中国）、非洲等地（见表5）。

表5　　世界可再生能源的地区分布（2004年）　　（单位:%）

	CRW	水电	其他新型可再生能源
OECD	14.6	45.1	66.1
中国	19.2	12.6	
非OECD亚洲①	33.0	6.8	26.0
拉丁美洲	7.6	21	3.5
非洲	24.2	3.1	
苏联		8.8	0.6
中东	1.3		1.4
非OECD欧洲		2.6	

注：①不包括中国。

资料来源：IEA：《Renewables in Global Energy Supply》，2007。

从能源消费结构来看，OECD 国家较多依赖石油能源，较少使用煤炭，核电的份额明显高于世界平均水平。1973～2006 年，OECD 国家的最终能源消费中，煤炭和石油产品的比重明显下降，电力、天然气、其他新型可再生能源的份额均有提高。其中，石油产品占全部能源消耗的份额从 1973 年的 56.6%降至 2006 年的 51.8%，煤炭消耗的比例从 10.1%降至 3.5%，电力的比重从 11.4%增至 20.3%，其他新型可再生能源和 CRW 的份额分别增加 1.1 和 0.9 个百分点（见表6）。尽管发达国家的新型可再生能源供应量占世界的60%以上（2004 年为66%），但由于其能源消耗量较大，其他新型可再生能源在能源消耗结构中的比例仅 2%左右，仍然低于世界平均水平。

表 6　　　　OECD 国家最终能源消耗结构变化

	1973 年		2005 年		2006 年	
	世界	OECD	世界	OECD	世界	OECD
总量（Mtoe）	4672	2839	7912	3853	8084	3824
石油产品（%）	48.1	56.6	43.4	51.9	43.1	51.8
煤炭（%）	13.3	10.1	8.3	3.3	8.6	3.5
电（%）	9.4	11.4	16.3	20.0	16.7	20.3
天然气（%）	14.4	18.2	15.6	19.2	15.3	18.7
CRW（%）	13.2	2.9	12.9	3.5	12.9	3.8
其他①（%）	1.6	0.8	3.5	2.1	3.4	1.9

注：①其他可再生能源包括地热、太阳能、风能等。

资料来源：IEA：《世界主要能源统计 2007》和《世界主要能源统计 2008》。

OECD 国家的风电和太阳能光伏发电居世界前列。如表 7 所示，截至 2005 年年底，在太阳能光伏发电领域，德国位于世界第一，日本、美国居世界第二位和第三位，装机容量分别为 142.9 万千瓦、142.1 万千瓦和 47.9 万千瓦；在风电领域，德国位居第一，西班牙和美国位居第二位和第三位，装机容量分别为 1 842 万千瓦、1 002 万千瓦和 914.2 万千瓦。一些发展中大国的部分新型可再生能源利用进入世界前列。如，中国在太阳能热水器和沼气等方面名列世界第一，巴西的生物乙醇位于世界第一位。

表7　主要国家的太阳能和风能装机容量（2005年12月31日）

太阳能光伏发电			风力发电		
	容量（万千瓦）	占比（%）		容量（万千瓦）	占比（%）
①德国	142.9	38.7	①德国	1 842	31.1
②日本	142.1	38.5	②西班牙	1 002	16.9
③美国	47.9	13.0	③美国	914.2	15.4
④澳大利亚	6.1	1.6	④印度	443.4	7.5
⑤西班牙	5.7	1.6	⑤丹麦	312.7	5.3
⑥荷兰	5.1	1.4	⑥意大利	171.7	2.9
⑦意大利	3.8	1.0	⑦英国	134.2	2.3
⑧法国	3.3	0.9	⑧中国	126.0	2.1
⑨瑞士	2.7	0.7	⑨荷兰	121.9	2.1
⑩奥地利	2.4	0.6	⑩日本	115.0	1.9
世界共计	369.7	100	世界共计	5 920	100

资料来源：日本新能源与产业技术综合开发研究机构（NEDO）：《日本的新能源政策》。

4. 在战略选择上，节约能源优于可再生能源的开发利用，发展中国家节能的潜在效率大于发达国家。由于成本较高以及受自然环境约束等原因，新型可再生能源的价格竞争力不足。如风能、太阳能容易受气候环境局限，利用效率不稳定；生物燃料将大量消耗粮食，导致粮价上升等等。加上一些新型可再生能源技术还不成熟，处于试验阶段和发展初期，没有实现商业化利用。因此，许多国家采取节约能源优先于发展可再生能源的战略。据IEA的统计测算，节约能源投资的效率是2倍（即在高能效的电气设备、家电和建筑物上多投资1美元，至少可节约2美元的电力投资），节约能源投入的回收期一般在1~8年。由于发展中国家的能源利用效率较低，其节约能源的潜在效率较高。越是能源利用效率低的国家，节约能源效率越高，节约能源投资的回收期越短。

5. 各国因地制宜开发可再生能源，其发展方向是利用可循环的自然资源和废弃资源。由于能源结构、资源结构和发展阶段不同，各国开发利用可再生能源的重点和优先顺序不同。如，美国、巴西的土地面积大，农业竞争力较强，大力发展种植原料的生物燃料，巴西发展甘蔗乙醇，美国则以玉米乙醇为主。欧洲的油料作物较多，主要发展生物柴油。德国则主要发展风电和太阳能发电。又如，日本的资源短缺，大部分能源依靠进口，其能源结构调整的方向是降低石油消耗比例，大幅度提高核电、天然气的比例，适度增加可再生能源的份额。日本发展可再生能源的重点是充分利用可循环自然资源和废弃可再生资源，如垃圾发电、太阳能、风电等。不少国家在发展可再生能源时，采用循环技术，如，生物质发电采取热电联产方式，利用工业废液生产生物能源等。

6. 技术进步和研究开发推动新型可再生能源的发展，环境保护成为重要决定因素。

目前，国际上可再生能源技术研究开发的重点有两方面。一是改进可再生能源技术，不断降低成本，促进商业化和规模化发展。如，风力发电技术已成熟，为了进一步降低成本和提高效率，一些国家研究开发更大规模的风力发电设备，单台风力发电机的容量从600千瓦～750千瓦增加到2 000千瓦，现在又在开发4 000千瓦～5 000千瓦的风力发电机。与此同时，国际上的风电成本从1981年的15.8欧分/KWH降至1995年的5.7欧分/KWH，2005年又降至4欧分/KWH。二是探索新的可再生能源。为了发展非粮生物液体燃料，国际机构、有关国家政府以及大型能源公司支持纤维素燃料乙醇技术的研究开发，部分领先技术已进入小型试验厂阶段。

除了技术和经济可行性外，环境保护正在成为决定可再生能源技术优先顺序的重要因素。为防止使用可再生能源带来新的环境问题，一些国家和国际机构对可再生能源开展全寿命期的能源转化效率和环境效果评估。如，当巴西和美国宣布大量发展生物乙醇时，联合国公布了一份题为“可持续能源：决策者框架”的报告，指出尽管使用生物燃料可以减少排放，为贫穷国家提供就业机会，但生产过程会对环境产生危害，还可能因过多占用土地和粮食而引发社会问题，抵消其积极作用。又如，IEA根据2030年全球减排的目标，优化发展替代能源的方案。

7. 制定新的能源计划，加快发展可再生能源和其他新能源。2007年以来，一些发达国家政府纷纷制定新的能源计划，加速发展可再生能源和核电。如，美国国情咨文报告中提出，通过开发替代能源和提高能效，将汽车耗油量压缩20%，重点发展生物质能源、氢能和太阳能等可再生能源。美国能源部已申请增加发展可再生能源的财政预算。欧盟出台新能源政策，大幅度提高可再生能源在能耗中的比例，明确到2020年风能、水电和太阳能的消耗比例将提高到20%，生物液体燃料占汽车燃料的10%，可再生能源发电占全部电力生产量的32%～40%。日本通过了一项能源政策修正案，强调开发下一代核电技术，加快发展核电，核电占电力需求的比例将从目前的30%提高到2010年的40%。

（二）世界可再生能源的政策取向

1. 政府在新型可再生能源产业发展中的作用因阶段而异。根据国际经验，政府重点支持技术研发和示范项目，培育市场。由于新型可再生能源技术的R&D投入较大，初期利用成本较高，相对于其他传统能源没有竞争力，若没有政府支持，难以发展起来。因此，需要政府大力支持。发达国家政府不仅支持可再生能源技术的研发活动，而且特别重视新技术的示范和推广。如，日本建立了研究开发和示范、推广（RD&D）三位一体的新能源技术开发、示范和推广体系。当技术成熟后，政府则采取补助生产者和用户的方式扩大可再生能源市场，引导社会资金投向可再生能源，推动可再生能源的商业化、规模化发展。

2. 科学决策，制定长期战略和发展规划，保持政策稳定性和可预见性。一是做好前期可行性分析和技术储备。各国政府在研究开发和技术储备方面发挥积极作用，通过政策引导市场，企业根据市场选择是否产业化和商业化。二是进行外部影响分析，确定技术发展的优先顺序。目前，一些国家采取全寿命期的能源效率和环境影响评价、能源外部成本计算、相关行业影响分析等方法对各种可再生能源进行环境和能源效率的比较研究，择优发展。三是制定发展战略和规划，明确目标，保持政策稳定性和透明性。政策波动不利于私营企业参与可再生能源的市场化发展。在大多数情况下，可再生能源的税收优惠政策持续8～20年。如，美国从20世纪70年代末就开发实施乙醇部分替代石油的战略，制定了相关法律和扶持政策，对乙醇汽油的生产和使用给予财政补贴；2005年出台《新能源法案》，继续鼓励发展生物液体燃料，提出到2012年利用燃料乙醇和生物液体燃料的数量将达到75亿加仑/年。

3. 供给政策与需求政策相结合，可再生能源市场的快速增长是多项政策组合的结果。一方面，各国政府通过大力支持可再生能源技术的研发和试验，补贴可再生能源的供应者，或政府直接投资兴办企业，增加技术和能源供应能力。如，德国政府高价回收居民家中多余的光伏电力，刺激居民安装光伏发电装置；日本为鼓励利用新能源的投资，对采购和使用可再生能源的设备实行特殊折旧，折旧率为采购价的30%，并减免采购光伏发电设备、风力发电设备、生物质能发电设备的固定资产税等。

另一方面，通过政府采购、补助使用者等政策，培育可再生能源的市场。日本政府从鼓励需求出发，培育新能源市场。2005 年，日本的燃料电池汽车开始引入市场，经济产业省购买了 3 台；美国联邦政府对使用乙醇汽油实行消费税减免，以鼓励使用生物乙醇，并且根据石油价格的高低对销售燃料乙醇的加油站进行价格补贴等。

4. 指令性计划与市场导向相结合，通过立法实行强制性配额政策，建立绿色能源交易市场。不少国家采取了强制配额制度，要求能源公司利用和购买一定比例的新型可再生能源。英国、澳大利亚、日本等国实行可再生能源强制性市场配额政策；德国、丹麦、法国、西班牙等国采取优惠的固定电价收购可再生能源发电量。日本有关法律规定，2003 年起，每个电力从业者必须利用一定量的新能源，包括风能、太阳能、地热、1 000 千瓦以下的小水电等。计划到 2010 年，全部电力从业者利用新能源的平均比例要达到 1. 35% 以上，全国利用新能源电力 122 亿千瓦时（KWH）。

瑞典实行绿色电力交易证书制度。一方面，规定电网中必须有 15. 1% 的绿色电力；另一方面，允许有能力的企业多发展绿色电力，进行市场交易。这样既鼓励企业开发和利用可再生能源，又通过市场定价，防止盲目开发和过度开发。在交易中，政府并不补贴电价，由生产和购买企业协商定价[①]。

5. 外部效益和成本内部化，提高可再生能源的竞争力。可再生能源的规模化和产业化发展是以市场为基础的，必须克服技术导向的政策体系。国际上的成功经验表明，政府在支持新兴可再生能源技术产业化发展时，要保持生产者的收入能够补偿成本。一方面，通过资助研究开发、成本补贴、减免税、提高收购价格等政策，实现可再生能源的外部效益内部化，使民间供应者能够盈利。即使其他能源价格较低，也要保持新型能源的价格或收入不受影响。另一方面，通过提高资源使用环节税和环境污染税等，将使用污染能源的社会成本内部化。如，对二氧化碳排放收税，增加常规能源的使用成本，提高清洁可再生能源的市场竞争力。

6. 开放式发展，利用贸易和海外投资优化能源结构，降低获得可再生能源的成本。一些资源单一或有限的国家，通过贸易优化能源结构，进口或到其他国家开发清洁、可再生能源。丹麦的石化能源资源有限，通过发展清

---

① 田杰棠："北欧国家利用生物质发电的现状、政策与启示"，载于国务院发展研究中心《调查研究报告》，2007 年。

洁煤技术，出口高价的石油天然气，进口低价煤炭，以满足本国能源需求；日本的土地资源紧缺，从巴西等地进口生物乙醇；一些欧盟国家为了满足欧盟规定的利用生物柴油的份额，纷纷到海外投资建厂发展生物柴油。如，奥地利碧路公司已经在中国投资 8 200 万欧元，建设年生产能力 25 万吨的生物柴油工厂，并计划建设更多的生物柴油生产企业；英国和德国企业则在东南亚地区投资建厂，利用棕榈树发展生物柴油。

7. 建立产业体系。为了促进可再生能源技术进步和产业化发展，许多国家十分重视可再生能源人才培养、研究开发和产业体系建设，建立专门的研究机构，支持开展可再生能源科学研究、技术开发和产业服务等工作。加强软件基础设施建设，通过制定相关标准促进技术应用和推广，实现可再生能源产业化、规模化发展。

二、我国可再生能源发展现状与政策取向

目前，我国能源消耗占世界 1/10 左右，石油产品进口约占国内油品消耗量的 48%；煤炭消费量接近一次能源消费总量的 70%，二氧化碳排放增量占世界的 39%，为世界第二，仅次于美国。因此，发展清洁的可再生能源是确保我国能源安全和缓解减排压力的重要举措。

我国有丰富的可再生能源资源。在过去的十几年中，新型可再生能源（新型可再生能源包括风能、太阳能、地热、潮汐、生物质发电和液体燃料等）的开发和利用得到长足发展。随着石油价格快速上升，风能、太阳能和生物质能等可再生能源的市场竞争力有所提高，产业发展步伐加快。2005 年《中华人民共和国可再生能源法》颁布，2007 年《可再生能源中长期发展规划》发布，明确了可再生能源发展的指导思想、主要任务、发展目标、重点领域和保障措施，我国可再生能源的发展进入了新阶段。

（一）我国可再生能源的开发利用现状

1. 可再生能源在能源消费中的比重提高，但新型可再生能源的份额较低，处于补充地位。2005 年以来，我国可再生能源的开发利用保持连续快速增长。2005 年、2006 年和 2007 年，可再生能源（不包括传统方式利用的生物质能）年利用量分别为 1.66 亿吨标准煤、1.8 亿吨标准煤和 2.2 亿吨

标准煤，约占我国一次能源消费总量的7.5%、7.4%和8.2%①；2006年，风能、太阳能和生物质能等新型可再生能源仅占0.93%（见表8）。

表8　我国可再生能源占能源消费比例2006年、2005年消耗量

	2006年		2005年	
	消耗量（万吨标煤）	占一次能源消费比例（%）	消耗量（万吨标煤）	占一次能源消费比例（%）
可再生能源	18 165.8	7.4	16 600	7.5
其他新型可再生能源	2 288.0	0.93	2 800	1.2
其中				
热利用	1 688.2	73.9		
发电	452.1	19.8		
生物质燃料	142.6	6.2		

资料来源：2006年数据来自李俊峰：《中国可再生能源政策框架》，中国可再生能源协会，2007年1月；2005年数据来自《可再生能源中长期发展规划》，发改能源［2007］2174号。

近两年，在可再生能源中，水电和风电增长较快，其装机容量分别增长13%和94%。由于煤电装机容量也快速增长，可再生能源发电装机容量占总装机容量的份额相对稳定。2006～2007年，我国可再生能源发电与核电的装机容量之和约占全国总装机容量的22.3%和22.6%，其中水电装机容量为1.28亿千瓦和1.45亿千瓦，占20.6%和20.3%，核电占1.1%和1.2%（发电量比重约占2%），风电约占0.4%和0.8%。与世界平均水平相比，我国可再生能源发电占电力供应的比例较高，核电则远低于15%的世界平均水平。

2. 可再生能源的利用总量居世界前列，相对强度（相对强度为新型可再生能源占总能源的比例）达到世界中高水平。2005～2006年，我国可再生能源投资约为60亿美元，成为世界上在该领域投资最多的国家之一。2005年，我国可再生能源利用量（不包括传统方式利用可再生能源）约占世界的13%，能源消费量中可再生能源的比例高于5.7%的世界平均水平。目前，我国太阳能热水器和沼气利用居世界首位；生物质液体燃料的生产能力超过100万吨，居世界第三位；2007年，我国的并网风力发电装机容量

① 李俊峰：《中国可再生能源政策框架》，中国可再生能源协会，2007年1月。

为403万千瓦，居世界第五位；太阳能光伏电池的生产能力为80万~100万千瓦，2006年产量为38万千瓦，占世界的16%，仅次于欧盟和日本①（见表9）。

表9　　我国主要可再生能源发展的国际比较

	世界总量	中国
水电	2005年年底：装机容量8.5亿千瓦，新的水电建设主要在发展中国家	2005年年底：装机1.17亿千瓦，占世界13.7%；发电1 300亿千瓦小时
家庭沼气	超过2 000万户，印度500万户，尼泊尔143万户	2005年年底：1 800万农户沼气池，年产气10亿立方米；大型沼气工程700多处，年产气80亿立方米，均为世界第一
太阳能热水器	2005年：8 800万千瓦，总集热面积1.4亿平方米	2005年：6 800万千瓦，集热面积8 000万平方米，占世界60%以上；年产量1 500万平方米，生产量和保有量均居世界第一
生物液体燃料	2005年：3 000万吨（1 620万吨油当量），其中巴西48.6%，美国44.7%；生物柴油200万吨	2005年：生物乙醇102万吨（64.3万吨油当量），居世界第三，占3%；生物柴油5万吨
风电	2005年：装机容量6 000万千瓦，2001~2005年平均年增长30%	2005年年底：并网风电装机容量126万千瓦，占世界2.1%，居第8位；离网发电机组25万台，5万千瓦
生物质发电	2005年：装机容量5 000万千瓦，主要集中在北欧和美国	2005年：装机容量约200万千瓦，占世界4%，其中蔗渣170万千瓦，垃圾20万千瓦，其余为农林废弃物
光伏发电	2005年年底：累计安装量600万千瓦，日，德、美占88%；光伏电池生产能力为120万千瓦，太阳热发电装机容量40万千瓦	2005年年底：累计安装7万千瓦；光伏电池生产能力超过30万千瓦，产量14.5万千瓦，居世界第三。2006年，光伏电池产量38万千瓦，占世界的16%
地热	2005年年底，地热发电总装机容量900万千瓦，主要集中在美国，冰岛和意大利等国	主要是地热利用，地热发电尚未规模发展
海洋热	发电装机容量30万千瓦	

资料来源：根据《可再生能源中长期发展规划》、《中国能源发展报告2007》及李俊峰，时璟丽“我国可再生能源技术的现状与发展”整理。

---

① “中英太阳能高层研讨会：太阳能电池有望步入低成本时代”，http：//www. cas. ac. cn/html/Dir/2008/03/06/15/61/16. htm。

3. 可再生能源的开发利用多样化，对减排发挥了一定作用。我国可再生能源的门类齐全，从生物质能、水电、风能、太阳能热和发电到地热，已经实现可再生能源供应多元化。其中，热利用居首位，发电次之，汽车燃料为第三。2006年，热利用占可再生能源的74%，可再生能源发电占20%，生物质液体燃料占6.2%；可再生能源发电达到429.63太瓦时（TWH），除了水电以外，生物质和风力发电居可再生能源发电的第一、二位，分别占20%和9%①。汽车燃料相对单一，以生物乙醇为主。

据估算，2005年我国可再生能源利用量为1.66亿吨标准煤，可实现年减少二氧化硫排放300万吨，减少二氧化碳排放4亿多吨。

4. 部分可再生能源领域的供应方以大中型国有企业为主，资源企业向下游深加工环节延伸，实现一体化发展。目前，一些大型国有企业在可再生能源领域发挥重要作用。如，中粮集团收购、参股4家生物乙醇企业，并投资建设以木薯、甜高粱为原料的生物乙醇加工项目；五大发电集团、中国节能投资公司等国有大型电力企业纷纷投资风电和生物质直燃发电，仅国电和大唐电力两家国有电力企业的风电装机容量就占全部风电的约50%。

5. 建立配套和服务体系，形成产业链。我国在开发利用可再生能源的同时，注意设备国产化和发展配套服务体系，带动相关产业发展。在“九五”和“十五”时期，国家有关科技计划和装备国产化计划支持风电技术研究开发和设备制造国产化攻关。为了降低风电成本，2005年开始，风电建设项目实行特许经营权招标，要求风电设备国产化率达到70%以上。2003年以前，我国曾经两次大规模建设农村沼气，都因缺乏服务体系而不可持续。2003年第三次大规模发展农村沼气时，把建立配套和服务体系也纳入发展规划。

（二）新型可再生能源处于不同发展阶段

总体来看，我国各种新型可再生能源技术和产业化发展可分为四个阶段。

1. 利用规模居世界前列，已形成较为完整的产业体系。

（1）太阳能热利用是我国最早实现产业化、规模化发展的可再生能源

① 李俊峰：《中国可再生能源政策框架》，中国可再生能源协会，2007年1月。

之一，太阳能热水器产量和保有量均居世界第一。2005 年，我国太阳能热水器装置保有量为 7 500 万平方米，占世界总保有量的 76%，相当于 640 万千瓦电力装机容量，每年可替代 1 100 万吨标准煤。目前，我国有 1 000 多家太阳能热水器生产企业，就业 20 万人，年生产能力约 1 500 万平方米。

(2) 我国沼气开发利用已经有几十年的历史。2003 年，农村户用沼气建设被列入国债项目，年投资规模超过 10 亿元，基本实现产业化发展。沼气系统及其零部件基本实现了标准化生产和专业化施工，大部分地区建立了沼气技术服务机构。大中型沼气工程工艺技术成熟，已形成了专业化的设计和施工队伍，服务体系基本完备，具备了大规模发展的条件①。截至 2005 年年底，全国户用沼气达到 1 800 万户，大型养殖场沼气工程 700 多处，年产沼气约 80 亿立方米。

2. 技术比较成熟，进入产业化发展阶段。

(1) 风电技术趋于成熟，上网电价接近常规电力的水平。截至 2007 年年底，累计装机容量 600 万千瓦，大部分风力发电机单机容量为 600 千瓦～1 500 千瓦。离网的小型风力发电机约 32 万台，总容量约 6.5 万千瓦，主要为西部偏远地区的家庭供电。2004 年以前，风力发电的平均上网电价为 0.72 元/千瓦时（KWH）；2005 年以后，平均上网电价为每度 0.47 元，接近部分地区的常规电价。

目前，我国有 30 多家风力发电机制造商，可以批量生产 750 千瓦以下的风力发电机；1 000 千瓦以上的机组正在研制和试验中，已建成几座发电机容量为 1 200 千瓦和 1 500 千瓦的风力发电示范场。与国际先进技术相比，我国大型风力发电机的设计和制造还存在一定差距，主要问题是单机容量小，关键技术依赖进口，零部件质量有待提高。

(2) 2002 年以来，我国开始以消化陈化粮为原料生产燃料乙醇的试点。2006 年年底，生物乙醇生产能力约 102 万吨，其中 80 多万吨以玉米为原料，20 万吨以其他粮食和薯类为原料。现行技术工艺的玉米转化率为 30%，年产 100 万吨乙醇约消耗玉米 300 多万吨，占全国玉米产量的 2%～3%。随着石油价格高涨，国内出现了盲目扩大粮食生物乙醇生产规模的倾向。为了不与民争粮争地，2006 年年末，国务院及时采取措施限制发展以粮食为原料

---

① 李俊峰、时璟丽："我国可再生能源技术的现状与发展"，《中国电力》，2006 年 10 月。

的生物乙醇，鼓励发展以非粮作物为原料的生物乙醇。

3. 技术基本成熟，成本较高，市场开发相对滞后。太阳能光伏发电技术已可以产业化，但发电成本为4~6元/千瓦时（KWH），大约是我国常规电力成本的10倍左右[①]。因此，在我国，太阳能光伏发电主要用于解决新疆维吾尔自治区、西藏自治区等偏远无电离网地区的居民用电，还有一部分是通过政府采购进行道路照明，除此之外尚未大规模利用。北京、上海等少数城市正在进行太阳能建筑试点。

在德国、日本、美国等少数发达国家的需求拉动下，我国光伏电池生产能力迅速扩张。截至2005年年底，晶体硅及硅片、光伏电池、光伏电池组件生产能力分别达到200兆瓦（MW）、243兆瓦（MW）和400兆瓦（MW），居世界第三位。

目前，我国光伏产业链的发展不平衡。一方面，大量出口硅土资源和光伏电池与组件，电池组件产品95%以上出口国际市场；另一方面，进口高纯度晶硅材料，电池生产线基本依靠进口。

4. 技术尚未成熟，正在进行技术探索或产业化试验。甜高粱、木薯等非粮生物乙醇正在研制、规划、建设中；纤维素乙醇和薄膜太阳能电池技术正在研究和试验中。

（三）我国新型可再生能源发展中存在的主要问题

1. 缺乏科学论证和准确资源评估，部分领域盲目发展，政策不稳定。一是论证和规划不充分，有些项目刚上马就被叫停。如，2002年以消化陈化粮为主要目的，在少数地区开展燃料乙醇的试点项目，逐步扩大到5省和27个城市。石油价格上升后，出现盲目投资的倾向，2006年12月开始急刹车。

二是缺乏系统准确的资源调查和评估。如，全国进行了两次风力资源普查，但仅有气象台10米高度的测风资料，不能满足发展风电的需要。根据这个评估建成的风力电站，平均发电小时数远小于国外电场。又如，许多专家提出各种非粮液体燃料方案，但没人对各种原料的种植面积、收集和运输等问题进行详细准确的评估和论证。

① 戴建军："以技术创新推进光伏产业发展"，载于《国务院发展研究中心调查研究报告》，2008年第37号。

三是缺少环境影响分析。我国在作开发利用替代能源的决策时，很少进行全寿命期内的环境和能源转化效率分析。有些可再生能源在使用环节的节能环保效果较好，但从原料生产到使用的全过程效果并不一定好。如，有国际机构认为，如果考虑种植过程使用化肥和生产、运输过程的排放等因素，粮食生物乙醇全寿命期的环保效果并不明显。又如，目前我国太阳能光伏电池制造业的规模迅速膨胀，以出口为主把高耗能、高污染的制造环节留在国内，而输出清洁能源效益。

2. 部门分散管理，各自为战，缺乏统一协调机制。在条块分割的管理体制下，可再生能源产业的各个环节分散在不同的部门管理。例如，生物质能的开发利用分散在各个部门，沼气的开发利用归农业部管，生物燃料归国家发展和改革委员会工业司管，秸秆发电归国家发展和改革委员会能源局管，每一个部门都在全国 3 亿吨秸秆的基础上规划项目，结果“一女多嫁”，导致资源短缺，成本上升。

技术标准滞后，产业体系不健全。如，《可再生能源法》确定了鼓励发展生物柴油，但因没有生物柴油标准，生物柴油不能进入销售主渠道；风电设备制造缺少检测体系等。

3. 研究开发投入不足，缺少核心技术，资源利用效率不高。我国可再生能源的研发支出逐年增加，但投入量与实际需要相差甚远。“十五”期间，科技攻关计划、863 计划、973 计划和产业化计划等国家科技计划，共安排 10 多亿元资金，支持光伏发电、并网风电、氢能和燃料电池等领域先进技术的研发和产业化。总体来看，我国新能源的研发投入与发达国家有较大差距。2007 ~ 2008 年，为了支持以木屑和柳枝稷为原料的生产纤维素乙醇技术的研究开发，美国联邦政府安排了 2. 71 亿美元预算经费。我国在部分领域实现了设备制造国产化，但因不掌握核心技术，资源利用效率较低。美国 GE 公司风电设备在 12 ~ 25 米/秒风速区间可以满负荷发电，而国产风电设备满负荷发电的风速区间仅为 15 ~ 19 米/秒；国产的各类光伏电池的效率普遍与国际先进水平相差 4% 左右。

4. 行政手段多，政策力度不够。目前，大部分新型可再生能源的开发利用主要靠行政办法推动，缺少适用的经济和价格手段。一是政策力度不够，有些相对滞后。我国还没有像一些发达国家那样对能源企业制定强制性的绿色能源比例。我国的《可再生能源法》把生物柴油作为生物质可再生能源，列入鼓励发展的范畴，但没有制定生物柴油标准，使其难以进入正常销售渠道。

二是需求政策不到位。我国对可再生能源的补贴主要补在生产环节。而一些市场经济国家不仅补贴供应方，还补贴用户。美国在鼓励发展生物乙醇时，除了对生产环节的建设投资和原料消耗进行补贴外，为了鼓励消费，减免使用生物燃料的消费税，对燃料混配中心进行一定补贴。

三是有些政策变化较快。1994 年起，我国的风电上网电价基本上采取按发电成本加还本付息、合理利润原则，高于电网平均电价的价差在全网均摊①。1999 年，《关于进一步促进风力发电发展的若干意见》要求电网企业以物价部门批准的上网电价全部收购风电电量，其电价高于电网平均电价的部分在全省（区、市）电网范围内均摊。2005 年开始实行招标电价，一些大企业为了获得风电资源，不惜压价，平均上网电价从 2004 年以前的 0.78 元/KWH，降至 0.48 元/KWH，有的甚至降到 0.382 元/KWH。价格过低不利于社会资金进入。

四是能源价格不能反映稀缺性，税收机制不能反映外部影响。市场经济国家的能源消费支出中含有较高的能源消费税和碳税等环保补偿性税收。而我国的资源税普遍较低，对碳排放不征补偿税。特别是成品油和电力价格控制低于国际市场价格甚至国内生产成本的水平，不仅导致能源消费畸形，而且不利于鼓励可再生能源的发展。

5. 市场化程度较低，许多领域实行准入限制，难以调动社会力量发展可再生能源。我国能源行业的集中度较高，以国有企业为主。加上有些行业实行严格的政府管制，特别是大部分可再生能源属于试点阶段，需要政策性补贴，实行审批制，相当一部分可再生能源供应企业是国有控股或国有股份公司，民营企业很难进入。如，一些民营企业生产非粮生物柴油，不需要政府资助也能盈利，但因没有销售许可证，只能做“黑户”，在农村市场“非正规渠道”销售。

大型国有企业在发展可再生能源和替代能源中发挥了重要作用，其主要优势是资金实力强，可以减少国家的直接补贴，又可以快速发展。不利的一面是，有些企业为了占领市场或获得声誉，往往不计成本，不惜代价，其行为不能真正反映市场规律，可能扭曲市场信号。

---

① 戴建军：“中外风电产业支持政策比较”，载于《国务院发展研究中心调查研究报告》，2008 年第98 号。

6. 重规模，轻效率。目前，一些地方政府和企业注重扩大规模，忽视资源利用效率。有些项目前期准备和论证不足，上马后，开工不足，效率低下。如，有些地方的生物质发电企业因原料短缺，处于亏损状态。又如，近两年我国的风电装机容量快速增长，但电网能力不配套发电量的增长低于装机容量的增长，2005～2007 年，我国的风电装机容量增长了约 3.6 倍，而发电量仅增长了 2.4 倍。为了保持新型可再生能源产业的可持续发展，在扩大开发利用规模的同时，要提高资源利用效率，防止追求规模而忽视效率，造成资源的浪费。

7. 碳交易有待进一步规范和发展。目前，我国的碳排放交易实行审批制。碳排放交易方面的主要问题，一是国内没有建立碳排放交易市场。碳交易主要由国内企业与外国机构和企业直接交易，成为企业的个体行为，交易价格偏低，随意性较大。二是国内缺乏有经验的中介机构或组织为企业进行咨询和交易服务。现在，不少外国机构到我国来包装企业的减排项目，拿到国际上交易。据有关方面估计，国内成交的价格是国际市场转手价格的 50%。如果我们能够把国内相关减排项目集中打捆到国际市场进行交易，可以降低交易成本，提高收益。三是碳交易主要成为企业获得补充收入的手段，尚未成为政策工具。一些市场经济国家把碳排放交易作为鼓励发展可再生能源的重要政策工具。开展绿色证书交易，鼓励社会各界进行可再生能源的投资。

（四）关于发展新型可再生能源的几点建议

1. 开展系统的资源调查和评估，加强统筹协调规划。一是加强可再生能源的资源普查和可利用程度的评估，合理确定可运用的资源规模，减少利用可再生能源的不确定性和风险。二是在综合考虑各种利用方式的基础上科学规划，制定长期稳定的开发和利用政策。如，秸秆利用要统筹考虑集中工业化利用与农户的需要，合理处理秸秆发电、农村沼气和饲料等多种用途的关系。三是加强产业链的协调发展，防止能源消耗和污染留在国内，节能效益流向国外。采取必要的政策措施，减少太阳能光伏电池制造业造成的能耗和污染。

2. 建立科学决策体系，进行全寿命期内的能源效率和环境评估。发展可再生能源不能耗费更多的能源去获得另一种能源，也不能为了获得一种能源而牺牲环境。因此，要建立新能源全寿命期内能源转化效率和环境影响评价指标体系，在技术可行性的前提下，根据能源效率和环境影响确定可再生能源技术的优先顺序和优惠政策。优先利用可循环自然资源和废弃物，把发展新型可再生能源与循环经济和环境保护结合起来。

3. 加大研究开发投入，建立研究开发与示范、推广体系。目前，大部分新型可再生能源的技术尚不成熟，有些虽已产业化，但还需要通过技术进步提高效率和降低成本。因此，要进一步加大对可再生能源技术研究开发的投入，完善技术开发和推广体系。一是借鉴日本研究开发、示范和推广三位一体的管理办法，建立研究开发、中试和技术推广相结合的新型可再生能源技术研究开发规划体系；制定技术路线图，增加新能源技术开发计划的透明度和引导性。二是加强中间试验示范。为了减少技术风险，避免不必要的浪费，新研制的设备和系统应经过严格的试验和考核，再批量用于工程。三是分清政府和企业的责任，建立政府和企业有机结合的投入机制。政府重点支持基础性研究和实验示范，企业根据政策导向和市场需求决定是否实现商业化和规模化发展。四是加强共性技术的研究开发，提高研究开发投入的效率。五是加快和完善新型可再生能源的技术标准、设备检测和技术服务等配套体系，引导市场和支持市场发展。如，加快制定生物柴油的标准，促进进入正规流通领域；完善农村沼气服务体系，保证农村沼气的持续发展。

4. 健全激励和补偿机制，促进能源消耗的外部效益和成本内部化。目前，与传统能源相比，大部分新型可再生能源的研发支出、固定资产投资和运行成本高，财务效益低，价格竞争力弱，但具有环境保护等外部效益。因此，要借鉴国际和国内已有的做法，进一步完善环境补偿机制，将使用传统能源的外部成本和可再生能源的外部效益内部化。一些市场经济国家对一些污染能源的使用征收碳排放税；而我国已在8个煤炭主产省开展煤炭资源有偿使用制度改革试点，建立煤炭开采综合补偿和生态环境恢复补偿机制；核电站在运营期征收核废料处理费，将外部成本内部化等。

5. 细化和稳定政策，调动各方面的积极性，开拓新型可再生能源市场。要进一步细化政策措施，把政策落到实处。落实风电入网最后一公里线路的建设责任；加强需求政策，补贴用户，鼓励使用新型可再生能源；通过制定标准，开拓市场；调动大企业社会责任和高收入人群的环保意识，发展新型可再生能源市场，如日本的太阳能建筑最初在高收入人群居住区进行试点，上海也曾开展绿色能源计划试点等。

同时，要防止政策波动。为了保持产业的可持续性，不能因传统能源价格的短期变化而改变鼓励可再生能源的优惠政策，不要过早压低新型可再生能源的价格。

6. 建立碳交易市场，加强对碳交易的管理。一方面，要规范交易规则，发展碳交易的中介机构，提高我国企业在交易中的谈判能力，确保合理的交易价格；另一方面，借鉴国际经验，建立绿色能源交易机制，把碳交易与激励发展清洁新能源政策结合起来，调动全社会发展和利用清洁能源的积极性。

7. 发展可再生能源与促进农村经济和西部开发结合起来。目前，许多可再生能源的资源分布在农村和西部地区，薯类、甜高粱等非粮农作物和小桐子、黄连木等生物质能原料大都适合荒地、西部地区和山区，风能大部分在中西部和贫困地区等。在保证粮食用地的情况下，发展非粮生物质能燃料可以增加农民收入，适度发展粮食加工生物质燃料有利于在粮食过剩时，稳定粮价和农民收入。因此，制定可再生能源政策时，要统筹考虑如何提高贫困地区和农民的收入。

加强规划与组织实施，促进新能源技术的开发利用*

新能源是重要的替代能源。大部分新能源［有核能、氢能、燃料电池，以及新型可再生能源（包括太阳能、风能、生物质能等）］，特别是新型可再生能源的技术尚不成熟，技术进步是促进新能源发展的重要动力。目前，新型可再生能源的技术进步和成本降低，在很大程度上得益于研究开发和示范活动。

一、我国新能源技术研究开发的现状与问题

（一）我国新能源研究开发活动的主要特点

1. 新能源领域的研究和开发（R&D）投入不断增加，但份额较低。2001～2006年，财政科技预算中可再生能源的R&D支出从0.53亿元增加到3.25亿元①。“十五”期间，科技攻关计划、863计划、973计划和产业化计划等国家科技计划，共安排10多亿元资金，支持太阳能光伏发电、并网风电、太阳能热水器、氢能和燃料电池等领域先进技术的研发和产业化。但总体来看，我国的新能源技术发展水平与发达国家有较大的差距，资金投入力度甚至还不如一些发展中国家。目前，我国能源行业R&D支出中，传统能

* 本文引自《国务院发展研究中心调查研究报告》，2008年第145期。

① 李俊峰：“中国可再生能源政策框架”，中国可再生能源协会论文，2007年1月。

源占大头。根据2004年的经济普查结果[①]。石油天然气行业的R&D占全部能源行业的41%，煤炭行业占35.4%，电力行业占22.8%，热力和燃气占0.5%，其他占0.3%。

2. 新能源的R&D投入强度高于传统能源。从总体来看，我国能源行业的R&D强度（R&D支出占销售收入的比例）低于工业企业的平均水平，新能源的R&D强度高于能源行业的平均水平，有些则高于工业企业的平均水平。以电力行业为例，2004年经济普查结果表明，我国工业行业的平均R&D强度为0.5%，能源行业为0.22%，其他能源发电（包括太阳能、风能、生物质能等）行业、电池制造业和核电行业的R&D强度分别为0.58%、0.54%和0.35%，均高于电力行业和能源行业的平均水平；而火电和水电等传统能源行业的R&D强度仅为0.11%和0.08%，均低于能源行业和工业企业的平均水平。

3. 新能源技术领域的R&D投入以政府为主。大部分新能源的技术和市场不成熟，政府投入多，企业投入少，政府资金主要投向清洁能源技术和可再生能源等新能源领域，企业的R&D经费主要投向传统能源技术的试验开发。新能源领域的政府科技计划项目比例远高于传统能源领域。根据2004年统计数据，能源R&D项目中，中央政府和地方政府的科技项目仅占10.56%。而在其他能源发电领域，政府科技项目比例高达85.84%，国家科技项目占40.66%，地方政府科技项目占45.18%[②]。

4. 新能源R&D支出中，基础研究优于技术开发和应用，试验示范环节相对薄弱。新能源技术领域政府投入较多，大都投向大学和科研院所，但技术转移和应用薄弱。2003~2007年，我国在三大检索系统中发表的有关氢燃料电池的论文占世界同类论文的8.7%，而专利数量仅占世界的2.2%。同期，我国太阳能晶体硅领域的三大检索系统论文数量占世界的11.08%，发明专利的数量仅占世界的0.88%[③]。与国际上主要新能源利用国家相比，我国新能源技术的基础研究大都居中等以上水平，大学和科研院所的实验室研究与国际水平接近，但应用开发水平不高，研究成果转化滞后；中间试验薄弱，有些新设备没有经过严格的工程验证就大规模投入使用。

①② 本文中2004年经济普查数据均来自高昌林等：《我国能源产业研究开发活动的基本状况研究》，科技部中国科技促进发展研究中心调研报告2006年第67期。下文不再标注。

③ 国家科技部办公厅和国务院发展研究中心国际技术经济研究所编：《2007世界前沿技术发展报告》，科学出版社。

5. 根据发展规模调整 R&D 支出结构。“十五”期间，政府的新型可再生能源 R&D 支出以太阳能和风能为主，太阳能和风能的平均 R&D 份额为 44.6% 和 40.6%，生物质能与海洋能源的平均份额仅 8%。随着风电技术趋于成熟，装机规模不断扩大，国产化程度提高，“十一五”期间，政府对可再生能源 R&D 支出结构进行了调整。2006 年，太阳能的份额增加到 60%，生物质能和海洋能的份额提高到 15%，风能的比例降至 25%（见表 1）。

表 1　　我国政府可再生能源 R&D 投入情况（2001～2006 年）

年份	总投入（亿元）	太阳能（%）	风能（%）	生物质能与海洋能（%）
2001	0.53	43	37	10
2002	0.53	43	37	10
2003	0.53	43	37	10
2004	2.11	47	46	5
2005	2.11	47	46	5
2006	3.25	60	25	15

资料来源：根据李俊峰：“中国可再生能源政策框架”（中国可再生能源协会论文，2007 年 1 月）图表整理。

（二）我国新能源技术开发利用规划与组织实施中存在的主要问题

我国发展新能源大部分从引进技术开始，逐步消化吸收，部分实现了自主化。目前，我国新能源门类较齐全，但与国际先进水平相比，技术及其应用存在较大差距。这个差距不仅是技术上的，在组织实施和管理机制方面也存在问题。

1. 新能源技术的研究开发缺乏长期规划和持续稳定的支持。一方面，新能源技术的研究开发投入相对不足；另一方面，缺乏稳定的研究开发支持。从 20 世纪 50 年代起，我国就开始进行煤制油技术的研究开发，经历了“四上三下”的过程。直到 21 世纪初，仍然没有进行工程化试验。而美国联邦政府对煤制油技术的研究开发和示范项目持续支持了 30 多年，至今还没有规模化和商业化发展。

2. 研究开发与产业脱离，基础研究较多，转化能力较弱，应用滞后。我国新能源技术的研究开发以政府投入为主，大部分国家科技计划项目由大学与科研院所承担。由于大学和科研院所与企业分离，研究成果距离可应用的程度较远，加上缺乏技术转移机制，成果的产业化滞后。从“九五”时期开始，新能源汽车就成为国家“863计划”的重点，是科研经费预算最多的项目。2005年立项的“863计划”中与燃料电池和混合动力汽车相关的项目有60多项，总预算2.5亿元①。但其产业化进程缓慢。

3. 满足于设备制造国产化，缺乏技术储备，不掌握核心技术。在太阳能光伏电池和风电设备制造领域，通过引进技术消化吸收，我国已经基本实现了风电设备和太阳能光伏电池制造国产化，但因没有掌握核心技术，与国际先进水平相比，国产设备和装置的能源转化效率较低。尽管目前我国太阳能光伏电池及组件的加工规模居世界第三位，但不掌握硅材料的核心技术，加工光伏电池及其组件的设备主要靠进口。国外控制硅材料的核心技术，我国引进硅材料生产线，单位产品耗能高；光伏电池的效率普遍与国际先进水平相差4%，国产风电设备的稳定性差，可发电区间小等。

4. 研究开发投入不足，生产工艺较落后。在一些技术比较成熟的领域，已经实现产业化和规模化发展，但研究开发基本停滞。如，太阳能热水器技术成熟，但由于企业分散竞争，研究开发投入严重不足，技术进步较慢，能源利用效率有待进一步提高。

5. 缺少自主创新能力。虽然研究开发投入和专利不少，但是大都是外围技术和非核心技术。因此，我们往往只能制造一些配套设备，核心技术和关键设备还要依靠进口。

6. 技术标准滞后，产业体系不健全。《可再生能源法》确定了鼓励发展生物柴油，但因没有生物柴油标准，生物柴油不能进入销售主渠道；风电设备制造缺少标准和检测体系等。

存在上述问题的主要原因，一是国家的新能源战略目标不明确，政策不稳定，一些研究项目上马又下马。二是没有形成完整的研究开发与示范、推广相结合的体系。由于资源分割，基础研究与成果转化脱节，研究开发与试验示范脱节，技术引进与消化吸收脱节，已有的研究成果和专利没能及时得到应用。由于缺少中试资金，有些新产品没有经过严格的试验考核就批量用于工程。三是缺少共性技术联合研究与利益分享机制，导致一些具有共性的研究项目低水平分散重复，造成资源浪费。

---

① 王政：“新能源汽车中国有多少机会”，《科技中国》2007年第12期。

二、世界能源机构成员国新能源研究开发和示范推广的特点与趋势

（一）世界能源机构成员国新型可再生能源研究开发和示范推广的特点

1. 政府在可再生能源研究开发和示范项目中发挥重要作用。由于新型可再生能源技术尚未成熟，其开发和利用具有较大的技术和市场不确定性，政府投入有利于减少企业利用可再生能源的技术和市场风险，促进可再生能源技术的发展和利用。因此，世界能源机构（IEA）成员国政府在可再生能源技术进步中发挥了不可替代的作用。政府不仅支持可再生能源的技术研究开发，还支持一些大型示范项目，建立了研究开发和示范推广（RD&D）一体化的管理体系。

2. 政府 RD&D 预算进入相对稳定阶段，与可再生能源市场的发展相比仍显不足。20 世纪 70 年代石油危机以后，IEA 成员国政府加大了对能源和可再生能源的 RD&D 投入。1980 年，IEA 成员国的能源和可再生能源 RD&D 预算支出进入最高峰，分别为 150 亿美元和 20.5 亿美元；之后，投入下降。90 年代以来，能源 RD&D 预算进入比较稳定的阶段，位于 86 亿～105 亿美元之间。2003 年，可再生能源的 RD&D 预算为 8.41 亿美元，与可再生能源发展的势头不匹配（见表 2）。尽管可再生能源 RD&D 支出总量低于 70 年代末和 80 年代初，但占能源投入的比例略有增加，从 1974～1986 年的 7.56% 增加到 1987～2003 年的 7.72%。

表 2　IEA 成员国政府的能源 RD&D 预算（1974～2003 年）　（单位：亿美元）

	1974	1980	1987	2003
能源	59	150	100	92
可再生能源	0.69	20.5		8.41

资料来源：IEA，Renewable Energy：RD&D Priorities，2006。

3. RD&D 支出集中在少数国家，各国根据资源禀赋确定 RD&D 重点，

带动可再生能源产业发展。目前，IEA 成员国的 RD&D 相对集中在可再生能源发展较快的国家。1990～2003 年，德国、美国、日本三国的可再生能源 RD&D 占 IEA 成员国的62%。其中，美国年均预算2.319 亿美元，日本年均预算 1.29 亿美元，德国年均预算 1.1 亿美元。近些年，三国的太阳能发电和风电发展很快。从人均投入量来看，1990～2003 年，瑞典和丹麦平均每年人均预算 5.7 美元和 3.9 美元，瑞士、芬兰、挪威、德国、日本、澳大利亚等国平均每年人均预算超过 1 美元。

各国根据资源禀赋选择可再生能源 RD&D 的重点。如，新西兰和土耳其有丰富的地热资源，44%～64%以上的 RD&D 经费投入到地热技术上；澳大利亚、加拿大的土地多，芬兰、瑞典等山林较多，将 45%～72%的 RD&D 支出投向生物质能；英国和丹麦则把36%和44%的支出用来研究风电技术。

4. 太阳能、生物质能和风能技术成为 RD&D 的重点。尽管 IEA 成员国的可再生能源 RD&D 预算总量有所下降，但近年来，太阳能、生物质能和风能在可再生能源 RD&D 中的份额增加，约占 76%。其中，太阳能占可再生能源 RD&D 预算支出的份额从 1974 年的 9.3%增至 2000 年的 42%，2003 年又降至 29.4%；生物质能的 RD&D 份额从 1974 年的 5%增加到 2003 年的 30%；风电从 0.4 增加到 16%。同期，地热、太阳能加热和制冷、太阳能终端发电等领域的 RD&D 预算份额从 1974 年的 84%降至 2003 年的 19%。

5. 建立科学的新能源技术计划组织实施管理体系和机制。由于技术的市场不确定性与技术本身的外部性，不能完全靠市场机制来解决清洁新能源技术发展和进步问题，政府应在支持新能源技术 RD&D 和帮助新技术克服市场障碍方面发挥重要作用。IEA 成员国的新能源技术开发和示范项目计划的组织实施有以下特点：一是新能源技术和 RD&D 战略密切配合国家能源战略，并与商业化和市场开拓政策联系和协调；二是建立具有明确和透明的 RD&D 优先顺序和评价程序，从广泛的、大规模能源技术示范项目转向特定方向和领域的开发、示范和推广；三是吸收利益相关者参与研发和示范项目，技术开发项目的参与者多元化，包括企业、大学、国家实验室、科研机构，以及支持 RD&D 的协会和财团；四是扩大 RD&D 合作计划的资助范围，制定技术路线图时考虑各环节的所有利益相关者的利益。

（二）日本的新能源技术研究开发、示范和推广一体化体系

日本政府在支持新能源技术发展过程中，采取了研究开发、示范和推广

三位一体的开发推广体系。政府不仅支持前期研究开发，而且花大力气促进技术推广。2006 年和 2007 年，日本新能源技术 RD&D 总投入为 1 345 亿日元和 1 153 亿日元，其中技术开发支出占 30. 3% 和 28. 7%，实证试验支出占 21. 4% 和 21. 2%，技术推广支出占 48% 和 50%（见表 3）。在开发、试验和推广三个环节中，技术推广的投入接近于技术开发和实证试验的总和。具体看，在技术发展的不同阶段，三者的比例不同。通常，在研究开发初期，研究开发费用高一些；后期的示范和推广费用高一些。

表 3　　日本新能源技术研究开发投入分布（2007 年）

（单位：亿日元）

		技术开发	实证试验	技术推广
总投入	2006 年	408	289	648
	2007 年	331	245	577
新能源技术		45. 8	108. 2	26. 8（风电并网）
燃料电池		148. 0	7. 7	19. 8（清洁能源汽车项目）
新一代蓄电能源		49		
生物质能			9. 5	
创造 E3 地区流通标准			7. 6	44. 7（促进地区引入新能源项目）
援助新能源从业者				315. 8

资料来源：调查获得日本经济产业省资料。

日本新能源研究开发和示范推广计划的组织实施有以下特点：

1. 委托专业机构管理。日本经济产业省主要制定能源方面的大政方针和规划，而日本新能源和产业技术综合研究机构（简称“NEDO”）负责规划和示范项目的具体实施管理，并根据示范结果，制定技术推广和项目实施的具体政策。NEDO 有 3 000 多名员工，一部分是能源专业技术人员，受雇于 NEDO；一部分来自能源企业；还有一部分来自经济产业省。

2. 产、学、研结合，合理分工。基础研究基本上委托大学和政府研究机构承担；应用研究主要由企业承担，大学和政府研究所参与；企业进行现场实验，采取自愿投标的原则。当技术相对成熟，进入推广程序时，政府资助部分资金，以招标方式邀请企业参加。

3. 多种技术路线同时开展研究。由于每种替代能源可能有多种技术路线，NEDO 并不自己取舍技术方案，而是支持各种方案的研究开发和实证试验，最终由市场选择。为了提高新能源的市场竞争力，在技术产业化后，政府还重点支持降低新能源成本和节能技术的研究开发项目，提高工业、商用、交通运输部门和民用的能源使用效率。

4. 根据示范项目发现问题，为制定政策提供科学依据。政府支持示范项目，在验证和示范项目中重点考虑地区能源供需平衡和对新能源的接受程度。政府根据示范结果制定具体政策，企业自主选择采用哪种技术路线。

5. 支持地方公共机构、产业界和家庭参与示范项目，支持使用各种新能源基础设施，包括家庭用设备等。如，太阳能光伏发电。

综上所述，日本的研究开发、示范和推广一体化的新能源技术开发推广体系的最大特点是：政府主导前期研究，市场引导应用。政府不仅支持新能源的基础研究，还支持以商业化为导向的技术开发和示范项目。

三、有关建议

发展清洁新能源是国家能源战略的重要组成部分，对缓解我国能源安全和环境压力具有积极意义。尽管我国新能源技术开发和利用居发展中国家前列，但远不能满足国内能源结构调整的需要。因此，一方面，要加大新能源技术研究开发的投入；另一方面，要改进新能源技术的研究开发规划与组织实施管理，提高研究开发投入的效率。

一是加强长期规划，加大投入力度，应用开发与技术储备相结合。目前，大部分新能源还属于补充能源，尚不能大规模替代传统能源，发展新能源技术是一项长期任务。新能源技术的开发利用要与国家的能源战略紧密结合，做好长期规划。一方面，对一些相对成熟、已经进入产业化的技术，重点进行降低成本、提高效率等方面的研究开发；另一方面，对一些新兴技术进行探索性研究，增加技术储备。

二是根据国内资源特点，突出重点，引进技术和自主开发相结合。我国可再生能源资源丰富，可再生能源技术发展多元化，重点放在有大规模产业化前景的技术上。由于新能源技术的研究开发投入大，周期长，为提高效率，要采取引进技术和自主研发相结合的战略。一方面，国外基本成熟的技术，可以通过引进技术消化吸收，根据我国的资源特点进行再改进，逐步掌握核心技术；另一方面，具有我国特色的可再生资源技术要坚持自主开发。

三是建立研究开发和示范一体化的管理体系，促进研究开发与产业化结合。由于目前大部分新能源技术尚未成熟，成本高于传统能源，其利用和产业化有一定的技术风险和市场风险，加上新能源的利用具有环境保护等社会效益，因此，发展新能源技术不能仅靠市场机制，政府应在新能源技术的研究开发、示范和推广的各个环节发挥作用。借鉴日本的经验，要打破部门界限，建立产、学、研结合的研究开发、示范和推广体系；制定新能源技术的技术路线图，加强研究开发、示范和推广各环节的衔接，增加新技术的工程化试验和示范项目投入；以企业为新能源技术集成平台，以示范项目为纽带，促进产、学、研结合。

四是建立共性技术研究开发机制。目前，许多新能源技术处于研究开发的初期，研究开发投入大，周期长，需要跨学科的联合攻关，一些基础性的研究成果属于共性技术。为了提高研究开发投入的效率，要建立共性和共享技术联合开发机制，以利益和知识产权分享机制为纽带，采取多种方式组织企业、科研机构联合研究开发共性技术。

五是提高政策的持续稳定性和透明度，鼓励企业增加新能源技术的研究开发投入。由于新能源技术的开发利用需要政府政策的支持，增加政策稳定性和透明度有利于企业进行长期的研究开发投入。通过鼓励使用新能源的需求政策，开拓新能源市场，减少企业投资风险。

六是加强国际合作。开发利用新能源、节能减排是全世界面临的共同问题，因此，要采取多种方式建立新能源技术开发的长期国际合作机制，通过合作开发和引进技术，加速新能源技术的利用和产业发展。目前，一些发达国家在新能源技术领域走在前面，我们应以节能减排为目标，加强新能源技术方面的国际合作。

参考文献

[1] 高昌林等：《我国能源产业研究开发活动的基本状况研究》，科技部中国科技促进发展研究中心调研报告，2006 年第 67 期。

[2] 科学技术部办公厅和国务院发展研究中心国际技术经济研究所编：《2007 世界前沿技术发展报告》，科学出版社 2008 年版。

[3] IEA，Renewable Energy：RD&D Priorities，2006.

发展服务业须营造公平竞争环境*

——专访全国人大财经委委员、国务院发展研究中心技术经济研究部部长吕薇

在全国人大财经委委员、国务院发展研究中心技术经济研究部部长吕薇看来，服务业正在迈进发展的“最好时代”。在接受《中国投资》杂志专访时吕薇表示：“刚刚发布的‘十二五’规划纲要中专门一篇提出推动服务业大发展，明确了把服务业作为产业结构优化升级的战略重点，服务业正面临着前所未有的发展机遇。”

然而，吕薇更看重的则是大发展的前提——“营造出一个公平的、利于服务业发展的政策和体制环境，对于当前服务业发展更为关键”。吕薇告诉记者，长期以来我国一直受重生产、轻服务的思想影响，在资源的配置上服务业一直处于不平等地位，这与服务业的战略地位不相匹配。因此，建立公平、规范、透明的市场准入标准，探索适合新型服务业态发展的市场管理办法，调整税费和土地、水、电等要素价格政策，就成为下一个五年服务业大发展的第一步。

一、服务业提升制造业价值链，加快发展生产性服务业，有助于帮助我国产业结构从低端加工向高端制是转化

《中国投资》：在第十二个五年规划纲要中，国家为什么要将服务业发展放在如此重要的位置？

吕薇：服务业大发展局面的形成，我想主要是因为以下三个原因。首先

* 本文是《中国投资》记者赵沛楠专访，发表于《中国投资》2011年第5期，2011年5月5日。

就是经济结构调整和产业结构优化升级的需要。从结构调整角度来看，中国作为加工制造大国，要实现产业升级就必须努力提升产业价值链，向产业链的两端突破。加工制造的前端主要是研发设计，后端主要是打造品牌，建立流通渠道、标准、质量检测体系等，这些都属服务业范畴。只有加快发展生产性服务业，才能帮助我国产业结构从低端加工向高端制造转化，特别是对于价值链的提升有很大的作用。同时，服务业的行业特点适应我国力求通过节能减排转变发展方式的需要，大力发展服务业，能够帮助产业在提高附加值的基础上进一步降低能耗。

其次在于服务业对吸纳就业的贡献。我有一组数据能够清晰地表明服务业吸引就业能力之强。2009 年我国第三产业占 GDP 比重为 43.4%，同期工业占比 46.3%。但是从就业情况来看，工业占 27.8%，第三产业占 34.1%，服务业对就业的带动明显高于工业。

最后就是国内日益增长的消费需求要求我国服务业实现跨越式转变。目前，我国人均 GDP 接近 4 000 美元，人民生活已经从原来的基本衣、食、住、行向更高层次迈进，比如娱乐、体育、文化等精神层面的需求大大增加，而这些都需要通过服务业的发展予以满足。同时，面对我国日益严重的人口老龄化问题，对老年服务、家庭服务需求也更高了。因此，我们应努力拓展服务业市场，建立起能够满足各方需求的服务业产业体系。

二、资源配置制约服务业发展，用水、用电、用地方面，服务业一直得不到与工业企业平等的待遇

《中国投资》：您认为想要真正达成服务业大发展的局面，目前我们面临哪些瓶颈障碍？

吕薇：第一，是服务业产业内部结构问题。现在服务业的内部结构还是以传统服务业为主。传统服务业占比较大，交通、批发、零售、餐饮等份额占服务业 36% 以上，高附加值服务业发展滞后，服务业的内部结构仍有待进一步优化。

第二，很重要的一点是认识不足，导致服务业发展一直没有一个良好的氛围。我赞同“十二五”规划纲要对发展服务业的提法，首先是营造环境，然后是大发展，只有先营造合适的环境，服务业才有大发展的可能。长期以

来，在计划经济的影响下，我国存在重生产、轻服务，重硬件、轻软件的倾向。其主要原因是：虽然服务业带动就业的效果比较明显，但对GDP的拉动和对税收的贡献不会像重化工业那么高。比如地方上建一个钢厂，要有上百亿元的投资，税收也比较可观。但服务业就做不到这一点，服务业大都是规模较小的中小企业。例如，国内著名的电子商务公司——阿里巴巴每年带动全国中小企业三四千亿元的销售额，但它自己的营业收入还不到百亿元。在某种程度上，在资源配置上服务业一直处于不公平的地位，政策上并没有营造出一个适宜服务业发展的大环境。比如在用水、用电、用地方面，工业企业能得到的优惠，服务业企业往往得不到，甚至商业企业的用电价格还高于工业企业。而且因为服务业企业普遍规模偏小，本身就面临中小企业常有的融资难题，对于可抵押品很少的服务业而言，贷款非常困难。

第三，在某些服务业领域进入门槛较高，有些则是行业标准不健全。例如，一方面，在教育、电信、医疗、金融等领域，行业的进入限制较多，民营企业很难进入；另一方面，部分行业的标准存在缺失，需要通过制定标准提高服务质量。

第四，对新业态不熟悉，相关政策缺位。目前，服务业外包业务发展迅猛，一些新业态，比如电子商务、云计算、研发设计等，过去大都是在企业内部完成的，现在可以外包出去。我们对有些新形式、新业态认识不足，还没有掌握其中的规律，很多政策还在探索当中。

总体来讲，我国服务业发展相对滞后的原因，既有认识不到位、政策不到位问题，也有工作不到位、体制不到位的问题。这也与我们目前的发展阶段有关。因为我国正处于加速工业化、城市化建设时期，在国际分工中制造业的比重又较大。另外，服务业的统计体系也不健全，首先，有些服务是在企业内部完成，很难从企业内部进行剥离统计；其次，服务业的企业规模较小，对规模以上企业进行统计，这些小企业通常不在统计范围之内；最后，有些新兴服务业尚未纳入其中。因此，现有的统计可能低估服务业的规模。

三、发展服务业，需要综合运用价格、税收和金融政策进行鼓励

《中国投资》：针对我国服务业发展现状，您有何政策建议？

吕薇：近些年来，国家有关部门出台了不少关于服务业的政策。但由于服务业所涉及的领域广泛，从餐饮到研发设计，都属于服务业范畴。服务业发展没有一个统一的管理部门，各个部门都根据自己管理领域内的情况制定政策，大部分是专业性的政策，缺少对服务业普遍适用的政策。我认为，服务业亟须做好统筹规划，分类管理。

第一，统筹规划的目的是明确下一步服务业发展重点。因为服务业领域广泛，必须经过统筹规划，明晰服务业的总体盘子、服务业内部的结构，具体到哪些方面应该如何加强，如何支持新型服务业业态的发展，这些问题都需要统筹规划。

分类管理，是因为服务业每个领域都有它自己的特殊性。比如公共服务，政府要加大投入，但未必事事都要由政府自己完成，可以通过采购服务的方式。对商业性服务，政府出台什么样的措施能够起到鼓励作用；针对服务业新业态，市场还不能完全发挥作用，政府需要创造一个好的环境鼓励其发展。比如，在国外像云计算、物联网等新兴产业，大部分都是政府搭建平台，社会唱戏。政府搭建平台主要是加强网络等基本要素建设，剩下就是根据市场需求，企业去开发新的业务，政府对其进行监管。

第二，发展服务业，需要综合运用价格、税收和金融政策进行鼓励。价格，主要体现在用水、用地、用电等生产要素的平等待遇上，这一点已经在"十二五"规划纲要中得到了体现。税收方面，要鼓励服务业外包，就要防止重复纳税。此前相关方面提出增值税扩容问题，但对于知识密集型的现代服务业，可抵扣项较少，因此，需要根据服务业特点进行政策调整。我认为，当前应该尽快将服务业的中小企业纳入各级信用担保对象行列，对有知识产权的企业开展知识产权质押等多种形式的担保，解决服务业中小企业融资难题。

第三，加强和完善市场准入制度。一要建立公开、透明、规范的市场准入制度，比如在医疗、教育、电信等这些以国有资本为主的服务领域，要适

当放宽市场准入，降低门槛，鼓励民间资本进入，增加供给。政府应该在保证基本公共服务的前提下，由民营资本满足差别服务的需求，实现供给多样化。从市场经济的角度来看，只要政府保证了基本服务，差别化服务完全可以放开，由社会去满足。二要建立合理的标准体系，提高质量，规范服务。在服务业领域，“规范”有两层含义。一个是质量的规范。服务质量很难衡量，但其中“过程”是可控的，国外的服务业，特别是高技术服务业，很多标准是程序性的。二是落实的规范。有了标准之后，要保证标准得到落实，有机构进行监督管理。要建立诚信体系，建立资质认定体系。在一些发达的市场经济国家，行业协会、地方政府乃至中央政府通常根据对公众的影响程度制定相应的从业标准，对从业人员有资格认证，对机构有资质认证，以保证服务业持续健康发展。

改善服务业现状，还需要加强服务业的科技投入、创新平台建设。对于服务业而言，创新除了技术创新之外，更多的还是商业模式的创新。当前服务业发展，不仅创新出很多新业态，传统服务业也在进行商业模式的创新。

高技术服务业发展战略思路研究*

一、高技术服务业的特征与发展趋势

高技术服务业是以高技术为支撑的服务业。本项研究中的高技术服务业指依托信息通信等高技术的服务业，以及研究开发、设计、专业技术等为创新服务的知识密集型服务业的集合。根据《国民经济行业分类注释 GB/T 4754－2002》，高技术服务业主要包括计算机服务、信息传输服务和软件服务，科学研究、工业设计、专业技术服务、科技交流和推广服务，以及数字内容服务①等（见表1）。

表1 高技术服务业的内涵一览表

一级分类	二级分类	三级分类
信息传输、计算机服务和软件服务业	电信和其他信息传输服务业	电信指通过电缆、光缆、无线电波等传输的通信服务，或者说利用有线、无线的电磁系统或者光电系统，传送、发射或者接收语音、文字、数据、图像以及其他形式的信息传输活动
		互联网基础服务：通过互联网为客户提供信息传输服务
		广播电视传输服务
		卫星传输服务
	计算机服务业	计算机系统服务指提供计算机系统的设计、集成、安装等方面的服务
		数据处理：为用户提供数据的录入、加工、存贮等方面的服务，以及使用用户指定的软件加工数据，并将结果返回给用户的活动

* 本文引自《国务院发展研究中心调查研究报告》，2009年第108号、109号和110号。

① 2002年的国民经济行业分类中没有数字内容行业。本研究根据经济合作组织（OECD）等国际组织的分类，增加了数字内容服务行业，将其从信息服务业中分离出来。

续表

一级分类	二级分类	三级分类
信息传输、计算机服务和软件服务业	计算机服务业	计算机维修：对计算机硬件及系统环境的维护和修理服务
		其他计算机服务：计算机咨询和其他未列明的计算机服务
	软件服务业	公共软件服务：为普通客户提供的软件服务
		应用软件服务：为专业领域使用计算机的用户提供软件服务，以及提供给最终用户的产品中的软件（嵌入式软件）服务
		其他软件服务指为特定客户提供的软件服务，以及与软件有关的咨询等活动
科学研究、工业设计、技术服务等创新服务	研究与试验发展	为揭示客观事物本质和运动规律，获得新发现、新理论和新知识，探索科学发展的应用途径和方法，以及改进生产工艺和技术，所进行的理论研究和试验活动 研究与试验发展包括基础研究、应用研究和试验发展
	科技交流和推广服务等	技术推广服务：将新技术、新产品、新工艺直接推向市场而进行的相关技术活动，以及技术推广和转让活动等
	工业设计	产品设计、单纯服装设计、装饰物品及流行物品的款式设计、包装装潢设计、工艺美术设计、电脑动画设计等
	专业技术服务	技术检测
		其他专业技术服务：包括利用电脑及相关软件进行的设计活动
	知识产权服务	专利、商标、版权、著作权、软件、集成电路布图设计等的代理、转让、登记、鉴定、评估、认证、咨询、检索等活动。包括专利、商标等各种知识产权事务所（中心）的活动
数字内容服务①	数字内容	内容软件、数字影音、电脑动画、数字游戏
	网络服务	内容服务、应用服务、平台服务及通讯/网络增值服务等
	移动内容	运用移动通讯网络为移动终端用户提供的信息、数据及服务
	数字出版	数字出版典藏、数字学习等

注：①根据经济合作与发展组织（OECD）的定义。

（一）高技术服务业既有服务业的普遍特征，又有其特殊性

按照国际通行的产业分类概念，服务业是指那些提供非制造产品、矿产品和农产品等实物产品的经济活动行业。凡不以有形产品生产和经营为主的经济活动都属于服务活动，而形成可交易的服务才构成服务产业。服务业的基本特征，一是提供劳务、咨询、技能等无形产品，其附加值主要体现为人的劳务价值；二是绝大多数服务产品的供给与消费在时间和空间上具有高度同一性，服务的提供与消费往往同时发生，甚至同时进行，随着信息网络技

术在服务业的应用和推广，服务的提供与消费在时间和空间上可能分离；三是资源消耗和环境污染较少，属于节能环保行业。除了上述性质以外，高技术服务业还具有以下特征：

1. 以高技术为支撑，创新性强。高技术服务业是随产业价值链升级、各环节的细化而发展的。新技术、新组织形态和新商业模式的出现，带动了高技术服务业的发展。一方面，软件、网络等新技术的专业化应用形成了新兴服务业；另一方面，我国产业链正在从以加工制造为主向上下游延伸，扩展到研究开发、设计、测试，以及市场开拓、品牌经营、质量安全检测、物流等环节。一些原来由企业内部完成的研究开发、工业设计、测试检测等服务逐步独立出来，形成新业务。

2. 人力资本是高技术服务业的核心要素和基础。高技术服务业是智力密集和技术密集型产业，以人力资本投入为主，执业人员的素质和创造性决定了服务质量。一方面，高技术服务业需要高素质人才，人的激励机制是重要政策之一；另一方面，发展高技术服务业可以促进高素质人才就业。

3. 高技术服务业的生产型服务功能强。信息传输、计算机服务与软件业的中间使用率（狭义生产者服务）明显高于服务业的平均水平；科学研究、技术服务等领域的非居民消费率（狭义生产者服务）远高于服务业的平均水平。根据2002年中国投入产出表，我国服务业的总体中间使用率为48.87%，非居民最终消耗率为75.43%。而信息传输服务业的中间使用率为75%，非居民最终消耗率为76.8%；计算机服务与软件业中间使用率为82.3%，非居民最终消耗率为98.4%（随着互联网的普及和数字内容产业的发展，信息传输和信息技术服务业的居民最终消耗比重有所提高）；科学研究事业中间使用率为21.7%，非居民最终消耗率为100%；专业技术服务和其他科学技术服务业中间使用率为37%，非居民最终消耗率为100%（见表2）。

表2　高技术服务业中生产型服务的分布　（单位：%）

	中间使用率	非居民最终消耗率
服务业合计	48.87	75.43
信息传输服务业	75.0	76.8
计算机服务与软件业	82.3	98.4
科学研究事业	21.7	100.0
专业技术服务和其他科学技术服务业	37.0	100.0

资料来源：李善同、高传胜等：《中国生产者服务业发展与制造业升级》，上海三联书店2008年版。

4. 高技术服务业的外部效益强，大幅提升服务对象的增加值。由于知识、技术和信息具有准公共品的特征，高技术服务，特别是技术创新服务具有较强的外部性。通常，高技术服务业的价值不仅体现为自身的直接效益，更重要的是，高技术服务带给服务对象的增加值往往大于服务提供者获得的直接收益。一方面，高技术服务业的价值主要在于能够大幅度提升服务对象的附加值，体现在用户的升值中。根据国内外数据，高技术服务业每单位产值能够拉动其他产业数倍到十几倍的产值。但如果脱离了服务对象，高技术服务业的价值往往无法实现。比如，研究开发成果不被产业化和商业化利用，就无法实现其价值。另一方面，有些高技术服务的效益取决于被服务对象，具有时滞性。如，技术转移的效果在很大程度上取决于技术吸收方的吸收能力和创新能力，其效益要在技术利用方取得成效后才能确定，部分高技术服务的效果要在一段时期后才能显现出来，其效益具有滞后性，难以事先定价。因此，知识密集型服务的定价机制不同于传统服务业，特别是研究开发、技术咨询、工业设计等很难确定质量；有些服务是唯一的，缺少参考定价等。

5. 高度依赖技术、人才、信息资源和资本，集群式发展。高技术服务业，特别是生产型高技术服务业需要与上下游产业密切配合，通常在技术、人才、信息资源和资本密集的地区优先发展。目前，我国高技术服务业主要集聚在北京、上海等高技术产业比较发达、高校与科研机构比较集中的地区。近些年来北京中关村科技园区的高技术服务业快速发展，已占半壁江山。2006 年，计算机服务、软件服务、专业技术服务、科技交流和推广服务，以及电信和其他信息传输服务五大高技术服务业的总收入达 2 091.4 亿元，占中关村科技园区经济总量的 50%。2008 年，北京市高技术服务业约占 GDP 的 16%[①]。广东、北京和江苏三省市的软件服务业收入超过 1 000 亿元，占全国的 1/7。11 家国家软件产业基地和 6 家软件出口企业基地的企业销售额占全国软件服务收入的 40%[②]。

6. 高技术服务的外部化程度与产业结构、用户的吸收和创新能力有关。通常，企业的核心技术和知识往往是内部化的，外包服务大都是非核心业

① 《我国高技术服务业发展策略研究》，长城战略咨询企业研究报告，2009 年 6 月号。

② 国家工业与信息化部制定："关于积极扩展软件服务业的工作方案"，《软件服务业动态》，2009 年第 3 期。

务。企业根据成本效益来决定是否实行服务外包。根据经济合作与发展组织（OECD）的调查结果[①]，企业服务外包的主要原因有三：一是公司规模小，本身不具备能力；二是法律要求外部机构参与，如审计、卫生和安全检查等；三是希望从外部获得新鲜思想，如战略研究等。在价值链的不同环节，企业所利用的外部服务也有很大差异。由于高技术服务业的需求与用户的创新能力和技术吸收能力关系密切，服务效果的责任不易确定，创新能力较差、吸收能力较弱的企业较少使用高技术服务。因此，知识密集的创新服务业是随着企业创新能力和技术消化吸收能力提高而加速发展的。

7. 商业模式创新是高技术服务业的核心竞争力之一，机制创新是推动高技术服务业发展的重要动力。大部分高技术服务业是高技术融合到传统产业或通过专业化从高技术制造业中分离出来的新兴服务业，需要通过开辟新的细分市场、采取新的经营模式来提供新服务。商业模式创新对催生高技术服务业和提升其竞争力具有重要作用。特别是电子商务、网络游戏、创意产业等新兴业态，都是通过经营模式创新形成盈利模式。

（二）全球高技术服务业发展的主要趋势

1. 高技术服务业已经成为具有独立特征并且能够实现高增长的产业。全球高技术服务业的发展呈现以下趋势：一是信息和网络技术对传统服务业进行改造，服务业高技术化。传统服务业越来越多地利用信息、网络等高新技术，其科技含量全面提高。二是各类新兴高技术服务业，主要是基于信息通信技术（ICT）的服务，围绕知识创造、传播、应用和技术创新活动等，形成各类专业化服务组织。三是外部化趋势加强。高技术服务业从许多产业内部独立出来，形成了一大批专门从事高技术服务的大企业。高技术服务业已经成为具有独立特征并且能够实现高增长的经济部门。如，2001 ~ 2008 年，我国软件服务业收入保持了 38% 的年增长率。2009 年，软件技术服务业的收入就达 2 126. 3 亿元，互联网市场总规模（包括互联网基础服务与应用服务）达 1 834. 5 亿元。

2. 生产型服务业是高技术服务业的主要部分。生产型服务业与制造业之间形成一种相互促进、彼此依赖的互动发展关系。如，ICT 技术在制造业的广泛利用，研究开发活动在制造业的创新中发挥越来越重要的作用等。

---

① OECD：《创新与知识密集型服务业》，科学技术文献出版社 2007 年版。

3. 高技术服务业与制造业的分离和融合并举。一方面，高技术服务业的发展是随着制造业分工的进一步细化而形成的。一些高技术制造业链条上的非制造环节外部化而形成产业。据估计，主要工业化国家制造业中的非制造业务达50%以上。目前，一些大型高技术制造企业进军服务业，许多著名的跨国公司已经开始从制造业向服务业转移，衍生新业务。IBM已进入世界信息技术（IT）服务商的前列，其中包括售后服务、软件提供和设计方案等在内的服务业务收入超过其总收入的50%。另一方面，高技术服务正在融入制造业，一些制造企业发展内部服务，提升产业价值链，企业越来越多地进行研究开发。因此，既要鼓励高技术服务外部化，也应支持发展内部服务。

4. 高技术服务在全球范围内的转移加快。全球化分工不断加深、信息通信技术的广泛运用，加快了高技术服务的外部化和专业化及其在全球范围内的转移。我国既是承接高技术服务转移的重要基地，也是全球高技术服务竞争的新兴市场。

5. 高度重视服务业标准化工作。国际标准化组织从1996年就开始了服务标准的研究和制定，主要涉及信息通信和互联网、金融服务、运输服务、邮政服务、旅游服务、国际展览管理服务标准等。发达国家把服务领域的标准化工作作为强化本国服务业的重要手段。服务标准化工作所涉及的标准类型有：服务业基础标准、服务业质量体系标准、服务业管理标准、服务业资质标准、服务业设施标准、保护消费者权益的标准等。

6. 高技术服务机构的运行模式多样化，商业化运营趋势明显。高技术服务机构的组织形式依其提供的服务性质而异。通常，公益性强、外部性大的服务较多受到政府的资助，提供服务的机构大都是非营利性的；反之亦然。总体看，市场经济国家高技术服务机构的组织类型主要分为三类：第一类是由政府出资设立的公共服务机构。如美国国家技术转让中心（NTTC）主要负责提供联邦技术信息和转移技术的有关事项，除部分收费外，日常运行经费基本由政府补贴。这类机构数量少但作用较大。第二类是非营利组织形式的服务机构，一般由民间发起成立，享受免税政策，政府通过各种方式予以资助。如，德国的史太白经济促进基金会是非营利性的技术转移机构，主要从事技术转移咨询服务、研究开发、在职培训和项目评估业务。非营利服务机构在国外高技术服务体系中具有相当重要的地位，发挥着不可替代的作用。第三类是提供商业化服务的企业，如ICT服务、数字内容服务等等。大部分高技术服务业采取这种运行模式。随着高技术服务业的迅速发展，许多从事创新服务的非营利机构也开始向商业化运营转变。如，为了扩大活动领域和规模，史太白经济促进基金会于1998年成立了史太白技术转移有限公司，提供商业化服务。

（三）高技术服务业是转变发展方式和产业升级的助推器

1. 高技术服务业有利于促进服务业升级，是服务业增量发展的重点。2009年，我国人均国内生产总值（GDP）为3 700美元左右，进入中等收入国家的行列。根据国际经验，这一时期的一、二、三产业转型加快，服务业比重快速增加。目前，我国服务业大都是传统服务业，层次较低，发展高技术服务业不仅可以增加服务业在国民经济中的比重，而且能够优化服务业的结构，提高服务业的增加值水平。

2. 高技术服务业是促进产业升级的重要手段和内容，有利于提升我国制造业价值链。目前，我国制造业正处于产业升级的关键期。一方面，制造业迫切需要技术升级和产品结构优化。一些行业已从低端产品向中高端产品发展，部分优势企业开始走向国际市场。另一方面，我国制造业迫切需要产业链升级。制造业的结构从以加工制造为主，转向研究开发、设计、制造、品牌经营、售后服务、产品质量安全检测和物流等一体化发展。发展高技术服务业有利于推动制造业的产业链升级，提升产业价值链。

3. 高技术服务业将带动节能环保，转变增长方式。目前，我国的经济社会发展面临严峻的能源安全和环境压力，许多高技术服务业不仅自身是节能环保产业，而且能够通过其服务促进其他行业节能环保。

4. 高技术服务业推动创新发展。《国家中长期科学和技术发展规划纲要》提出建设创新型国家的目标，高技术服务业直接提供创新服务，为创新提供支撑。其中，研究开发、设计、技术转化和推广、专业技术服务等行业是国家创新服务体系的重要组成部分，特别是金融危机之后，中小企业对创新服务的需求增加，发展高技术服务业将促进企业技术创新，提高产业竞争力。

5. 高技术服务业逐步成为世界新兴产业的制高点，有利于改善我国贸易结构。信息通信技术推进了产业价值链分工的不断细化，加快了高技术服务在全球范围内的转移，高技术服务业外包成为世界新兴产业的又一个制高点。我国承接全球服务外包的优势明显，既是承接高技术服务转移的重要基地，也是全球高技术服务业竞争的新兴市场。因此，加快高技术服务业的发展有利于扩大我国服务贸易，改善贸易结构。

6. 高技术服务业是高素质人才就业的蓄水池。目前，我国每年有600万名左右应届大学毕业生，大学生就业已经成为影响社会稳定的重要因素。高技术服务业需要大量的智力人才和具有高技能的劳动力，发展高技术服务业将吸纳大量的大学毕业生，促进高素质人才的就业。

综上所述，应将高技术服务业作为“十二五”时期的重要战略产业加以扶持。

二、我国高技术服务业的发展现状与问题

（一）我国高技术服务业的基本现状与发展趋势

20世纪80年代以来，知识经济的迅速发展催生了大批高新技术产业，服务业呈现知识化和高技术化的趋势。传统服务业越来越多地利用信息、网络等高新技术，科技含量逐步提高。同时，随着服务外包需求增加，我国涌现了一批以高技术为支撑、提供高附加值的新兴服务业。

1. 高技术服务业基数小，增长较快，消费型服务增长快于生产型服务。总体看，我国的高技术服务业是新兴产业，处于发展初期，占国民经济的份额较低。目前我国信息传输、计算机服务和软件业，科学研究、技术服务和地质勘察业等高技术服务业的增加值约占第三产业的9.2%左右，仅占GDP的3.7%左右。但由于部分高技术服务业的价值体现在服务对象的升值上，而且部分生产企业的内部服务没有统计，因此，统计上的高技术服务业增加值往往被低估。

高技术服务业中各行业的市场成熟度不同，发展速度不同。电信服务业的规模大，已是成熟产业，基数大，其增长率慢于新兴的科学研究、技术服务等行业。2004~2007年，我国第三产业增加值平均年增长17%，信息传输、计算机服务和软件业增长12.3%，低于第三产业平均水平；科学研究、技术服务和地质勘察业等平均增长19.4%，高于第三产业的平均水平。2006~2008年，科学研究、技术服务和地质勘察业的全社会固定资产投资额年增长率高于第三产业平均水平2个百分点。

尽管高技术服务业具有较强的生产性服务功能，但我国高技术服务业的增长较多依靠居民消费拉动。根据1997年和2002年的投入产出表，生产型服务业的中间消耗系数下降，居民消费消耗系数上升①。其主要原因是制造企业的生产型服务内部化程度较高。其中有部分合理成分，如，提倡企业为创新主体，企业研发投入增加，研发内部化程度提高等。

2. 新兴市场的企业规模较小，创新能力薄弱，竞争力不强。除电信等大型网络运营商以外，大部分高技术服务企业的规模较小。2008年，我国认定的软件企业有2万多家，总收入约7 500亿元，平均每家企业不足100人，年均收入约3 700万元；若扣除40家年销售收入10亿元以上的企业，每家企业的年均收入更低。我国网民数量为全球第一，但互联网市场规模偏小，与欧美发达国家相比有明显差距。2008年，我国互联网信息服务总收入还不如谷歌公司一家的收入。尽管我国有2家互联网企业的市值进入全球前10名，但我国所有互联网企业的市值之和仍不及谷歌公司一家。

我国高技术服务企业的自主创新能力不强，技术和运营模式多处于跟随、模仿阶段，未掌握关键核心技术，缺乏原创运营模式，核心部件需要引进。

3. 以国内市场为主，内资企业为主。我国高技术服务业主要以国内市场为主。如，我国软件服务业是离岸服务外包最多的行业之一，2009年，我国的软件外包服务出口额为24亿美元，仅占软件外包业务总量的15%。

从投资来源看，高技术服务业投资以内资为主，外资较少；以企业自筹为主，政府资金和贷款比例较低。2007年，我国14 373家软件企业中，外资控股企业占13%，业务收入占30%；信息传输、计算机服务和软件业固定资产投资中，企业自筹资金占89.98%，高于全国各行业总体平均水平。其中，电信和其他信息传输服务业的自筹资金比例高达91.15%，计算机服务业的自筹资金占85.67%；软件业利用贷款最多，占其投资总额的26.42%。科学研究、技术服务和地质勘察业的政府投入较多，固定资产投资中国家预算资金占17.44%，远高于全国平均水平；其中研究开发服务业的固定资产投资中国家财政预算资金占24.21%（见表3）。

---

① 李善同、高传胜等：《中国生产者服务业发展与制造业升级》，上海三联书店2008年版。

表3 2007年各行业固定资产投资来源 (单位:%)

	国家预算	国内贷款	利用外资	自筹资金	其他资金
全国总计	4.36	18.49	3.75	55.57	17.83
信息传输、计算机服务和软件业	1.53	4.73	1.19	89.98	2.57
电信和其他信息传输服务业	1.46	3.71	1.11	91.15	2.58
计算机服务业	7.69	1.45	1.02	85.67	4.18
软件业	0.29	26.42	2.89	68.79	1.62
科学研究、技术服务和地质勘察业	17.44	6.60	2.25	64.13	9.58
研究与试验发展	24.21	7.93	2.64	55.58	9.64
专业技术服务业	15.23	4.54	0.61	70.35	9.27
科技交流和推广服务业	6.00	10.03	4.61	70.10	9.26
地质勘察业	11.12	0.97	0.58	77.07	10.26

资料来源：国家统计局编：《2008年中国统计年鉴》，中国统计出版社2009年版。

4. 高技术企业内部服务活动呈现专业化和外部化苗头。近些年，一些大型信息技术（IT）制造企业开始进入服务业，将内部服务活动转向为其他企业提供专业服务。如联想、北大方正和用友等北京的IT龙头企业开始进入服务业。联想已经提出从个人电脑（PC）制造商扩展到专项基础架构的服务提供商，并将其服务业务的定位从帮助客户修好电脑转向帮助客户用好IT，为客户提供从硬件、软件到服务的整体解决方案。

5. 随着服务业跨国转移，我国高技术服务业的国际化水平有所提高。截至2006年年底，全国外资研发机构累计投资190.79亿美元，每家机构的平均投资额为1 709.5万美元。其中，2006年投资额40.94亿美元，占累计投资的21.46%[①]。据商务部的统计，截至2007年年底，跨国公司在我国设立的研究开发机构超过1 200家。世界金融危机之后，国际上高技术服务业出现新的调整和转移，将增加对我国的投资。

6. 产业组织和市场结构多样化。高技术服务业涉及的领域较多，各领域处于不同的发展阶段。

一是市场规模和产业成熟度不同。电信服务规模大，目前我国已有7亿移动用户，移动通信服务的年收入超过1万亿元，一天的收入就是3亿元；软件服务业的规模居中，2009年，软件技术服务业的年收入约2 126.3亿元

① 国家科技部办公厅调研室：《科技发展重大问题研究（2008）》。

人民币；而工业设计等产业则刚刚兴起。

二是产业组织特征不同。电信服务业是卖方垄断市场，面对量大面广的分散用户。软件和数字内容服务业则是分散的服务提供商面对相对集中的大用户。软件和数字内容服务业提供者大都是民营企业和中小企业，市场化程度较高，但其主要用户是政府、事业单位和国有企业，其服务内部化比较严重。

三是运行机制不同。软件、电信服务等行业已经是市场化、商业化运作，而研发、成果转化、技术转移和专业技术服务业大都是由政府出资兴办的事业单位，或由大学、科研院所提供服务。2007～2008 年，研发服务业的国有企业职工占全行业城镇就业职工的 81%，其用户主要是中小企业。由于研发、技术转移和专业技术服务业的社会化、市场化程度较低，官办和半官方色彩较浓，对政府的依赖性较强，缺乏创新意识和服务意识，加上运行机制不健全，服务意识、品种和能力等方面急须提高。

（二）高技术服务业进入快速增长期，各领域处于不同的发展阶段

1. 信息基础设施建设持续发展，电信市场规模居世界前列。目前，我国电话用户 10.6 亿户，其中移动用户占 70.4%；互联网用户达 4.04 亿人，互联网普及率为 28.9%，使用宽带上网的网民达 3.46 亿人，使用手机上网的网民 2.33 亿人[①]。2009 年，我国电信主营业务收入 8 424.3 亿元，移动通信网业务收入 5 090.9 亿元，增值电信业务收入 1 923 亿元；互联网基础服务（互联网基础服务指互联网的传输服务）收入达 812.1 亿元。我国具有庞大的电视、电脑、移动电话等数字设备终端，消费市场潜力巨大，2008 年全国有线广播电视用户达到 1.64 亿户。

2. 软件与信息技术服务业快速发展。进入 21 世纪以来，我国软件和信息技术（IT）服务业迅猛发展。2001～2008 年，我国软件服务业的收入年增长率为 38%。2009 年，软件服务业的收入（包括系统集成、软件技术服务、软件服务外包和 IC 设计等。如包括嵌入式软件，软件服务业总收入为 6 225 亿元，占软件业总收入的 65%）接近软件业的 48%，总收入接近 4 551亿元，仅软件技术服务就达到 2 126.3 亿元。

---

① 王晨："关于我国互联网发展与管理"，2010 年 4 月 29 日，中国经济网。

3. 研究开发和工业设计服务业具有较好基础。2008 年，全国研究开发（R&D）经费支出 4 570 亿元，比上年增长 23.2%，占 GDP 的 1.54%。其中，独立政府研究机构（2007 年，政府研究机构 3 775 个，其中中央所属 674 个，地方 3 101 个）的 R&D 支出为 811.2 亿元，占全国 R&D 支出的 17%，从事科技活动的人员数量 48.8 万人，科技经费筹集额 1 396.9 亿元。规模以上工业企业的 R&D 支出 3 073.1 亿元，科技经费筹集额 6 160.5 亿元，科技机构 26 249 个，科技活动人员 130.4 万人。

2008 年年底，我国已有 1 000 多家工业设计企业，从业人员约 30 万人，年产值约 300 亿元人民币。自 2005 年以来，我国工业设计专利申请一直以两位数字的速度上升，2007 年达到 62.1 万件。世界工业设计专利申请总量中，中国的申请占 43.1%。

4. 专业技术服务业初具规模。截至 2008 年，全国共有产品检测实验室 24 300 个，其中国家检测中心 376 个；产品质量、体系认证机构 170 个，累计完成对 3.8 万个企业的产品认证；全国共有法定计量技术机构 3 701 个，全年强制鉴定计量器具 4 190 万台（件）。2008 年，全国制定、修订国家标准 6 373 项，其中新制定标准 2 714 项。

知识产权事业的发展促进了知识产权服务机构快速发展。2009 年，我国专利代理机构约 753 家，从业人员超过 6 000 人，70% 以上的专利申请通过专利代理机构代理。2005～2008 年，国内专利申请增长了 87.2%，其中发明专利申请量增长了 108.1%，实用新型和外观设计增加了 65.25% 和 96.95%；国内发明专利申请占国内专利申请的比例从 24.4% 增加到 27.13%。2008 年，共受理国内外专利申请 82.8 万件，其中国内申请 19.5 万件；全年授权专利 41.2 万件，其中发明专利 9.4 万件，国内发明专利 4.7 万件。

5. 成果转化和技术推广机构得到长足发展。截至 2008 年，我国约有 674 家科技企业孵化器，当年总收入为 3 284.5 亿元，吸纳从业人员 93.8 万人，累计孵化毕业企业 32 370 家，其中 600 余家年收入过亿元；1 532 家生产力促进中心，从业人员 19 438 人，共服务企业 18.98 万家，实现收入 30.40 亿元，为企业增加销售额 1 201.7 亿元；1 500 多个技术市场管理机构，技术合同认定登记机构 1 200 多家，重点常设技术交易机构共 20 家，2000～2008 年，登记的技术交易合同金额从 650 亿元增加到 2 665 亿元，平均年增长 38%。技术市场已成为各级科技计划项目成果转移的重要渠道之一，2008 年，共有 26 179 项各级政府科技计划项目成果通过技术市场转移、转化，成交金额 488 亿元，占全国成交总金额 18.3%。

6. 数字内容产业[①]增长较快。以网络基础设施和相关产业为支撑，我国数字内容产业增长迅速，形成了以移动内容（以短信为主）、网络增值服务、数字游戏动漫为主，数字影音、数字出版和数字学习等为辅的产业格局。数字内容产业规模从 2001 年的 39 亿元猛增到 2006 年的 1 276.5 亿元，年均增长率 101%。据通信世界网（CWW）报道，2007 年我国数字内容产业市场规模达到 1 570 亿元。2008 年，移动增值服务市场规模[②]达到 1 251.3 亿元，比 2000 年增加了 39 倍；数字游戏企业 3 000 多家，产值 540 亿元，比 2000 年增加了 546 倍；动漫企业 5 400 多家，全年共制作动漫产品 12 万分钟，产值 300 多亿元；网络教育市场规模达到 352 亿元；全国数字电视用户已达 4 527.86 万户。

随着互联网的发展，网络增值服务迅速兴起。特别是电子商务在制造业、仓储物流、金融和商品交易等服务业得到了广泛应用，大大降低了生产和交易成本，使生产、消费和流通模式发生了明显变化。在过去 5 年里，我国电子商务交易总额保持 40% 以上的年均增长速度，2009 年突破 4 万亿元。其中，企业对企业（B2B）市场交易额约占 90% 以上，企业对消费者（B2C）和消费者对消费者（C2C）市场交易额分别占 5.7% 和 3.6%。2008 年，网络媒体广告、网络游戏和搜索引擎的收入分别达到 120 亿元、200 亿元、50 亿元。2009 年，互联网应用服务总市场规模达到 1 022 亿元。

（三）高技术服务业的外部环境亟待完善

总体看，我国服务业对 GDP 的贡献较低，大部分高技术服务业是新兴领域。目前，世界上大部分低收入和中等收入国家的服务业占 GDP 45%，发达国家占 70% 左右，英国高达 79.9%。2009 年，我国服务业占 GDP 的比例为 42% 左右，低于世界平均水平。发达国家的知识密集型服务业对国民

---

① 根据 OECD 的定义，数字内容产业包括内容软件、数字影音、电脑动画、数字游戏、网络服务（包括内容服务、应用服务、平台服务及通讯/网络增值服务等）、移动内容（运用移动通讯网络为移动终端用户提供的信息、数据及服务）、数字出版典藏、数字学习。

② 指用户使用 SMS（短信）、MMS（彩信）、CRBT（彩铃）、WAP（无线应用协议）、JAVA、BREW（无线二进制运行环境，一种无线应用与服务）、IVR（互动式语音应答）等增值业务支出的全部费用总和，由运营商、SP（服务提供商）/CP（内容提供商）和平台商的收入组成。

经济的贡献大，美国知识密集型服务业对 GDP 的贡献率高达 50%，韩国为 22.1%，而我国包括高技术服务业在内的知识密集型产业仅占 GDP 的 7%。

目前，影响和制约高技术服务业发展的主要因素是体制、机制和政策环境。

1. 部门之间的政策协调性不够，缺乏普遍适用的整体政策。一方面，由于高技术服务业的领域较多，分散在不同部门管理，各部门就某一领域制定政策，缺少普遍适用的整体政策。2000 年出台的国务院 18 号文，对我国的软件行业发展起到重要促进作用，但至今没有针对其他高技术服务业的系统政策。另一方面，即使在同一行业，也有多部门管理的现象，政策缺乏统一性。如，软件离岸服务外包由商务部管，境内外包由工业和信息化部管，离岸服务外包与境内外包政策差别较大。

分散管理，缺乏整体规划，导致低水平重复建设和市场分割。目前，高技术服务业既存在某些领域多头管理，又存在部分环节无人管的现象。创新服务机构是根据隶属关系和计划管理部门分类管理，各种名目的公共平台功能相近，名称相异，重复建设严重，导致资源、业务和市场分割，限制了相关服务业的规模化发展。近些年来，广电总局、新闻出版总署、文化部、科技部四部委共授牌 50 多个与动漫、动画有关的基地；同时，有些新兴和交叉领域的新业务又没有人管。

2. 需求不足，市场有待培育和规范。目前，高技术服务专业化水平较低，内部化倾向严重。一方面，由于国内制造企业大而全，小而全，一些有能力的大企业自己提供服务，特别是一些政府部门、国有企业的服务内部化倾向比较普遍；另一方面，对大多数中小企业而言，因其自身能力有限，得不到需要的服务。

部分领域存在买方垄断，限制了市场竞争和发展。如，动漫创意产业的用户大都是政府所属的广播电视部门，具有垄断性；网络运营商利用对网络的垄断地位控制内容传输服务，一些网络增值服务企业创造出新的网络商业服务模式后，电信运营商常常将新的商业模式“拷贝”给利益相关者，抢夺市场。

3. 认识不足，政策不配套。长期以来，我国存在重物质生产、轻无形产品，重工业、轻服务业，重外需、轻内需的倾向，把高技术服务业等同于消费型服务业。一是现行政策大都是针对工业生产领域，不适用服务业。高技术服务业的投入主要是人力资本，工资和培训支出比例大，现行的加速折旧和消费型增值税等政策对服务企业的作用不明显；服务业实行营业税，投入品的增值税无法抵扣；企业自己研究开发投入有税前加计扣除政策，而委托开发则不能享受。二是财政预算政策重硬轻软，存在歧视服务业的倾向。目前，有些采购服务的支出或是不能列入预算经费，或是可以进入预算的比例较低，信息化费用大都用于购买硬件而较少用于采购服务。有软件企业反映，采购国外软件和服务可以进入预算经费，采购国内服务则难以进入。企业内部服务外部化、专业化后，税收增加。三是重离岸外包，轻境内外包。目前对离岸软件服务外包有一系列优惠政策，而境内服务外包无优惠政策。

相关领域改革滞后：由于部门分割，“三网融合”瓶颈难以突破；一些领域存在行政性垄断，民营和中小型服务企业遭遇市场壁垒；信用体系不健全，产业发展环境亟待优化。

4. 高端人才短缺。高技术服务业是智力密集型行业，人力资本是关键要素。企业反映，目前制约高技术服务业发展的一个重要因素是缺少适用人才，特别是具有行业经验和熟悉国际业务的领头人才极为短缺。

5. 知识产权保护不力，服务价值难以实现。知识产权保护是发展高技术服务业的重要制度基础。目前知识产权保护不到位、信誉环境不健全等因素，严重影响了高技术服务业的发展。第一，对知识的价值认识不足，缺少比较成熟的技术评估体系，知识型服务价值得不到承认，影响了服务供应方的积极性。如，有些电视台采购动画片时收购价格很低，有的甚至只给广告时段，不给钱。目前，我国的动漫产业是新兴产业，比较弱小，很难直接借鉴国外利用后续产业盈利的经验，需要政府采购政策支持。第二，知识产权得不到有效保护，盗版侵权现象较严重，服务供应商的利益受到侵害。第三，一些新型数字内容的知识产权保护措施尚未明确。

6. 治理结构和运行机制不健全，制约产业发展。各领域的高技术服务业性质不同，运行机制差别较大。目前，有些领域，如电信服务、软件服务业等，已实行市场化和企业化运作。而许多研究开发、专业技术服务、技术成果转化和推广机构等，大都是政府出资的事业单位，或从政府中分离出来的带有一定行政职能的机构，市场化和商业化程度低；有些机构虽然实行企业化经营，但还承担一部分公益服务的职能，存在定位与运行机制不配套的问题。

7. 中小企业融资难。因大部分高技术服务业是新兴企业，规模小，缺少抵押品，很难从市场上获得融资，加上缺少合理的知识产权评估机制和方法，知识产权抵押贷款难以落实。目前，部分高技术服务业固定资产投资中银行贷款的比例远低于全国各行业的平均水平，不得不靠政府支持。

8. 缺乏行业标准和规范，基础设施不配套。大部分高技术服务业是新兴产业，缺乏统一的标准体系和市场准入规则。在互联网服务领域，至今未出台有关信息安全、个人信息保护、电子支付、电子交易等基本的互联网法规，制约了依托互联网的服务业发展；软件、数字内容服务业存在信息共享、系统兼容性、互联互通不够的问题，亟待规范化和标准化。在提供知识、技术等无形资产的研究开发、技术转化和转移等领域，缺乏市场准入标准和服务标准，导致定价难。

目前，我国网络规模和用户数均居世界第一，但网络的普及率和速度与发达国家相比差距较大。我国的宽带接入平均速率为0.833Mbps，不及OECD国家平均水平的1/10。网络基础设施传输速度慢，传输价格较高，增加了以网络为依托的高技术服务业的运行成本，制约其规模化发展。

9. 缺乏合理的统计体系和科学的统计方法。由于对高技术服务业的认识不一致，概念不统一，尚未形成关于高技术服务的科学分类、统计方法和统计体系。一方面，统计范围不确定；另一方面，其产出价值往往被低估。因此，高技术服务业发展规划、政策和调控措施的制定，以及企业经营决策均缺少系统的行业统计信息支撑。

三、做大做强高技术服务业　推动产业结构升级

发展高技术服务业是我国产业结构升级的必然选择。“十二五”是我国切实转变发展方式和实现产业结构调整的关键时期，也是发展高技术服务业的战略机遇期。我国已具备发展高技术服务业的能力、市场需求和要素优势，高技术服务业不仅将成为国民经济新的增长点，而且将对促进转变发展方式和产业升级发挥重要作用。“十二五”应大力发展高技术服务业。

（一）发展高技术服务业的基本原则与思路

1. 基本原则。

（1）以促进产业升级和结构调整、提供优质创新服务、提高人民生活质量和满足消费需求多样化为目标，做大做强高技术服务业。我国是世界制

造大国和人口大国，发展高技术服务业的市场潜力巨大。目前，我国制造业的增长方式亟待转变，对发展生产型高技术服务提出了迫切要求；我国人均GDP已进入中等收入国家水平，居民消费结构升级增加了对高技术服务业的需求。因此，应坚持以市场需求为导向，实现高技术服务业产业化和规模化发展。

（2）坚持直接效益与社会效益相结合，重视高技术服务业的社会效益。高技术服务业，特别是创新服务业具有明显的外部效益，因此，不能仅从高技术服务业自身获得的直接收益大小来确定其重要性，而应从产业价值链整体角度评价高技术服务业的价值，从提高全社会的附加值和效率出发，支持高技术服务业的发展。

（3）坚持统筹规划与分类管理相结合，分阶段推进。高技术服务业涉及的领域较多，各领域既有共性，又有明显的特殊性，且处于不同发展阶段，需要不同的运行机制和政策。高技术服务业以中小企业为主，新业态多，在行业管理上交叉重复管理与管理缺位并存。因此，需要统筹规划和分类管理，分步推进。

（4）坚持改革开放，完善机制体制，促进高技术服务业市场化发展。目前，制约我国高技术服务业发展的主要因素是体制、机制和政策问题。应通过改革开放，根据不同领域的特点，完善体制和机制建设，有效发挥市场机制配置资源的作用。在可竞争领域，打破行政性垄断，扩大市场准入，形成公平竞争环境，提高发展效率。

2. 主要发展思路。

（1）实行生产型与消费型结合，优先发展生产型高技术服务业。与发达的市场经济国家相比，我国高技术服务业的主要差距是生产型服务业发展滞后。这次全球金融危机暴露了我国制造业以加工为主的产业结构存在的弱点，产业结构升级迫在眉睫，因此，要以生产型服务为突破口，推进高技术服务业产业化和规模化发展，促进产业结构升级。

（2）内、外需结合，重点依托内需发展高技术服务业。全球金融危机后，我国经济增长将更多地依靠内需拉动，国内需求将成为推进高技术服务业的主要动力。因此，应实行内、外需平等，境内服务外包与离岸服务外包政策统一。

（3）实行供应政策与需求政策相结合，更加注重需求鼓励政策。目前，我国生产型高技术服务业的市场化程度不高。各级政府和大型企业的高技术服务内部化倾向比较明显，大部分中小企业又无力购买高技术服务。因此，一方面，要提高高技术服务业的供给能力和服务质量；另一方面，要着力培育市场需求，促进高技术服务活动的专业化、外部化和商业化发展。通过政策和有效机制引导高技术服务外部化，特别是政府服务需求的外部化，鼓励为中小企业提供高技术服务。

（4）加强体制改革和机制创新，创造有利于高技术服务业发展的外部环境。加强相关制度建设，制定市场准入规则，加快建立标准体系，保护知识产权，有效发挥市场配置资源的作用。理顺管理体制，规范行业管理，有效整合各种公共平台资源，提高政府资源利用效率。完善税收、金融体制，建立适应高技术服务业的税收政策和金融政策，消除制约高技术服务业发展的制度障碍，增强高技术服务业的发展活力。

（5）进一步扩大开放，鼓励外商进入。扩大高技术服务业的对外开放程度，通过引进高质量的外资企业促进和提升国内高技术服务企业的能力和水平。既要鼓励开放，吸引外资，又要实行内、外资政策统一，实现内、外资企业公平竞争。对国内新兴产业采取保护幼稚产业的政策，培育新的增长点。

（6）普遍性与特殊性相结合，统筹兼顾，分类管理。既要有适应高技术服务业的普遍性政策，又要有针对各领域的特殊政策；既要有相对独立的政策，又要充分利用已有的适用政策，如创新政策、高技术产业政策、知识产权保护政策等。在普遍政策的基础上，根据各领域的突出矛盾，分类制定行业政策。

（二）建立有利于高技术服务业发展的政策体系和制度环境

1. 实行综合规划与分类规划相结合，促进高技术服务业的统筹协调发展。高技术服务业各领域之间既有特殊性，又有共性，相互促进发展。如网络建设和服务是软件外包、数字内容的基础设施；研究开发、设计和专业技术服务等行业为各行各业提供创新服务。目前，我国高技术服务业的管理分散在不同部门，缺乏统筹协调和普遍适用的政策。因此，应打破部门界限，加强高技术服务业的综合规划，确定总的指导思想、原则和适应高技术服务业的政策体系。在综合规划的指导下，制定分类规划和组织实施，促进高技术服务业的协调发展和互相促进。

2. 完善市场准入、服务标准和相关制度，创造良好的经营环境。打破部门分割，消除市场壁垒，有序放开市场准入，促进有效竞争。建立适应各行业特点的市场准入标准，降低市场准入的资金门槛，严格机构资质认证和执业人员资格认证制度。加强知识产权保护，建立适用的知识产权评估方法，合理确定创新服务的价值，促进高技术服务业的创新。完善非营利组织的相关制度，包括法人制度、捐赠资助制度、税收制度、监督制度、退出制度等一系列制度。尽快完善高技术服务业的服务标准体系，包括基础标准、质量标准、管理标准、资质标准、服务业设施标准、保护消费者权益的标准等，促进公平交易与竞争。培养有信誉、有品牌的大型高技术服务企业，鼓励有实力的企业整合部分小型企业，规范管理，形成网络化和连锁经营。

3. 理顺高技术服务业的管理体制，合理分工，明确行业管理职责。高技术服务业涉及的行业和交叉领域较多，如数字内容行业的内容提供商分属于不同部门，其载体又依赖于信息通信（ICT）平台。目前，国际上对此也无固定管理模式，关键是要明确责任，防止多头管理和无人管理。在交叉领域，要有分有合，既要明确专业分工，又要有统筹协调部门。

支持和鼓励行业协会在行业管理中发挥自律作用。高技术服务业的企业规模小，而且分散，各领域的特点不同，仅靠政府部门很难监管，应多发挥行业协会的作用。如英国成立网络监管基金会负责网络管理，包括制定行业从业人员守则，建立举报制度，对网站内容进行分级和过滤，对群众进行网络安全教育等。因此，应通过组建行业协会，形成有效的行业自律机制，建立行业交流和合作平台。

4. 鼓励生产型服务需求外部化，培育高技术服务市场。进一步细化政府采购服务的政策，实行采购方式多样化，特别要促进政府部门的信息化项目和工程采购外部服务。改进财政预算制度和财务管理办法，适当提高服务采购费用计入预算的比例。合理处理企业服务外部化后的税收，避免因外部化增加企业的税收。如合理确定企业采购外部服务支出抵扣增值税的比例，企业购买外部研发服务支出应享受税前加计扣除政策等。鼓励针对中小企业的高技术服务，搭建为中小企业提供高技术服务的平台，将其纳入中小企业政策体系。

5. 加强人才培养和激励政策，建立多层次的人才供给渠道。高技术服务业需要复合型人才，知识和高技能劳动力是发展高技术服务业的先决条件。一方面，要大力培养和引进人才。高技术服务业的新兴产业较多，应根据需求制定定向培养课程计划，在大学和职业学校开展定向培养；鼓励企业对职工进行继续教育，增加政府对高技术服务人才的培训资助，提高职工培训费用进入企业成本的比例；通过国际合作和引进海外人才等多种方式培养和吸引人才。以执业人员资格和资质认证为龙头，开展专业技术服务人才培训和培养。

另一方面，建立适合高技术服务业的人才激励机制。特别是在提供知识和技术为主的创新服务业，要进一步完善知识、技术参与分配的机制，鼓励有创新创业经验的高素质人才从事技术创新服务业。高技术服务业成本主要是人员投入，应适当增加高技术服务业中职工工资免交企业所得税的基数，减少工资双重收税。建立规范的人才流动机制，既要鼓励人才流动，又要规范人才流动，利用《劳动合同法》中的保密协议与竞业限制的手段，保护企业的商业秘密和知识产权。

6. 加强对高技术服务业的金融支持。根据行业特点和发展阶段建立适应中小型服务企业的多层次金融支持体系。建立高技术服务业引导基金，引导风险投资流向高技术服务业；增加对中小型高技术服务企业的信用担保，引导银行资金流向高技术服务业；完善知识产权评估机制，开展知识产权质押贷款；完善中小企业和创业板股票市场管理，进一步扩大规模，推动高技术服务业企业在中小企业板和创业板上市；开展中小型高技术服务企业集体发债试点，在有条件的地区开展高技术服务企业股权场外交易和区域性私募股票交易试点。

7. 整合与提升公共服务平台，加强相关基础设施建设。打破部门界限，整合现有共性技术研发、技术服务等创新服务领域的公共服务平台，减少低水平重复建设，集中力量提升公共服务平台的服务能力和水平。积极探索多种公共服务平台运行机制，根据机构的职能确定运行机制，根据服务的性质决定资助方式。通过政府委托研究项目、采购服务等多种方式支持公共服务平台发展，从“买设备、建中心”转向“定标准、买服务”，实现政府支持与市场化运营相结合。加强对公共服务平台的考核制度，既要有建成验收，也要有运行考核，有效发挥公共服务平台的作用。

进一步加强互联网基础设施建设，推动我国互联网高速化发展。提高网络连接速度和普及率，为依赖互联网的高技术服务业提供快速、低收费的传输服务。加强网络安全技术的攻关，维护网络安全。加强网络市场环境建设，鼓励非歧视的市场准入和有效竞争。

8. 建立与国际接轨的高技术服务业的统计体系。一是要编制与国际接轨的高技术服务业的统计指标体系；二是建立科学的高技术服务业的调查统计方法和统计标准，发挥行业协会在统计中的作用；三是加强对统计信息的分析和研究，为政府制定高技术服务业发展政策，为企业经营提供及时、有效的科学依据。

（三）实行分类管理，制定具有针对性的行业政策

高技术服务业的领域多，要针对各领域存在的突出问题和矛盾，制定有针对性的政策措施。

1. 进一步扩大信息传输服务、信息技术与软件服务业。

（1）构建先进的信息技术基础设施。打破部门界限，促进三网融合，构建有线、无线相结合的高速宽带网络。优先推进软件园和高技术服务企业集聚区域的数据网络建设，扩大传输容量，提高传输速度。着力解决信息服务企业国际出口带宽问题，为离岸外包等信息服务企业提供质优价廉的宽带通信网络服务。

强化信息安全基础设施建设，促进信息安全服务业发展。在互联网新兴服务领域，制定有关信息安全、个人信息保护、电子支付、电子交易等法规。完善电子认证、网络安全、信用保障、网络支付等信息技术安全体系；制定信息共享、系统兼容性、互联互通等标准。

（2）结合政府和企业信息化，壮大信息技术与软件服务业。促进政府部门信息技术服务外部化和采购国内服务，鼓励企业采购国内服务，特别要倡导大型国有企业增加国产服务的采购比例。大力发展软件服务业和基于信息通信技术的服务流程外包，通过建设一批软件服务外包基地，构建公共服务平台，壮大国际离岸外包和国内在岸外包服务。利用宽带互联网、移动通信、云计算等技术推动信息技术服务的创新，发展面向广大中小企业的互联网应用和信息化服务。

2. 构建多元化的研究开发和技术转移推广体系。

（1）加强立法，完善机构的运行机制、治理结构和政策环境。根据机构的性质和功能，分类进行制度安排和机制设计，实行公共机构、非营利机构和商业机构分类管理。加快对相关机构的组织立法，对其法律地位、治理结构、管理方式以及经费、人员等予以明确的法律法规保障，为各类科研和技术转移机构的发展营造良好的法律环境。继续贯彻落实技术合同收入的税收减免政策，改进对独立科研机构和技术转移机构的营业税政策。加强技术

服务机构的信誉管理，建立服务机构业绩档案，定期进行资质评级，公开业绩信息，加强社会监督。

（2）构建多层次的研究开发服务体系。根据行业技术经济特征和产业组织特点，构建科研服务体系。在战略和公共性较强的行业，建立国家级产业技术研发机构；注意加强行业共性技术和共享技术研究机构以及中小企业创新服务机构的建设。对基础研究和公益性研究机构实行稳定的运行经费与项目支持相结合的资助方式；产业共性技术和共享技术研究机构、为中小企业服务的行业性或区域性服务机构主要采取非营利性组织模式；鼓励发展民间商业性技术服务机构。探索各种公共服务平台的运作模式，政府建设基础条件，市场化运行，政府资助项目和采购服务面向社会公开招标。公共研究机构通过对企业开放、成果转移、人员交流以及产、学、研合作等多种形式，使企业分享其公共科技资源。坚持自愿联合与政策引导结合，支持多种形式的"产、学、研、用技术联盟"，建立利益和知识产权分享的产、学、研合作的长效机制。完善对非营利科研机构或科研项目的捐赠制度，以及对捐赠者的税收减免政策。

（3）提升技术成果转化和转移服务对自主创新的支撑能力。完善和细化各级政府科技计划的成果转移管理办法，明确科技成果转移任务，建立相应的考核和监督机制。完善知识产权评估体系，促进技术市场交易。分层次建立技术转移机构，构建成果转化与技术转移网络。筹建国家技术转移中心，加强政府技术的转化和转移；规范和完善大学和科研机构的技术转移机构，促进大学和科研院所的科技成果转化和转移；鼓励发展集研究开发、咨询服务和融资等多种功能于一身的大型民间技术转移机构。加快建立包括专利代理、专利信息服务、专利交易等相关知识产权服务体系，建立全国性的知识产权信息基础平台。

3. 推进专业技术服务的市场化。建立分工明确、统筹协调的管理体制，加强部门间沟通和协调，切实落实责任制。政府兴办与发挥社会力量相结合，推进分析测试、计量、评估、先进计算等专业技术服务机构市场化经营。政府主要加强质量和检测标准的制定，加大与检测有关的共性技术研究开发，以及相关基础设施建设。加强服务机构的资格认证和市场准入标准，建立相应的监督、激励和惩罚机制。鼓励和支持专业技术服务机构拓展服务领域，满足社会发展和企业经营的多元化需求。

4. 培育和壮大设计产业。尽快明确政府主管部门及其主要职能，行业管理部门负责工业设计产业的规划，资助项目管理实施等，推进工业设计业的发展。支持市场化运营的独立研发设计机构，鼓励大企业设计中心对外经营。发挥地方政府的积极性，加强针对工业设计的服务平台建设。建立工业设计从业资格认定制度和机构资质评价体系。加强工业设计的人才培养，发挥交叉学科与多学科的优势，从过去重视设计技能和表现技巧的设计教育观向综合型艺术设计教育方向转变。

5. 加快数字内容服务业发展。

（1）以宽带互联网和移动互联网为重点，大力推动网络增值服务业的发展与创新。加快网络增值服务与文化传媒、创意产业的融合，使网络更适合于数字影音、数字出版、数字媒体等数字内容的传送。建立数字内容描述标准、数字内容传输标准、数字内容安全标准等标准体系，为数字内容产业发展提供良好的基础设施保障。加强对网络基础设施运营的监管，防止有歧视的市场准入，促进公平竞争；降低宽带服务成本，促进数字内容便捷获取和流通。加快网络远程服务的发展，扩大网络技术在社会公共服务中的应用深度和广度，推动电子商务、现代物流、远程教育、远程医疗等应用和发展。

（2）进一步加快数字内容的制作与创造，推进数字媒体、动漫等创意产业发展。扩大政府掌控的公共信息的开放程度，为数字内容产业发展提供更多信息资源，促进公共部门信息的数字化开发和利用。大力扶持教育培训、医疗卫生、行业应用、国防等为重点的数字内容产品的开发，发展面向农村、社区的公益性信息服务。打破买方垄断，鼓励数字媒体、动漫等创意产业发展。

中小企业成长：法律“扶手”不能少*

“金融危机过后，新的形势下，中小企业发展面临许多问题，亟须加强法律建设。”2010 年 1 月 25 日，第十一届全国人大常委会委员、全国人大财经委委员、国务院发展研究中心技术经济研究部部长吕薇接受本刊记者专访时表示，中小企业在我国国民经济中扮演着重要角色，发挥着重大作用。解决中小企业发展面临的各种问题，营造公平、良好的市场竞争环境，要从法律入手，加以引导、规范和扶持。

吕薇说，我国已经采取多种措施扶持和保护中小企业健康发展，在众多的措施中，法律因其规范性、权威性和强制性，被视为中小企业健康有序发展的重要保障。完善中小企业法律体系，包含三方面内容：修改现行不适应实际的相关法律；对一些法律或细则“填平补齐”；加强和落实关乎中小企业发展的法律及条款的执行。

中小企业的发展对于各国经济增长、促进就业和社会稳定越来越重要。中小企业规模小，在市场竞争中往往处于弱势，不少国家政府重视中小企业立法，促进、扶助和引导中小企业健康成长。

一、期待操作性强的配套措施

2002 年 6 月 29 日，《中华人民共和国中小企业促进法》（以下简称《中小企业促进法》）在第九届全国人大常委会第二十八次会议上通过，该法从

* 本文为《中国人大》记者李小健的采访文章，发表于《中国人大》2010 年第 3 期。个别之处有删减。

资金支持、创业扶持、技术创新、市场开发、社会化服务等方面作出了促进中小企业发展的规定，标志着我国促进中小企业发展走上规范化和法制化轨道。

2009 年 8 月底和 9 月初，为配合第十一届全国人大常委会第十二次会议听取和审议国务院关于促进中小企业发展情况的专项工作报告，全国人大财经委成立关于促进中小企业发展情况的专题调研组，在北京召开各种座谈会，分赴北京、浙江、江苏等多个省份进行实地调研，吕薇即是调研组成员之一。

在调研中，一些地方和部门反映，《中小企业促进法》操作性不强，已经出台达 7 年之久，仍没有制定更具体的实施条例或细则，有的规定迟迟没有落实。

对此，吕薇认为，《中小企业促进法》主要解决一些原则的、基本的问题。现行的《中小企业促进法》操作性不够强，要发挥作用还需尽快出台配套的细则和规定。

二、莫让扶持成为“空谈”

改革开放以来，我国在中小企业立法方面制定了《个人独资企业法》、《合伙企业法》及《中小企业促进法》等，取得了很大的成绩。“促进和扶持中小企业发展，化解其面临的诸多问题，不可能在一部、两部法律规定之内得到完全解决，应该是一个法律体系。”吕薇说，有一些法律虽然不是针对中小企业制定的，但是，对营造公平竞争的环境、促进中小企业健康发展具有重要作用。如大家比较熟悉的《中华人民共和国反垄断法》，对保障中小企业参与市场公平竞争发挥了很大作用；《中华人民共和国物权法》规定了对私有财产的保护，对于大多属于民营经济的中小企业来说，这是一个很好的保护；《中华人民共和国行政许可法》对减少乱收费作了规定，有利于减少中小企业的负担等等。促进中小企业发展，首先要营造一个有利于中小企业发展的公平竞争的市场环境，其次才是如何扶持的问题。

欧美许多发达的市场经济国家大多制定了一系列法律支持中小企业发展。与这些国家相比，我国还存在较大的差距。吕薇举例说，美国、日本、韩国都有较完备的中小企业法律、法规体系。日本有《中小企业基本法》、

《中小企业金融公库法》、《中小企业调整法》、《中小企业现代化促进法》等，韩国有《中小企业基本法》等14部法律、法规，美国有《小企业法》、《小企业经济政策法》、《扩大小企业出口法》、《小企业投资奖励法》、《小企业创新法》等，《联邦技术移转法》对使用公共研发经费的机构向中小企业转移技术作了规定，《购买美国产品法》也对采购中小企业的产品和服务有明确规定。相比而言，我国除了有《中小企业促进法》这一部基本法外，其他涉及中小企业的担保管理办法、中小企业发展基金管理办法，以及中小企业税收、创业、出口、技术创新、市场开拓等方面，还缺乏明确的规定，需要尽快补充《中小企业促进法》和制定相关的配套法规和政策，适应中小企业发展的新形势。

"同时，我国有一些法律还存在不利于中小企业发展的内容。"吕薇说，目前，中小企业融资十分困难。而现行的《中华人民共和国商业银行法》、《中华人民共和国担保法》、《贷款通则》等法律、法规中还存在一些不利于中小企业融资的规定和内容，亟待修订和调整。中小企业融资难不能仅靠银行解决，要发挥资本市场和社会的力量。目前，我国对于规范民间借贷一直没有明确的法律规定。

"无论是法律及其条款，还是相关细则、具体规定，都需要认真贯彻和落实。"吕薇同时指出，法律、法规执行不到位，产生不了效力，就不能营造公平竞争的市场环境和良好的外部环境，扶助中小企业发展也就成了空谈。因此，对于现有的有利于中小企业发展的法律、法规，一定要严格地执行、落实和监督检查，对缺失的部分应该尽快补齐。

政府在中小企业技术创新中的作用*

一、政府支持中小企业创新的主要方式

中小企业是创新的主力，许多国家政府从提高国家竞争能力的角度出发，制定一系列政策，支持中小企业的创新活动。

（一）促进政府技术向中小企业转移

不少政府通过促进国家实验室技术向中小企业转移，提高中小企业的技术水平和有效利用政府资源。如，美国国会于1982年通过“小企业创新发展法”，小企业管理局据此制定了“小企业创新研究计划”（SBIR），要求联邦政府机构中，凡年度研究开发费用在1亿美元以上的单位，要按一定比例向SBIR拨出专款；凡研究开发经费超出2 000万美元以上的单位，每年要为小企业确定科研项目和目标。目前，已有农业部、商业部、国防部、宇航局、卫生部、能源部和国家基金会等11个部门参加了该项计划。据估计，1983～1995年，SBIR共从这些部门得到55亿美元拨款。这笔经费分别用来资助技术研究开发项目的可行性研究、技术研究开发和成果商业化三个阶段的活动，其中研究开发占大头①。实际上，向小企业转移政府技术就是允许企业无偿使用政府资源。

---

*本文根据“政府在中小企业技术创新中的作用”和“关于中小企业创新基金定位与管理的几个问题的思考”（均发表于《国务院发展研究中心调查研究报告专刊》2004年第168期，2004年11月23日）合并整理。

① 史明浩：《美国鼓励技术创新活动的做法》，中国驻美国休斯敦总领馆科技组调研材料，1997年3月。

（二）直接资助中小企业创新活动

制订针对中小企业创新和成果转化项目的专项计划是各国政府支持中小企业创新的一个重要措施。美国联邦政府的“先进技术计划”（简称 ATP）是一项民用科技计划，旨在促进高风险、高回报和能动技术的开发，在实验室和市场之间搭桥。ATP 的资助对象包括单个企业，以及由企业、大学、政府机构、非营利性独立研究机构等组成的合作研究与开发联盟，但合作研究与开发联盟必须由至少两家营利企业牵头。1990～2003 年，ATP 资助项目的 70% 是由单个企业执行的，其中 76% 为小企业；在合作研究与开发联盟项目中，49% 由小企业牵头。ATP 资助的技术都是一些高风险、高回报、具有潜在广泛应用前景的技术。尽管这些技术将会给企业带来较大的利润，但政府还是资助其产业化。

（三）孵化可商业化技术，培育创新型创业企业

从创新设想到建立商业化运作模式是商业技术研究开发中的高风险阶段，商业资本通常不愿意冒这个险，因此，政府要在这个阶段给创新者一定支持，为其创造一个证实创新设想的可行性和试验机会。如，以色列政府制订了技术孵化器的计划，为创业者提供工作间、财务资源、工具、专业指导和行政管理援助，促进技术的商业化。通常，一个孵化器能够容纳 10～15 个研究开发项目，每个项目资助年限不超过两年。政府对每个孵化项目每年提供 15 万美元的资助，两年最多不超过 30 万美元。同时，每个孵化器每年最多可以获得 17.5 万美元的管理费用，主要用于支付主任工资、行政管理费用，以及项目商业化和开拓市场的研究与组织费用。对每个成功企业，政府可以获得最多 20% 的股份，以及销售收入 3% 的特许权使用金，项目团队成员可以获得 10% 的企业股份。技术孵化器大大增加了创业者获得投资、寻找战略伙伴和自己开业的机会。截至 2001 年，在以色列政府的孵化器计划支持下，进入孵化器的项目有 800 多个，其中有 643 个项目完成孵化，在孵企业 240 个。在完成孵化的 643 个项目中，53% 的企业还在继续经营，47% 已经停业。大部分项目获得私人投资，共吸引私人投资 5.25 亿美元。

（四）政府带动民间商业性机构为创新创业企业投资

主要有几种形式：

1. 以色列政府带动社会风险投资。20 世纪 80 年代末，大量前苏联的科学家和工程技术人员流入以色列，带入许多具有产业化价值的科技成果；同时，以色列的大批国防科技成果和产品需要实现“军转民”。由于私营资本很难在这两方面发挥作用，1992 年，以色列政府拨款 1 亿美元启动风险投资基金，吸引国内外私人资本，建立了 10 只风险基金。在每只基金中，政府持股 40%，私人资本占 60%。基金由私人投资者运作，政府不参与风险基金的运作。如果运营成功，投资者在 6 年后归还政府资金，政府并不参与分红；运作失败，政府与投资者共同承担风险。在政府推动下，以色列的风险投资业发展很快，到 20 世纪 90 年代末，大约有 90 多只风险投资基金。此时，政府通过出售股权回收资金，逐步退出风险投资。由此可见，以色列政府参与风险投资不是为了营利，而是带动民间资本，当风险投资业比较成熟时，政府退出。

2. 美国政府扶持中小企业投资公司。美国的各级政府非常重视小企业的发展。其《联邦小企业法》和《中小企业投资法》中明确规定，政府要支持小企业创业投资。联邦政府和州政府的具体做法有所不同。联邦政府并不直接出资建立小企业投资公司，而是通过对创业投资公司提供融资担保的方式，扶持私营小企业投资公司，鼓励其对小企业的投资。而一些州政府则直接投资设立中小企业投资公司，扶持本地小企业发展。

3. 为创业的小企业提供贷款担保。美国、日本的中小企业信用担保计划都有针对创业小企业的贷款担保，技术创新型小企业优先。如，美国的小企业担保计划中的 SBICs 计划主要用于支持对小企业的风险投资。

4. 法国政府通过税收政策鼓励私人资本投资中小企业。1997 年，法国设立了创新投资公共基金，以吸收个人小额资金为主，主要用来购买未上市创新公司的有价证券。创新投资公共基金的发展主要靠政府的税收政策，其投资可以享受 25% 的投资税减免（单身每年投资限额为 7 500 法郎，已婚家庭为 15 000 法郎）。

二、政府在创新创业企业各个发展阶段中的作用

（一）政府的资助方式与技术创新阶段有关

通常，创新创业企业的发展分为四个阶段：种子期、创业期、扩张期和

成熟期。在这四个阶段，企业的目标、技术特征、承担的风险和资金投入方式不同。种子期的任务是将创新的创意培育成可以商品化的技术，这一时期的技术应用风险大，资金投入短期内不能回收，有些甚至永远不能回收。因此，技术培育期的投入具有"天使"基金的性质，大部分是个人、企业和政府的资助资金。创业期是通过商业化开发，形成符合市场需求的创新产品，推向市场。这一时期是创业投资阶段，风险投资机构开始进入，以个人股权和机构投资为主。由于我国资本市场不发达，企业在这个阶段难以获得必要的发展资金，因此，需要政府支持和引导风险投资。扩张期的产品正在被市场接受，企业开始增加投资，扩大规模。扩张期需要大量资金，主要靠机构投资和贷款等资本市场，政府一般不参与这个阶段的投资或提供直接补贴。成熟期是市场占有率扩大，盈利能力增加，收入比较稳定，主要通过贷款融资。如，法国政府根据技术的性质和创业的阶段来确定资助的形式。政府对萌芽状态的研究开发进行拨款资助；对公共性技术研发企业，采取政策性贷款（低息或无息贷款）方式；对一般创新创业企业则采取认购企业证券或股权风险投资方式。除了资助招标计划采取拨款方式以外，其他启动基金和共同风险基金等都是用政府基金带动其他方面的基金，包括私人部门的资金（见表1）。

表1　政府在技术商业化过程中各阶段的资助方式

	技术风险	市场定位	收益	资金需求	资助方式
实验开发	大	不确定	未知	较少	补贴
中试	中	较确定	长期	中	补贴或有偿
试验性生产	低	确定	少量收入	较大	有偿或贴息

（二）在创新创业企业的不同发展阶段，政府发挥不同作用

通常，政府通过孵化器计划来孵化技术和培育企业，对创意项目进行一部分无偿资助，或实行长期有偿使用。创业期的企业通常处于中试或试验性生产阶段，开始把技术或产品推向市场。此时企业的收入较低，需要风险资金。政府主要采取有偿使用、贷款贴息或担保贷款等方式，支持企业发展。成长期的企业可以从资本市场吸收风险投资，政府主要通过中小企业政策来扶持这类企业，包括贴息、贷款担保等政策。对于已经进入成熟期的企业，政府主要通过鼓励创新的普遍性政策支持企业的研究开发，支持一些产、

学、研相结合的项目以及政府技术的转移和利用等（见表2）。

表2　政府在企业各发展阶段的资助方式

	技术特点	资金需求	政府的作用	扶持方式
孵化器	创意—原型 试验开发、中试	天使资金、风险投资	孵化计划	无偿拨款
初创期	推向市场：中试、 试验性生产	风险投资	中小企业政策	无偿拨款或有偿使用
成长期	市场接受： 批量生产	权益资本、贷款	中小企业政策	
成熟期	规模化生产	贷款	不直接支持	普遍性政策

综合上述分析，根据不同的技术发展阶段和企业发展阶段，政府的资助方式也不同（见表3）。

表3　政府在不同技术发展阶段和企业发展阶段的资助方式

企业阶段	实验开发	中 试	试验性生产
孵化器	部分无偿拨款	部分拨款或有偿	
初创期	部分拨款	部分拨款或有偿	有偿或贷款担保
成长期	长期有偿	长期有偿	贴息，贷款担保
成熟期	贷款担保	贷款担保	普遍性政策

（三）政府支持可商业化的民用技术要增加企业的责任，实现风险共担

根据国际经验，为了减少决策失误，防止道德风险和增加企业的责任，政府在支持可商业化技术开发时，一般要求企业投资50%以上。

综上所述，试验开发阶段不确定性强，市场风险大，可采取无偿资助的方式；中试阶段属于技术商业化的初期，市场定位比较明确，技术风险有所减弱，可以采取无偿拨款或长期有偿使用的办法。若中试成功，项目有盈利，可以分步偿还。对于试验性生产可以采取担保贷款和贴息的方式。

三、各类小企业发展基金的管理与运行模式

（一）基金管理模式

按组织形式划分，基金管理模式可以分为自我管理型和委托管理型两大类。

1. 自我管理型。自我管理型基金也称“公司型基金”，是由基金出资人组织董事会和专业管理团队，自行管理投资公司的资产及投资经营业务。基金按照公司制的方式进行管理，出资人直接参与基金运作。

2. 委托管理型。委托管理型基金也称“契约型基金”。其基本特征是出资人不直接参与基金的运作，委托相对独立的专业投资管理机构负责基金的运作管理，双方签订具有法律效力的委托经营管理协议，并通过量化业绩报酬和管理费等激励和约束机制规范专业管理人员的行为。

目前，大部分基金采取委托管理模式，实行基金出资人与基金专业管理人分离。基金投资人与基金专业管理人分离，可避免投资人在项目筛选、评估和投资过程中体现政府、上级或个人意志，使基金真正按照国际标准和操作规范独立运作。基金投资人与基金专业管理人分离，有利于通过公平竞争，选择优秀的基金管理人保证出资人的利益。由于基金专业管理者的信誉建立在品质和经营业绩上，在公开和公平竞争的市场机制下，基金投资人可以委托信誉好的专业基金管理者。

（二）基金的运作模式

根据收益目标划分，可以分为非营利性和营利性基金。下面重点介绍针对中小企业的非营利性基金和营利性基金的运用模式。

1. 非营利性的中小企业基金。

（1）台湾的中小企业信用担保基金。中小企业信用担保基金是由政府和银行金融机构以捐助形式，共同出资，分期筹集的。基金是财团法人，非营利机构。基金的主要目的是为有发展潜力但又缺少抵押担保品的中小企业提供信用保证。20 多年来，中小企业信用担保基金共获得政府和金融机构的捐助 149.7 亿元台币，其中政府捐助 118.6 亿元，银行金融机构

捐助31.11亿元，占20%。该基金基本以手续费和基金的运用收益作为补偿准备金，一般不使用缴存的基金，从而保证了信用担保基金规模的不断扩大。

（2）日本的中小企业信用保证基金。日本的中小企业信用保证协会是特殊法人的公共机构。在全国有52家信用保证协会独立地为本地中小企业提供信用担保。保证协会的资金来源主要有两部分。一部分是基本资产，由中小企业金融公库、地方政府、公共社团和金融机构捐助；另一部分是借入资金，主要是金融公库和地方财政以低息借给保证协会的。保证协会将这部分资金存入银行，可以获取利差，主要用利差和保费作为代偿金。当发生代偿时，中央政府的中小企业金融公库将与其共担风险。

2. 风险投资基金。风险投资基金是针对中小企业创新的营利性投资基金。美国的风险投资基金比较发达，形成了比较成熟的运行模式。这里主要介绍美国的风险基金运作。风险投资公司由数名投资经理人组成，他们具备丰富的投资管理经验和专业技能，勇于创新并善于协调，通过科学管理和运作，将资本、知识和技术相结合，投资和培育一批企业，而风险投资基金则通过退出获得高额回报。风险投资公司作为风险投资基金或投资人的受托管理人，通常每年要收取1.5%～3%的管理费，并在投资成功后提取利润的20%作为报酬。一家优秀的基金管理公司，可在连续10～16年的时间内成功地募集并管理6～7只基金。一般情况下每只基金往往专注于某一特定投资领域或投资重点，有时也可以分散投资组合。通常基金管理者被称为“基金的有限合伙人”，而出资人被称为“一般合伙人”，他们之间存在着委托与被委托的关系，从而产生了激励和约束问题。解决的办法有：有限合伙人（基金的受托管理者）须出资基金总额的1%；将投资经理人所得与经营业绩挂钩；规定单笔投资最高限额或在合伙协议中赋予有限合伙人一定的监控权；发挥经理人的市场作用等。请专家理财的概念越来越被风险基金投资人所接受。在美国，1980年有限合伙制投资基金参与的风险投资额占风险投资总额的42.5%，1995年达到了81.2%，有限合伙制成为风险投资基金的主要组织形式，并建立起相当完善的管理体制和运行机制。

政府建立的引导基金是非营利基金，最典型的例子是以色列政府的启动风险投资基金，采取委托式管理。

四、如何评价我国科技型中小企业创新基金的实施效果

我国的科技型中小企业创新基金是1999年由国务院批准设立的，面向民营科技型中小企业的中央财政专项资金。其目标是扶持中小企业创新，促进科技成果转化，引导各方面资金支持科技型中小企业。

（一）评价创新基金的整体效益

政府资助创新型中小企业发展的主要目的不是为了帮助企业盈利，而是促进企业技术创新，形成社会效益。企业的财务效益只是资助计划整体效益的一部分，科技型中小企业创新基金的整体效益包括资助项目的内部效益和外部效益。

1. 资助项目的内部效益。创新基金资助项目的内部效益包括财务效益和无形资产价值。获得创新基金资助项目提高了企业的无形资产价值。一是获得基金资助项目提高了企业的社会信誉，为企业进入市场提供了入门证。二是严格的资助项目审查标准和监管程序规范了企业管理，改善了企业的治理结构，提高了企业的管理能力。三是申请和管理创新基金项目锻炼和培养了人才。即使是未获得资助的申请企业和未成功的立项企业，申请和运行项目的过程也规范了企业的管理，锻炼了人才。人才的培养、企业信誉的提升以及严格的监理都不同程度地提高了企业管理水平。

2. 资助项目的外部效益。创新基金资助项目的外部效益不仅体现在扩大就业、增加供给和提高政府财政收入等几个方面，还包括技术扩散效应，以及上下游企业和消费者的相关效益。首先，企业申请专利时公开专利技术，实现了技术扩散。其次，创新基金项目使用新技术，带来节约成本，提高产品和服务质量，增加产品功能等，从而使上下游企业和消费者获益。最后，促进上下游企业使用新技术产品，带动其技术进步和创新。

3. 根据创新基金计划目标评估整体效益。评价科技型中小企业创新基金资助计划的整体效益，应根据计划的目标来确定评估内容和范围。例如，美国政府的工程研究中心（ERC）是国家科学基金的一项资助计划，该计划是在一些较有研究实力的大学建立有工业界和学术界广泛参与的ERC，进行跨学科的工程化技术研究，促进工业界的技术创新扩散。ERC计划有

两个主要目标：一是提高大学在关键性工业技术上的工程化研究能力，以促进美国工业国际竞争力的提高；二是加强工程化教育，为工业界提供具有工程知识背景的高水平工业技术研究人员。因此，联邦政府在评估ERC的实施效果时，主要围绕目标实现设置评价指标。一方面，重点评估大学与工业界的合作，分析大学与工业界究竟从两者的交流合作中得到了什么样的效益；另一方面，检验该任务的完成情况，需要考察创新的工程教育如何提高技术研究人员的能力，调查和评价ERC培养的研究生人数和解决实际问题的能力。

（二）如何确定创新基金项目的成功率

根据国际经验，选择相关参考系，评估小企业创新资助计划项目应有的验收合格率。一是风险投资基金。一般来说，风险投资的成功项目为1/3，不盈不亏项目占1/3，失败项目占1/3。二是政府孵化企业的计划。以色列的孵化器计划在10年内有47%的项目停业。三是类似的政府计划。美国的ATP计划的性质类似于我国的科技型中小企业创新基金计划，ATP计划终止的项目接近30%。目前，我国科技型中小企业创新基金资助的项目成功率是80%，相对于试验开发和中试项目来说，成功率较高。为了保证成功率，基金管理中心在选择项目时，通常选择一些比较成熟的项目，包括一些短期见效的项目。为了更好地实现创新基金的目标，根据我国的具体情况，创新基金项目的成功率可以设定为不低于60%。有些项目虽然商业化不成功，但在项目执行过程中仍然可以形成一些社会效益，如申请专利公开技术，各种方式的技术转移，规范企业管理，锻炼人才等等。

（三）长期跟踪评估

由于中小企业创新基金资助的项目相当一部分是研究开发和中试项目，有些项目不可能在短期内形成效益，因此，为了更好地评估计划和总结经验，应该进行长期跟踪研究和分析。

进一步发挥科技型中小企业技术创新基金在创新体系中的作用*

国务院于1999年5月批准建立的科技型中小企业技术创新基金（以下简称“创新基金”）是目前国内唯一面向民营科技型中小企业的中央财政专项资金。5年来，在扶持中小企业创新、促进科技成果转化、引导各方面资金支持科技型中小企业等方面发挥了积极的作用。受国家科学技术部的委托，我们组织了对创新基金的实施效果评估。

一、创新基金运行管理的基本情况

（一）重点扶持了一批具有自主知识产权的创新项目和高新技术企业

1999年6月~2003年12月，在创新基金累计受理申请项目20 267项，申请资金总额298.8亿元；共批准4 946项，实际资助金额为34.6亿元，每个项目平均70万元。其中大部分是初创期和成长期的企业；17%的项目拥有专利技术，包括各种专利1 950项，发明专利占34%；877个软件项目全部拥有自主知识产权；电子信息、光机电一体化、生物医药和新材料等高技术行业的项目占88%；西部地区的项目占21%。

创新基金对政府科技计划形成的科研成果的利用和产业化，起到承上启

* 本文发表于《国务院发展研究中心调查研究报告择要》2004年第77号，2004年11月12日。本文是科技型中小企业创新基金实施5周年评估报告的摘要。

下的作用。截止到2003年12月，在创新基金立项项目中，国家攻关计划和863计划项目占15.6%，地方和其他国家计划项目占32%，产、学、研联合项目占17%左右。企业调查问卷结果表明，78%的资助项目在立项时处于试验开发和中试阶段，44%是中试项目。

创新基金培育了一批具有良好成长性的企业，成为中小企业板的生力军。在中小企业板块发行的20家企业和首批挂牌交易的8家企业中，50%的企业曾获创新基金资助。

（二）创新基金一定程度上带动了各级政府和社会资金对科技型中小企业的投入，扩大了科技型中小企业的资金渠道

经创新基金资助的项目中，地方政府和中央政府的资助、金融机构贷款或个人股权投资等有所增加。已验收的1 690个项目在执行期内新增投资163亿元。其中，创新基金资助9.2亿元，占5.6%；地方政府配套占3.2%；银行新增贷款占36%，企业自筹占52%；其他资金4.2亿元。创新基金放大约17倍。

由于申请创新基金要经过严格的评审，一些企业虽然申请创新基金没有成功，仍获得了地方政府资助和银行贷款。

（三）创新基金的规范运作得到公认

创新基金采取政府指导和监督，专业机构管理，专家评审，委托地方政府主管部门或中介机构监理的运行管理模式；遵循公开、公平、公正、竞争、透明的原则，设立了一套规范的评审程序和项目评价标准，以及防止腐败的机制。这一运行管理模式在国内属首创，受到各方面的好评。

创新基金的运行管理机制促进科技型中小企业规范发展。调查结果表明，承担项目的企业大都健全了内部组织，规范了管理，改进了分配制度，增加了企业的无形资产。

（四）创新基金资助项目产生较大的社会效益

主要表现在以下几个方面：一是推动技术扩散和技术转移。企业通过申请专利、出售知识产权、技术许可、联合开发、发表论文等方式实现了技术转移和扩散。二是一部分项目的技术应用面较广，带动上下游企业和用户的技术进步。三是对西部项目给予一定倾斜，扶持西部高新技术产业发展。四

是促进科研院所改制，促进高端人才就业，支持一部分科研人员在科研院所改制中创业分流，资助了308家科研人员创办的企业。

二、创新基金对科技型中小企业的发展具有不可替代的作用

（一）由于我国资本市场不发达，创新基金已成为促进科技型中小企业发展的重要引导资金

一些企业表示创新基金给的是“保命钱”，为创新技术进入市场争取了时间。大部分未获资助的申请企业表示将继续申请创新基金；在立项企业中，仍有接近一半的企业表示还会申请创新基金进行后续研究开发。

（二）对国家现有科技计划体系具有互补作用

在各种国家科技计划中，只有创新基金重点支持科技型中小企业的试验开发、中试和试验性生产阶段的项目，对863计划等具有纵向承上启下的作用，对其他产业化计划具有横向互补作用。

（三）创新基金肩负培育中小企业和支持创新的双重任务

《中华人民共和国中小企业促进法》把扶持中小企业创业和鼓励中小企业创新作为中小企业政策的重要组成部分，创新基金成为扶持中小企业专项计划中的重要一项。

三、存在的主要问题与政策建议

（一）主要问题

1. 基金规模小，不稳定，远不能满足科技型中小企业发展的需要。目前，我国有科技型中小企业12万家，仅有约4%获得过创新基金的资助。

1999～2003年12月，创新基金资助的项目仅占申请项目的24%，资助额约为项目计划投资额的17%。在科技型企业不断增加、申请项目越来越多的情况下，创新基金的计划额度却呈下降趋势。1999年的计划额为10亿元，2002年起年度计划额降至5亿元，平均资助额由1999年的75万元降至2003年的55万元。

2. 缺乏明确的法律地位。创新基金虽已进入中央财政专项计划，但缺乏明确的法律地位，其管理仍沿用国家科技部和财政部颁布的暂行规定，得不到法律保障。

3. 缺少可持续性。创新基金缺乏自我滚动发展的机制和能力。资金来源单一，主要依靠中央财政；在资助方式上以无偿拨款为主、贴息为辅。

4. 重视短期效果和财务指标。尽管创新基金的管理办法和指南都提出社会效益的目标，但为了保证基金项目的成功率，管理办法规定项目周期不超过3年，平均2年；不得不支持一些生产性项目。创新基金定位于支持成果转化试验阶段的项目，而真正的创新技术进入市场需要一定的时间，难以在短期内形成财务效益。

（二）建议

1. 扩大和稳定创新基金规模，制定相应的法律稳定创新基金的地位和作用。可以把创新基金作为中小企业发展基金中的一个独立专项计划，列入《中小企业促进法》的实施细则。

2. 集中目标，加大支持力度，做好后续工作。创新基金定位于支持实验室技术成果走向市场，要以培育可商业化技术为目标，重点资助试验开发和中试阶段的项目，减少生产性项目。为了拓宽基金项目的后续资金供应渠道，创新基金应加强与各级政府科技计划和商业性金融机构的联系，建立项目资料库，定期向投资者交流信息，向外推荐项目。

3. 积极探索基金运作模式，充分发挥中央财政资金的带动作用，调动各方面积极性，扩大资金渠道，逐步形成自我积累的循环机制。一是由以无偿拨款为主逐步转向拨款与有偿使用相结合。二是以多种方式吸收社会资金，扩大基金来源，形成中央和地方政府财政与社会捐助相结合的基金。三是利用创新基金和政策带动更多的社会资金向科技型中小企业投资，探索资助孵化器，为中小企业投资公司提供融资杠杆的机制。

4. 允许项目失败，改进项目评价指标。创新基金资助的项目并不是成功率越高越好。小企业技术创新项目风险较大，应该允许失败。根据国际经验，无论是商业性的风险投资公司，还是政府资助计划都有一定的失败率。根据我国的具体情况，创新基金项目的成功率可以设定在不低于60%。同时，要建立具体化的社会效益考核指标，加强对项目的社会效益评价。

5. 坚持发挥专业机构的作用，加强“贴身”服务。委托专业机构进行政府专项基金项目管理，是创新基金的一大特点，也符合国际趋势。创新基金以中小企业为对象，每个项目金额小，企业流动性大，需要近距离管理和服务，实行委托管理有利于提高管理质量和效率。要注意防止基金规模做大后，政府部门收权。同时，在项目评审和咨询服务方面，要进一步发挥社会中介机构的作用。

借鉴有益经验，建立我国中小企业信用担保体系*

中小企业融资难是一个世界性的普遍问题。其客观原因：一是一部分企业的抵押品不足，贷款风险较大；二是贷款规模小，单项融资的交易成本较高，银行没有积极性；三是所处的行业大都是竞争性行业，小企业的淘汰率较高，融资风险大，但回报较低。因此，许多国家政府制定相应政策解决中小企业融资难的问题。

提供信用担保是解决中小企业融资难的一种手段。中小企业信用担保具有多种形式，有政府参与的信用担保，有中小企业之间的互助担保，有商业机构的担保等。目前，许多国家和地区把建立有政府参与的中小企业信用担保体系作为扶持中小企业的重要政策之一，并有许多成熟的经验可供我们借鉴。

一、美国、日本和我国台湾地区的中小企业信用担保体系的特点

美国、日本和我国台湾地区都有比较健全的中小企业信用担保体系，但是属于三种不同的类型。下面通过分析三种担保体系间的差别性和共性，进一步揭示中小企业信用担保体系的特点。

---

* 本文发表于《国务院发展研究中心调查研究报告》1999年第160号，1999年11月24日；转载于《金融研究》2000年第5期。

（一）政府参与的中小企业信用担保体系的基本构架

1. 资金主要来源于政府，但构成多样化。中小企业信用担保资金有政府全额拨款，也有政府与金融机构和社会团体等共同出资。美国的小企业信贷保证计划的资金是由联邦政府直接出资，国会预算拨款。日本的中小企业信用保险公库以中央政府的财政拨款为资本金。地方性信用保证协会的资金一部分是由中小企业金融公库、地方政府、公共社团和金融机构捐助，其中，金融机构捐助资金的比例较大；另一部分是借入资金，主要是信用保险公库和地方财政以低息借给保证协会的。中国台湾地区的中小企业信用保证基金则是由政府和银行、金融机构的捐助资金组成，政府出资约占基金的80%。

2. 政府出资的担保机构不一定由政府部门直接运作。美国联邦政府的小企业信贷保证计划是联邦政府全额拨款，由联邦政府代理机构——小企业管理局直接负责执行和管理。而日本和我国台湾则是政府出资，由协会和基金等专门机构具体运作，政府管理部门加以监控。

3. 政府参与的担保体系有多种结构。美国和我国台湾实行的是一级担保机构，在各地设分支机构。日本实行分层次担保，设立中央信用保险公库和地方信用保证协会两级担保。中央政府的信用保险公库为地方性信用保证协会提供再担保，再担保比率是70%～80%。

4. 政府担保资金的补充方式有固定和非固定两种。美国和日本政府有固定的财政拨款来补充中小企业信用担保资金，担保赔付金主要用担保基金和担保收费共同支付。美国联邦政府每年都有小企业信贷保证计划的预算拨款。而中国台湾的信用保证基金自建立以来虽然也得到过补充资金，但资金来源不固定，因此，为了保证基金的规模不致萎缩，担保赔付金主要靠担保费收入和利息来支付。

（二）政府参与的中小企业信用担保的政策目标

政府参与的中小企业信用担保项目都有比较明确的政策目标。一是政府的担保计划都明确规定了担保对象的规模和性质，被担保企业都要符合政府规定的中小企业标准。

二是明确重点支持那些通过正常融资渠道不能获得贷款和融资的企业，主要是指没有足够抵押品，又有发展潜力的小企业。

三是各担保计划都因地制宜地规定了担保重点。各担保计划的共同点是促进扩大就业、支持中小企业出口和技术升级，以及补充季节性流动资金和防止公害等。由于各国和地区的中小企业的发展阶段和管理体制不同，各担保计划还有一些特殊的扶持重点。美国的担保计划特别为一些特殊群体，如妇女、残疾人、退役军人、少数民族、贫困地区办企业提供担保。日本政府的中小企业信用保证计划则与政府的产业政策配合，主要以每个时期的政府产业政策为依据，重点为符合产业政策的项目提供担保，如中小企业自动化计划等。我国台湾地区的信用保证基金还配合政府的中小企业发展计划，特别设立了青年创业和企业自创品牌的担保项目，重点支持创业型小企业。

同时，各担保计划都明确规定不给投机活动提供担保。美国的担保计划明确规定无论哪类贷款计划都不能用于投机性的用途，特别不能用于以投机为目的的房地产，不能用于再贷出，不能用于代销和传销，不能用于非营利和与企业经营无关的活动等。

（三）分散和规避风险的机制

各类中小企业信用担保机构都设计了一套分散和规避风险的机制，在担保机构、银行和企业之间分散风险。分散和规避风险的主要做法，一是通过规定担保比例分散风险。担保机构不是进行全额担保，而是根据贷款规模和期限进行一定比例的担保，在担保机构和银行之间分散风险。美国的小企业信贷保证计划的担保金额一般不超过贷款的75%～80%，日本中小企业信用保证协会的担保金额不超过贷款的70%～80%，中国台湾中小企业信用担保基金的担保额也不超过80%～90%。

二是对企业实行风险约束。美国的信贷保证计划要求主要股东和经理人员提供个人财产抵押，以增加业主和管理人员的责任。中国台湾的信用保证基金则更强调银行对企业的了解。

三是制度透明，规范管理。美国的中小企业管理局每年都要向国会提交有关中小企业信贷保证计划执行情况的报告，国会举行听证会，审查计划预算和计划执行情况。

四是严格审批制度和担保程序。

（四）金融机构广泛参与，自主决策

形成有效竞争的、为中小企业服务的金融体系是建立中小企业信用担保体系的基础。美国、日本和我国台湾地区的金融体系比较发达，有一批专门

为中小企业提供融资的地区性金融机构。这些金融机构积极参与中小企业信用担保计划，并与担保机构建立长期稳定的关系。

一是金融机构自愿参与担保计划。美国大部分银行和非银行金融机构参与了联邦政府的小企业信贷保证计划；日本的都市银行、地方银行、长期信用银行、信托银行、互助银行和保险公司等都参与信用保证体系；我国台湾地区有 47 家大小银行、金融机构参与了中小企业信用担保基金项目。

二是担保机构与金融机构建立各种合作关系。通常是银行申请参与担保计划，担保机构审查批准；担保机构与提供贷款的金融机构签订有关合同。担保机构根据贷款机构的业绩，采取不同的审批方式。美国为提高效率，把贷款机构分为三类，各类审查程序和担保金额不同。中国台湾的中小企业信用保证基金也对部分有较好贷款业绩的金融机构实行授权担保，简化审批程序。

（五）加强风险管理，实行监控和咨询服务相配合

担保机构除了进行担保和融资咨询，监控贷款项目运行情况外，还发挥中介机构的作用，为企业提供经营咨询服务，发现问题，及时解决。美国的中小企业信贷保证计划的执行机构下设“退休经理服务队”，由有经验的退休管理和技术人员组成，专门为中小企业经营管理提供咨询。日本有 200 多家公立试验机构，聘用有经验的工程师担任顾问，为中小企业的产品、技术可行性研究和试验提供具体指导等等。这些机构都为中小企业信用协会服务。我国台湾的金融机构联合成立了几家中小企业辅导中心，为中小企业提供咨询服务。

这些咨询服务不仅提高了中小企业偿还债务的能力，降低担保损失，还促进了中小企业健康发展。

（六）中小企业信用担保制度受到法律保障和规范

美国的《小企业法》和《小企业投资法》对信贷担保计划的对象、用途、担保金额和保费标准等都有明确的规定；日本的《中小企业信用保证协会法》和《中小企业信用保险公库法》，明确了中小企业信用保险公库和信用保证协会的职能和作用，以及担保的规则等等。

（七）政府带动民间金融和担保机构

政府参与的担保计划主要起着引导和带动民间机构的作用。第一，政府

参与的信用担保本身就是引导民间金融机构为中小企业贷款。在市场经济国家和地区，金融体系的主体是民间金融机构。因此，政府参与担保计划的主要目的是鼓励民间金融机构为中小企业贷款。

第二，政府参与的担保计划为民间担保机构提供再担保，调动其他担保机构为中小企业提供融资担保，大大提高了政府参与的基金的融资杠杆。美国的小企业信贷保证计划为地方开发投资公司和小企业投资公司发行的债券提供担保。日本中央政府的中小企业信用保险公库为地方性担保协会进行再担保等。

二、建立我国中小企业信用担保体系及其应注意的问题

我国的财政、金融和小企业管理体制与市场经济国家的体制有很大不同。因此，建立我国中小企业信用担保制度，制定担保政策，既要借鉴外部经验，又要根据我国财政、金融和小企业管理体制的特点，建立具有中国特色的中小企业信用担保体系。

（一）建立我国中小企业信用担保体系的几点建议

一是建立分层次的、政府支持的中小企业信用担保体系。我国的政府财力与发达的市场经济国家不同。如美国联邦政府的财力充足，远远超过地方政府，联邦政府的财政收入占政府财政收入的60%以上。我国的政府财政收入主要是“吃饭财政”，而且政府财政收入比较分散，中央政府财力相对薄弱。因此，可以建立中央和地方政府分层次的中小企业信用担保体系，以地方政府为主。

中央和地方政府的担保重点应有所不同。中央政府实行全国统一的标准和办法，重点对一些特殊项目和贫困地区及不发达地区的中小企业提供信用担保，或对不发达地区地方政府的担保计划提供再担保。地方政府则根据本地中小企业的特点确定地区扶持重点。

同时，各级地方政府参与的担保计划应主要起引导、调动民间机构的作用。政府的担保基金不一定要直接为企业担保，可以对企业互助担保机构和商业担保机构提供必要的再担保，以分散风险，调动民间担保机构的积极性。

二是建立中小企业信用担保体系首先要建立为中小企业服务的金融体系。在市场经济国家，对小企业贷款的主体主要是民间金融机构，包括大批地区性中小金融机构。我国银行体制是集中的，中小金融机构不发达，贷款机构主要是几家全国性的大银行，缺少面向中小企业服务的银行和金融机构。在这种金融体系下，没有金融机构的竞争，即使有担保，小企业也难以得到贷款。

由于大银行做小企业贷款的交易成本高，效率较低，而地区性的中小金融机构可以比较直接和容易获得本地小企业的有关信息，为小企业贷款的交易成本相对低一些。因此，在建立中小企业信用担保体系的同时，要发挥各类金融机构的作用，不能仅靠国有大型商业银行，更要发挥城市银行和信用合作社的作用，形成为中小企业服务的金融机构之间的竞争。在推动中小企业信用担保的同时，应建立、规范和发展中小金融体系。

三是政府出资的担保基金应由独立的专门机构按商业化原则来运营。为了提高效率，应该委托由专业人员组成的专门机构操作和经营政府担保基金，政府出资部门进行监督和检查。

中小企业信用担保的操作程序要规范化、制度化和公开化。担保计划的申请、审核、担保条件、违约确认和担保赔付等都应有明确规定和透明度，要实行年度计划和执行结果向出资人报告的制度。

四是加强对中小企业担保机构的规范管理和监督。中小企业担保机构不是金融机构，不能从事融资活动。同时，中小企业信用担保具有一定的政策性，又不同于一般的保险业。为保证中小企业信用担保体系的健康发展，国家应明确授权一个政府部门管理和监督中小企业信用担保机构，主要是对担保机构的资格、担保机制、担保程序、收费标准等进行规范和管理。

五是明确政府担保基金的扶持重点。要明确享受担保的中小企业的规模和性质。享受担保的中小企业范围不能过宽，政府担保基金的主要对象是没有业绩的创业企业、抵押品不足但有前途的企业，或者能够正常经营但有暂时困难的企业。根据我国中小企业发展现状，现阶段政府担保基金应重点扶持解决就业、技术进步和开拓国际市场的企业或项目。因为各地中小企业发展不平衡，各地方政府可以在中央政府确定的大原则下，因地制宜地确定担保重点。

六是充分发挥民间担保机构的作用，用政府的担保基金调动民间担保机构的积极性。我国中小企业量大面广，政府的资金有限，仅靠政府的担保基金难以满足广大中小企业的需求。因此，不仅要开展政府出资的担保，更重要的是鼓励中小企业的互助担保基金和商业担保机构为中小企业担保；政府有重点地为民间机构提供再担保。

（二）开展中小企业信用担保应注意的问题

目前，我国中小企业信用担保正处于试点阶段，主要任务是侧重制度建设，总结经验，细化管理办法和操作规程。在现行体制下，真正发挥中小企业信用担保的作用，应重点注意以下几个问题：

1. 强化中小企业的信用观念，建立中小企业信用评级和信用登记制度。信贷担保是促进金融机构多为中小企业提供贷款，而不是为企业违约提供保障。信用担保是建立在企业信用制度基础上的。只有企业按时还款，基金才能做大，降低成本，支持更多的企业，发挥更大的作用，否则基金不可能扩大和维持下去。

因此，根据企业的现状，要强调企业的信用观念，特别要建立中小企业信用评级和信用记录制度。有了不良记录的企业要获得担保和贷款就困难了。

2. 要保证担保基金有长期稳定的补充资金来源。扶持中小企业是各级政府的长期任务，中小企业信用担保应该作为扶持中小企业的一项长期政策。各级政府出资的中小企业信用担保基金，不能只是一次性的，应该有一个长期的计划，通过长期的担保计划扶持一批又一批中小企业发展，并实现制度化和法律化。

3. 政府担保基金主要是用来扶持那些从正常渠道不能获得贷款，又有发展前景或有暂时困难的企业。根据各国的经验，一般担保贷款只占中小企业贷款余额很小的比例。如美国 1997 年小企业贷款余额为 1 180 亿美元，1997 年度联邦政府担保贷款新增额为 110 亿美元；日本的担保贷款不到中小企业贷款的 8%。因此，要防止银行过于依赖担保基金，把担保作为贷款的基本条件；防止能从正常渠道得到贷款的项目挤占担保贷款。

4. 要加强风险控制和管理。担保是要承担风险的，但是如果运作规范、设计合理，可以降低风险和减少损失。一是要建立企业、银行和担保机构共担风险的机制。要防止有了担保，银行就放松贷款审查的倾向。因此，应确定适当的担保比例，在担保机构和贷款机构之间合理分担风险；担保机构应定期审查银行的担保贷款业绩。与此同时，要增强小企业主的风险责任。小企业一般都是合伙制或个人出资，为加强业主的责任，可以要求主要业主提供抵押品。

二是把事后的风险控制与中小企业咨询服务结合起来。担保机构要设专人或与中介机构联合，加强担保后的跟踪监督，发现问题，及时指导和解决。

三是支付赔偿金后，小企业作为借款方仍有偿还全部债务的义务，担保机构仍然有权追索企业所欠债务。

5. 减少政府行政干预，确保银行和金融机构能够按商业原则自主贷款。基金的执行机构有权决定是否提供担保，但不能指令银行给哪家企业提供贷款。随着我国金融体制改革，金融机构逐步实现商业化运营，各级政府对银行的干预能力，尤其是地方政府对银行的干预能力越来越小。因此，要防止各级政府把担保基金作为干预银行贷款的新手段，特别要杜绝长官命令、领导批条子担保贷款。政府管理部门的主要责任是确定担保基金的担保对象标准、承保条件和担保审查程序等，定期监督和检查担保计划的执行情况，而不是直接干预具体贷款项目。

6. 一个企业不能长期享受政府担保。企业不能长期享受政府担保有两层含义。一方面，一些企业通过担保贷款成长起来，达到一定标准和规模后，就不应再享受政府的担保扶持了。即成熟一批，毕业一批。另一方面，政府担保的目的是在政府的扶持下，企业经过自己的努力，获得市场竞争力。政府担保是扶持而不是扶贫，如果一个企业经过扶持仍然不能正常经营，说明这个企业没有市场竞争和生存能力。这种企业不能长期依赖政府的救济来生存。

7. 用科学的指标评价企业。在确定担保标准时，不能只注重目前的实物指标，而应注意企业的未来价值和现金流量。尤其是对高新技术企业，要看技术价值和市场前景。

我国中小企业信用担保的几种运作模式比较*

一、中小企业担保体系的现状和主要问题

（一）现状

自1998年开始中小企业信用担保试点以来，我国中小企业信用担保机构迅速发展。

1. 资金来源多元化。中小企业担保基金有政府财政资金、企业会员基金、企业互助基金、民间投资，以及政府财政资金与其他来源资金的合作基金。

2. 担保机构性质和组织形式多样化。从担保机构组织形式看，有政府管理部门所属的事业单位、国有股份制公司、私营股份制公司和各种基金的管理公司等；从机构性质看，有非营利的政策性担保机构，也有以营利为目的的商业性担保机构，还有政策性与商业性担保业务混业经营的担保机构。

3. 出现担保品种多样化和机构多功能化的苗头。中小企业担保机构中有单纯提供贷款担保的机构，也有集投资与担保功能于一身的投资担保公司；有的仅为企业提供信用担保，也有的同时为企业和个人提供信用担保等。

（二）中小企业信用担保机构存在的主要问题

1. 分散出资，规模过小。许多地方政府按县区设立担保基金，有些基

* 本文发表于《国务院发展研究中心调查研究报告》2002年第42号，2002年3月22日；转载于《经济研究资料》2002年第9期。

金只有几百万元；大部分企业互助基金规模小，很难得到银行的信任。

2. 资金来源单一，缺乏资金补偿机制。大部分地区的中小企业担保基金以政府财政资金为主，只有少数地区有民营担保机构，有些民营担保公司也从事中小企业担保业务。地方财政担保基金大部分是一次性的，缺少资金补偿机制；民间资本主要是私募，在国内上市比较困难。

3. 缺乏专业队伍。由于过去专业担保机构少，近两年担保机构迅速扩张，专业人才短缺。不少地方政府出资的担保机构是由政府官员负责运营管理，不熟悉担保业务；一些分散的企业互助基金因缺乏专业人才管理和运作，难以开展担保业务。

4. 担保基金的运用问题。现行的中小企业信用担保管理办法规定，担保资本金的运用只能存入银行和购买国债。在目前低利率的情况下，存入银行是为了保证资本金安全性，但不能实现增值。实际上，由于银行存款不能增值，许多机构已经采取各种方式在资本市场上运用资本金，甚至有的机构靠资金运作，而不是靠担保业务来养活队伍。

5. 政府干预。尽管中小企业担保管理办法中都提出要减少行政干预，实行公司化运作，但是有一些地方政府认为，“我出的钱就要我说了算”。因此，部分地区仍然存在领导定项目、担保公司担保的问题，决策失误造成呆坏账，拖垮担保机构。

6. 政府财政担保资金不能满足广大中小企业融资的需要。由于中小企业量大面广，而且需求是多种多样的，仅靠政府出资的政策性担保机构远远不能满足中小企业的需要。即使在美国、日本等政府出资规模较大的国家，政策性担保的贷款额也不超过中小企业贷款余额的10%。因此，中小企业担保不能仅靠政策性担保，还要发挥民间资本和商业担保的作用。

7. 缺少对担保机构的法律规范。我国1995年颁布了《担保法》，但是该法是规范担保行为而不是规范担保机构。1998年开展中小企业信用担保试点以来，原国家经贸委和财政部分别发布了有关中小企业信用担保的管理办法，但是主要针对政策性担保机构，适用范围比较窄，不够完善。目前，国内已经有多种形式的担保机构，因此，迫切需要规范担保机构的法律。

二、典型模式的比较分析

目前，我国大部分中小企业担保机构是小规模、功能单一的政策性担保机构。但不少地方政府和担保机构正在积极探索中小企业担保事业发展的新路子，提供了有益的经验。下面重点介绍几种典型的担保运作模式。

（一）模式一：各级财政建立共同基金，委托专业机构管理

上海市采取各级财政出资建立财政预算安排的共同担保基金，集中委托专业机构管理的模式。上海市中小企业担保基金是市、区县两级财政共同出资7亿元。其中，市财政局出资4亿元，20个区县财政共出资3亿元。同时，一部分区县还建立了小规模财政担保基金作为共同担保基金的补充，为一些微型小额贷款提供担保。目前，上海市财政共同基金是全国最大规模的、财政出资的中小企业担保基金。

上海市财政共同担保基金采取以下管理和运行机制：一是委托专业担保机构运作和管理共同基金。专业担保业务在我国还处于发展的初级阶段，担保专业人才短缺。为了利用专业人员，实现政企分开，市财政局委托中国经济技术投资担保有限公司上海分公司（以下简称“中投保上海分公司”）管理和运作共同担保基金，政府与专业担保公司签订委托管理协议。

二是建立出资人之间的利益和风险分摊机制。担保基金的决策以担保公司为主。区县政府负责提供被担保企业的资信证明，具有担保项目的推荐权和否决权；中投保上海分公司最终决定是否担保。市财政部门基本不参与担保项目的决策过程，主要负责制定担保基金管理和运作规则，与受托担保机构签订合同，通过规范共同担保基金的运作机制来实现扶持中小企业发展的政策目标。担保责任由市财政与区县财政共担，并突出了市财政对高新技术企业的扶持。当发生担保代偿时，对一般中小企业，市财政和区财政各承担50%的责任；对高新技术企业，市财政担负60%的代偿责任，企业所在的区县财政承担40%的责任。根据市区县各自承担的风险比例分配担保费收入，盈余部分提取坏账准备金。

三是市财政局与中投保上海分公司签订委托管理协议。《上海市小企业贷款信用担保资金委托管理协议》明确规定，中投保上海分公司作为担保

资金的日常管理机构，具有以下几方面主要职责：中投保上海分公司以政府的产业政策为导向，支持中小企业发展，不以营利为目的；严格按照上海市财政局制定的《关于小企业贷款信用担保管理的若干规定》和经批准的年度工作计划规范操作担保业务，接受上海市财政局的稽核、监督和检查；负责具体实施经上海市财政局批准的有关资金增值部分的分配和亏损弥补、核销呆账和坏账、变更资金规模的方案，并接受其稽核、监督和检查。

四是担保审批程序规范透明，防止政府行政性干预。中投保上海分公司的中小企业担保审批程序是：第一步，企业向银行申请贷款。第二步，银行审查贷款要求。银行有意贷款、但需要担保的报给担保公司。第三步，按企业所在区县分别考核企业的信誉。由于大部分中小企业都是县区企业，企业所在县区财政局分管部门负责审查企业的纳税和财务情况，区县财政局根据审查结果签署同意推荐或不推荐意见。第四步，担保公司进行综合平衡，决定是否给予担保。第五步，担保公司与贷款银行签订保证合同。随着担保业务的开展，担保公司和银行的经验增加，为了规范和简化担保程序，方便中小企业，担保程序进行了改进。一方面，担保项目审查方式发生变化。由原来的财政、担保公司和银行分别审查，转变为授信担保和专项信用担保；另一方面，放松了反担保规定，由过去50万元以下的免除反担保提高到200万元以下免除反担保。但有些区县对部分企业要求提供反担保。

五是与有关银行建立贷款担保协作网络。上海市财政局、中投保上海分公司现已与10家商业银行建立了贷款担保合作关系，联合开展授权贷款信用担保和专项贷款信用担保。在全市共设立了200个贷款担保受理点，方便了小企业，简化了贷款信用担保的操作程序。

上海模式主要有以下优点：首先，集中分散的资金，扩大担保基金盘子。目前，各级政府出资的担保机构面临的一个主要问题是分散出资导致每个基金规模较小，担保机构很难靠保费保持收支平衡。上海模式解决了小规模分散出资的问题。其次，有利于实行政企分开，减少政府干预，发挥专业人员的作用，提高担保质量。最后，有利于引入竞争机制。实行委托管理，可以通过竞争招标的方式选择有信誉、业绩好的专业担保机构来管理和运作基金。

（二）模式二：互助基金委托专业机构代理担保

2001年，深圳市有两个区建立了企业互助担保基金，把分散的小额担保资金集中起来，形成约1亿元的互助基金，担保对象是互助基金的会员企业。互助担保基金委托民营专业担保机构代理担保，实现了互助担保基金与商业担保机构的结合。深圳的企业互助担保基金建立了一套有效的管理和运作机制。

一是实行理事会管理制度。建立了专门负责管理互助基金的理事会，并制定了一套比较规范的管理办法和约束机制。互助担保基金理事会由互助企业代表、担保公司代表，以及经济、管理等方面的专家组成。

二是委托商业担保机构代理担保。互助基金理事会委托中科智科技投资担保有限公司（简称“中科智担保公司”）代理担保。基金理事会为决策者，担保公司主要提供担保专业服务。其担保审查和决策程序是：互助基金成员推荐担保项目；担保机构负责项目初审和担保项目的文件准备；最终是否担保由理事会决策。

三是建立代理担保的利益和风险分担机制。担保公司只收取担保费的1/3，其余2/3担保费归互助基金。风险分担原则是，当发生代偿时，先由互助基金代偿，不足部分由中科智担保公司代偿。

这种模式的主要优点是：一方面，把分散的小额互助金集中起来，实行专业机构与互助担保基金结合，利用专业担保机构提高互助基金的信誉。现在，一些企业互助担保基金规模小，又缺乏专业人员管理，很难获得银行的信任。另一方面，有利于引入竞争机制，互助金可以选择有信誉、业绩好的专业担保机构进行代理担保。

（三）模式三：分层次再担保

1. 安徽模式。目前，安徽省正在进行再担保的试点。安徽省中小企业信用担保中心以再担保业务为主，除了自己直接从事少量担保业务以外，还有选择地与地市一级担保机构签订再担保协议。再担保的条件是：当地市担保机构出现破产时，债务清偿后仍不足以补偿贷款银行的部分由省担保中心代偿。再担保收费为被担保机构在保期内全部应收保费的5%～10%，其中50%返还给被担保机构，另50%用于建立再担保体系。

2. 上海模式。上海市区（县）两级财政分散出资集中管理，按比例分担风险的运作模式，实际上是特大城市范围内的两级政府再担保。市财政对区（县）财政基金进行再担保，再担保比例是50%～60%。这种再担保相当于直接担保，只要发生代偿，市财政就为区财政资金承担一部分损失。

（四）模式四：集投资和担保于一体

目前，不少投资担保机构集投资和担保业务于一体，主要有三种形式。第一种是同时开展担保和投资业务。如，深圳高新技术产业投资服务有限公司（简称“高新投”）的业务额中80%是担保，20%是小企业投资。

第二种是在担保时有股权要求。如，深圳中科智担保公司通过股权要求来避免担保风险。该公司在担保时，通常与被担保企业签订延迟还款的合同，当被担保方不能如期偿还银行债务时，担保公司进行代偿；一旦被担保方不能在宽限期内偿还担保公司债务，担保公司可以将代偿的债权变为股权。

第三种是担保公司成立专门的部门或分公司进行资本金运用，以保证担保基金保值增值。目前，不少担保机构在资本市场上进行资本金运用，也出现一些问题。有的担保机构靠资本金运作盈利，而不开展担保业务；也有的担保机构资本运用造成损失。

（五）模式五：政府财政资金的补偿机制

政策性担保的一个重要特点是依靠政府信用。但是，目前大部分地方政府只是一次性少量投入，而且规模较小，因此，即便是政府出资的担保机构也缺乏信誉，担保规模不可能做大。现在许多地区银行不愿意为中小企业担保提供贷款，其中一个主要原因就是担保基金规模过小，没有补偿机制。目前，有些地区政府已经或正在建立担保资金补偿机制。如，北京市的《中关村科技园区条例》制定了财政担保基金补偿机制。

三、几点启示

从上述几种运行模式得到几点启示。

第一，一个地区内的财政担保基金应该相对集中使用。根据信用担保符合大数定律的原理，信用担保是通过大量担保项目的保费收入来弥补少量风险损失。因此，中小企业担保基金规模不能太小，也不易过于分散，只有达到一定规模，才能抵御风险。在目前各级政府财力有限的情况下，至少市一级财政资金应该相对集中，可以采取分散出资、集中委托管理的办法，也可以采取分层次再担保的方式。上海市财政共同担保基金把各级财政的小笔资金集中起来，基金盘子大了，担保基金本身的信用和杠杆能力提高了。深圳市按区建立企业互助担保基金，把互助金盘子做大，提高了担保能力。

第二，委托专业机构管理有利于政企分开和提高担保质量。在现行体制下，政府委托专业机构代理担保主要有两大优势：一是可以防止政府直接干预，按市场机制运作；二是充分、有效地利用专业人员，减少担保失误。采取委托管理的方式，既可以利用专业担保机构提高担保质量，又有利于协调各出资方的利益。但是，要建立出资人监控机制，明确责、权、利。

上海和深圳的委托模式既有共同点，也有不同点。委托方式不同。上海是委托专业机构管理和运营财政基金，担保公司不仅提供专业服务，而且是最终担保决策者；深圳模式是委托代理担保，担保公司不是决策者，主要提供专业服务，最终决策者是互助基金理事会。上海和深圳委托模式的区别与担保公司的性质和功能有关。中投保上海分公司是财政、银行和担保公司的利益联合体，主要职能是为上海中小企业担保，是非营利性机构，不从事其他业务。而深圳的中科智担保公司是业务多元化的民营商业性担保公司，与互助基金没有直接的股权关系，只为互助基金提供专业服务。因此，两种委托模式采取了不同的决策机制以及责任与利益关系。由此可见，进行委托代理时，应根据不同的制度安排，建立责、权、利相统一的利益和风险分担机制。

第三，委托管理中应注意的问题。政府与专业担保机构之间是信任委托的关系。委托管理不仅要防止政府干预担保决策，造成担保失误，还要防止专业机构为了自身利益偏离政策目标。因此，要实现制度化管理，在规范化管理和监督的基础上，调动专业担保机构的积极性。如，欧洲共同体的中小企业信用担保是由欧洲投资公司来运作，政府与专业担保机构之间的关系是信任委托关系，政府与担保机构签订协议，明确担保对象、资金用途、成本和损失分担原则，以及资金注入方式。

无论是政府财政基金，还是企业互助基金，委托管理都要建立一套监督管理制度和激励约束机制。一是要明确担保对象，确保担保对象符合政府扶植的方向。二是要明确责、权、利，明确出资人和专业担保机构之间的责、权、利，包括担保的收费标准、成本和担保损失分摊原则，担保资金补偿原则等等。三是制定合理的决策机制和严格的担保程序。四是建立监督和考核制度，定期审计和检查，确保政策性资金的使用方向。五是建立竞争机制，择优选择有资信、业绩好的专业机构代理。

第四，逐步建立多种形式的再担保机制。在我国现有财税体系下，采取再担保的模式，有利于发挥各级财政的作用。在国际上，日本的中小企业信用担保制度是最典型的再担保模式，中央金融公库为地区性的中小企业信用担保协会提供再担保。再担保的代偿不是对每一笔贷款进行审查，而是建立中小企业担保体系的运行规则，地区性担保机构遵循统一的担保准则。上海和安徽的再担保模式不同。上海模式接近于日本模式，不同的是分散出资，集中使用，等于各县区财政遵循统一担保规则。安徽省是有选择地进行再担保。由于各地区的运作方式不同，担保机构的资信不同，因此，在确定再担保机制时要考虑各地的实际情况。

第五，规范担保基金的运用，促进担保基金自身的保值和增值。政策性担保机构主要靠内部资金运作和政府财政资金补偿机制实现保值增值。为了能够及时代偿，担保金的运用要保证其流动性和安全性。目前，我国有关管理规定要求担保基金只能存入银行和购买国债，由于利率较低，资本金运用难以实现保值增值。因此，与其让担保机构私下到资本市场上运作资本金，还不如明确规定允许担保机构按照合理投资组合，提高资本金的安全性和增值性。同时，担保机构要采取多种风险分散机制。如，采取债转股的办法，使代偿债权变股权。

第六，拓宽各种担保机构的资金来源和融资渠道，扩大资本金规模。资本金补偿机制可以分为内部补偿和外部补偿两种方式。内部补偿主要是通过资本金的运用来增加收入，保证担保基金的增值。外部补偿则因担保机构而异。对政策性担保机构来说，要建立财政资金补偿机制；同时，还可以借鉴日本和我国台湾地区的经验，吸收银行和社会捐助资金。企业互助担保基金也可以吸收企业和社会捐助，应对社会捐助、企业互助担保基金等给予税收减免优惠。商业担保机构的外部补偿主要是通过私募和上市募集资本金，但是目前这几个渠道还不通畅。应该制定相应的政策，鼓励商业担保公司融资。

第七，实行政策性担保与商业性担保机构分类管理。政策性担保与商业性担保的目标、对象、机构性质以及信用基础不同，应实行分类管理。对于商业性担保机构的主要管理内容是：设定进入门槛，保证资本金的规模；监管资本金的运作，保证赔付金的安全性和流动性，通常是规定投资组合的合理比例；控制担保放大倍数，保证清偿能力；明确担保机构的信息披露制度和定期评级。不同担保品种和不同担保对象的担保风险程度不同，因此，具体的规范和管理办法也有所不同。除了上述管理内容以外，政策性担保机构的管理还有其特殊性。一是担保机构性质不同。政策性担保机构一般是非营利性机构，因此，政策性担保收费通常受政府的管制。二是政策性担保对象是特定的，中小企业担保计划中对担保对象有明确的规定。三是政府作为出资人应对担保机构资金的运用、运作程序进行规范和监督，并定期委托专业机构来评价。

第八，采取有效措施促进银行为中小企业提供贷款。除了采取提高贷款利率的鼓励措施和宣传外，应进一步采取鼓励与强制相结合的措施增加银行对中小企业的贷款。如，提高中小企业贷款的呆账准备金比例；规定中小企业贷款的比例，定期进行检查评比等等。同时，应鼓励发展适合中小企业融资的区域性中小银行。

第二篇

产业组织

统一引进主体下的市场换技术

——专访国务院发展研究中心技术经济研究部部长吕薇*

高速铁路装备国产化今后还有许多路要走，研制和运行只是第一步，而任何一项重大技术装备自主化都是一个长期过程。

谈及我国高铁装备自主化进程，铁道部与德国西门子的技术转让谈判经常作为经典案例被提及。2004 年，铁道部公开招标引进高铁动车组技术，西门子公司开出了天价技术转让费。最终，日本、法国、加拿大公司中标，德国西门子一无所获，由此导致西门子股价大跌，谈判负责人引咎离华。2005 年再次来华谈判的西门子不仅将多项关键技术悉数打包进入标书，技术转让费也降了下来。

在接受《中国投资》杂志专访时，国务院发展研究中心技术经济研究部部长吕薇认为，经验表明，同样是“市场换技术”，中国高铁的最大优势在于铁路市场具有垄断性，只有铁道部一个“进口”，铁路机车车辆制造企业拧成一股绳，没有内部恶性竞争。“在市场高度集中的情况下，制造企业与市场整合到一起，让很多家外商来竞争，我们掌握了主动权。”

一、不断积累的技术创新

《中国投资》：您如何看待我国高速铁路国产化的进程？

吕薇：高速铁路国产化是技术引进消化吸收、再创新的渐进过程，是几

* 本文是《中国投资》记者赵沛楠的专访，发表于《中国投资》2011 年第 12 期，2011 年 12 月 5 日。

代人几十年努力的结果。早在20世纪80年代，铁路系统的广大科技人员和职工就开始通过引进技术消化吸收，不断提高铁路机车制造能力和增加技术积累。

改革开放以来，我国铁路运输制造技术的发展大体经历了以下几个阶段。

二十世纪八九十年代，引进技术，提高铁路机车制造能力。

20世纪90年代，加强研究开发，提高技术吸收、集成创新和自主研发的能力，为后来的高速铁路装备国产化打下良好基础。

2003年至今，与国外多家知名企业合作，引进技术，博采众家之长，根据我国铁路业运输的特点和需求进行自主设计，集成创新。

经过近30年的努力，通过6次提速，我国铁路列车速度从几十公里到100公里以上、200公里以上，逐步达到300公里以上的速度。

开展国际合作，采取多种模式创新一直是高铁装备国产化的重要经验。20世纪90年代，我国就开始了京沪高速铁路的论证、准备工作。铁路系统的有关研究机构和企业与法国、日本和德国等国家的铁路装备制造企业接触，实行一对一的学习与合作。

2003年以来，高速铁路国产化承担单位与法国阿尔斯通、日本川崎重工、加拿大庞巴迪、德国西门子、美国GE等世界著名的铁路技术装备制造企业合作，通过引进技术消化吸收，掌握了世界先进成熟的铁路机车车辆制造技术。在整个过程中，实现了引进技术消化吸收、局部自主创新和整体集成创新，最终通过自主设计形成了自主品牌的高速列车。

据铁道部公布的信息，2003年以来，国内申请与高速铁路相关的专利共计1 902项，其中已经授权1 421项，正在受理中的有481项。中国企业已掌握了总成、车体、转向架、牵引变压器、牵引变流器等高速列车的九大关键技术。

二、统一谈判 统一下单

《中国投资》：在高铁国产化进程中，您认为最成功的地方在哪里？

吕薇：高速铁路国产化的一个最突出特点是市场换技术的组织模式。

长期以来，社会各界对我国市场换技术的引进技术模式产生质疑。因为，一些行业引进技术时，基本是各家企业单打独斗，容易被各个击破。市场让出去了，核心技术没有引进来，最终还是以加工制造为主，品牌和技术发展方向还要受制于人。

而高速铁路国产化工程，从一开始就利用我国市场规模大的优势，以市场换技术。通过集中引进技术，集中消化吸收，降低了引进技术和消化吸收的成本。铁道部统一组织引进技术对外谈判，然后实行任务分解，组织相关制造企业和研究机构一对一地引进、消化吸收，统一向企业下订单。一大批国内高校、研究机构、国家实验室与工程中心，以及 30 多家机车车辆厂，参与引进技术消化吸收，培养和锻炼了队伍，提高了整体技术能力。

当然，这与长期以来我国铁路系统研究、生产制造和运营一体化的特殊管理体制分不开。我国一些国家重大工程项目也采取了这种模式，取得了较好的经验，如三峡电站设备制造技术的引进、消化、吸收等。

三、自主化是一个长期过程

《中国投资》： 接下来我国高铁装备自主化之路还面临哪些问题？

吕薇： 我们应该看到，高速铁路技术装备国产化今后还有许多路要走。高速列车的研制成功和运行只是第一步，任何一项重大技术装备自主化都是一个长期的过程。

高速铁路是一个庞大的系统工程，需要在运行中不断发现问题，不断完善和改进。国际上一些拥有高速铁路的国家，也是在运行中不断改进完善技术和管理系统，有些国家甚至也经过血的教训，才使高铁技术和管理逐步稳定和成熟。我们要尊重科学技术规律，坚持安全第一的标准，在试验和运行中不断发现问题，解决问题。

同时，在引进技术消化吸收、再创新的过程中，要与合作方建立长期战略合作机制，不仅要能够在国内取得知识产权，而且使我们的技术装备能够走向世界。

甬温线动车组的脱轨事故告诉我们，研制新的重大技术装备，不仅仅要解决制造技术问题，运营的组织和管理也很重要。列车提速对铁路运行管理提出了更高的要求，整个运行管理系统要适应新技术的要求，要严格加强组织管理。否则，可能因为管理上的人为疏忽而影响整个自主化的进程和效果。我们一定要记住这次血的教训！

目前，我国正在进行的核电、大型飞机等重大科技专项要借鉴高速铁路的经验和教训，牢固树立系统安全第一的观点，加强研制、生产制造和运行的全面系统组织和管理，严格制造、运行的安全标准。要加强实验验证工作，及早发现和解决问题，提前做好运行系统的安全保障。

以国家意志统筹大飞机工程的组织实施*

大飞机工程已列入《国家中长期科学和技术发展规划纲要》的重大专项计划。我们在研究总结国内外民机发展和组织运行模式的基础上，对如何组织实施大飞机工程提出建议。

一、以中央政府为主导，按国家意志统筹大飞机工程的组织实施

目前，对由谁牵头组织实施民用大飞机项目有两种意见。一种意见是，由某些地方政府牵头，并把地方政府投资视为发挥市场机制的作用。另一种意见是，以单个航空工业集团为主。我们的观点是，彻底打破条块分割，以国家意志统筹大飞机工程，举全国之力，集中优势力量和资源发展民用大飞机。

大飞机工程是国家战略，必须从国家整体利益出发统一部署。根据市场经济国家的经验，无论是大型飞机还是支线飞机产业的发展都是由中央政府统筹主导。如，美国政府通过国防采购迫使麦道公司并入波音公司，欧洲四个国家政府联合决策和支持发展空中客车。发展民用大飞机关系到中国航空工业发展大局，国家宏观决策层要牢固树立打持久战的思想，坚持三十年不动摇；要允许失败，不断总结经验，坚定不移地推进民用大飞机工程。

实施大飞机工程应发挥地方政府的积极性，但不能由地方政府主导。首

---

* 本文引自《国务院发展研究中心调查研究报告择要》2006 年第 3 期，2006 年 7 月。原名“关于组织实施大飞机工程的几点建议”。

先，地方政府投资更多考虑本地利益和短期效果，将影响整体布局。自主研制民用大飞机需耗资上百亿美元，历时20～30年，任何一个地方政府都不可能承受。对新支线飞机研制项目，曾有地方政府承诺投资入股，但难以兑现。在现行行政体制下，由某一地方政府主导民用大飞机项目，难以调动和协调全国力量，将导致市场分割和重复建设。

由单个航空工业集团承担不可取。一方面，现有任何一个航空工业集团都没有足够的力量承担和组织大型民用飞机的研制；另一方面，条条分割不能避免重复建设。如，中航第一集团公司已开发了改进型新舟60支线飞机，中航第二集团公司为了竞争和生存，又与巴西合资生产与其类似的ERJ145。

组建“第三航空工业集团”也不可行。在全球航空制造业兼并重组、高度集中发展的情况下，我国实施大飞机工程只能整合、提升航空工业的整体能力和水平，不能再搞拆分，削弱航空工业的竞争能力。20世纪70年代，欧洲四国联合组成空中客车公司，与美国竞争。如今，我国自主开发的民用大飞机面临波音和空客两大国际巨头的竞争，更要充分利用和整合国家长期投入形成的航空科技和制造力量。若以某个地区为主新组建“第三”民用飞机制造公司，只能耗巨资重建一套体系，不仅延误时间，还重走组装飞机的路子；同时，也违背了军民兼容的航空工业发展方向。

我们建议，由国务院领导牵头，国家有关部门组成大飞机工程领导小组，做好统筹规划、方案设计、决策和协调工作。在统筹考虑短期与长期、军机与民机、干线与支线飞机、中央与地方关系的基础上，发挥社会主义制度集中力量办大事的优越性，组织全国各方面优势力量参与研制民用大飞机。

二、运输机和客机研制有合有分，同步进行

大飞机工程包括运输机和客机的研制。目前，对如何处理运输机和大型客机的关系有两种意见。一种意见认为，运输机与客机的研制资金来源和市场对象不同，应独立进行；另一种意见则认为大飞机工程应以运输机起步，先运后客，在运输机的技术平台上开发客机。这两种观点都有偏颇。

我们主张运输机和客机研制同步进行，有分有合。主要理由是：

一方面，大型运输机和干线客机具有较多共性技术，其研制、试验和生产能力条件的通用性较强。我国航空科技力量有限，若两个项目各成体系，将导致重复投资和建设，造成巨大浪费。大型运输机项目与干线客机项目结合，不仅会减少研究开发和基础条件方面的重复投资，还可以利用运输机订货和成功运行，降低市场风险，树立市场对国产大型飞机的信心，实现"1+1>2"的效果。另一方面，大型客机的商品特征、市场环境和运行模式与运输机有较大差别。客机的安全性、可靠性和经济性要求高，市场风险较大。研制大型运输机是解决有无问题，技术成功就等于项目成功。对研制干线客机而言，技术上的成功并不等于商业成功，不仅要造出飞机，更重要的是造出具有市场竞争力、得到商业用户信任的飞机。因此，尽管同步启动，但进展将有先有后。

运输机和客机项目同步进行、有合有分的办法是：在关键技术研究开发、基础设施条件建设和生产能力布局决策时统筹安排，特别是在共享关键技术研究开发和试验条件建设方面，应采取联合招标，共担费用；而在型号开发设计和项目组织运行模式方面，则要体现各自的特点，保持相对独立性。

三、大飞机工程分三个阶段，采取不同的融资与组织模式

目前，有些关于大飞机工程的实施方案重点讨论如何组建产权多元化的航空制造企业和进行企业布点。

研制大型客机有自己的规律和特点，应根据目标、任务和市场风险，采取不同的融资模式和运行机制，分段组织实施。

（一）初步设计阶段以研究开发和设计为主，几乎没有制造任务，市场不确定性大

此时，不宜搞多元股东，主要资金来源是政府科技计划、财政资助资金，以及设计院和供应商的风险投入，包括技术、设备等资产。

（二）研制试飞取证阶段要进行研制组装，项目执行主体以设计院为主，制造厂为辅

此时，将确定总装厂、系统和主要部件配套厂。根据国际经验，这个阶段主要采取风险合作的方式融资，供应商按承担的任务承担投资。同时，要鼓励主要供应商所在地的政府通过优惠政策和风险投入等多种方式提供支持，并吸收社会长期投资者参与。

（三）产业化阶段是根据市场需要组织批量生产，建立售后服务体系

此时，投资风险大大降低，可以大量吸收民间资本进入。但在民机产业发展初期，新型号的营利性较差，需要长期投资者。

（四）政府采取多种方式分阶段支持大飞机工程

目前，我国民用航空产业处于起步阶段，还没有被市场接受的成熟的大中型飞机型号，短期内民间资本很难进入。在相当一段时期内，国有资本将是研制大飞机的主要资金来源，国有企业仍将是研制大型飞机的主力军。根据国际经验，在没有成功机型的情况下，政府重点支持飞机型号设计和关键技术研究开发。通过各类科技计划支持关键技术的基础研究与研究开发；以风险合作投入支持型号开发；利用资本金注入支持科研和生产基础设施建设；以政策性贷款为产业化提供长期资金支持等。国际经验表明，航空工业重组主要是调整产权结构和运行机制，无论产权和机制怎么变，科研、实验和生产的基础骨干力量都保持稳定。因此，建议从“项目融资+特殊法人”的模式起步，既不会引起大的波动，又可以集中国内各方面的力量。在实施大飞机工程的过程中，根据需要动态调整。

（五）充分发挥市场机制的作用

我国发展干线客机的主要竞争优势是国内的巨大市场规模，自主研制的大型客机应立足国内市场，参与国际竞争。因此，政府要为自主开发的大飞机进入和开拓国内外市场提供政策保障。

一是从拓宽国产支线飞机市场入手，培育国人和世界对中国航空制造业的信任，创造中国自主品牌飞机的市场业绩。目前，改进型国产新舟60飞

机已经可以批量投入生产，新支线 ARJ21 将于 2010 年以前交付使用和批量生产，因此，应通过一系列需求政策，拓宽国产支线飞机的市场。

二是国家政策性银行为采购国产飞机（包括国内采购和出口）提供长期低息的买方或卖方信贷，以及国际援助等形式扩大国产飞机出口。

三是鼓励租赁公司经营国产飞机租赁业务，支持运行国产飞机的航空公司，并给予税收、融资和航线准入等方面的优惠政策。

四是严格按照适航标准组织研制和生产，提高国产干线客机的安全性和可靠性。

实现中国核电产业自主创新的路径选择*

随着我国能源结构和电源结构的调整，核电进入新的发展阶段：从适度发展转向积极发展。国家核电中长期发展规划确定了2020年的核电站建设目标，以及统一技术路线，实现自主设计、自主制造、自主建设、自主运营的方针。

一、新形势下核电自主化的路径选择

（一）我国已走过的核电发展路径：以引进发电能力为主，自主开发技术为辅

在小规模发展的初期阶段，我国的核电发展采取了一条自主研发与引进发电能力并举、以引进为主的路径。自20世纪80年代建造第一座核电站开始至今，在已建成投产和在建的11个反应堆、870万千瓦装机容量中，仅有150万千瓦、3个机组是自主开发和设计的，其余720万千瓦装机容量中有6个堆是外国承包商交钥匙工程，2个堆实行技贸结合。

这一路径的主要问题：一是自主开发的堆型缺少工程实践机会。每个新堆型只建造1～2个机组，没有足够的实践经验来改进和提高。目前，我国自主改进的2个百万千瓦压水堆尚未进入工程实践。

二是引进发电能力仅实现了核电站建设和运行自主化，以及少量设备国

---

* 本文发表于《国务院发展研究中心调查研究报告择要》2006年第22期，2006年6月16日。原名“如何实现中国核电产业的自主创新”。

内制造。通过交钥匙工程引入发电能力，没有与消化吸收、改进创新相结合。20 年中，我国引进了 8 个机组，3 种堆型，并未掌握其核心技术。

三是自主开发与引进技术消化吸收脱节。即使自主开发是在以某个核电站为参考的基础上进行改进设计，但也因缺少引进技术消化吸收的学习过程，要做到知其然、又知其所以然有一定难度。

（二）我国核电发展面临新的路径选择：是引进技术为主，还是自主创新为主

目前，我国发展核电有两条新路径。一方面，国家核电中长期发展规划明确了统一堆型，在引进第三代压水堆技术的基础上进行消化吸收和国产化；另一方面，国家中长期科技规划把自主研发先进压水堆列入重大专项计划。

这两条路径是相互补充的。首先，自主创新是一个循序渐进的积累过程。没有自主研发能力不仅不能很好地消化吸收先进技术，更难以实现自主开发先进压水堆。我国核电发展的实践证明，若没有核工业的核技术能力，不可能顺利实现引进堆型的自主建设和自主运行。其次，若封闭式自己开发，不仅将延误时间，还需要更多投入。因此，实现核电技术的自主化必须实行两条路径结合。

两条路径应该结合已成共识，但对两条路径如何结合却存在不同观点。一种是以引进技术为主，即建立一个新的技术平台，对引进三代技术进行消化吸收和改进；另一种是以自主创新为主，即在已有技术平台上，结合引进技术消化吸收，进行改进和集成创新。

二、抓住机遇，以自主创新为主发展核电

核电自主创新的目的是掌握核心技术，培育具有自主知识产权的核蒸汽系统（NSSS）供应商，提高我国核电产业的竞争力。要实现这一目标，必须走以自主创新为主的路子。

（一）依靠引进难以取得核心技术

通常，引进的反应堆技术主要包括设计软件、管理程序等，而一些设计

和制造诀窍并不在其中。在市场规模有限的情况下，国际上主要 NSSS 供应商为了争夺我国市场，可能会转让一部分技术，但不会通过转移技术培养一个强大的竞争对手。特别是，像核电这样的战略高技术产业的核心技术更是买不来的。因此，只有自主研发才能掌握核心技术的知识产权。

（二）我国已具备自主创新的基础

经过 20 多年的发展，我们积累了自主建造和运行核电机组的经验，并取得较好业绩；我国自主设计的 30 万千瓦和 60 万千瓦压水堆机组运行良好，改进型二代百万千瓦压水堆正在安全审查程序之中；除少数关键设备以外，国内企业有能力制造大部分百万千瓦压水堆机组部件和设备。因此，我国已基本具备以我为主、参考国内外成熟技术改进设计 100 万千瓦级压水堆的能力。

（三）发展适合国情的核电技术

一方面，由于各国的能源结构不同，其核电的竞争力不同，引进技术并不是全盘接受，应从提高我国核电竞争力出发，有选择地吸收适用技术，自主开发满足我国核电发展需要的先进压水堆；另一方面，目前正在引进招标的第三代压水堆技术还是未进行或尚未完成工程化的新堆型，存在一定的技术和经济风险，还需要较长时间实现产业化。因此，我们不能把规模化发展核电的希望完全寄托在引进技术上，而放松自主研发的努力。

（四）规模发展核电为自主创新提供了市场需求保障

未来 20 年内，我国是世界上最大的新增核电市场，这为自主创新提供了市场支撑。既然允许外国制造商在我国进行第三代核电技术的首推工程试验，并收取高额技术转让费，为什么我们不能利用自己的市场优势，进行自主研发，提高创新能力？

三、如何实施以自主创新为主发展核电

如何实现以自主创新为主发展核电不仅是技术问题，更重要的是体制和机制问题。

（一）建立高层协调管理机制

目前，引进第三代核电站技术的招标正在进行，引进技术、消化吸收的组织模式将影响我国未来核电产业组织和发展模式，因此，应从完善核电产业组织和核技术体系的整体角度出发，统筹考虑自主研制与技术引进消化吸收的组织实施。建议在国务院核电领导小组下设立核电领导小组办公室，负责引进消化吸收和自主研究开发的顶层设计、组织协调、管理和监督检查。

（二）整合提升，而不是拆分

核电站设备制造是全球竞争行业，与国际上大型NSSS供应商相比，我国的核电技术和设备制造能力还较弱，应集中力量，发挥各自的优势，实行专业化分工，形成整体竞争力。2000年五大军工集团改革重组为十大集团，中国核工业总公司分为核工业集团与中国核工业建设集团，保留了完整的核工业体系。而其他军工集团进行平行拆分，导致一定程度的内部竞争和重复建设。在发展核电产业的过程中，要吸取其他军工集团改革和重组的经验教训，不是进一步拆分核工业体系；应打破部门界限，走集中、优化、提高，开放式发展的路子。

（三）自主创新不排斥引进技术与国际合作

自主创新不是关门研究开发，而是以我为主，根据我国发展核电的实际需要，以多种方式利用国内外技术资源，进行集成和改进创新。实现以自主创新为主发展核电技术的关键是建立自主研发和引进技术消化吸收的共享技术平台。引进技术消化吸收要利用国内已有技术平台，而不是另起炉灶。在国内已有技术平台上，嫁接引进技术，可以尽快形成自主品牌的核蒸汽供应系统。目前，国内具有一定的技术基础，引进技术要“以我为主，按我所需，为我所用”。而国际上一些尚未进入工程应用的技术，在我国实现了工程验证和改进，也是国际技术合作和开放创新的新机制。

（四）重点培育具有自主品牌的集成供应商

核电技术自主化的一个重要标志是建立具有自主品牌的NSSS供应商。NSSS供应系统包括系统集成供应商、主要设备和部件二级供应商，以及零部件三级供应商。核电技术自主化的关键环节是系统设计和系统集成。因此，应依托核工业体系的现有力量，建立以设计为龙头、研究开发为支撑的系统集成联合体，作为自主研发和消化吸收引进技术的载体。

（五）从开拓市场入手支持自主创新

国家中长期科技发展规划纲要的核电重大专项资金是对自主创新的有力支持。但是，政府对自主创新的最大支持是扩大市场需求，给自主开发（改进）堆型以工程实践的机会，鼓励采购首台套设备。形成不同技术路线的竞争，促进技术不断进步。

抓紧建立支持企业技术改造的长效机制*

企业技术改造是依托现有企业，依靠技术进步，改进原有生产与管理状况，提高效率的投资活动，具有投资省、消耗少、见效快、效益好的特点，是促进传统产业转型升级和创新的重要途径之一。目前，我国已成为世界制造大国，但大而不强。大部分产业的规模和产量居世界前列，而工业产值增加值率长期徘徊不前，世界名牌产品和知名企业的数量屈指可数；一些行业产能过剩，粗放的增长方式导致环境、资源消耗的不可持续。我国正处于建设创新型国家和转变发展方式的关键时期，不能再靠铺新摊子、新建项目粗放发展，而要走集约和内涵发展的道路。新形势下，技术改造在传统产业创新、转型升级和结构调整中，将会发挥越来越重要的作用。

一、"十一五"以来我国企业技术改造的新形势

（一）"十一五"技术改造的基本情况

随着要素价格提高，能源和环境压力加大，依靠低成本和资源消耗的发展模式不可持续，传统产业转变经济发展方式迫在眉睫。"十一五"国家经济社会发展规划提出加快转变经济发展方式，我国企业技术改造进入新的阶段。呈现以下特点：

1. 工业企业技术改造投资规模不断扩大，占工业固定资产投资的比例逐步提高。根据国家统计局公布的数据，"十一五"期间，全国规模以上工

* 本文发表于《国务院发展研究中心调查研究报告》2012年第98号，2012年6月5日。

业企业累计完成技术改造投资（包括扩建与改建投资）约14万亿元，占工业企业固定资产投资的42%，较“十五”期间提高了2个百分点。

2. 企业技术改造上台阶，呈现功能多样化趋势。技术改造已经不再是简单的设备更新，而是与技术创新、节能减排降耗和转型升级更紧密结合，形成功能多样化的趋势。一是与创新和发展新兴技术产业相结合。企业利用技术改造建立研发中心，开展产业化示范项目实现科研成果产业化，发展新兴产业。二是与节能减排降耗相结合。高耗能行业投资节能、节水、环保、清洁生产和安全生产项目，淘汰落后产能。三是用高新技术改造传统产业，实现产业升级。企业通过技术改造提升产品档次、发展战略性新兴产业和多元化经营等。四是与优化产业组织相结合。一些有实力的企业以资产、技术和品牌为纽带，跨地区跨行业兼并重组，或实行加工外包，整合产业链。五是与优化区域产业布局相结合，支持产业集群发展。一些地方鼓励企业“退城进园”集聚发展，异地迁移改造。六是从支持单个企业的改造项目发展到支持共性技术平台建设，为广大中小企业提供技术服务。

“十一五”期间技术改造投资占城镇固定资产投资比重 （单位：%）

		2006年	2007年	2008年	2009年	2010年
全社会	改建	11.86	12.03	12.87	15.63	13.82
	扩建	17.95	16.78	16.39	14.01	13.96
制造业	改建	17.3	17.6	18.8	21.7	21.22
	扩建	23.8	23.0	22.4	20	20.15
电气水供应业	改建	11.63	12.11	12.9	13	13.36
	扩建	25.6	23.38	21.57	20	17.82
交通运输业	改建	14.17	12.61	12.45	11	11.02
	扩建	17.12	14.29	13.24	13	11.29
信息传输、计算机和软件服务	改建	21.4	21.74	20.97	23	24.26
	扩建	49.11	45.97	44.77	36	29.14

资料来源：根据《中国统计年鉴》数据计算。

3. 地方政府持续支持技术改造。出于发展地方经济的需要，各级地方政府一直没有间断对技术改造的支持。全国大部分省级和直辖市政府根据发展需要，出台和调整支持技术改造的政策。特别是为应对全球金融危机，各级地方政府加大了扶持力度。全国37个省区市及计划单列市、新疆生产建设兵团中，有24个地区每年编制发布重点技术改造项目导向计划，引导技术改造资金投向。据不完全统计，几年来各地出台的财税、金融、土地等技术改造配套政策近百项。2010年全国省级（含计划单列市）财政安排的技术改造专项资金规模超过100亿元。例如，2009~2010年，山东省共抵扣设备投资进项税额342亿元，大幅降低企业改造成本。江苏省财政“十一五”期间安排技改专项资金6.5亿元，对878个重点技术改造项目进行设备补助、贷款贴息或奖励。

4. 应对金融危机，中央政府加大对技术改造的支持。2008年以来，为应对国际金融危机，国家出台了十大重点产业调整和振兴规划，进一步突出了企业技术改造对加快工业结构调整的作用。国家发展和改革委员会与国家工业与信息化部联合制定了《重点产业振兴和技术改造专项投资管理办法》，发布了技术改造投资指南，组织实施了一批重点技术改造项目。2009年、2010年中央投资共安排技术改造专项资金约400亿元，安排项目8 966项，共带动总投资10 210亿元。全社会改建投资占城镇固定资产投资的比例从2008年的12.87%增加到2009年和2010年的15.6%和13.8%；制造业的改建投资占其固定资产投资额的比例从2008年的18.8%提高到2009年和2010年的21.7%和21.22%。

5. 技术改造加速企业技术进步，带动传统产业转型升级。近年来，随着各种要素成本上升，市场倒逼企业技术改造，促进产业转型升级。一些典型行业的技术改造案例表明，尽管各行业的技术改造动力和模式不同，但都对传统产业转型升级，提高劳动生产率、资源利用效率和市场竞争力发挥了重要作用。如服装鞋帽行业企业为了应对要素成本全面上升导致的行业利润下降，通过设备更新和价值链升级，提高要素利用效率；建材行业应用节能减排技术和设备，实现节能减排的标准；显示器行业通过引进技术消化吸收和自主研发产业化，适应技术快速变化等。

6. 适应新形势，改进技术改造管理。随着技术改造主体多元化，民营企业成为技术改造的主力，为适应新形势，各级政府在技术改造管理上进行探索和创新。在全球金融危机中，中央财政设立专项资金支持企业技术改造，实行细化目录指导，减少项目审批，充分发挥地方政府的积极性，增加其责任。根据调查了解，一些地方政府将国家产业政策与地方实际情况相结合，编制技术改造和结构调整规划，建立配套专项资金，积极支持和引导企业改造升级。主要经验和做法是，根据国家产业政策确定优先顺序，优先支持国家鼓励类的技术改造项目投资；支持有限制类项目的企业进行梯度转移和改造升级；对淘汰、关闭和转产的企业给予资产损失、人员安置方面的补偿；简化审批程序，对技改项目实行备案制，重点支持设备投资，实行事后补助；加强服务，提供要素保障，帮助企业解决技改中遇到的困难，土地、电力等生产要素优先保障重点技术改造项目等。

（二）企业技术改造面临的主要问题

1. 技术改造投入比重较低。“十一五”期间，尽管技术改造投资（包括改建和扩建投资）的总量有所增加，但占全社会固定资产投资的比重仍然较低。2006~2010年，改建投资占城镇固定资产投资的比例从11.86%增加到13.82%，平均为13.24%；扩建投资的比重从17.95%降至13.96%，平均比例为15.81%。制造业的改建投资占固定资产投资的比例平均为19.32%，扩建投资平均为21.87%。

2. 政策力度不够，缺少激励技术改造的长效机制。目前，与技术改造相关的主要政策包括：贷款贴息，但补助比例偏低；进口符合条件的技术改造用设备可以减免进口关税，但制造高新技术装备需要的零部件进口不免税，导致国产设备与进口设备不平等竞争；技术改造采购国产设备抵免企业所得税，但采购自主知识产权产品的提法受到一些发达国家政府和跨国公司的抵制等。

3. 企业动力不足，投资渠道不畅。企业技术改造投资的积极性在于利益驱动，只有当投资能够给企业带来效益时，企业才会投资。目前，大部分行业的利润率较低，没有能力投入。同时，国内资本市场不发达，企业投融资渠道单一，技术改造主要依靠银行贷款。而银行贷款集中在国有企业，民营企业特别是中小企业贷款难。

4. 要素瓶颈制约技术改造。一是人才短缺。企业反映，技术改造对职工的素质要求提高了，但是技术工人供应不足。同时，部分新生代劳动力劳动观念淡漠，流动性大，企业用人培训成本提高。二是国内技术供应不足，大部分技改依靠进口设备。面对大量企业改造升级的需求，国内技术装备制造能力准备不足，与现行节能、减排和环保标准不配套、不同步。三是土地限额使一些好的技改项目难以落地，特别是在沿海地区，土地供应制约较大。

5. 技术改造管理和资助方式有待改进。首先，中央政府对技术改造的支持力度不大。为应对金融危机，2009~2010年，中央财政分别安排了200亿元人民币，支持十大重点产业技术改造。但相对1.18万亿元中央财政新增投资，比例明显偏低。再切块给37个地区，平均每个地区不到3.3亿元。其次，资金分散使用，难以形成合力。与技术改造有关的资金分散在各个部门管理，相互协调不够，既有重复支持，又有空缺。如成果转化和中试资金严重短缺。最后，因技术改造项目大都实行审批制，享受政策的国有企业多，民营企业少；大中型企业多，小企业少。如2009年的200亿元技术改造投资中，仅有30亿元用来支持中小企业技术改造。在管理上，重项目申报和审批，轻后期管理和评估。

二、建立支持企业技术改造的长效机制，推进传统产业转型升级

“十二五”是我国转变发展方式、实现经济结构调整的关键时期，应充分发挥企业技术改造推进传统产业转型升级的作用，常抓不懈。传统产业技术改造要坚持以企业为主体、市场为导向、政府引导和支持相结合，有效发挥市场机制配置资源的作用，增强企业技术进步和创新的内在动力。技术改造政策不仅是企业固定资产投资政策，要探索推动技术改造的长效机制，建立既符合国际惯例又有利于持续推进企业技术改造的配套政策体系。针对企业技术改造的需要，制定财税、金融、贸易、资源价格、土地、标准和知识产权等方面的配套政策，促进要素向企业技术进步集聚。

（一）以促进传统产业转型升级为目标，加强对企业技术改造的统筹规划和引导

1. 突破计划经济体制下技术改造的概念和模式，转变技术改造方式。从以设备更新投资为主转向推动产业转型升级和结构调整；从支持单个技术改造项目为主转向产业链的配套改造升级；从资助个别企业技术改造为主转向支持公共创新服务平台建设；从投资政策为主转向体制机制创新与产业政策结合。从培育国家整体竞争优势出发，统筹规划技术改造工作，推进技术改造与技术创新、企业转型升级、产业结构调整和区域产业布局优化相结合。

2. 尽快出台《加强工业技术改造工作的指导意见》，编制“十二五”工业技术改造规划，以及重点行业技术改造指南和指导目录，加强对全国技术改造工作的引导。规划不仅要包括技术改造的重点方向，还要明确实施规划的体制、机制和政策。

3. 中央财政建立企业技术改造专项资金，并根据需要保持稳定增长。中央专项资金主要用于引导社会投资。一方面，重点支持对整个工业有支撑作用的基础性行业和战略性行业的改造升级；另一方面，引导、调动地方和企业的积极性。

（二）实行普遍性政策与重点支持相结合，完善技术改造政策体系

1. 充分利用已有的普遍性政策，增强企业技术改造投入能力。针对企业技术改造的需要，重点落实 R&D 支出加计扣除所得税的政策，鼓励企业增加 R&D 支出；切实落实消费型增值税，在对技术改造设备投资的增值税实行进项税抵扣的同时，对技术改造采购软件也实行增值税进项税抵扣；实施加速折旧政策，缩短固定资产最低折旧年限，提高综合折旧水平，特别是对强制性替代的安全、环保设备，以及需要加快技术改造的行业，进一步缩短折旧年限。对国内不能制造的先进设备、国内制造重大技术装备需要的关键零部件和新材料进口，减免进口环节税。

2. 加强鼓励技术改造的需求政策。进一步细化政府采购政策，借鉴国际经验，提高采购本国和中小企业产品与服务的比例；对重大示范工程、采购列入首台套（批次）目录的设备、新能源和节能减排设备等，应给予直接补助。通过法律、技术标准、安全标准、市场准入等措施促进新技术，特别是节能减排技术的利用和推广。

3. 政府重点支持社会效益较大的技术改造。技术改造是以市场为导向的企业行为，政府重点对社会效益较大和外部性较强的领域给予适当资助。一是重点支持企业的技术研发和重大示范项目，特别是支持产学研相结合的共性技术研发。二是健全重大技术应用推广机制，特别是支持应用节能减排技术，资助强制性淘汰设备和改造项目。三是重点支持战略领域和公共品领域的技术改造，提高整体竞争力，如新能源、医药行业，以及技术被外国封锁和垄断的领域。四是支持先进装备制造。随着企业改造升级步伐加快，我国将迎来新一轮设备更新的高潮，应围绕企业改造升级的需要，抓紧研制先进技术装备。五是加强行业和区域性公共服务平台建设，提高政府财政资金

的共享效益。

4. 支持中小企业技术改造和转型升级，扩大就业，促进公平竞争。中小企业是增加就业的主力军和创新的生力军，但中小企业发展面临融资难、技术力量薄弱等问题。要进一步发展多层次的中小企业金融，包括风险投资、融资担保，设备融资租赁等；建立中小企业技术创新服务体系，减轻中小企业税费负担等。对中小企业集中的行业，支持优势和品牌企业通过兼并、加工外包等方式，提高产业群的整体竞争力，对兼并重组和发展国内加工外包的改造项目，在过渡期内给予所得税减免。

5. 促进生产要素向企业技术改造倾斜。土地供应优先向资源和能源效率高、就业带动大的技改项目倾斜。鼓励产业区域转移和淘汰落后产能。对由于环境原因进行异地改造的项目，以及东部向中西部转移的企业，给予一定的支持。

（三）发挥市场配置资源的作用，为技术改造营造良好的制度环境

企业是否进行技术改造主要根据市场机制和利益导向，与企业技术改造的巨大投资相比，政府资助主要起引导作用。因此，政府的主要责任是创造良好的企业经营环境，促进技术、人才、资源等要素向优质企业和技术进步集聚。

1. 建立公平竞争的市场环境。技术改造政策只对投资方向实行差别政策，对各种所有制企业应一视同仁。打破行业垄断，规制自然垄断，促进各种所有制企业公平获得资源。

2. 加快资源价格体系改革，形成市场倒逼机制。在要素价格上升的变化中，政府不要干预和扭曲价格信号，应保持价格信号反映市场供需关系和资源稀缺性。

3. 加强知识产权保护，维护创新企业的权益。根据企业创新和产业竞争的需要，进一步完善知识产权制度，加大保护力度，提升知识产权价值，降低维权成本，提高侵权成本。

4. 完善标准体系，严格执行节能减排、环境、质量和安全标准。打破地方保护，加强各类标准的实施监管，建立问责制，缩小地区间执行标准的差距。落实节能减排的鼓励和惩罚措施，利用经济手段，提高节能减排企业的经济效益。

5. 发挥各类金融工具的作用，扩大企业技术改造的融资渠道。引导商

业金融机构加大对技术改造项目的支持，鼓励银行为企业技术改造提供购买设备的买方信贷或卖方信贷；引导投资基金和风险投资参与技术改造项目；支持企业为技术改造发行债券，鼓励发展融资租赁业务等。

6. 加强技能型人才的培养。随着企业转型升级步伐加快，对技能型人才和高素质劳动者的需求大幅增加，因此，要根据产业转型升级的需要，调整教育结构，大力发展职业教育和应用型大学，为社会提供高素质技能人才。

（四）改进政府对技术改造的管理

1. 发挥政府资金四两拨千斤的作用，提高公共资源的社会效益。一是围绕国家战略重点，明确目标，实行定向招标。如美国能源部提出要降低太阳能光伏发电的价格，并以此为目标组织产学研合作，资助研发和产业化示范项目。二是从前置审批转为事后奖励。为防止企业盲目争项目，提高投资效率，对符合国家产业政策的技术改造实行事后奖励。凡是符合环境和安全生产等强制性标准的企业固定资产投资，凡是符合国家确定的技术改造标准的投资，可以给予所得税抵免和贷款贴息等奖励。三是将项目审批变为标准和目录引导。为了便于操作，国家应制定明确的鼓励方向和设备目录，如国家工业与信息化部已经编制了振兴重点行业的设备目录。四是发挥中央和地方政府两个积极性。中央财政专项资金，重点支持具有战略性、全局性的技术改造项目。地方政府重点支持对地区具有带动作用的技术改造项目和中小企业技术改造。中央政府对地方政府支持企业改造实行补助。五是定期开展绩效考核和政策评估，提高政府资金的利用效率。

2. 利用现有统计基础，建立技术改造统计体系，加强技术改造统计工作。一方面，完善统计指标。根据现有的统计口径，技术改造统计可以分为粗口径和详细口径。粗口径包括扩建和改建投资。详细口径包括扩建、改建、迁建、恢复建设和单纯购置设备。另一方面，通过统计数据分析，进行政策评估，完善和调整政策。

3. 发挥行业协会在企业技术改造信息收集、调查研究、编制行业规划、项目咨询论证等方面的作用。围绕传统产业转型升级的目标，加强对企业技术改造的统筹规划和引导。

企业技术改造是产业转型升级的重要途径

——苏州、无锡企业技术改造的调查报告*

随着劳动力成本提高、人民币升值，以及土地和环境容量制约不断增加，特别是2008年金融危机以来，江苏省产业结构调整的压力加大。部分企业，尤其是民营企业根据市场变化，顺势进行改造升级；地方政府因势利导，加强政策引导和支持力度，鼓励企业做大做强实体经济。最近，我们赴江苏省的两个工业大市——苏州市和无锡市进行企业改造升级的调研。现将调查情况介绍如下。

一、市场力量推动企业改造升级

企业改造升级不是一蹴而就的事情，需要一个较长期的过程。早在20世纪90年代中后期，苏州和无锡的一些民营企业就开始根据市场变化和国家产业政策进行结构调整。近些年来，面临要素成本大幅上升，许多企业并未简单地退出传统产业，而是采取多种方式进行技术改造和结构调整，进入新一轮产业升级。苏州和无锡的实践经验表明，我国企业技术改造正在上新台阶。企业技术改造已不再是简单的设备更新换代，而是企业技术进步和产业转型升级的重要途径，呈现功能多样化的趋势。

（一）引入新产品，多种经营实现产业升级

一批服装鞋帽、纺织企业实现了从劳动密集型产业到资金密集型产业，以及技术密集型新兴产业的三步升级。无锡红豆集团以服装起家，20世纪

---

* 本文发表于《国务院发展研究中心调查研究报告择要》2011年第81期，2011年8月23日。

90 年代中期进入橡胶轮胎行业，2004 年成立了江苏红豆杉生物科技有限公司，进军生物制药业。目前，集团营业收入中服装业占 50%，轮胎占 20%；生物制药占 20%。

（二）优势品牌企业以兼并、外包带动产业集群发展

一些知名企业发挥品牌效应，整合产业群发展。全国羽绒服知名企业波司登集团，一方面通过收购一些非品牌企业发展服装、皮制品等，扩大经营范围；另一方面发展加工外包，集中力量做好研发、设计和市场开拓，实现产业价值链的升级。同时，带活了一批服装和皮制品加工企业。

（三）研发与设备改造投资结合，实现节能减排和产品档次升级

政府的节能减排和环境标准规制推动建材企业加大技术设备投资，既提高了能源利用效率，又增强了企业竞争力。华尔润集团是一家民营玻璃制造企业，通过研究开发和设备更新改造，实现了多项国内行业第一，在工艺升级、新产品开发、新能源利用和循环利用等方面取得了重要突破，分别获国家科技进步二等奖和建材行业科技进步二等奖各一项，“十一五”期间完成节能 6 万吨标煤。

（四）以风险投资的形式进入新兴产业

一些企业通过培育新兴技术产业，进入高技术领域。太仓市的香塘集团最早是一家出口工艺拖鞋的中小企业，后来进入化纤行业，实现了资本积累。2003 年，以风险投资的方式进入生物制药和药物安全分析服务领域。2009 年，将北京昭衍新药研究中心有限公司引入太仓落户，成立昭衍（苏州）新药研究中心有限公司，并吸引了一些生物制药企业在太仓建厂。

二、政府因势利导，鼓励企业技术改造

江苏省、苏州和无锡市政府在推进产业转型升级中，重视企业技术改造，采取了一系列政策措施。

（一）省市区各级政府设置专项资金，引导和支持企业改造升级

苏州和无锡市政府将国家产业政策与地方的实际情况相结合，编制技术改造和结构调整规划，并建立实施规划的配套专项资金。“十一五”期间，江苏省财政安排技术改造专项资金6.5亿元，对878个重点技术改造项目进行设备补助、贴息贷款或奖励；苏州市两级政府用于扶持企业技术改造投资项目的财政支出超过50亿元；无锡市区财政每年支持技术改造资金超过5亿元。

（二）明确政策重点，技术改造实现六个结合

一是与创新和发展新兴技术产业相结合，支持企业建立研发中心，开展产业化示范项目；二是与品牌战略相结合，抓好品牌设计和提升，提供质量、标准、计量和安全认证等创品牌的服务；三是与节能减排降耗相结合，重点支持高耗能行业的节能、节水、环保、清洁生产和安全生产项目，淘汰落后产能；四是与优化产业组织相结合，鼓励有实力的企业以资产、技术和品牌为纽带，跨地区跨行业兼并重组，整合产业链；五是与优化布局相结合，鼓励企业“退城进园”集聚发展，迁移改造一批污染企业，淘汰一批劣势企业；六是与走出去相结合，鼓励有竞争力的企业开展境外投资、委托加工、建设工业园区等。

（三）根据国家产业政策确定支持技改项目的优先顺序，分类支持

优先支持国家鼓励类的技术改造项目投资；支持有限制类项目的企业进行梯度转移和改造升级；对淘汰、关闭和转产的企业在资产损失、人员安置方面给予补偿。为了培育地方税源，苏州市还对经营效益好、有市场前景的允许类技术改造投资项目（国家产业政策鼓励类、限制类和禁止类投资目录外）给予支持。同时，建立土地、能源利用效率、劳动生产率和环境指标等，作为技改项目的补助门槛。

（四）简化程序，重点支持设备投资，实行事后补助

为方便企业开展技术改造，对技改项目实行备案制，完成一定比例投资后，企业可凭设备采购发票，获得贷款贴息或投资补助。

（五）加强服务，提供要素保障，帮助企业解决技改中遇到的困难

一是多渠道落实资金，向金融机构推荐重点技改项目。无锡市还奖励为企业技术改造提供贷款的银行。二是土地、电力等生产要素优先保障重点技术改造项目，优先向土地部门推荐资源利用率高、能耗少的技改项目。三是实行指标分解，层层落实责任制，加强考核。

上述技术改造政策取得明显成效。"十一五"期间，江苏省累计完成技术改造投资（包括扩建、改建、迁建、恢复和单纯购置设备）37 175 亿元，占工业投资的比重从 2005 年的 71.2% 增加到 2010 年的 78%。苏州市工业技术改造占全社会固定资产投资比重从 2005 年的 44% 上升到 2010 年的 70% 以上，是"十五"期间的 2.3 倍。无锡市工业企业技改投资累计完成 3 392亿元，是"十五"期间的 3.4 倍，发展了一批战略性新兴产业，建立了一批企业研发中心，培育了一批品牌产品，淘汰了一批落后产能。技术改造成为企业调整产品结构、提高质量和效益，增强市场竞争力的重要途径。

三、技术改造中遇到的主要问题

尽管取得了可喜的效果，但苏州、无锡的企业改造升级任重道远。调查中，地方政府和企业反映技术改造中遇到以下主要问题：

（一）技术改造宏观政策缺位，力度不够

目前，支持企业技术改造的政策比较单一，主要是贷款贴息，缺少税收、金融、贸易、标准等相关配套政策。中央政府对技术改造的投入力度不够。2003 年固定资产投资体制改革后，国家层面的技术改造政策淡出。在金融危机中，中央财政分别于 2009 年、2010 年安排 200 亿元和 150 亿元专项资金支持技术改造项目，但相对 1.18 万亿元中央财政新增投资，比例偏低。

（二）要素瓶颈制约技术改造

一是企业技改融资渠道单一，主要依赖银行贷款。只有极少数上市企业能够从资本市场获得技改资金。二是人才短缺。技术改造对职工的素质要求

提高了，但技术工人供应不足，招工难、留人难。三是江苏省人口密度大，土地限额使一些好的技改项目难以落地。

（三）大部分技术改造依靠进口设备，国内技术供应能力不足

有企业反映，国内技术装备制造供应能力与现行节能、减排和环保标准不配套、不同步。一些建材企业的节能减排改造找不到适用的合格设备，只能与研究机构一起设计开发，前期投入较大。目前，进口高新技术设备可以享受减免关税的优惠政策，而进口制造高新技术设备的零部件不能减免关税，导致国产设备与进口设备处于不平等竞争地位。

（四）地区间环境标准执行差别较大，企业间不平等竞争

有些建材企业反映，由于有些地区对环境标准执行不严，一些守法企业成本高，处于不平等竞争地位。

（五）技术改造的管理体制尚不完善，资金分散，部门职能交叉

在地方层面，技术改造项目大都由“经信委”系统管理，而中央层面的技改项目要由不同部门联合组织申报，程序复杂，上下关系不顺。同时，中央部门的各类专项资金名目多，单个项目资金较少，导致地方和企业多头申请、重复申请。

四、有关建议

“十二五”是转变经济发展方式的关键时期，也是产业结构调整的关键时期。特别是人民币升值，劳动力、原材料等各种要素价格上升加快，传统制造业的竞争力下降。一些企业和地方政府正在积极应对，中央政府要加大对技术改造的支持力度，出台针对鼓励技术改造的配套政策，创造良好的政策环境，把鼓励和支持企业技术改造、做大做强实体经济，作为转变发展方式的重要抓手。

（一）加大中央政府对技术改造的引导和支持力度

中央财政建立企业改造升级专项资金，根据需要保持稳定增长。一方

面，重点支持基础性行业和战略性行业的改造升级；另一方面，对地方政府支持企业改造实行补助，欠发达地区的补助比例应高于发达地区。

（二）实行普惠政策与重点支持相结合

在落实现有政策的基础上，针对企业技术改造的需要制定财税、金融、贸易和标准等各项配套政策。对研制适合国家标准的技术装备、重大示范工程、列入首台（批次）套目录的设备采购等，给予重点支持。

（三）生产要素向企业技术改造倾斜

土地供应优先向资源和能源效率高、就业带动大的技改项目倾斜。大力发展职业教育，鼓励企业员工在职培训，提高技术工人供应能力。

（四）发挥各类金融工具的作用，扩大企业技术改造的融资渠道

鼓励银行为企业技术改造提供购买设备的买方信贷和卖方信贷；引导投资基金和风险投资参与技术改造项目；支持企业为技术改造发行债券；发展融资租赁业务等，特别要发挥融资租赁对中小企业技术改造的作用。

企业改造升级的动力在于对未来收益的预期，技术改造主要依靠市场和利益导向。与企业的大量投资相比，政府的资金支持主要起引导和鼓励作用。关键是建立各种所有制公平获得生产要素的市场环境，减少因垄断或行政干预扭曲资源配置，有效发挥市场机制配置资源的作用，营造良好的商业经营环境。

建立以效益为中心的企业集约增长指标体系*

一、建立企业集约增长指标的必要性

由于考核要求不同，现在常用的企业财务分析指标体系、企业技术进步指标体系、竞争力指标体系等都难以反映企业集约增长的真正内涵。

其主要问题：一是有些指标只反映企业利益，而不能反映国民经济的整体利益。如企业利润指标，仅反映了企业自身的盈利，并不能全面反映企业对国民经济整体的贡献。二是有些指标是产出指标，并不能反映效益好坏。如销售额和产值指标只反映了产出能力，没有体现投入与产出的效益关系。三是有些指标只反映了手段，并未表现实际效果。如技术装备水平和研究开发投入比例只体现了企业增长的潜力，而不能反映这些设备和投入在实际运用中所发挥的效益。有些企业的装备水平较好，但利用效率并不高。四是有些指标的行业特色较浓，通用性不够强。如市场占有率指标一般只对垄断竞争行业和大企业有意义，而对分散竞争性行业和中小企业意义不大。五是有些单一指标的抽象和假设不太符合实际情况，或因涉及面窄不能反映全貌。如常用的技术进步贡献率指标，把生产要素抽象为劳动和资金两部分，用生产函数来计算技术进步对增长的贡献。一方面，参数测定比较复杂；另一方面，这种方法的假设比较严格，必须在完全竞争市场和规模效益不变的条件下，函数才能成立，现实经济环境很少符合这种假设。六是有些指标的非企业行为因素较多。如企业财务分析指标中将资产负债率作为反映

---

* 本文发表于《国务院发展研究中心调查研究报告择要》1996 年第 38 号，1996 年 6 月 17 日。

企业资产风险的主要指标。在现行体制下，这一指标在很大程度上受政府行为影响。实行承包制和拨改贷以后，国有企业的国有资本金注入和贷款数量都是由国家政策决定的。如上海宝钢一、二期工程国家拨款占78%，目前其资产负债率不到25%；而武钢靠“拨改贷”搞改造，资产负债率就高达60%多。

因此，需要从集约增长的内涵出发，建立评价企业集约增长的指标体系，促进企业转变增长方式。

二、建立企业集约增长指标的基本原则

（一）企业集约增长的基本要求是提高效益

经济增长是通过增加生产要素投入和提高要素生产率来实现的。粗放式增长是指由于粗放经营管理造成高投入、高消耗、低收益的增长。集约式增长则是通过加强管理和技术进步，实现低消耗、高收益的增长。粗放式增长与集约式增长的本质区别不在于是否增加投入，而在于投入产出的效益高低。因此，衡量企业是否集约增长的指标应该是效益指标。

（二）以增加值最大化为企业集约增长的目标

企业的产出增加值较好地反映了企业对国民经济整体的贡献。一是衡量国民经济整体增长的指标是GDP，选择增加值为考核企业的收益指标，有利于实现企业的增长与国民经济整体增长相一致。二是产品增加值为销售收入扣除中间消耗部分。增加值的增长隐含了产值中物耗比例下降，产品附加值上升，反映了效率的提高。三是增加值包括税金、工资与福利、利息和利润等，其中税金体现了企业对国家的贡献，工资与福利是企业对职工的报酬，利息是对债权人的报酬，利润是企业自己的收入。因此，以增加值为考核企业的收益指标反映了各方面的利益。

（三）全面反映企业主要经营环节的效益

按营业范围划分，企业的主要经营活动包括：一是企业内部的生产经营。企业的集约增长主要靠内部生产经营的集约化。二是企业对外投资。在

对外投资活动中，企业并没有实物投入产出，投入对象经营的好坏决定了投资方企业的收益。因此，考核企业集约增长不仅要看其全部资产运用效益，还要看生产经营效益；不仅看总量效益，还要看增量效益。

从要素的利用角度出发，提高要素产出率和降低成本是提高效益的关键环节。但长期以来，由于各种体制原因造成资源浪费。因此，要把提高要素利用效率，尤其是提高稀缺资源的利用率作为集约增长的考核内容。

（四）判断企业是否集约增长主要看效果

由于企业的基础、所处的行业和市场环境不同，提高效益的方式也有所不同。但无论用什么手段，是通过加强管理和技术进步，节约资源，降低成本；或是开拓市场，扩大销量，增加收入；或是增加投资实现经济规模等，最终还是要看是否提高了效益，一般情况下不需考核手段指标。

（五）指标体系要具有可操作性

可操作性主要表现为指标简捷、数据的可得性和可比性。为便于操作和符合企业实际情况，应根据企业损益表和资产负债表来选择和确定指标体系。

三、企业集约增长指标体系及其内容

（一）资产增加值率——重点考察企业全部资产的运用效益

资产增加值率为企业全部增加值与全部资产之比。这一指标全面反映了企业的资金利用效率和总体资产效益。转变增长方式要求企业提高投入产出比和资金利用效率。资产增加值率越高，说明企业的资金利用效率越高，全部资产的运用效益越好。

（二）产值增加值率——重点考察企业生产经营活动的产出效益

产值增加值率为企业营业增加值与总产值之比。这个指标主要反映了企业内部营业活动的直接投入产出效益。转变增长方式要求企业从追求产值和产量增长，转向以市场为导向，提高质量，降低成本，增加附加值。产值增加值率越高，说明企业产品销路越好，附加值越高，产出效益越高。

（三）要素利用效率——主要考察劳动、能源和主要原材料的增加值率

目前国家对企业的考核指标中有劳动生产率、能源产出率和原材料产出率。在这里应将产出指标改为增加值。

企业的总体效益是各种要素利用效率的综合结果。集约增长的一个重要标志就是优化资源配置，提高稀缺资源的利用效率。设置要素利用效率指标的目的是从各种要素利用效率入手，优化企业内部资源配置，降低成本，提高效益。

（四）新增投资效益——主要用来考察企业新增投资带来的增加值增长

集约增长不是不要增加投资，而是要提高新增投资效益，用增量带动存量。当新增投资的增加值率高于全部资产的增加值率时，说明企业的投资效益增加；新增投资效益越高，企业增长的集约程度越高。

（五）企业集约增长综合指标——用来对企业集约增长进行综合评价

集约增长综合指标为前四个指标的加权平均值。由于资产增加值率表现了全部资产的运用效益，加之目前资金短缺，其权重应最大；产值增加值率和新增投资效益分别表现了生产经营活动的产出效益和新增资产的效益，其经营范围小于全部资产的运营范围，其效益已部分体现在资产增加值率中，权重应居其次；要素增加值率在某种程度上已经在前三个指标中有所体现，这里主要为企业如何改善资源配置提供分析，权重居第三位。

综上所述，综合评价指标体系可分两个层次。第一个层次是集约增长综合指标；第二个层次是反映各环节的效益指标。第一个层次的指标是第二个层次指标的加权平均值。各项指标的权重视资源的稀缺性而定，是动态变化的。

四、运用指标体系时应注意的问题

上述指标体系均以企业损益表和资产负债表为基础，可用于各行业的企业评价。在使用该指标体系时还应根据企业增长和行业的特点适当处理。

（一）量化集约增长的概念，引入动态比较方法

由于企业的基础条件和所处的发展阶段不同，同一行业企业间的效益可能不同。集约增长是一个动态过程，有些企业虽然基础不好，或正处于成长期效益并不高，但通过加强管理，效益提高幅度较大，这类企业应属集约增长。因此，静态指标不能体现企业增长方式的转变，只有进行纵向历史比较才能反映企业是否实现集约增长。

（二）为消除短期波动，可采用考察期平均值

受固定资产投资的影响，企业资产常常在短期内突然大幅度增长，从而导致资产增加值率下降。由于市场需求变化的影响，企业的收益可能在短期内有较大增长或下降，效益指标也随着波动。因此，有时两个时点的指标比较并不能反映企业增长的集约化，还应根据考察期内的平均变化水平来评价企业是否是集约增长。平均增长率高，企业在考察期内集约化程度较高。

（三）老企业和新企业的比较方法不同

老企业主要通过历史比较来评价其增长的集约化程度，新企业则主要通过同行业的横向比较来评价其集约化程度。但由于行业技术经济特点不同，各行业的资产增加值率和要素增加值率明显不同，不同行业间没有可比性。因此，这组指标主要用于行业内部的横向比较和企业的纵向历史比较。

建立企业评价指标体系本身是一个动态过程。上述指标体系主要围绕目前转变企业增长方式的目标和任务，反映企业的各种要素的投入产出效益。随着经济体制改革的深入及经济结构调整，转变增长方式的目标和任务将有所变化，指标体系也应根据实际需要进行调整和完善。

完善产业组织，促进产业结构调整*

产业结构调整是“十五”期间的一项重要任务。产业结构的调整必然导致产业组织的调整，而产业组织的调整将促进产业结构的调整。调整产业组织的任务不仅仅是调整企业规模，关键是调整企业与市场的组织形式及其相互关系。在结构调整中，政府的作用是规范市场，有效地发挥市场机制的调节作用。

一、产业组织存在的主要问题

我国产业组织的现状是，在地方和部门保护下，资源和市场按条块分割，企业规模普遍偏小，产品结构趋同，低水平分散竞争严重。尽管在一些行业形成了少数大型优势企业，但总体看，企业规模偏小，竞争力较弱。

（一）行政区划的市场分割更趋于小型化

从商品市场来看，小到啤酒，大到汽车，相当一部分产品的地区市场受到地方政府不同程度的保护。汽车市场的地区分割就是一个典型的例子，许多地方政府为了保护本地的汽车生产企业，通过牌照费、排气量标准等办法，限制外地汽车进入本地市场。

近些年来，行政区划的市场分割朝着小型化的方向发展。现在，不仅是以省、市为区划，已经发展到以县为区划来分割市场。四川某县政府的一个地方产品促销工作会议纪要中提出“工业兴县”和“商贸活县”的措施，

---

* 本文发表于《国务院发展研究中心调查研究报告》2000 年 107 号，2000 年 7 月 28 日。

规定县内各宾馆、酒店等，除世界名酒、中国名酒外，一律不得销售外地酒类产品，只许销售本地产品；凡本地可以生产的外地同类产品若进入本县，须先经税务、工商部门收缴足额税费后才能上柜；交通、交警部门要从交通规则、装载标准、车辆性能、证照方面，对运载外地产品进入本县的车辆进行制裁；技术监督部门对外地产品要严格检查，重处重罚。由此可见，我国的市场切块越来越小，市场保护的手段越来越"现代"，一些地方已经利用"技术壁垒"等办法保护本地市场。因此，建立全国统一市场任重道远。

（二）买方市场形势下行业保护加剧

20世纪90年代中期以来，国内许多行业的低水平产品生产能力过剩，形成买方市场。随着竞争加剧。有些行业的企业为了争夺市场，开始了价格战。自1998年下半年有关部门提出22个行业实行自律价格后，从行业管理部门、行业协会到企业，纷纷开始制定"自律价"，行政限产保价被作为一个主要的调控手段。如民航系统为了扭亏为盈，实行航线联营价格政策，同一航线上不同机型、不同航班和不同航空公司实行统一的固定票价制度。其结果是：从相同飞行里程来看，国内飞机票价远远高于国际航线价格；从人均收入水平来看，国内消费者承担的相对票价约为美国消费者的30倍。政府管理部门带了头，一些竞争性行业的企业也随之效仿，公开搞起价格联盟。

在实行管制、未对外开放的国内民航业实施行政性统一定价的后果，是以提高价格、牺牲消费市场规模为代价来扭亏，不仅损害了消费者利益，也制约了民航业自身的发展。若在开放的竞争行业实行企业联盟定价，不仅在国内市场上难以行得通，而且即使能够维持统一定价，也可能造成把市场份额让给国外竞争对手的更坏后果。

（三）公共基础设施行业在无规制的条件下垄断经营

长期以来，我国的公共基础设施行业，如电信、电力、铁路等行业基本上是垄断经营。但是，至今没有制约垄断的政府规制。没有制约的垄断经营将损害公众的利益，如电信业电话收费标准和服务引起群众的普遍不满，电力输送中独立电站与电力系统电站之间的不平等竞争等等，都是缺少市场规制的表现。

近些年来，我国电力和通信等行业正在进行全行业重组，逐步引入竞争。这样大的改革动作，如果没有政府组织下的系统设计和规制，仅靠企业自我设计和自我规范，难以达到预想的结果。

（四）企业跨地区兼并难

世界上大部分大型企业是靠联合兼并成长起来的。我国在实行产业结构调整和国有企业战略重组中，一直强调企业重组，但是企业跨地区重组进展较慢。从近几年的实践来看，国有资产流动和重组的最大困难来自条块分割。企业跨地区重组将影响到地方政府的税收及其对企业的控制力，地方政府对企业跨地区重组的阻力较大。

综上所述，目前我国产业组织中存在的主要问题是各级政府的不恰当干预。由此可见，要规范市场，首先要规范各级政府的行为。

二、影响产业组织结构调整的深层次原因

影响产业组织结构的主要因素有三个：一是技术进步因素。生产技术和管理技术决定了企业的经济规模。二是市场结构因素。市场规模和需求结构影响定价机制和企业组织。三是体制和政策因素。主要是指政府的有关经济法规、管理体制和相关政策对产业组织结构的影响，政府的行政干预可能导致不应有的人为垄断，或过度分散。在我国，体制和政策因素对产业组织的影响最大。

（一）市场准入靠行政审批，缺少公开统一的标准

我国现行的固定资产投资管理体制是按投资规模实行各级政府审批的制度，没有统一规范的市场准入标准。目前，增值税实行中央和地方分成，哪个地方的企业多，增值税分成就多；企业所得税是按隶属关系征收，谁的企业多，税收就多。加上各级政府可以通过对各自所有企业的人事任免权来控制企业，各级政府当然要在自己的权限范围内，从本地经济的需要出发批项目。因此，造成低水平分散竞争。尽管近些年有关部门清理小造纸厂、小水泥厂、小电厂、小化肥厂和小钢厂等取得了效果，可是，往往是前面关了，后面又开了；此处关了老的，别处又建新的。当然，这也与资本市场不健全有关。企业的融资渠道有限，难以集中足够资金扩大规模，只能建小厂。

（二）部门自定法规，缺少制约

目前，我国的行业法规是由行业主管部门编制，报国务院有关部门或人大批准。基本上是部门自己制定、自己解释和自己执行法规。特别是一些政企合一的行政性行业公司，更是自己为自己定法规。尽管1998年大部分行政性行业公司实行了政企分离的改革，但由于部分政府管理职能转移不到位，有些企业化的公司还承担了设计行业改革方案的任务，被赋予部分行业管理的职能。

行业法规制定过程中缺少制约机制必然导致其部门利益色彩浓厚。尤其是在政资不分的情况下，由于没有专门的国有资产管理部门，各级行业主管或企业管理部门实际上仍然对国有企业行使所有者职能，制定政策时不可能不偏袒所属企业。加上在过去短缺经济条件下，一些行业和企业管理部门已经习惯于从保护本部门企业和供应方的角度出发制定政策，较少考虑用户和消费者的利益。在进入买方市场和经济转轨过程中，管理部门若不及时转变观念，就难免出现政府行业管理部门直接组织或支持企业联盟提价的现象。

（三）政资合一代替了政府规制

在市场经济国家，政府为了保护公众利益，对一些公共基础设施领域，特别是具有自然垄断性的网络行业实行一定程度的规制，以约束垄断经营者的行为。而在我国，这些行业没有专门的规制，而是以政府所有和指令性价格代替了政府规制。过去大部分公共基础设施行业是政企合一的国有独家经营，政府靠国有化来控制这些行业，通过指令性价格来保证相关行业和公众的利益。即使在传统的计划经济体制下这种方式的效果也不佳，或是低价政策造成供应短缺，或是高收费损害了公众利益。在政企分开和投资主体逐步多元化的情况下，无规制的垄断经营既不利于引入竞争，也不利于保护公众利益。

（四）产权不清是不计成本分散竞争的根源

竞争有利于资源有效配置。但是，只有在产权明确的前提下，竞争才能有效配置资源。低价竞争本来是企业的竞争战略之一，从理论上来说，短期市场价格低于企业的平均可变成本，企业就应该停止生产；如果价格长期低于企业的平均总成本，企业就要停产退出。而我国一些企业以低于企业平均成本甚至可变成本的价格竞争，主要是国有产权责任不清，经营者负盈不负亏，靠各级政府兜底。因此，国有企业之间容易出现不计成本的恶性竞争。解决这个问题的关键是明确产权责任，实行政资分开，而不是由政府来限产保价。

三、从制度建设入手调整产业组织，培育全国市场

我国产业组织结构调整的目标是培育全国性市场，建立公开公平的市场秩序，为企业平等竞争创造条件，真正形成优胜劣汰的竞争机制。在市场经济中，政府应作为公正的裁判员，维护市场秩序，促进公平交易。因此，应转变政府职能，端正政府行为，正确发挥政府在结构调整中的作用；减少投资审批，建立公开规范的市场准入制度；减少行政手段，多用法律和经济手段。在竞争领域，打破条块分割和保护，促进有效竞争；在公共基础设施领域适当引入竞争和加强法规制度建设，提高效率，保护广大消费者的利益。

（一）抓紧组织制定市场准入规则

从国际经验来看，市场准入标准是调整产业组织的重要手段。一些市场经济国家利用经济、技术、环境、安全和节约等市场准入标准，促进企业技术进步和实现经济规模。例如，美国政府对药品实行严格的保证疗效和试验程序制度，提高了新药进入市场的成本。因此，企业只有占据大规模市场才能分摊成本，许多小企业难以支撑开发新药的成本，从而促进了制药企业大型化。美国政府对污染严重的化石燃料电站企业征收碳税，淘汰了一批低效率、污染严重的小电站。在反对贸易保护的情况下，许多国家通过确定行业技术标准实行技术壁垒等等。目前，市场经济国家市场准入越来越倾向于环境等社会标准。

培育全国市场需要公开和规范的市场准入规则。根据我国目前的情况，应从制定技术、资源利用效率、安全、卫生和环境等标准入手，建立市场准入规则，加强行业管理。其主要目标：一是促进企业技术进步，调整产业结构和组织结构；二是适当提高部分行业的进入门槛，控制企业数量，提高企业素质；三是保护消费者和公众利益，促进社会健康发展；四是统一标准促进公平竞争，形成全国市场。在建立市场准入规则时应注意以下问题：

1. 根据行业特点制定市场准入标准和管理方式。在竞争性行业主要建

立资源利用效率、产品性能和质量、安全设施、环境保护等行业进入标准。垄断行业不仅要建立上述进入标准，还要加强政府规制。有些行业要重点制定企业生产条件和设备效率标准，有些行业则主要制定产出品和服务标准。

同时，针对不同行业的特点采取不同的管理方式。根据行业技术经济特点和垄断性，采取不同的市场准入政策。有的行业需要实行许可证制度；一些垄断行业则可以实行特许权招标制。

2. 分清中央政府和地方政府的责任，防止各级政府层层制定标准，设卡分割市场。如大部分行业应实行全国统一市场准入标准，而城市供水、供气等基础设施属于地方政府的职能，可以实行地区标准。

3. 根据指标的性质分层次制定标准。技术、安全、质量等应实行全国统一标准，而环境等社会标准可以分层次制定。由于各地发展不平衡，环境质量不同，应以国家标准为最低限，各地根据需要制定地区环境标准。

4. 把市场准入标准与激励和惩罚措施结合起来，促进市场准入制度的实施。

（二）垄断行业引入竞争和建立必要规制并举

公共基础设施等涉及公众利益的领域面临引入竞争与建立必要规制的双重任务。一方面，要对一体化垄断经营的电力、电信、铁路、天然气等行业实行业务分解，在可竞争领域引入竞争，缩小垄断领域范围；另一方面，要在具有自然垄断的网络行业，如输电、城市基础电话网、铁路网络、输气等环节实行必要的政府规制。政府规制不仅是控制价格，限制进入，还应包括普遍服务的要求，建立收费标准公开和透明制度、公平待遇和促进竞争等方面的内容。其最终目的是保护广大消费者利益，提高垄断经营的效率。

中央政府应集中组织力量，就如何对行业性垄断公司进行改革和引入竞争，以及在垄断领域制定规制的问题，做好充分的研究和论证工作。

（三）加强立法和改进立法程序

打破地方保护，建立全国大市场是中央政府的职责。建立市场秩序不是靠集中权利和行政手段来实现的，要靠法律和经济手段。

一是尽快制定反垄断法。反垄断法不是针对垄断企业，而是针对形成垄断的行为。当前特别要对由地方保护和行业保护形成的垄断加以限制。二是清理现有行业法规。目前，由于政出多门，地方法规与中央法规冲突，部门之间法规冲突，新法规与老法规冲突等等。因此，需要对现有法规进行一次大清理，特别要撤销和作废一些阻碍竞争和制造垄断的法规。三是改进行业立法程序，坚持公众参与的原则，加强行业立法监督。为减少部门保护，真正实现利益相关方参与立法过程的原则，部委的行政法规应由立法管理部门组织各利益相关方代表（包括行业主管部门，企业、用户、消费者代表等）参与，共同制定。

（四）建立促进形成全国市场的执法体系

为了促进形成全国市场，不仅要制定相关法律和市场准入规则，还要有保证实施法规的执法和监管体系。司法部门和一些重要法规执行管理部门应实行垂直领导，排除层层干扰。一是保证司法机构不受地方政府干预，公平执法，确保全国性行业法规的实施执行。二是建立独立的全国性市场秩序监管机构。制定反垄断法后，国家应授权一个独立机构专门负责反垄断法的实施监管。对具有自然垄断性的网络性行业应设置独立监管机构，如电力规制管理机构、电信规制管理机构、交通规制管理机构等。三是金融、交通、医药、工商管理、技术监督等管理部门要强化垂直领导，防止地方控制。

（五）扶持中小企业，建立各种所有制经济成分平等竞争的机制

中小企业是国民经济中最活跃的成分，是维持经济稳定发展的重要力量，是创造就业和技术创新的重要源泉。在结构调整中，中小企业的发展对吸收就业、防止垄断都有着重要作用。因此，在注意培植大企业的同时，要加大扶持中小企业的力度，并落到实处。

对各种经济成分一视同仁是进行产业组织结构调整的一个重要基础。目前，我国的企业法律是按不同所有制形式分别立法，在税收和贷款的获得上各类经济成分也有所不同。因此，在立法、税收、价格和信贷等方面，应对各种所有制实行平等待遇。一是要抓紧统一立法；二是在政策上既不歧视非公有企业，也不对国有企业强加分外的义务。

建立公开规范的市场准入规则只是培育全国市场的一个步骤，还需要许多制度性建设。如建立覆盖全国和各种所有制企业的社会保障体系，健全和完善资本市场，改革财税体制等。

实现体制和战略转变，促进石油行业集约化增长*

一、石油行业转变增长方式任务紧迫

石油行业是我国国民经济的瓶颈行业。目前，我国石油供需矛盾加剧，生产增长速度低于需求增长，1991～1994年原油产量仅递增1.5%，而需求增长率约6%～7%。1993年我国成为石油产品净进口国，预计到2000年，全国原油供求缺口近2 800万吨。随着国内石油市场的进一步对外开放，石油企业面临的国际竞争加剧。

目前，我国石油生产企业主要分布在石油天然气总公司、石油化工总公司和海洋石油总公司三大公司，共有职工约220多万人。我国石油储量约居世界前10位，石油产量为世界第5位，炼油能力为世界第4位。

与国际上大石油公司相比，我国石油企业竞争力较弱，效益较低。1994年中国石油化工总公司系统有38家企业，70万名职工，年销售额1.5亿美元，创利税29.5亿美元，人均利税4 000多美元；而美国19家企业，46.9万名职工，创利润139亿美元，人均实现利润近3万美元。中国石油天然气总公司约有职工150万人。1995年油气生产及加工实现销售收入约160亿美元（约1 295亿元人民币），实现利税约30多亿美元（约269亿元人民币）。中国海洋石油总公司于1982年成立，中外合作勘探开发项目多，基本上按市场机制运作，管理水平和效益较好。该公司有2万多名职工，1995年实现油气销售收入1.9亿美元（约67亿元人民币），利润1.7亿元人民币。但

* 本文发表于《国务院发展研究中心调查研究报告》1996年第88期，1996年8月1日。

与国外大型石油企业相比，仍然存在较大差距。

从目前我国石油资源和石油企业的情况看，转变石油行业增长方式的任务十分紧迫。转变石油行业增长方式的主要任务是优化资源配置，调整产业组织；有效利用现有资产，实现资产重组，提高整体效益和国际竞争力。

二、影响石油行业转变增长方式的主要因素

由于行业特点和体制原因，石油行业在转变生产方式、实现集约化增长过程中，面临着一些难题。

（一）资源条件制约了石油企业的集约化增长

近年来，我国多数陆上主力油田已经进入总体递减阶段，新的接替资源不足，陆地石油资源储量的增长低于石油产量的增长。石油资源储采比下降较快，由20世纪80年代的22%降至现在约12%，每年自然递减产量2 000多万吨。老油田企业在原区域内稳产难度大，增产的可能更小。

目前，老油田平均含水率已达80%以上，自然递减率已达14%，即使维持简单再生产也要进行大量的固定资产投资，投入增长远远大于产出增长。为达稳产目标，“八五”期间陆上石油开采的综合成本每年增加22%，投资弹性系数已由二十世纪五六十年代的1.83，下降到八九十年代的不到0.20。

（二）长期指令计划管理体制，形成以产量为目标，不计效益的粗放增长方式

由于石油行业的重要地位，石油天然气开采行业一直实行国家指令性计划管理，油田建设是以大会战形式上马的；企业是国家的生产车间。石油行业的体制改革滞后，目前仍以行政计划管理为主，企业没有真正成为独立自主自负盈亏的经营主体：价格和流通受国家计划控制，并实行全行业产量总承包。因此，企业没有集约增长的内部动力和外部环境。如，实行东部稳产战略，各油田都定了产量指标，企业不能根据效益原则决定生产多少石油。明知成本高，还不得不生产。

石油加工行业也基本上是石化总公司内部承包。因多年来一直享受投入

品价格低于国际市场价格、产出品价格高于国际市场价格的特殊政策，石化企业获得上游开采业的转移效益。虽然石化行业表面上盈利较高，但实际效益并不一定好。1994 年实行原油价格调整以来，我国原油价格接近于国际市场价格，一些大型石化企业也出现了亏损现象。

在计划经济的体制下，企业不可能实现集约增长。由此可见，通过改革使石油行业集约化增长的潜力较大。

（三）条块分割的行业管理体制制约了企业集约增长

条条分割主要是由于部门管理分割，造成上游开采与下游加工行业分割，产、供、销相脱节，企业与市场脱离。采油的不能炼油，炼油的不能采油，产油的不能卖油。石油开采企业风险较大，行业利益分配不均。近些年国家允许石油天然气总公司做一定的加工，但在规模和价格上都有所限制。直到 1995 年，石油天然气总公司的原油产量接近全国的 95%，而炼油能力不到全国的 10%。由此可见，部门间的上下游渗透是极少量的。油田企业为了生存，只有建一些非经济规模的小型炼油厂，又形成新一轮低效率的重复建设。尤其是有些内地油田储量不足，建炼油厂，将造成资源浪费。

块块分割主要是石油行业内部企业经营范围的地区分割，一个油田一个法人，不能跨地区经营。由于资源条件不同，企业间非经营因素的收益差别较大。一些老油田资源接近枯竭，社会负担重，又不能跨地区经营，企业生存面临危机。

（四）油田企业办城市，使企业背上沉重的包袱

国有企业的社会负担重在我国是一个普遍现象。而我国的油田企业不仅要办社会，不少企业还要办城市、养城市。与其他行业相比，油田企业的社会负担更重。这些负担不仅增加了企业的支出，影响企业的效益，而且阻碍企业改革和向社会融资。无论外资还是社会资金，都不可能承担这些包袱。因此，如何分流油田企业的社会负担，使企业摆脱办城市的责任，成为企业改革和集约化增长的一大难题。

三、实现石油行业集约增长，首先要解决体制和战略问题

从上述问题看，石油行业的体制和战略问题不解决，企业只能是在不合理的大格局下进行内部调整。虽然有可能在一定程度上提高效益，但不能解决根本问题。因此，应从转变体制和改进战略入手，促进石油行业转变增长方式。

（一）加快体制改革，为集约化增长创造条件

体制转变是实现石油行业集约化增长的基础。其重点是：

1. 打破现有部门分割管理体制，形成上下游一体化的竞争机制。根据国际经验和石油行业的特性，石油行业不是自然垄断行业，而是垄断竞争行业。但不是现有部门分割条件下的竞争，也不是一家国有控股公司内部企业的竞争，而是打破条块分割的管理体制，形成上下游一体化，产、供、销相结合的垄断竞争格局。实行上下游一体化，可以减少石油开采企业承担的风险，使油田企业顺利进行行业转移；实现跨地区经营，可以为老油田企业扩展经营、发展的空间。

对石油行业实行上下游一体化的道理，大家都早已清楚，也有国际经验可供借鉴，但具体操作起来难度较大。各行业都想在保住已有利益的同时去整合别人。目前已到了必须由国家权威部门作决断的时候了。否则，在激烈的国际竞争面前，我国石油工业将被拖垮。

应尽快统筹石油和石化的行业管理，在现有的石油天然气总公司、石化总公司、海洋石油天然气总公司和中国化工进出口总公司四个总公司的基础上，打破部门和地区界限，组成几家勘探、开采、加工、运输和销售一体化的，跨地区经营的大型石油公司。这样才能提高我国石油企业在国际上的竞争能力。

2. 改革企业经营机制，实现企业化经营。在现有利益格局下，如何对石油行业进行现代企业制度改造是值得认真研究的。目前，石油行业行政性公司的上下游一体化和企业化改造的主要选择，一是在现有行业总公司层次上进行上下游企业收购或参股，实现企业化改造；二是以大型石油企业为基

础，通过兼并和入股等方式组成上下游一体化的企业集团。两个方案各有利弊。以总公司为基础可能会在行政力量推动下比较平稳地实现跨地区的上下游一体化，但企业自主经营的问题并不一定能得到解决。以大企业为基础，改革步子较大，有利于实现企业自主经营和淘汰不具备经营条件的企业；但因原有石油资源条件不同，可能造成企业利益分配不均，波动较大。因此，究竟采取什么方案，要进行充分比较，根据具体情况制定对策，不能搞一刀切。

另外，油田企业的社会负担也是实现企业改革的一大难题，要有妥善的解决方案。总之，改革要分步骤进行，防止大的波动；同时，每一步改革又不应给进一步改革造成障碍。

有人担心实现企业化经营后，国家将失去对石油行业的控制，从而使国家经济安全失去保障。实际上实现企业化后，国家主要通过对石油资源的所有权、企业所有权和产业政策来保证其对石油行业的影响力。

3. 加强石油行业内部改革和管理，提高经济效益。建立上下游一体化石油公司的基础是市场机制。因此，石油工业产业组织要向纵向一体化方向发展，企业内部生产经营则要改变目前“大而全”、“小而全”的局面，向以市场为导向的专业化方向发展。

石油行业内部的改革重点，一是政企分开，实行资源所有权与资源开采经营权的分离，行业管理与企业经营职能分离，使企业真正成为独立核算、自负盈亏、自主经营的实体。二是根据资源行业的特点，逐步建立竞争机制。近两年石油天然气总公司系统已经开始探索行业内部勘探、开发、各种施工作业专业化和运输等服务商品化经营的路子，并取得了一定成效。现在要抓紧建立健全勘探、开发、施工作业等专业的竞争规则。三是加强内部管理，建立以效益为核心的考核指标，提高经济效益。

（二）以效益为中心，调整石油开发战略

目前，我国提出稳定东部产量、加快开发西部和海洋、走出国门的石油开发战略。稳定东部产量的战略主要从保证国内石油供应能力，防止国民经济受国际市场的影响，保持150万人石油队伍出发，但同时也带来一些问题。一是牺牲效益。为使老油田企业多产油，实行强化开采，资金产出率大大降低。二是牺牲改革。在这种保产量的指令性计划管理体制下，无法实现企业经营体制的转轨。高成本勘探开采，企业不可能自己承担，必然要依靠国家。因此，石油开发战略需适当调整。

一是从提高效益和长远利益出发，适当放慢东部石油开发速度。目前，我国东部石油储采比逐年下降，开采成本逐年增加，而国际市场石油价格处于较低的稳定阶段，应该适当放慢东部开采速度，储存国内石油资源。

放慢东部大型老油田的开采速度，不仅可以提高眼前效益，而且涉及开采与炼油能力的布局协调问题。我国石油加工业的布局是除了在沿海和沿江交通方便的地区建炼油厂外，还在一些大油田建炼油厂。如大庆油田地区现有炼油能力700多万吨；胜利油田地区有炼油能力约500万~600万吨。

目前大庆年产石油5 500多万吨，约占全国产量的40%；胜利油田年产石油3 000万吨，约占全国的21%。胜利油田的稳产条件比大庆还要差。如果这些油田枯竭了，这些石油城市也将成为国家的包袱。考虑到这些地区和城市的长远发展以及资源的合理利用，在调整石油进出口结构的同时，应该放慢这些老油田的开采速度，以延长城市寿命，给它们休养生息、发展其他产业的时间。

二是调整石油产品进出口结构。从1993年开始，我国成为石油产品净进口国，净进口981万吨；1995年净进口石油产品851万吨。同时每年出口原油近2 000万吨，约占原油产量的13%；1995年仍净出口原油175.5万吨。多年来，我国进口原油单价高于出口原油单价，每吨差价20~30美元。而大部分国产成品油和石化产品价格高于国际市场价格。因此，我们现在出口原油在经济上是不划算的。尤其眼下我国外汇有一定结余，应该抓住有利时机调整石油产品的进出口结构，增加原油进口，减少原油出口；同时，充分利用国内石油加工能力，提高加工深度，减少石油制成品进口，争取扩大成品油出口。

三是走出国门，利用国际资源。从长远利益出发，我们要控制足够的石油资源，争取主动。目前，我国海洋和西部石油产量约占全国的15%，在近5~10年内海洋和西部石油远不能替代东部石油的地位。为保证未来经济增长的需要，单靠储存国内资源还不够。要在加快西部及海洋石油勘探开发的同时，直接在海外投资，建立海外石油基地。同时应以获取比较利益为原则，根据国际收支情况和国际石油产品市场价格变化，及时调整石油进出口结构和石油开采计划。

（三）明确石油产业政策，加强行业管理

石油不仅是重要的一次能源，而且是重要的工业原料，对国际收支平衡

也有着重要影响。石油作为重要政治、经济商品，受到世界各国的重视。一些西方国家都有关于石油开发利用的政策和行业规制。我国是有十几亿人口的大国，石油的稳定供应将是保证国民经济稳定增长的重要因素之一。因此，需要有立足于大石油行业的产业政策。尤其是在计划经济向市场经济转轨过程中，为保证国家经济安全，更需要有石油产业政策引导和规范企业行为。

1. 石油产业政策和行业管理要树立上下游一体化的大行业观念。石油产业政策不仅涉及石油生产供应环节的政策，还应包括石油资源开发利用和保护政策、石油储备政策、石油产品消费和贸易政策，利用国外石油资源的外交政策、行业组织和反垄断等行业行为规范等。

目前，我国缺乏一个明确和系统的石油产业政策。石油资源管理、石油勘探和开采、加工及贸易被分割在四五个部门，没有一个部门能负责上下游一体化的行业管理，也没有一个部门从国家整体的角度考虑石油行业的发展政策。到现在我国还没有石油储备政策，就是很好的说明。

石油行业政策不可能由某个专业部门或专业总公司来制定，必须由国家通盘考虑，行业管理也应是上下游一体化的大行业管理。

2. 加强行业管理与建立现代企业制度、实现企业自主经营并不矛盾。加强行业管理关键是怎么管，管什么。首先，行业管理应实行政企分开，政资分开。管理的责任应由超脱于各生产经营环节的机构承担。其次，行业管理的主要任务是负责落实产业政策，监督和检查石油产业政策的执行情况，而不能干预企业的日常生产和经营。

中国天然气工业的特点和发展趋势*

天然气是国际上公认的清洁能源，目前，世界天然气消费量约占一次能源消费总量的24%。在世界的天然气消费中，发电约占25%（日本高达67%）；民用约占26%；工业燃用占28%左右；原料用（主要是化工原料）仅占6%左右。目前，国际上正在通过开发应用技术，扩大天然气的利用范围。如天然气替代汽车燃料的技术已经成熟，全世界已有约80多万辆汽车以天然气作燃料；天然气循环制热制冷技术使城市用气均衡化；天然气替代石油技术正在研究开发之中等等。天然气正在发展成为世界的主要能源之一。

一、天然气工业的基本特点

天然气工业包括生产、储运和销售三大部分。其中上游生产环节包括勘探开发、集中、净化或液化；中游运输环节包括管道或轮船运输、储库等；下游配气、用气环节包括城市天然气分配系统以及使用天然气的大规模独立用户等。各国的天然气工业都具有以下几个共同特点：

一是前期投入比较高，而需求增长有一个过程。发展天然气工业需要大量的前期基础设施投资，如气田、管道和配气网络、储气系统建设都需要巨大投入，建设周期也比较长，建成初期，基础设施的利用程度往往达不到经济规模。因此，尽快开发市场、增加需求是提高天然气开发效率的重要步骤。

---

* 本文发表于《国务院发展研究中心调查研究报告》2000年第22号，2000年3月3日。

二是需求波动较大。相当一部分用户的需求随季节波动较大，特别是居民用气每天的峰谷差别较大。因此，开发稳定的大用户有利于天然气的稳定生产和供应。

三是上、中、下游联系紧密。由于天然气不宜储存，加上前期投入大，其开发利用战略构成一个大的系统工程，每个环节之间不能脱节，有一个环节不落实，整个系统就不能正常运行，并造成巨大浪费。

四是作为替代能源进入市场，许多国家利用天然气来弥补已有能源不足。特别是近二三十年来，天然气被作为清洁能源替代污染能源。因此，与已有的能源相比，价格必须有竞争力，天然气工业才能够有较大的发展。

五是管道网络建设影响天然气市场区划。由于管道天然气市场依赖于管道建设，往往被分割的管道划分成区域性市场。当主干输气管道形成全国性网络时，天然气的市场相应形成全国性市场。目前，国际上一些拥有发达的全国性网络的国家才有可能建立全国竞争性市场。

二、我国天然气工业的特点

20 世纪 80 年代以来，我国天然气工业获得了较大的发展。但是，我国天然气产量仅占世界总量的 0.73%。从国内能源结构看，我国长期以煤炭为主，在一次能源消费结构中煤炭占 70%，天然气仅占约 2.2%。

与国际上主要天然气国家相比，我国天然气工业又有一些特殊性。

（一）多数气田规模小，储量以中、低丰度为主，开采成本较高

如，俄罗斯的一个特大气田的探明储量就是 8 万多亿立方米，比我国几百个气田的储量总和还大几倍，其开采成本仅为中型气田的 1/6、小型气田的 1/28[①]。

（二）整体资源探明程度低与局部市场开拓不足并存

目前，我国的天然气探明储量仅占资源总量的 6.2% 左右，而且已投产

① 中国国际工程咨询公司研究所等：《世界天然气工业发展状况和经验》，1997 年。

的气田中，除了四川和陕西长庆气田是整装气田外，其余都是中小伴生气田。在没有持续稳定的气源供应情况下，一些大的天然气用户和管道建设也不敢随便上马。同时，也出现过部分地区天然气市场开拓不足，现有的生产和管道运输能力没有得到充分利用的问题。“八五”以来天然气储量增长速度较快，产量增长速度相对较慢，其中一个主要原因是下游市场开发滞后。只有需求市场扩大了，上游才能有大的发展。

（三）天然气资源分布与市场相距甚远

我国天然气资源主要分布在中、西部和海域地区；进口管道天然气的主要来源在西北部地区；天然气市场则主要集中在东部和东南沿海地区。因此，建设天然气长距离运输管道网成为联接资源和市场的关键环节。

（四）天然气消费结构有待调整

目前，我国的天然气消费结构中，以化肥和油气田企业自用为主，1998年化工原料和工业消耗天然气约占消费总量的74%左右，其中以化肥工业为主的原料消耗约占38%左右，油气开采业自己消耗约占26%；居民和发电消耗分别为11%和12%。其中发电用气主要是海上天然气送往香港发电，内地天然气发电的比例几乎为零。与国际上天然气主要生产国和消费国相比，我国的天然气消费结构偏向原料工业，而发电等大型燃料用户和居民用气市场还有待开拓（见表1）。

表1 世界天然气消费结构比较 （单位:%）

	发电	工业	原料	居民和商业
西欧	17	24	4	45
北美	13	34	4	39
东欧	16	45	13	26
前苏联	36	44	4	16
非洲	42	45	4	9
中东	32	54	9	5
日本	70	29	1	
东南亚	38	44	10	8
世界	26	43	5	26

续表

		发电	工业	原料	居民和商业
中国	1996	12.7	34①	39.2	7.8
	1998	12.7	36.4②	38.3	11.7

注：①其中28%用于油气开采。

②其中25.9%用于油气开采。

资料来源：国外数据为1995年数据，来自中国国际工程咨询公司研究所等：《世界天然气工业发展状况和经验》，1997年。国内1996年和1998年数据分别摘自1999年第4期《国际石油经济》。

从国际上主要消费和生产国的消费结构看，天然气主要作燃料。这表明许多国家在利用天然气时注意发挥其清洁能源的作用。由于我国的天然气开发规模较小，建设天然气管网的一次性投入较大，因此，在发展初期，在气田地区可就近发展一批以天然气为原料的化肥工业。随着天然气开发规模的扩大，应该在加快输气主干管线网建设的基础上，调整消费结构，充分发挥天然气清洁能源的作用。

天然气的消费结构不仅与各国的能源结构有关，而且影响天然气供应系统的稳定性。近些年，我国居民用天然气有了明显增长，从1996年的占比7%增长到1998年的11%多。一般来说，发电和大型工业用户的用气稳定性较好，而居民用气的峰差较大。一个地区性市场必须有大量均衡用气用户与居民用气相配合。因此，在扩大天然气市场规模，鼓励消费的同时，还要调整天然气消费结构，开发稳定的大用户。

（五）天然气工业发展以计划经济为主，上、中、下游不够协调

目前，我国的天然气工业基本上实行指令性计划管理，井口价格、管输费及城市供气价格都是由国家计划定价；气田的生产规模和城市用气规模也是由国家计划批准。但是，由于供给计划是中央政府统一制定，具有一定的刚性；需求计划由地方政府和企业分散制定，是软约束，结果，往往是供给能力形成了，实际需求上不来，开采和运输能力闲置。特别是由于相应的基础设施跟不上，一些城市用气规划的需求常常不能落实。如北京市原计划1998年用气12亿立方米，而实际上只用3.2亿立方米。

（六）天然气产业组织以一体化经营为主

我国的天然气工业正处于发展初期，还没有形成独立的产业组织结构。

目前，天然气企业与石油企业是一体，特别是一部分投产的天然气田是伴生气田，天然气产业组织结构与石油产业组织结构相似，生产与管道运输一体化经营。大部分地区的天然气市场都是面对单气源、单管道（单线串糖葫芦）的垄断供应商；下游配气环节基本上是各地方的公用事业部门垄断经营，工业用户以化肥企业为主，用户结构比较单一，天然气生产企业的可选用户较少。因此，要促进和发展天然气市场，还需改革天然气工业管理体制和调整产业组织结构。

三、我国天然气工业的战略选择

（一）天然气工业正进入一个新的发展阶段

目前，我国对石油进口的依赖越来越多，面临的环境保护压力也越来越大。因此，发展清洁能源，提高天然气在一次能源构成中的比重，对改善我国能源结构、缓解石油进口压力、减少环境污染，都具有重要的地位和作用。近些年来天然气的开发利用已经受到国内各方面的重视。天然气工业正进入发展新阶段。

1. 发展天然气工业是调整我国能源结构的重要步骤。天然气是调整能源结构的重要能源。一是开发利用天然气可以促进能源结构多元化，减缓石油进口的压力。从1993年起，我国成为成品油净进口国，1996年成为石油净进口国。石油短缺已成为制约经济发展的因素之一。而我国天然气资源的储采比高于石油资源，开发利用潜力较大。二是开辟清洁能源可以减少环境保护压力。目前，我国的能源结构以煤炭为主，环境保护的压力较大。天然气在二氧化硫、粉尘、二氧化碳的排放方面都优于煤炭和石油。为了改善我国的环境状况，迫切要求扩大利用清洁能源。因此，提高天然气在能源消费结构中的比例将成为必然。

2. 技术因素在天然气工业发展中的作用越来越重要。一方面，世界上天然气勘探开发、运输和利用技术的发展大大降低了天然气的生产、运输成本和利用成本；另一方面，天然气利用技术的发展促进了天然气用途多样化，拓宽了天然气市场。新技术的发展和利用将进一步提高天然气工业的效率，以及与其他能源工业的竞争力。

3. 调整现行天然气工业管理体制，构建新型管理体制和产业组织。20世纪70年代末以来，国际上天然气工业管理体制的变化趋势是放松管制，引入竞争。不少国家取消了井口管制价格，通过管道运输、配气管网与生产、批发和零售业务相分离，在生产和销售领域引入竞争，在具有垄断性质的管道和配气网络环节放松管制。管制重点从过去以控制价格为主转向促进上游和下游的竞争，强调管道和配气收费原则透明、公平交易等。

我国的天然气工业还处于发展初期，在发展过程中，可以借鉴国际上天然气工业管理和组织的发展趋势，构造新型管理体制和产业组织框架，调整现有管理体制，改善产业组织结构。

4. 逐步实现天然气工业经营主体多元化、商业化和专业化。随着国有企业改革和国有经济战略性重组的进一步深入，国有天然气工业企业将通过改革和重组引入非国有和外资成分，天然气工业的经营主体将多元化。同时，随着企业改革和产业组织结构调整，天然气工业将从指令性计划管理转向以市场为导向，从上、下游一体化的经营方式逐步转向管道运输与勘探开发和销售分离的专业化经营的方式；城市配气系统将由政府直接投资和补贴经营转为企业化和商业化经营。

（二）发展天然气工业的战略选择

天然气工业是能源工业的重要组成部分，天然气工业的发展战略应服从国家能源整体战略。

一是要充分发挥天然气的清洁、替代能源的作用。在重点发挥天然气清洁能源的作用、替代高污染能源的同时，应逐步实现天然气利用多元化，弥补国内能源的不足。

二是天然气工业的发展应立足国内资源，有效利用国外资源。但是，要注意处理好进口天然气与保证经济安全的关系。要实现进口气源多元化，防止国家之间关系的变化对能源供给造成影响；跨国天然气管道或使用进口天然气项目的投资方实行多国化。与进口天然气有关的项目投资主体多国化有利于对天然气出口国形成多方牵制，使其不可能因为与我国一国关系恶化而影响能源供应；政府应通过外交和贸易手段保证进口的稳定性。

三是以储量为龙头，市场为动力，带动气田开发和管道建设。探明储量是持续稳定发展天然气工业的基础。上游勘探开发环节应加大勘探力度，增加探明储量，为持续稳定发展天然气工业提供必要保证；下游市场环节应着重解决局部市场开拓不够的问题。在一段时间内，发展战略的一个重要内容应是鼓励天然气消费，扩大天然气市场规模。

四是加快输气主干网络的建设。天然气长距离运输管道网是联接天然气资源和天然气市场的关键环节，也是形成全国性市场的基本条件。因此，在有探明储量和气源保证的前提下，建设输气干线网络是发展天然气工业的一个重要步骤。应根据资源、市场分布和供求关系，加快天然气配套基础设施的建设，以保证天然气工业上、中、下游协调发展。

五是在扩大需求的同时，调整天然气消费结构，开发稳定的大用户，促进天然气利用多样化。首先，要改变目前以化工原料为主的消费结构，增加天然气消费结构中替代污染能源的比例，特别要鼓励发电、城市大型供热和供气用天然气，充分发挥其清洁能源的作用。其次，开发稳定的大型用户，提高天然气开采和运输的安全性、稳定性。发电和大型工业用户的用气稳定性较好，而居民用气的峰差较大。一个地区市场必须有大量均衡用气用户与居民等不稳定的分散用户相配合。

六是通过制度改革促进天然气工业的发展。目前，产业管理体制和产业组织问题是影响我国天然气工业发展的一个重要因素，天然气工业的发展需要管理体制改革和行业组织结构调整来配套。引入竞争的程度与天然气工业的基础设施发展和市场规模有关。我国天然气工业处于发展初期，还没有形成全面放开竞争的条件，要根据国情，逐步进入竞争。

近期改革应从以下几个方面入手：有序引入竞争，防止区域性的资源和市场分割；在管道运输方面实行国家统一规划与特许权经营相结合，引入对经营权的竞争；对管道运输费用标准的透明、公平性作出原则规定，保证各类用户以公平价格获得服务；逐步实现管道运输与天然气生产环节的功能分离；放松天然气的价格控制，逐步取消指令性井口差别价格；制定天然气市场交易规则和法律，为确保合同有效执行提供必要的法律和制度保障。

七是天然气工业的主体多元化。发展天然气工业不可能完全依靠国家投资，而要吸收社会资本，包括外资参与天然气工业的发展。引进外资并不仅仅是解决资金问题，更重要的是引进国际上先进的管理经验，健全市场规则，提高我国天然气企业的管理水平和国际竞争力。因此，天然气工业发展要实现对内对外的两个开放。

天然气工业的税费政策要以我国天然气工业的特点为基础，以实现天然气工业发展战略为目标。

调整天然气工业税费政策的基本原则和思路*

我国天然气工业管理体制改革的趋势是由指令性计划管理转变为以市场为导向，逐步放松价格管制。因此，政府直接进行价格控制的余地越来越小，税费政策的作用越来越重要。

一、调整天然气工业税费政策的基本原则

税费政策是实现天然气工业发展战略的一个重要手段，其目标是在国家能源整体战略框架下，调整能源供给和消费结构，确保安全、充足地供应和高效利用天然气，提高天然气对其他污染能源的竞争力，促进能源可持续发展。

作为宏观调控的一个重要工具，天然气工业税费政策不仅要与国家能源整体战略协调，还应体现以下原则：

（一）与改革的进程相适应

改革和竞争是世界天然气工业发展的趋势，许多国家为提高效率和保护消费者的利益，正在放松对天然气工业的管制，通过分解业务在各环节尽可能引入竞争。因此，天然气税费政策要体现改革和鼓励公平竞争的原则。

1. 税费政策要与价格改革相配套。目前，我国实行指令性天然气井口差别价格体制，由国家制定井口价格、净化费和管输费。而国际上一些市场

* 本文发表于《国务院发展研究中心调查研究报告》2000 年第 25 号，2000 年 3 月 3 日。

经济国家则利用税收政策与市场机制相结合，形成大规模稳定用户的最终价格低于小规模不稳定用户的价格。一是大用户的天然气价格因稳定的大用气量而降低；二是大规模用户的中间环节少，中间费用低；三是许多国家对不同用户实行差别消费环节税，如有的国家对居民用气征收消费税，有的对商业用户返还增值税等。由此可见，合理设计税费政策将有利于天然气价格管理体制改革。

2. 税费政策要与企业制度改革相配套。过去，我国石油天然气勘探开发行业基本是以石油或天然气管理局为经营管理单元，企业不能跨地区勘探开发，因此，资源税费是按大油气田（管理局）分档；天然气勘探开发企业是勘探开发和运输一体化，油气田内的输气管线按开采企业征收税费。随着行业管理体制改革和企业重组，石油天然气企业将跨地区勘探开发；部分一体化企业将转向专业化经营，逐步实现输气与开采分离。因此，天然气工业的税费政策应及时进行调整，以促进企业改革和重组。

（二）调整各有关利益主体的关系

天然气工业包括上游勘探开发、输气管道、城市配气管网等各个环节，最终用户有城市居民、发电等公共基础设施行业，还有化肥等农用物资生产行业，天然气工业税费政策涉及方方面面的利益。因此，税费政策不仅仅是国家财政收入的工具，还应从社会整体角度出发，调节各有关利益主体的利益。天然气税费政策应注意处理好以下几个关系：

1. 企业经济效益与社会效益的关系。在市场机制条件下，企业以市场为导向，以效益为中心进行决策。国家则应该考虑社会效益，用税费政策来调节企业经济效益和社会效益之间的关系，引导企业和消费者的行为。

企业利用天然气时要与其他能源进行经济性比较。在天然气工业发展初期，基础设施建设刚刚起步，需要大量初期投入；同时，由于未达到经济规模和缺乏经验，可能导致在一段时间内，天然气的市场竞争力不如一些替代品。但是，天然气作为清洁能源，其开发利用具有较大的社会效益。为了鼓励使用清洁能源，国家可以利用税费政策来提高天然气对其他污染能源的竞争力。

2. 上、中、下游关系。天然气工业的重要特点是上、中、下游联系紧密。税费政策应把上、中、下游作为一个整体，从实际出发，合理调整各环节的税费，促进上、下游的协调发展。天然气发展战略应以储量为龙头，市场为动力，带动资源开发和管道建设。相应地，税费政策则应鼓励勘探，提高天然气探明储量；在上游具有充足的供应潜力的情况下，鼓励大用户，开拓市场；靠充足的探明储量和大规模的市场带动天然气开采和运输的发展。

3. 天然气工业与相关产业的关系。发展国内天然气工业的目标是提高天然气开发利用的整体效益。一是要注意保护国内天然气工业不应以牺牲天然气消费者的利益为代价。在开放市场的条件下，天然气用户要在天然气与其他替代能源、进口天然气和国产天然气之间进行选择，谁的价格低就用谁的。因此，税费政策应从天然气生产企业和用户的整体利益出发，调节天然气生产企业和用户之间的利益。二是要注意政策和战略性因素造成的负担不应由企业来承担，也不应转移给其他用户。目前，国家主要通过天然气价格管制和统一定价的办法实行行业性差别价格，由生产企业和天然气用户对特定行业进行补贴。如，过去为了实行化肥低价政策，压低天然气原料的价格。有时为了实现社会和战略目标，在经济效益不理想的情况下，仍需要发展某些行业，政府则应通过税收等相关政策，扶持这些行业的发展，使企业能够按照商业化原则，实现企业化运营。

（三）体现对外开放的原则

我国的天然气工业发展要实行对内和对外两个开放，税费政策也要体现这一原则。一是天然气税费政策要尽量与国际接轨。一方面，随着市场的开放，国内天然气工业企业面临着激烈的国际竞争，如果不能按照国际惯例去建立规范的税费制度，增加了企业负担，将影响国内企业在国际市场的竞争力和生存能力；另一方面，税费政策与国际接轨有利于有效利用国内、国外两种资源和两个市场。

二是税费政策要对各种所有制企业一视同仁，实行统一的国民待遇。目前，我国实行两套石油天然气税费政策，不利于各种所有制企业平等竞争。应实行天然气税费制度并轨，使国内企业与外资企业、国内各种经济成分的企业能够平等竞争。

三是天然气进口政策要有利于提高利用国外资源的效率。随着天然气市场规模的扩大，必然要进口一部分天然气。靠关税保护国内天然气企业，将影响广大用户的利益，因此，要从提高整体效率的角度出发制定天然气进口政策。

二、调整天然气工业税费政策的总体思路

（一）坚持以市场为导向的原则，从市场可接受价格倒推井口价格，税费政策主要起调节和协调作用

过去，在计划经济体制下，天然气的定价模式是生产成本法。计划价格基本是从生产企业的成本出发推算用户价格。在这种定价机制下，用户成为价格的被动接受者。但实际上天然气面临诸多替代品的竞争，天然气的最终价格受用户的承受能力和替代品的价格影响。因此，天然气生产企业应根据市场可接受价格来调整成本，决定是否能够进行生产。税费政策则应根据市场可接受价格倒推的井口价格与资源开采成本的关系，决定资源税费和生产环节税的征收标准，调节生产企业的收益。

（二）从提高天然气及其产品的市场竞争力出发制定天然气税费政策，调节天然气工业各环节以及相关行业间的利益

发展天然气工业，不能靠提价和关税保护，这样只能限制需求，制约天然气工业的发展。应该通过提高天然气及其产品对替代品和进口品的竞争力，扩大市场需求。因此，天然气工业的税费政策应围绕提高天然气及其产品的竞争力做文章。

（三）天然气工业税费政策要扶持战略重点

一是鼓励对重大污染源的替代。目前，重大污染源主要是以煤炭为燃料的大型用户，如燃煤电站、大型燃煤锅炉等。因此，税费政策要重点鼓励天然气发电。不仅要通过减免税等手段鼓励利用天然气，而且要对重大污染源进行惩罚性收费，以控制污染能源的使用。如美国政府为了控制燃煤超标污染电站，在 1992 年规定对装机容量为 10 万千瓦以上、每 Btu 排放的二氧化硫超过 2.5 磅的燃煤电站收罚金。2000 年以后，这个标准更加严格，装机容量降至 2.5 万千瓦。

二是鼓励进口替代。进口替代主要是指替代石油进口和天然气产品的进口。国家可以对具有进口替代效应的天然气及其产品给予适度税收优惠，使

其与进口产品处于平等竞争地位。目前，我国已经成为石油和石油产品净进口国，可以把车用天然气、大型燃油锅炉改用天然气等视为石油产品进口替代。我国的天然气化肥工业正面临独联体和中东等国家的进口化肥的激烈竞争，应把国产天然气化肥视为进口替代品，实行与进口化肥同等增值税的政策，使国产天然气化肥与进口化肥平等竞争。

三是鼓励国内开发天然气。目前我国的天然气开发利用战略是立足国内资源，有效利用国外天然气资源。在开放的市场条件下，为发展国内天然气工业，税费政策就应该提高国产天然气的竞争性。增加探明储量是发展国内天然气工业的重要基础，因此，税费政策要特别鼓励天然气企业进行风险勘探。

（四）合理发挥各种税费的功能，各环节税费政策相互配合，提高税费政策的整体效果

天然气工业涉及资源、运输、配气和销售各个环节，税费种类比较多，各类税费的功能不同，要合理发挥各种税费的调节作用，配合使用。上游勘探开发阶段，权利金（资源税费）与所得税都直接影响企业的利润，但权利金是国家作为所有者来征收的，具有相对灵活性；所得税是全国的统一税，刚性大一些。因此，要处理好两种税费的关系，权利金应与资源给企业带来的高于工业企业平均水平的利润挂钩，所得税则主要是与企业的正常利润挂钩。增值税和消费环节税费最终都是由消费者承担，但是增值税具有刚性和统一性。而消费税（或附加费）比较灵活，便于根据不同类型的用户实行差别税率。两者合理配合，能够起到引导消费结构的作用。

资源开发利用涉及全国的整体利益，包括行业之间的利益，属于中央政府宏观调控职能范围。因此，调整资源开发利用的责任应主要由中央政府来承担，税费政策应以中央政府的税费为主要调控手段。

（五）天然气工业税费政策要有利于提高生产率和资源利用效率

税费政策是鼓励先进，不是保护落后。目前，国有企业正处于改革之中，许多企业还没有改制和剥离非经营性业务，社会负担较重，制定税费优惠政策不能从“扶贫帮困”出发，应体现提高效率和鼓励竞争的原则。因此，在调整税费政策时，应以规范的经济规模企业的平均成本为基础，而不是以行业最高成本和非经济规模的企业为基准。

三、调整天然气工业各环节税费政策的思路

（一）资源勘探开发环节

调整资源开发环节税费的基本思路应该是规范资源税费，增加所得税抵扣项，缩小所得税税基。

1. 资源税费。天然气资源税费是国家调控资源开发的手段，不应以增加财政收入为目的。因此，资源税费既要维护资源所有者的权益，又要保证投资者的收益。从国际惯例来看，开采资源要给资源所有者以补偿，支付给资源所有者权利金。我国地下资源归国家所有，因此，天然气开采企业必须向国家缴纳权利金。在市场经济条件下，天然气勘探开发不可能长期靠国家投资，要吸收国内社会资金和外资。如果投资者不能获利，就不会向天然气工业投资。在确定资源税费征收率时，要考虑资源给企业带来的实际利润，保证投资者可接受的收益水平。权利金的征收基数应是资源为企业带来的超额收益。与国际上主要天然气生产国相比，我国的天然气资源开采难度较大，成本较高，定价偏低，为鼓励国内天然气工业发展，应适当降低资源税费。

根据现行的资源税费制度，建议：

（1）实行基本权利金与超权利金合二为一的权利金制度，减少重复，防止任意性。一是将现行矿产资源补偿费和资源税合并为一项。征收标准要体现天然气资源勘探开发行业的特点，根据资源质量实行差别征收率。为了合理利用资源，鼓励企业开采劣质资源，适当减免低产区块的资源税。二是现有的探矿权和采矿权使用费作为探矿和采矿许可费用，在区块登记和许可合同中体现。为提高企业开采效率，可以根据资源质量，以竞标的方式确定。三是把探矿权价款和采矿权价款与勘探成果商品化和储量市场建设结合起来，在转让或许可合同中体现。

（2）改进天然气权利金的计征方法。一是以国际市场价格为参照系，以劣质资源的开采成本为基础，分档次设置权利金，从价计征。二是按登记区块核算征收标准。改变现行按大油田区划设置资源税标准的做法，按登记区块核算征收标准。三是根据气田地理位置与国内主要市场的距离，分地区确定征收标准。可以分为海洋、内陆和偏远地区（如大西北）几个区域，

实行同质资源下的差别征收率。对低产资源的开采，如煤层气等减免权利金。四是实行集中征收，收支两条线。权利金应是中央政府收入，权利金可由国税部门征收，由中央财政确定对地方的补偿或分成，应给中西部欠发达地区多留一些分成。因征收权利金的专业性比较强，也可由专业主管部门代为征收。

2. 天然气勘探开发企业所得税。所得税是进行企业收入再分配的手段，对下游用户没有影响，但对天然气勘探开发企业的收入和再发展有较大影响。调整所得税的主要目的是根据天然气勘探开发行业的特点，鼓励企业进行风险勘探开发和再投入，保护投资者的利益。调整的核心是实行勘探开发费用资本化，扩大抵扣项，缩小税基。

建议：调整勘探开发企业所得税的重点是实行勘探费用资本化，抵免所得税。勘探费用资本化有三种基本方式：一是实际发生的勘探费用一次性摊入成本；二是分期分摊；三是按产量（或消耗的储量）分摊。选择哪一种分摊方式要根据企业的具体情况来确定，报财政部门批准，在几年内保持稳定。为尽快实施勘探费用资本化，近期可以参照中国海洋石油总公司的所得税制度，勘探费用一次进入企业成本，从所得中扣除。

（二）增值税

根据现行生产型增值税的规定，勘探投入和固定资产的进项增值税不能抵扣，对资源密集和资金密集的企业有诸多不利，失去了中性税的作用。由于天然气勘探开采行业的特点，现行生产型增值税不仅影响下游最终用户价格，而且对上游勘探开发企业的收益有较大影响。因此，在确定天然气增值税时，不仅要考虑最终用户的承受能力，还要考虑增值税对上游勘探开发企业收益的影响。

因此，建议在天然气行业率先试行消费型增值税。抵扣项不仅包括固定资产的进项增值税抵扣，还包括风险勘探投入的进项税抵扣。若近期税制不能改变，可以通过财政退税或由税务部门办理增加抵免项的办法，保证增值税率不超过工业行业平均增值税占销售收入5%～6%的水平。

（三）管道运输环节

我国天然气资源与市场之间的距离较远，建设长距离运输管道网络成为开辟天然气市场的关键环节。同时，管道网络的建设对形成全国性的天然气市场具有重要意义。

目前，管道运输环节的营业税制度相对合理。但是，运输企业有两类，税收有所不同，应根据企业特点区别税收。一类是勘探开发和输气一体化的企业，对售气环节征收增值税；另一类是独立的输气企业，只提供输气服务，不买卖天然气，对纯运输收入征收营业税。

同时，为了降低管道建设成本，应对国内不能提供的进口设备和材料适当减免进口税。

（四）天然气用户

为了提高天然气的利用效率，建议从开发利用天然气的整体战略出发，根据地区天然气供求状况和用户特点，在消费环节对不同用户实行差别附加费。征收对象主要是居民和分散的工商用户。同时，对用天然气为主要原料和燃料替代污染能源的大用户，使用天然气替代石油的新技术的用户，以及有重要进口替代作用的天然气用户给予一定的税收优惠政策。如免征和少征附加费，设备投资抵减所得税等。

（五）LNG 进口环节税

在天然气市场规模不大，长途运输管道和城市管网建设不足的情况下，进口液化天然气（Liquefied Natural Gas，简称 LNG）可以减少市场风险，是解决沿海地区清洁能源的一个途径。现有的各方面研究结果表明，在目前的 LNG 电站设备和煤炭价格条件下，进口 LNG 用于东南沿海的调峰电站具有经济可行性和一定竞争力。香港中华电力的经验是，利用核电站带基荷发电与天然气电站调峰相配合，逐步替代煤电。

由于进口 LNG 的价格较高，大批量进口 LNG 发电的经济性不理想。目前，国内计划进口的 LNG 主要用于东南沿海地区发电、替代城市居民用煤气等。大规模的、批量利用天然气发电则要靠国内天然气的进一步开发和从独联体等国进口管道天然气。因此，LNG 的进口环节税费要与国家的天然气利用战略和电力发展战略相适应。为了提高 LNG 及其用户的竞争能力，应适当减免天然气进口环节税。

发展汽车工业必须加强社会支持系统*

《90年代国家产业政策纲要》中将汽车工业作为国民经济的支柱产业，具有重大战略意义。支柱产业是支持整个产业体系和国民经济运行的关键性产业，其基本特征是：有较大规模的产出；产业关联度大；能够提供较为广泛的就业机会；投入产出效率高；产业集中度高。目前，仍然比较弱小的我国汽车工业是否能够成长为支柱产业，是与市场需求规模和相关产业的发展水平紧密相关的。我国现有汽车产业政策偏重制造业自身的发展，而较少涉及与其高度相关的若干社会支持系统的建设，因而触发了不少争论。

近一时期，国内对汽车工业发展规模的争论主要是：轿车是否应该进入家庭；汽车尾气对城市大气的污染；我国石油产品行业是否能够支持用车的迅速增长。这些问题是汽车工业发展、汽车使用量增加后带来的社会经济问题，能否顺利解决这些问题，将直接影响我国汽车工业的健康成长。因此，本项研究重点围绕与汽车消费有关的价格和税费，道路、停车场地及交通监管等基础设施建设以及燃料与环保等问题，从政策角度出发，探讨如何建立与汽车工业发展相适应的社会支持系统。

一、汽车工业社会支持系统存在的主要问题

（一）轿车的价格和税费政策仍是限制国内消费，不利于轿车工业达到经济规模

大规模的市场容量是产业发展的稳定基础。我国是一个巨大的汽车消费

* 作者邓寿鹏，吕薇。本文发表于《国务院发展研究中心调查研究报告》1996年第36期，1996年3月29日。

市场，具有发展汽车工业的广阔前景和市场优势。我国轿车工业起步较晚，正处于进口替代的初级阶段。当前我国汽车工业的竞争策略首先应是进口替代，迅速占领国内市场，其间可能会有少量出口，但这种微小的市场份额不足以壮大我国的汽车工业，达到经济规模。因此，把汽车工业作为我国的支柱产业是以轿车进入家庭为前提的，轿车的消费政策应是汽车产业政策的一个重要部分。

目前，我国轿车的价格、消费税和使用税费有如下特点：

1. 生产过程中的税费适度，销售过程中的税费过高。我国汽车生产的间接税费比欧美略高，但大大低于韩国和1987年的日本，而所得税税率已达到直接税费的最低水平。目前国产轿车出厂价高的主要原因是批量小、效率低、资产负债率高等。而我国汽车销售中的税费远高于各国。因税费差别，我国消费者购车的实际支付价格约为美国的1.26倍，主要是车辆购置附加费把销售价格抬高了。

2. 汽车保有和启动环节有费无税，一些行业垄断性收费过高。国外对轿车保有和启动实行税收办法，而我国则主要是实行多种强制性收费。其中注册及牌照费比较适度，但包括培训在内的驾驶执照费过高，一般大中城市为3 000～5 000元，上海达到8 000元以上。

3. 轿车使用和管理税费水平较高。家用轿车每年需交纳车船使用税及其他多项费用，合计为2 250～3 000元，但对不同档次的消费水平缺少差别税率，各项税费与轿车豪华程度和排量基本无关。

4. 燃油税低。目前我国的燃油税仅0.2元/升，美、法等国征收的燃油税是我国的3～24倍。现行的低税率鼓励了大排量高耗油车的使用。

上述税费及管理政策造成的结果，一是不利于汽车工业的发展，抑制轿车的家庭消费，限制了国产车的国内市场规模。二是不利于鼓励发展小排量汽车，限制豪华轿车的使用。国外普遍根据轿车的排放量和豪华程度，实行差别税率，体现车型消费引导。而我国15种轿车税费中，仅消费税一项表现出差别，而且最大差别仅为5个百分点。三是不利于优化资源配置，阻碍推动以节能为中心的轿车技术进步。四是不利于保护环境质量，高耗油、高排放的轿车严重污染城市空气。因此，这种税费结构提高了购买和使用轿车的成本，限制了家庭私人用车；误导了消费者对轿车排量、油耗的选择；加大了轿车消费对社会环境产生的负面影响。

（二）与汽车工业发展紧密相关的城市交通基础设施和管理相对滞后

汽车工业和建筑业都是我国20世纪90年代国民经济的支柱产业，这两个产业之间具有相互促进的作用。处理不好，也会起到制约作用。近些年来，我国的公路建设发展很快，截至1994年年底，我国公路里程已达112万公里。其中，高等级公路32万公里，高速公路1 600公里。1994～1995年，高速公路增长了800多公里。目前城市间交通，特别是东南沿海地区的区域交通已大大改善，一些高速公路和高等级公路的通行能力还有富余。从每辆汽车所拥有的公路长度看，中国远超过发达国家，约是日本的7倍、美国的5倍、英国的11倍、德国的9倍。这为我国发展汽车工业创造了有利的公路条件。

但是，目前我国城市内交通基础设施相对短缺，在某种程度上已成为制约轿车进入家庭的一个重要障碍。城市交通的主要问题有：

1. 大型和特大型城市交通堵塞，缺少机动车专用快速通道。这几年，特大型城市的汽车保有量以每年20%的速度增加。据调查，在2010年前，有意向并有能力购买轿车的家庭，大部分集中在东南沿海的大中型城市和中西部地区的特大城市。而这些城市没有或很少有专用快速干道。我国城市交通堵塞的另一个重要原因是行人、自行车和机动车混行，许多交通路口负荷过重。现在不少大城市已经修建了环城公路，但辐射或贯穿型的快速干道的建设没有相应跟上，未能形成环形线、辐射线、贯穿线交织的城市快车道网。

2. 市区停车的泊位严重短缺。停车泊位是现代化城市必备的设施，也是轿车进入家庭所必需的条件。由于在城市规划和建筑物设计中均未充分考虑停车泊位，致使随处乱泊车挤占了行车路面，引起城市交通进一步堵塞。

3. 城市道路的中长期规划与轿车进入家庭的需求结合不够。随着经济发展和人民消费水平的提高，轿车进入家庭是大势所趋，而且目前我国不少地区已经进入私人轿车导入期。但现在许多城市的街区布局和道路网络，以及交通安全管制设施等没有体现这些需求。

（三）燃料结构和质量不能适应汽车工业快速发展的需要

随着先进技术的发展和环境保护意识的增强，国际上的轿车制造水平已向安全、舒适、节能、低污染的方向发展。这对燃料生产行业提出了更高的要求。从数量看，目前我国的汽油生产基本可以满足国内消费需求。以1994年为例，我国汽油车保有量749万辆，消费汽油2 290万吨，当年汽油产量2 695万吨，产量大于耗量，尚有一定富余。但是柴油供应尚有较大缺口。1993年，我国柴油车保有量177万辆，消费柴油810万吨，而当年进口柴油940万吨（不全用作柴油车燃料）。由此可见，我国汽油和柴油的产品结构和质量都不能满足需求。

此外，汽油的标号偏低（93号以上的汽车只占7%），含铅量高（含铅汽油产量约占43.7%），结果造成耗油量大，污染高，燃油利用效率低。柴油的凝点偏高，品种单一，含硫量高（轻柴油的平均含硫量约0.66%），平均质量低。

（四）汽车尾气已成为城市大气污染的主要污染源

由于城市机动车保有量的迅速增加，大气污染加剧，许多城市的大气环境质量远低于国家控制的环境标准。以北京市为例，1994年北京的汽车保有量增长14.5%，同期氮氧化物的浓度增加了13.3%。1991~1994年4年间，北京市的氮氧化物浓度严重超过国家环境质量二级标准，历年超标率分别为39.5%、43.5%、42.7%和49.7%。造成机动车尾气高污染的主要原因有：

1. 汽车质量不高，造成高排放。我国汽车制造业在尾气排放控制技术方面与发达国家有明显差距。国产汽车油耗高，尾气排放量大。我国国产新轿车的碳氢化合物、一氧化碳和氮氧化物的排放量分别是美国1992年新车的14.5倍、11.8倍和3.3倍。

2. 燃油质量偏低，造成高排放。我国国产机动车燃油存在标号偏低、质量不稳定、含硫和含铅量高等问题，降低了燃烧效率，导致排气中硫和铅的浓度大，带来高污染。

3. 道路制约和交通不畅，造成高排放。车速越慢，污染物排放量越大。目前我国大部分城市的车路矛盾突出，特别是市区内行车速度较慢，如特大型城市市区的平均时速已从20世纪60年代的30公里降到目前的15公里，导致污染物排放量增高。

二、加强汽车工业社会支持系统的有关建议

综上所述，我国汽车工业能否健康快速成长，不仅需要汽车制造部门的努力；同时，还需要从消费、交通设施、燃料生产供应和环境保护等方面形成配套的政策和服务体系，充实和完善汽车产业政策。对此，我们的建议是：

（一）科学调整汽车税费政策

为配合轿车进入家庭，促进我国轿车工业加速发展，对轿车的税费政策应作如下调整：

1. 取消车辆购置附加费这一限制性措施，降低轿车进入家庭的门槛，使轿车需求与现有的生产能力相适应。

2. 大大降低不合理的驾驶执照费及其他垄断性的服务、培训收费。

3. 为促进节约能源，发展节油汽车技术，应大幅度提高汽油消费税的税率。即使按汽油出厂价的100%征收，税率仍低于法、日、英等国家，仅高于美国，与韩国大体持平。

4. 尽量合并对轿车征收的税费种类，为消费者提供方便，同时要拉开不同档次轿车的税费差距，以便有效抑制对高排量豪华轿车的追求，促进小排量国产轿车进入家庭。

5. 为打破垄断，引入竞争，降低服务价格，汽车检测等服务行业应从政府职能中分离出来，实行产业化。

（二）加快城市交通基础设施建设

轿车进入部分有支付能力的家庭是一个渐进的、必然的过程，但如不解决城市交通不畅问题，将影响轿车消费市场，并影响国内轿车工业的发展。因此，加强城市交通基础设施建设应是汽车产业政策的一部分。

1. 制定科学的城市交通基础设施规划。为迎接2000～2010年我国轿车进入家庭的起步阶段的到来，各地应把为轿车进入家庭提供基础设施保证作为城市规划的一项重要内容，及早调整城市布局和交通路网体系。近期与中长期相结合，在城市布局和交通体系建设上引入高新技术手段和先进管理方

式。

近期要重点解决特大城市中心区交通堵塞和停车难问题。加快机动车专用快速通道的建设，特别要增加辐射或贯穿型干道；抓紧打通城市道路“卡口”和“瓶颈”，发挥现有道路的潜力；立交路口要加设自行车和行人通道，提高路口车速；重视市区停车泊位的规范和建设；提高交通效率，保证安全，适时加强交通管理配套设施。

中长期要抓好城市布局与交通基础设施的统筹规划。为控制大城市过度膨胀，城市布局可采取卫星城或专业城市群等多种模式；城市生产、工作、居住和娱乐的功能分布要合理，以减少不必要的交通量；发展以快速和主次干道为主，建设辐射或贯穿与环形城市干道相结合，联系方便、快捷的路网体系。

2. 制定配合汽车工业发展的基础设施建设法规。市政建设规划对停车用地和道路宽度应有明确要求，并在建设项目审批时严格把关。

加强交通法规建设，制定对汽车使用者有关的行车和停车法规，以保证交通秩序和安全。把交通基础设施建设及规范作为汽车工业发展政策的补充部分，并赋予法律地位，严格实施。

（三）拓宽城市交通基础设施资金来源

改革以来，城市间的交通基础设施资金来源渠道已经多元化，特别是公路经营管理体制比较灵活，各地也比较重视公路投资，社会资金对公路投资的积极性也较高。但是城市交通的资金来源渠道相对狭窄，主要靠城市建设费。要拓宽城市交通建设资金来源，也必须实行国家投资和社会投资相结合的办法。一是从汽车使用税费中划出一部分，作为城市道路建设和维护费。二是停车场地的投资可由受益方和地方政府共同承担。如城市中心区大型商业区、娱乐场所和公共场所的停车场建设应由业主和地方政府共同分担，或者由受益方投资，国家在土地批租等方面给予一定优惠。

（四）加大环境保护力度

解决汽车尾气造成的环境污染，主要从燃料品种结构和汽车生产两方面着手。特别是燃料的生产应与汽车节能、环保技术相协调。

1. 逐步严格汽车排放标准，实行产品认证制度。第一，要有计划地逐步提高汽车排放控制标准。鉴于我国汽车工业仍处于幼稚期，经济实力和技术水平都不高，因此近期排放标准的修订不宜采取“跨越式”方式，一步到位。应根据环境目标、技术能力和经济实力，分期提高我国的排放控制标准，使之逐步达到国际水平。同时，应使我国的生产企业了解国家未来的环境控制目标，及早进行相关技术的研究和开发。为了避免标准修订过于频繁，建议每4~5年修订一次标准为宜。

第二，汽车排放标准的修改和制定，应从过去以汽车制造行业为主转变为在环保部门的主持下会同汽车行业科研机构、生产企业和公安部门联合制定。排放标准要突出国家的环保政策，使排放控制的法规和标准更加科学化；要完善试验方法和试验工况，使之尽量接近车辆的实际使用情况。

第三，积极推行认证制度，在科学划分车型的前提下，实施产品认证和质量保障体系认证，提高同类车型的产品一致性和质量水平。

第四，加快旧车淘汰速度，强制高耗油、高排放、高污染和老旧车辆退役。

2. 加速汽油高标号化和无铅化进程。按照我国目前高标号汽油的生产水平和生产能力，在2000年前消灭70号汽油不成问题，关键是组织实施。我国现有在建和计划兴建的无铅汽油生产装置，已为无铅化进程提供了物质条件。但从现行的有铅汽油和无铅汽油的比价看，每升无铅汽油比有铅汽油高0.2~0.5元。这与推进无铅化的政策目标相悖，需要辅以经济手段进行价格调整。建议对有铅汽油增收大气污染调节税。

3. 推进车用燃料工业与汽车工业协调发展。我国汽车生产和燃料生产相隔离，各自的产品质量都难提高，更谈不上相互促进。特别是石油生产、石油炼制、燃油销售分属不同的利益主体，利益分配靠国家行政调节和部门保护。企业的效率和效益无法从根本上得到改善。因此，应下决心进行大的改革和改组，打破部门界限，形成若干个独立的集石油生产、炼制和销售于一体的大型企业或集团。通过公平竞争提高行业经济效益，促进燃油质量标准、环保法规的顺利实施，使车用燃料的产品结构和生产销售组织结构适应汽车工业发展需要。

实现国有经济布局和结构合理化*

党的“十五大”明确提出从战略上调整国有经济布局，实现国有经济布局合理化的任务。江泽民同志在中南六省区和西北五省区国有企业改革和发展座谈会上的讲话中强调指出，调整国有经济布局要与产业结构的优化升级和调整完善结合起来，坚持有进有退，有所为、有所不为。要集中力量，加强重点，提高国有资产的整体质量。国家要在关系国民经济命脉的重要产业和关键领域，集中力量发展一批大企业和大企业集团，使之成为国民经济的主力军。江泽民同志的重要讲话为国有经济的战略调整进一步指明了方向。

一、调整国有经济布局和结构，以适应国内国际新环境

新中国成立以来的一个相当长的时期内，我国经济建设尤其是工业建设主要依靠国有经济，国有经济在我国国民经济中发挥了支柱作用。与此同时，国有经济在管理体制上存在严重政企不分和条块分割的问题，国有企业重复建设严重，行业分布过散，摊子铺得过大，战线过长，国有经济的布局以及产业结构和组织结构不合理，导致国有资产质量整体下降，国有企业经营状况不理想。国有经济存在的这些问题，一方面，使一些完全应由政府做的事情没钱做，削弱了国家对经济的调控能力，影响了社会经济目标的实现；另一方面，使有限的国有资本难以支撑过大规模的国有经济摊子，各级政府没有足够的财力为企业注入资本金，相当一部分国有企

* 本文发表于《求是》1999 年第 14 期。

业发展乏力，技术水平落后，设备陈旧，产品老化，难以参与国内和国际市场竞争。而且，国有企业承担了部分政府职能，企业办社会的包袱严重，非生产性固定资产及隐性债务比重较大，拖了企业发展的后腿，使企业陷入发展困境。

随着改革开放的不断深化与扩大，我国经济规模迅速扩大，国际竞争国内化，特别是社会主义市场经济体制的逐步建立，国有经济面临着新的环境和新的任务。一是在社会主义市场经济体制下，资源配置主要依靠市场机制，政府管理经济的手段和方法也随之改变。政府要把重点放在保证国家机器正常运转的基本职能上，主要通过制定宏观经济、市场规范和收入分配政策等，加强对经济的调控和管理能力，以促进社会经济持续稳定发展。特别是在建立社会主义市场经济的初期，政府的一项重要职能就是制定市场经济的法律框架，建立公平竞争秩序，规范和引导市场，为各种所有制企业创造良好的经营环境。要适应市场经济发展的需要，就必须对国有经济进行调整，该进入的要不失时机地进入，该退出的要坚决退出，目的是建立与市场机制相互协调的宏观调控机制，增强国有经济的控制力，提高国有资本质量。二是由于快速技术进步和激烈的国际竞争，国内企业面临生存和发展的严峻挑战。作为国民经济重要组成部分的国有企业，必须尽快改变自身体制和结构方面不利于生产力发展的因素，充分发挥多年积累的技术、人才和资产存量优势，在一些战略领域形成具有国际竞争能力的大企业，带动非国有经济参与国际竞争，增强国家整体实力。三是国民经济规模不断扩大，人民生活需求多样化，仅靠有限的国有资本已经不能满足日益增长和多样化的人民生活需要。这就需要在一般竞争性领域鼓励非国有资本进入，以其灵活的经营方式为消费者提供多样化的产品和服务，满足人们不断增长的需求。四是非国有资本的实力增强，投资主体和经济成分多元化。国有经济的任务不再是承担全部国家经济建设任务，而是突出战略重点，积极参与市场竞争，带动其他经济成分共同持续发展。其中，政府的责任是如何培育有竞争力的“中国队”，而不仅仅是“国有队”。经过 20 年的改革开放，我国以公有制为主体的多种经济成分共同发展的格局已初步形成，但是，我国的非国有经济还处于成长阶段，大部分企业规模较小，还需要国家政策扶持。在一般竞争性行业，只要有好的政策环境，非国有企业也能形成具有国际竞争力的优势企业。

因此，为适应新的形势，必须进行国有经济的战略调整和国有企业的战略改组，促进国有经济布局和结构的合理化，使国有经济在战略行业和关键领域占支配地位，在国民经济中发挥保障作用，引导和保证国民经济健康发展。

二、以增强国有经济控制力为目标，调整国有经济的布局和结构

国有经济布局和结构调整就是要改变目前国有经济分布过散、摊子过大的局面，把有限的国有资本集中到关系国民经济命脉的重要行业和关键领域，提高国有经济对国民经济的控制力。

国有经济布局和结构调整的关键是根据我国的发展阶段、市场发育程度及非国有资本的能力等，明确国有经济的职能和战略重点。目前，我国已经具有比较完整的工业体系，特别是改革开放20多年以来，社会主义市场体系正在建立，部分行业正从卖方市场转向买方市场；居民储蓄规模达到历史最高水平，非国有资本投资能力不断增强；相当一部分产业面临国际强手挑战，产业结构亟待调整和升级。现阶段，国有经济的主要任务是从维护国家安全和整体利益出发，把力量集中在非国有资本和市场机制不能很好发挥作用的领域，保障、带动、引导多种经济成分共同发展，提高我国综合国力，实现向社会主义市场经济体制的平稳过渡。为了顺利实现这个目标，我国应从以下几个领域着手增强国有经济的控制力：

首先，保证政府基本职能的实施，集中力量办好政府必须做的事情。社会稳定是改革开放和经济发展的前提条件，保持稳定的关键是保持宏观经济稳定。因此，现阶段国家要集中力量加强国防力量、社会治安、教育和医疗普及、扶贫、基础研究，提供基本公共服务，使政府管理经济、社会的基本职能到位，增强政府对宏观经济的调控能力。

其次，在优先保证政府基本职能的前提下，国有经济要在一些非国有资本不宜进入和不愿进入的领域发挥主导作用。国有经济战略重点的优先顺序应该是：安全性、公益性、带动性和战略性。一是国有经济应控制那些关系国家经济和国防安全的产业，如货币印刷、重要军事工业、航空航天业、战略储备等。二是国有经济应在非国有资本无力和不愿进入的、以社会效益为主的领域发挥主要作用。集中财力兴办社会效益大、内部效益低的公共事业

和基础设施项目，保护公众利益，提供良好的经济运行环境，这是政府应尽的职能。尤其是在发展中国家，在资金短缺的情况下，政府应该集中财力兴办一些大型公共项目，如大江大河的整治、重点防护林工程、城市基础设施建设项目等。三是国有经济应在一些具有自然垄断性的行业和战略资源行业占主导地位。这些行业的投资额大，回收期长，目前国内非国有资本还没有能力全面进入，这些行业关系国计民生，不宜让外国资本控制。如大型石油和煤炭开采业等，只能由国有经济控制或者由国家支持国内其他资本投资生产。特别是在市场规制不健全的条件下，由政府掌握自然垄断行业控制权，比私营垄断经营要更好一些，如电网、铁路网的建设经营。四是国有经济应该在少数需要技术赶超的战略领域发挥推动作用。目前，我国非国有资本的投资能力还不强，承担风险的能力较弱，因此，为了增强国家的整体竞争力，在一些战略产业发展的关键阶段，可以发挥国有经济在短期内集中大量财力、物力和技术力量雄厚的优势，推动这些产业发展。在一些关系国家未来产业竞争力的战略性行业，如大规模集成电路制造、信息网络等产业，在其发展初期，国家可以投入一定的资金，引导和带动民间力量，促进这些产业的迅速发展。

在国家财力有限的情况下，国有经济要优先保证战略重点领域。但在这些领域并不是排斥非国有资本进入，只要遵守国家法规，符合国家整体规划，政府就应该鼓励。战略行业和关键领域也随着经济发展阶段而变化，因此，国有经济的战略重点在经济发展的不同阶段将有所不同。政府可视战略行业的重要程度和行业组织特点，采取独资、控股、参股和金融、税收政策扶持等多种方式，保证战略行业和关键领域的健康发展。

我们还要看到，目前我国市场机制还不健全，资本市场还不成熟，抵御风险的能力还不强，加上国有企业量大面广，国有资本不可能一下子从非战略领域退出。同时，国有资本有进有退，并不意味着国有资本从所有竞争性领域退出。国有经济的战略重组要从实际可能和需要出发，减少社会不稳定因素，保证国民经济稳定运行，不能简单地为了退出而退出。对非战略领域的国有企业，可以先行一步，依托优势企业，利用资本市场进行重组，逐步引入各种所有制资本，实现产权多元化。

三、采取综合配套的政策措施，实现国有经济布局和结构合理化

国有经济的结构调整和合理化涉及方方面面，是一个长期而艰巨的任务，需要一系列配套措施和制度安排。

（一）发挥市场机制作用与政策保证相结合

企业重组不能靠行政命令“拉郎配”，应主要依靠市场机制来进行。政府要制定相应配套政策促进国有经济布局和结构调整，如：培育和规范资本市场；清理国有企业的历史欠账，建立社会保障体系；转变政府职能，抑制地方保护主义；改革投资管理体制，杜绝新增不良国有资产；改进税收制度，端正各级政府的行为，等等。

（二）宏观调整与微观调整相结合

国有经济布局和结构调整的方向是国有资本向战略行业和关键领域集中。在行业选择上，要先易后难。国有经济战略重组先从非国有资本容易进入的领域做起，从非国有资本容易接手的企业开始。在微观布局上，国有资本则是从低效企业向高效企业集中。首要的是加快国有企业改革，建立现代企业制度，这是国有经济战略调整的一项重要内容，也是进行战略调整的基础条件。

（三）国有经济布局调整与产业结构调整相结合

国有经济布局的战略调整要与产业结构和产业组织结构调整同步进行。产业结构调整不仅仅是国有企业的事情，非国有企业也面临结构调整问题。不仅国有经济要从过剩的夕阳行业有步骤地退出，非国有企业也应该退出来。目前，我国的产业组织和企业规模不合理，缺乏国际竞争能力，要打破所有制、地区和行业界限，依托优势企业进行重组，形成能够参与国际竞争的大企业。

（四）统筹规划与调动各级政府的积极性相结合

国有经济战略调整需要统筹规划，明确目标。目前，我国国有企业是国家所有，分级管理。因此，中央政府要从全局出发，确定战略调整的大方向和政策，地方政府则应因地制宜地进行国有经济战略重组，实行责、权、利相结合，调动各级政府的积极性和创造性。在战略领域的分工上，中央政府主要在具有全局意义的战略领域和跨地区的公益项目上发挥作用，地方政府主要在地区性公共事业和对地区发展具有重要带动作用的领域方面发挥作用。

（五）增量与存量调整相结合

政府新增投资主要是确保国有经济的战略重点，原则上不应再对非战略行业直接投资。非战略行业的国有资产存量在短期内难以转移出去的，可以通过投资主体多元化改造，平稳过渡。一些无合适的接收者而不得不保持国有独资形式的企业可以先进行公司制改造，逐步向产权多元化过渡。

（六）国有经济布局调整与促进非国有经济发展相结合

非国有经济的健康发展是国有经济布局和结构调整的必要条件。因此，要创造平等竞争的市场环境，一视同仁对待非国有企业，促进非国有经济的发展。

（七）提高效率与掌握时机相结合

为了有利于国有资产整体保值增值，避免国有资本进一步贬值，对非战略产业的国有企业，应选择较好的价格和时机转移出去，回收一部分国有资本，将其投入到更需要的地方。如，建立社会保障体系、处理历史欠账，以及加强技术投入等。

行政性行业垄断公司的改组*

目前，我国存在一类特殊的国有企业，即行政性行业垄断公司。这类公司是将行业管理部门及所属国有企业转制为集团公司，但仍然拥有一部分行业管理职能，所属企业占本行业大部分市场份额，具有市场垄断地位。虽然目前这类企业的数量并不算多，但这类企业主要分布在一些基础工业、基础设施和军工行业，其资产、利税、职工就业人数在国有企业乃至全部企业中占有相当大份额。所以，这类国有企业的改革和重组具有特别重要的意义。

一、行政性行业垄断公司的特点以及改组的意义

目前，我国国有经济进入了战略性重组阶段，从搞活国有企业转向搞活国有经济整体。同时，一些国有经济比重较大的行业，也从过去单个企业重组转向全行业企业重组的关键阶段。实际上，行政性行业垄断公司的改制和重组就是对这些行业的全面改制和重组。这些公司改组的成败关系到全行业的前途。因此，行政性行业垄断公司的改组具有重要意义。

（一）行政性行业垄断公司的特点

1. 在国民经济中具有重要地位。首先，这些行政性行业垄断公司所处的行业大都是国民经济的战略行业，是目前国有经济应该重点发挥作用的领域。其中有些行业直接关系到国家安全，如航天和军工行业；有些行业则涉

* 本文收录于刘世锦等著：《资本市场新论：与企业重组相适应的资本市场》，中国发展出版社 2001 年版。

及不可再生资源的开采和利用，如石油开采行业；有些行业是国民经济的重要基础设施和基础工业，如电力和铁路运输等行业。

其次，这些行业是资金密集型行业，这些公司在行业内具有垄断地位。现阶段，国有资本在这些行业占重要比例，民间资本还没有足够的力量支撑其发展。据统计，在石油与天然气开采业，国有企业资产和增加值占全行业的99.91%和99.93%，石油加工及炼焦业为88.53%和89.05%，电力、蒸汽、热水生产及供应业为78.2%和81.39%。

最后，这些公司是中国最具实力的大企业。改组后，这些公司有望成为中国企业中的大型“航空母舰”。比如，现已正式挂牌的中国石油企业集团和中国石油化工企业集团的年销售收入可以进入世界500强。

因此，这些行政性行业垄断公司的改革和重组直接关系到国有经济能否以及如何在关键领域发挥主导作用，关系到战略性行业能否健康发展。

2. 长期实行指令性计划管理体制。长期以来，这些行业实行指令性计划管理，依赖于国家投资。由于国家财力不足，行业发展受到一定制约，有些成为国民经济的瓶颈产业。

政企合一，体制改革滞后。一是直到1998年上半年机构改革前，这些行业都是实行政企合一的管理体制。虽然1998年政府机构改革的目标是政企分离，并在机构设置上进行相应调整，但是要真正转变职能，实现企业化经营，还需要一个过程。二是到目前为止，这些行业的相当一部分产品和服务价格仍由国家计划控制。以前，为了相关行业和消费者的利益，有些产品和服务长期实行低价政策，形成利益转移，如铁路、石油和电力等行业。近些年来，为了维持企业的高成本，又出现了保护性价格，如新建电厂实行还本付息电价，国产石油产品价格已高于国际油价。

因此，必须进行企业改制和重组，使企业按照市场规则运行，提高经营效率。

3. 国有垄断经营。这些行业有的属于自然垄断行业，而有的则是人为的垄断经营。一些人为形成的垄断价格损害了消费者利益，如中国的电话初装费用几乎是世界最高水平，而且电信服务收费不透明。

（二）行政性行业垄断公司面临的挑战与改革的进展

目前，行政性行业垄断公司正面临着新的挑战，不得不进行彻底改革。

1. 随着计划经济向市场经济过渡和经济体制改革，资源配置方式发生变化。第一，这些行业的上下游企业已经按照市场机制运作，其产出品不可能长期实行计划价格。第二，一些行业瓶颈制约已经得到初步缓解，有些行业正在从卖方市场逐步转向买方市场。在这种情况下，计划经济的办法已经不能奏效。

2. 随着世界经济一体化，国际竞争国内化，这些企业面临激烈的国际竞争，如不尽快进行改革，则这些企业无法适应激烈的国际竞争。

3. 随着技术创新和组织创新，一些垄断行业成为可竞争行业。如，电力生产和分配的非自然垄断性使垂直垄断行业逐步分解为竞争性行业。目前，世界上许多国家通过纵向和横向业务分解，放松管制，逐步将竞争引入铁路运输、电力和电信行业，大大提高了效率。如果继续搞人为垄断，不仅影响消费者利益，而且将制约行业发展。

4. 随着行业规模的不断扩大，逐步形成投资主体多元化的局面。尽管这些行业是国民经济的战略行业，但也不可能完全依靠国家投资建设，需要吸引各方面资金。改革开放以来，为缓解电力供应的“瓶颈”制约，国家鼓励多渠道集资办电。目前，虽然电力行业的国有资产仍占绝对多数，但已形成了多种投资主体并存的基本格局。电力企业中，不仅有国有企业，还有股份制企业、中外合资企业等其他所有制企业，全国已有24家上市的发电企业。在军工行业，一些军转民产品实行中外合资经营，有的企业公开上市。在投资主体多元化的趋势下，各种所有制形式的企业对公平竞争的要求越来越强烈。

上述特点表明了行政性行业公司改组对整个国有经济具有重要意义，也决定了其改组的特殊性和艰巨性。因此，这些企业改组的目标和模式不同于其他企业，要有专门的针对性政策。

二、行政性行业垄断公司改组中亟待解决的问题

1988年的政府机构改革，在机构上初步实现了全国行业垄断公司的政企分离，迈出国有行业性公司管理体制改革的第一步。随之而来的是要求政府切实转变职能，按照现代企业制度改造和重组大型垄断企业，转变管理方式和经营方式，促进其真正实现企业化经营。今后需要进一步解决的主要问题如下：

(一)“三权”分离

“三权”分离是指行业管理权、企业所有权和经营权的分离。过去这些行业垄断公司集行业行政管理者、国有企业所有者、经营者职能于一身，既是行业政策制定者、优势国有资产的代表，同时也是国有企业经营者。因此，体制改革首先要实现“两个分开。

1. 政企分开，即行业管理职能与企业经营职能分开。1998 年的机构改革从组织上实现了政企分开。下一步不仅要真正实现职能上的政企分开，还要确保政府行业管理的职能真正到位，防止出现行业管理真空。如，石油化工行业上下游一体化重组，行业管理政策也需要随之一体化和系统化。这些战略性行业在新形势下既要引入竞争，又要建立和规范市场秩序，因此，新的行业主管机构要尽快调整和明确行业的管理内容，制定适应市场经济的管理制度和规范。

2. 政资分开，即行业管理职能与企业所有者职能分开。过去这些行业的行政管理部门行使国有企业所有者职能。在投资主体多元化的情况下，政资不分将影响各类经营主体间的公平竞争。政府既是裁判员，又是运动员，非国有经济的主体难以参与竞争，多渠道集资的规模也难以扩大。

新一轮机构改革基本上实现了政企分开，但没有明确哪些机构履行所有者的职能。行业主管部门不宜拥有国有企业所有者职能，企业法人又不是真正的所有者。因此，应明确第三者行使所有者职能。

3. 产权明晰。行政性行业垄断公司的产权明晰有其特殊性，特别是通过社会集资投资的行业。如，原有电力部和国家电信局负责跨地区网络建设，各省电管局和电信管理局负责地区网建设，地方政府对地区网的建设给予大量资金和政策支持。电力行业的建设基金是根据国家规定，通过电价加价，由各级政府收缴，交电力部门统一支配；有些地方的电力投资是地方政府直接集资或政策集资，由电力部门负责建设。有时电力部门建设电站和电网时，以购买用电权的方式向用户企业集资，而在合资办电的协议中，通常是按投资比例分电、分利，或按投资分配用电权，并没有明确产权关系。因此，除了少数像华能等中外合资和上市企业外，大部分中央、地方和企业共同出资建设的电站和电网，大都存在这种特殊的产权不清的问题。又如，电信部门是通过居民电话初装费来集资建城市通信网，通信网统一归电信部门所有和管理。而在市场经济国家，这种地区居民集资的产权属于合作所有。

（二）行业组织结构调整

我国行业管理和组织不仅存在条条分割，还存在某种程度的块块分割。因此，行业组织调整的重点是打破条块分割。由于各行业的技术经济特征、供求关系和组织现状不同，行业组织结构调整的重点应有所不同。

例如，过去我国石油行业管理是条块分割相结合。一方面，人为割断了上下游行业的联系；另一方面，油田企业块块分割，企业不能跨地区经营。结果导致资源分布不均，一些处于衰退期的老油田无法生存。这次石油化工行业重组打破了过去上下游分割、政企合一的行业垄断体制。但现在的几大石油公司基本上是按地域来组建的，因此，如何避免市场和资源的区域垄断，形成全国统一市场，成为石油化工产业组织结构调整的新任务。

我国电力工业管理体制和行业组织结构的主要问题：一是区域性网站合一的垄断经营造成各类独立电站不能公平上网。二是过去发电站和电网建设以省电管局为主。目前，电网的电力平衡以电网为主，在一次能源分布不均的情况下跨区输电困难，资源不能优化配置。三是电网建设相对薄弱，难以适应市场需求。特别是跨地区电网联系薄弱，难以形成统一市场。四是部门分割管理。过去，电力部主管大部分火电站和以发电为目的的水电站，但是一些具有水利功能的大型水电站由水利部主管，核电站由核工业总公司（原核工业部）主管，致使电力行业缺乏统一规划。因此，我国电力工业管理体制改革和企业重组不仅面临如何实现发电与电网分离、调整电力结构的任务，还面临打破部门和地区分割、实现电力统一规划、建立国内统一市场的问题。

我国铁路系统几乎一直是中央政府垄断经营，不仅铁路运输是垄断经营，铁路运输装备制造也由铁道部管理。政府机构改革后，铁道部主要管理铁路运输，铁路设备制造等工业系统相对独立。目前，国际上许多国家在铁路运输领域普遍引入竞争机制。因此，铁路系统的改组不仅要实现铁路运输与铁路设备制造业的分离和重组，铁路运输业也将面临如何以打破垄断为目的的企业改组。

机构改革后，原军工口的五大公司分解为10个独立的经营性公司，行业管理职能均转移给国防科学技术工业委员会，实现了政企分离，并在一些领域形成了竞争格局。与军工有关的行业管理体制改革和企业重组，面临着军民兼容体制下，军品和民品管理体制如何分离、企业如何分类重组、不同行业如何引入竞争和提高竞争优势等问题。如，在全球寡占竞争行业，我们应集中力量应对国际竞争强手，国内企业是否需要拆分等。

（三）公司内部资产重组和组织结构调整

在我国，虽然部门分割管理体制导致行业垄断，但垄断公司（集团）内部却存在着严重的重复建设和分散竞争的问题，从而不能形成整体优势。因此，政企合一的行政性公司转变为经营性公司只是企业改组的第一步，还要进行公司内部资产重组，提高整体竞争力。在重组过程中应处理好以下几个关系：

1. 总公司与所有者的关系。改制后仍是国有独资公司，由国务院授权经营国有资产。多数公司的总经理是由国务院直接任命，没有董事会。从治理结构看，这些公司的经理似乎是国有资产的代表，但从职能来看，这些公司又是国有资产的具体运营和生产经营管理机构。如国家电力公司不仅具有运营国有资产的职能，而且经营跨地区电网。因此，目前这些国有行业性公司是特殊形式的公司，若要建立规范的现代企业制度，还需解决所有者到位的问题。

另外，这些公司的性质和职能决定了未来产权结构和治理结构。如果这些公司是纯粹的控股公司，只代表国家进行投资，那么可以保持单一国有制。如果这些公司是集生产经营和资本运行于一体的企业，从企业长远发展的角度来看，就存在资金来源多元化导致的所有权多元化问题。

2. 总公司与下属公司的关系。过去这些国有行业垄断公司具有行政管理权，其下属企业或是生产单位和成本中心，或是相对独立的法人。重组转制后，总公司作为控股公司或集团公司，与下属公司是产权关系。一些出资人应有的权利，如投资和财务权、人事权等应相对集中在总公司；一些具体生产经营权应适当下放。因此，要从调动各层积极性和提高效率的原则出发，进行分权和集权等多种模式的选择。

3. 下属公司之间的关系。过去虽然这些公司都是国有独家垄断经营，但行业公司内部企业之间常常是各自为战，互相竞争。作为垄断竞争型行业，组建大型公司的目的是形成能够参与国际竞争的、全国性的大型企业，发挥整体优势。因此，应以有利于提高整体竞争力和实现规模效益为原则，通过专业化分工、区域分工等多种方式进行公司或集团内企业重组。

（四）适应市场经济的要求，转变经营管理方式

在计划经济向市场经济转变的过程中，行政性计划管理的办法既不符合

企业化经营要求，也不能适应市场经济的新环境。因此，企业改制和重组的另一个重要任务就是转变政府管理方式和企业经营方式。例如，我国石油行业长期实行指令性计划管理体制，形成以产量为目标的粗放增长方式。由于实行产量总承包，企业不能根据效益原则决定生产多少石油，明知成本高还不得不生产。在这种管理体制下，很难实现企业经营机制的转变，企业也不可能真正成为独立自主、自负盈亏的经营主体。目前，由于技术进步，国际上石油开采成本普遍下降，而我国一些老油田却因资源状况恶化，开采难度增加，开采成本上升。在这种形势下，硬拼产量，企业不可能与国际大公司竞争。随着石油产品供求矛盾日益突出，我国必然要进一步开放国内石油市场。市场开放以后，用户将根据价格和质量来选择购买谁的产品。1993 年以来，几次因国际油价大幅度下跌，大量国际油品涌入国内，引起国产原油和成品油的严重积压。因此，石油企业必须学会在风云多变的国际石油市场中求生存，转变管理方式。

又如，长期以来由于电力短缺，我国电力行业一直处于卖方市场，整个电力行业“重发、轻输、不管用”。近两年来，随着电力供求矛盾的缓解，部分地区出现电力生产能力剩余的现象。由于配电网能力不足，有些地区的发电站生产能力剩余，而城市居民的用电需求却得不到满足。因此，电力企业要改变经营管理方式，注意开拓市场，加快电网和配电网系统建设，主动服务，适应市场需求的变化。

（五）历史欠账的处理

历史欠账是企业化经营的包袱，也是资产重组的障碍。每个改制的大型国有公司或集团都有沉重的历史包袱。一是老企业冗员多，劳动生产率低；二是有些企业资本金不到位，债务负担重；三是企业办社会，社会负担重，效益差；四是职工社会保障制度不健全，欠账多。在沉重的历史包袱下，这些企业很真正难实现企业化经营，也无法同国际同类企业竞争。

三、行政性行业公司改组的一般框架

在实现第一步政企分离后，行业垄断公司下一步改组的主要任务：一是按现代企业制度改造和改组企业，形成责、权、利相统一的经营管理机制，实现企业化经营；二是通过企业资产重组，优化行业和企业内部组织结构，提高产业和企业的国际竞争力；三是充分发挥国有资产在战略领域中的主导作用。

由于各行业的技术经济特征、现状及发展的方向不同，各公司的改组既有共性，又有差别性。共性是国有大型企业的改组都要解决产权问题、行业组织和企业内部结构调整问题。差别在于具体改组方案要体现行业技术经济特点。

（一）在明确产权关系的基础上，真正实现政企分离

国有企业改组的一个重要任务是解决所有者缺位和内部人控制问题。解决这一问题的前提是明晰产权。明晰产权的主要目的是明确所有者，实现责、权、利相统一，使各级所有者对国有企业的资产真正负起责任。明确产权主要有几层含义。

1. 本着谁投资、谁负责、谁收益的原则，明确投资主体的产权。目前，我国国有资本是中央政府和各级政府的投资总和。在大型国有公司中，特别要注意明确中央政府和各级地方政府的产权，按各方实际出资情况实行中央、省、市等各级政府依法行使所有者权利。这样才能在一些需要政府投入的领域调动各级政府的积极性。同时，有利于未来企业进一步重组时，各级所有者各司其职。

明确产权基本上应按照各投资方的实际出资额来确定各自应有的产权，但具体还要根据资金来源的性质确定产权。首先，根据中央政府的政策，全国统一征缴并在全国范围内调配的基金投入，应算作中央政府投入。如能源交通基金。其次，根据国家政策规定或地方政府自行规定，由地方政府征缴并归地方自行使用的基金投入，应算作地方政府投入。最后，以初装费或用电权等形式直接对用户收取的费用属于社区集资，是合作制或股份制。但是，由于用户分散和无明确记录，初装费的产权确认比较复杂和困难，因此，以前的初装费可视为企业的现金流入，算作企业的收入。但今后应该注意明确集资建设形成的产权归属。

2. 本着法人财产权独立的原则，实行所有权与法人财产权相分离。现代企业制度的一个重要特征就是所有权与法人财产权相分离。从产权责任的角度看，所有权与法人财产权相分离的核心是实现有限责任制。从经营权的角度看，所有权与法人财产权相分离的核心是实现所有权与经营权相分离。这两点对实现政企分开、转变国有企业的经营机制尤为重要。

所有权与经营权相分离是政企分开的前提。政府投资的企业并不需要政府机构直接经营，政府主要通过有关法规和合同来规范企业管理层的经营行为，实现其投资的目标。对不能满足要求的企业可以通过撤换经理层来调整企业的经营，特别是对自然垄断行业要有明确规制。

所有权与法人财产权相分离是在保持企业财产的独立性和完整性的前提下，政府对国有企业只负有限责任，而不是什么都包下来，从而减少企业对政府的依赖。同时，政府控股和参股的国有企业再投资形成的企业是法人股企业，无须政府行使所有者权力，而应由出资的企业法人行使所有者权力。

3. 本着企业目标与社会目标相结合的原则，分层次实行产权多元化。政府在战略行业投资不是为营利，更重要的是实现社会目标。如在贫困地区修筑铁路、建设农村电网等，回收期长，直接收益低，社会效益大，民间投资的积极性不高。这类项目要由政府投资，或由政府通过政策扶持。但是要在明确社会目标的同时确定企业的责、权、利，使企业能够按照商业化原则运营。

改组后的国有一级独资总公司是否应该保持国有独资的所有制形式，要根据行业的具体情况来定。一是根据社会目标来定。在某些领域，政府投资有利于实现其社会目标，如果民间资本进入，社会目标可能与民间所有者的利益产生矛盾。在这种情况下，可以在总公司一级实行单一国有独资所有制。二是根据职能来定。纯粹的控股公司主要行使投资职能，代表政府引导资金流向，可以采取国有独资的所有制形式。如果是混合型控股公司，单纯依靠国有资本，不能满足企业长远发展的资金需求，应实现投资主体多元化。三是为实现社会目标与企业的长期发展相结合，可以分层次实现产权多元化。总公司利用国有资本与民间和外国资本组合，在二级经营公司实行产权多元化，既可以调动各投资主体的积极性，也可以通过产权多元化，在所有者之间形成相互制约，规范产权关系，以克服单一国有产权的弱点。

（二）按照现代企业制度要求，建立健全企业内部治理结构

现代企业制度不是简单地实行所有权与经营权相分离，而是有一套相互制约的激励机制，既保证所有者的利益，又使管理者能够有充分的自主经营决策权。因此，要真正做到政企分开、企业自主经营，就要在这些国有行业垄断公司中建立现代企业治理结构。

1. 加强董事会的责任。从目前的情况看，国有行业性控股公司都是由政府出资设立的国有独资公司，是政府授权的投资机构，并行使国有资产所有者的权力。现在已正式挂牌成立的全国性行业控股公司的模式是：一级公司具有独立的企业法人资格，不设董事会，直接由国务院领导。按照这一模式，公司集所有者与经营者身份于一体，中间缺少监督机构。这只能是一种过渡形式，还有待进一步完善。

现代企业制度的治理结构是股东大会、董事会和企业经营管理层相互制约的机制。在现代企业治理结构中，董事会具有重要作用。一方面，董事会是股东与经理间的中介，起到隔离和联系的作用；另一方面，董事会又是对经理权力的制约，起到外部监督作用。要使董事会真正发挥作用，关键是建立董事会的形成机制。从国际经验看，有多种国有企业治理结构形式，要根据转型的国有行业公司的特点，选择可借鉴模式。包括所有者代表机构负责任命国有独资公司的董事会成员；董事独立于行业主管部门，不在主管部门任职；明确董事会的职能，防止董事干预企业日常经营活动；实行董事会成员竞争任职，并根据其决策投票的正确率来决定去留；建立激励机制，使董事的利益与企业的效益结合。

2. 对国有独资公司设立考核指标，定期考核。战略行业的大型国有公司不仅承担着经营国有资产、保证国有资产保值增值的责任，还承担着民间资本无法承担的社会责任。政府作为国有资产的所有者，可以通过合同等方式，明确一级全资公司的权利、责任、义务，并建立行之有效的国有企业监督机制和评价体系，定期进行业绩考核。对一级全资公司不仅要确定盈利水平和资产增值指标，而且要根据企业特点确定必须实现的社会效益指标。

3. 加强经理人员的激励和监督机制。首先是经理人员的选用机制。国有企业的经理人员也应利用市场竞争机制来选用，通过建立经理市场和企业重组机制来制约经理人员的行为。其次是对经理人员实行有效的激励机制。使其业绩与利益适当结合起来；把所有者的利益和目标与对经理人员的激励机制结合起来；正面激励和负面激励（即惩罚）结合起来。

（三）进行企业重组，优化行业组织结构

大型行业性控股公司或企业集团的内部组织结构在很大程度上影响行业组织结构，因此，这些公司的重组要把企业组织结构调整与优化行业组织结

构结合起来。

1. 打破行政垄断，优化产业结构。在行政垄断行业引入竞争机制的目的是提高企业效率和增强企业竞争力，迎接国际竞争。战略行业的可竞争性不同，应根据行业竞争的性质进行分类，不同程度地引入竞争机制。

一是在可竞争性行业打破垄断，引入竞争机制。比如，石油化工行业是可竞争的行业，过去上下游分割垄断经营，违反了行业发展特点。石油天然气公司和石油化工公司的重组就是打破行业垄断。

在引入竞争机制时，要从国内企业的实际和形成整体竞争力的角度出发，既要引入竞争机制，又要考虑实现经济规模；既要允许新的竞争者进入，又要防止重复建设和内部过度竞争。

二是在自然垄断领域加强管制，规范经营，保护消费者利益。自然垄断领域可以采取特许权经营制，引入对经营权的竞争。政府制定相应的行业规制，通过竞争招标来选择优势高效企业授予特许权，明确经营者的责、权、利，以实现社会目标与企业目标的结合。

专栏

在垄断行业引入竞争的国际通行做法

近20年来，许多国家放松对垄断行业的管制，逐步在垄断行业引入竞争。

一是进行业务分解，打破一体化垄断经营，在可竞争环节引入竞争机制，减少垄断环节。如，过去铁路运输和线路是一体化垄断经营，现在许多国家实行线路和运输分解，在运输领域引入竞争机制；过去电力企业是发电、输电和配电一体化垄断经营，现在对发电、输电和配电各环节进行分解，在发电和配电环节引入竞争。

二是鼓励替代服务和产品的竞争，促进垄断行业提高效率。如在交通运输领域，各种运输方式之间存在着替代和竞争的关系。虽然我国铁路运输是垄断经营，但是公路和航空运输的发展是对铁路运输的一个竞争。我国民航和公路运输的内部竞争，不仅加快了公路和航空运输的发展，提高其服务质量，而且构成对铁路运输的竞争，促进铁路运输服务质量的改善。又如，我国有线通信是垄断经营，但是无线通信是对有线通信的竞争。我国移动电话领域一开始就引入竞争机制，因此得到迅速发展，从而对有线电话形成了竞争压力。

三是政府强行解体垄断企业。如美国政府于1984年将AT&T公司解体为7个经营市话业务的地区性公司和1个经营长话业务的全国性公司，并要求AT&T出售其股权。

资料来源：1994年《世界银行发展报告》。

2. 合理确定企业界限。企业并不是越大越好。重组中如何确定企业的经营规模和经营范围，主要有以下原则：

一是降低交易成本。根据交易成本理论，企业的合理经营范围和规模是交易成本的节约等于组织成本的增加。但实际中，很难准确地衡量交易成本和组织成本。通常，在以下几种情况下可以采取上下游一体化、市场内部化的战略：（1）市场风险大。第一种情况是上游市场衰退，为稳定供给，进行后向联合。第二种情况是市场中只有少量买主和卖主，特别是只有一家买主和卖主时，为避免垄断价格，减少讨价还价的成本，最好的办法是两家企业联合起来。（2）资产专用性。资产专用性主要有三种：场地专用性、技术专用性和人力资本的专用性。（3）交易频繁。产业链上相邻环节交易频繁且受到运输和工艺过程等限制，中间交易成本高。（4）市场不成熟。通常，在一项技术创新的初期，市场不成熟，所需的新型投入品无人提供，不得不通过纵向一体化来获取所需的投入品。

二是实现规模效益。根据效率理论，某些行业因不可分性而存在规模经济。规模经济通常是因为专业人员、设备、技术投入和企业管理费用等固定费用分摊到大规模生产中，可以降低单位成本，提高利润。特别是在一些网络行业具有明显的规模效益，如电网、铁道路线和通信网的建设花费很多投资，用户越多，分摊到每一个用户身上的成本就越低。而重复建网将导致整个社会效益下降。因此，企业的合理经营规模和范围，取决于是否有可利用的公共资源，包括设备能力、技术能力、销售渠道和管理能力等。一般来说，横向专业化和纵向一体化最容易形成规模效益。

三是围绕核心技术，发展核心能力，优化价值链，提高整体竞争优势。在世界性快速技术进步的潮流中，如果不掌握核心技术，很难成功地进入一个新的领域，并取得竞争优势。国际上一些大公司正在向控制核心技术、建立专业化优势的方向发展，把许多没有竞争优势的业务分离出去，在确保价值的基础上，降低成本。M. 波特在其著名的《竞争优势》一书中指出，分析竞争地位必须用价值指标，而不是用成本。企业的价值链是企业在一个特定产业内的各种活动的组合。竞争者价值链之间的差异是竞争优势的重要源泉。一般来说，各行业的价值链不同，企业的目标不同价值链也不同。但是，一个企业不可能在价值链的各个环节都具有优势，只能在少数环节形成自己的优势，通过关键环节的成功获得整个价值链的成功。因此，行业垄断公司转轨后要进行内部结构调整，剥离非核心业务，加强核心业务的竞争力。

四是避免风险，实现多元化经营。由于公司在一个狭窄的行业集中经营，不仅在短期内容易受到市场波动的影响，从长期来看，还会因产业衰退造成企业衰退。因此，许多公司通过多元化经营来分散风险，以取得长远的稳定收入。石油开采企业中，一些资源衰减的老油田企业就有一个多元化的问题。但是多元化又涉及战略选择，要防止盲目多元化，使企业背上包袱。

多元化资产重组的主要目的是避免产业风险、减少进入新的产业领域的成本，减少共用管理成本等。根据国际经验，以收购方式进入自己不熟悉的市场的公司大都没有在赢利和竞争方面获得预期效果。据统计，35 年间美国 2 000 家被业外收购的公司中有一半在几年内又被清算和重新出卖了。一般来说，收购和被收购公司之间存在可共享的要素时，多元化合并才能成功。因此，大型国有公司应在相关产品或不同市场区划的系列产品间，以及共享技术或技术相通的行业间实行多元化战略。多元化重组时要特别注意发挥原有的管理和专业人员的作用，以保持专业技能。目前，石油化工行业上下游一体化重组实际上也是一种多元化。因此，要注意原有石油开采和石油化工两个公司的管理和技术人员的组合和交流。

（四）公司内部组织结构调整

1. 以资产为纽带进行重组。过去政企合一的行政性公司具有行业管理职能，因此，总公司与下属企业的关系以行政关系为纽带。从目前的情况看，改组后的总公司或集团公司大都是混合型控股公司。根据出资比例，总公司与下属企业形成全资、控股、参股等关系，并不同程度地参与其经营决策，没有产权联系的企业不属于总公司管理范围。

2. 围绕主业分层次进行重组。从国有经济整体来讲，国有资本的支撑能力有限，要通过资产重组实现国有资产优化配置和企业组织结构优化，使国有资本从一般的非战略性行业转移或集中到战略性重点行业，从低效的劣势企业转移或集中到高效的优势企业。组建大公司或集团也要遵循这个原则。战略性产业是目前国有经济确保的重点，属于国家“抓大”的范围，重组要有利于实现战略性主业的国有资产保值增值。但企业办社会的第三产业和“副业”，又属于“放小”的范围，国有资本应从这些与主业无关的领域中退出。因此，在国有企业重组中，要在确保国有资本战略主业的主导地位的前提下，实行多层次的联合和剥离。根据与主业的关系，国有资本以控股、参股等不同形式发挥作用。

3. 形成整体竞争优势，防止集团内无序竞争。在激烈的国际竞争面前，我国战略行业需要形成具有国际竞争力的大型企业。因此，要从形成整体竞争优势出发，进行集团内部组织和管理结构调整，克服过去部门间垄断，集团公司内下属企业各自为政、重复建设、无序竞争的局面。尤其在规模效益明显和共用性强的领域，要实行集中规模经营，提高效率。总公司要抓两头带中间，主要抓研究开发和销售渠道建设，为全公司和集团服务。

公司内部组织结构是实行集权还是分权，主要以调动各方面积极性和提高效率为原则。

（五）从整体出发解决国有企业的债务问题

国有企业的许多不良债务和隐性债务是历史原因造成的，并非企业自身经营的原因。处理国有企业的债务既不是要政府把所有不良资产都包下来，也不可能由每个企业自身消化。需要政府重点解决的是资本金不到位和职工社会保障历史欠账的问题。这些历史欠账必须从整体出发，制定相关政策，尽快集中妥善处理，使国有企业真正“结束过去，开创未来”，为国有企业参与市场公平竞争创造良好的条件。

在处理国有企业债务时，要对历史欠账形成的原因进行分析，明确各级所有者及企业管理层的责任，分类处理。

1. 分层次解决企业银行债务。国有经济战略重组的基本原则是：国有经济应在战略性领域和关键企业发挥作用。在需要国有经济起主导作用的战略领域，属于资本金不到位的银行债务应由各级所有者承担责任。如，可以经过一定的审核程序，由各级政府以政府债券的形式认购下来，转换为各级政府对企业的资本金。在一般性竞争行业，国有企业的部分银行债务应通过债权转让的方式，将部分产权出售给其他经济成分的所有者，实现产权多元化。对长期扭亏无望的企业，则按《中华人民共和国破产法》来处理。

2. 统筹解决企业职工社会保障的欠账和职工安置工作。对职工社会保障的历史欠账应及早统筹解决，否则旧账越积越多。过去国有企业实行低工资，企业的收入实行财政统收统支，企业没有社会保障积累，现在由单个企业来解决，困难较大。可以采用资产置换、买断工龄等办法，解决职工的安置。由总公司或集团公司集中统一转让一部分资产，售股变现，转让的收入不在原有企业内滚动使用，而是由总公司集中用来解决剩余职工的安置。如一些“三线”的军工企业既无产品，也无市场，整体迁移的费用又很大，可以转让其他军转民企业的国有资产，用转让收入买断这部分职工的工龄。一些资源衰退的老油田企业的职工安置也可以采取这种办法。

（六）建立全国大市场

行政性行业公司改组的一个重要目的就是打破人为的地区、部门和行业垄断，建立全国市场。由于各行业的技术经济和产业组织特点，以及市场规模和竞争对手不同，各行业建立全国性市场的重点有所不同。

例如，随着世界经济一体化的发展以及我国加入 WTO，我国石油化工市场进一步对外开放是必然趋势。因此，未来石油行业的竞争不仅是国内企业之间的竞争，而是国内企业与国际上大石油公司的竞争。行业重组的一个重要目的就是增加国内石油企业的竞争力，为开放市场和走出去做好准备。但是，目前我国现有的大型石油集团或公司基本上是按地区划分的，建立全国石油化工市场，主要是在大集团和大公司间建立平等竞争秩序，防止新的区域性资源和市场垄断。现有的几家大型石油公司都可以跨地区一体化经营。集团或公司内部则应通过产品结构和组织结构调整，形成整体竞争力。

电力行业的市场主要是国内市场。由于各地区一次能源分布不均，电力生产不可能是各地自给自足，因此，要建立大区乃至全国性的电力市场。建立全国电力市场的主要目标是：从提高效率、保护消费者利益的角度出发，促进各种所有制发电企业公平竞争，优化资源配置。重组的主要任务：一是实行网站功能分离；二是按经济规模重组电站企业；三是打破省网之间的限制，实现跨省、跨区输电，优化资源配置。

目前，在一些大型高技术和新型战略武器方面，我国军工企业的竞争对手主要是国际强手。我国军品制造业主要问题是低水平的分散经营，军品采购方面也有“分饭吃”的现象。由于军品主要是政府采购，因此，建立军品市场的主要任务是在采购中引入竞争机制，实行优胜劣汰，集中优势力量，增强竞争力。

（七）加强行业规制和产业政策的引导

在计划经济体制向市场经济体制转变的过程中，特别是政企合一的行政公司实行政企分开后，更需要有关管理部门尽快制定相应的行业规制和产业政策引导和规范企业行为。改组后，行业管理部门也要转变观念，从新的角度出发建立行业管理制度，制定政策。

1. 在管理手段上，应从过去的行政手段为主转变为以法律和经济手段为主。现阶段，行业管理应把建立市场竞争秩序、保护消费者的利益放在重要位置。特别是在具有自然垄断性的基础设施领域，要制定市场准入的规则，限制垄断，行业规制要突出透明和公平的原则，保护消费者的利益。

2. 在市场经济条件下，特别是在买方市场条件下，产业政策应从过去以增加供给能力为主转变为刺激需求和增加供给相结合。

3. 行业管理与所有者职能分离后，行业管理部门不代表任何所有者，管理范围应从过去以管理国有企业为主转变为实行大行业管理，公平对待各类经济成分的企业。

4. 行业管理与经营者职能分离后，政策重点应从过去维护本部门企业利益为主，转变为从整体出发，保护消费者和供应者的共同利益。特别是基础设施服务行业涉及广大消费者的利益，要从保护消费者的利益出发制定政策。

5. 打破部门和地区垄断以后，行业管理职能相对集中，政策的覆盖面应从过去小行业的角度出发转变为从相关系统整体的角度出发，注意跨部门、跨行业的接口环节的政策。例如，石油产业政策应包括石油资源开发利用战略，石油储备政策，石油消费政策，石油内外贸易政策，外资政策，石油、天然气管道运输环节，资源开采领域的规制和市场秩序等方面的政策体系和法律。电力产业政策主要是建立和健全市场准入、反对垄断等法律和制度，促进公平竞争；制定电力的供给和消费政策及总体的电力发展规划等。军品政策主要是制定军事订货的采购法律和机制、军品技术开发的资助机制和军用技术向民用转移的鼓励机制等。

根据行业技术经济特点开展企业重组*

一个行业的产业组织和企业组织结构与其行业技术经济特征、发展阶段和国际竞争态势有关。确定行业战略重组目标和模式时，既要借鉴国际经验，又要考虑中国的具体实际；既要从行业技术经济特征出发，又要考虑行业发展战略和企业现有竞争能力。下面重点讨论几类行业垄断公司的改组问题。

一、石油化工行业的改组

石油化工行业是垄断竞争行业。石油采掘业是资源损耗行业，其产出品——原油不经加工不能直接进入生产和生活消费。因此，如果企业单纯经营石油采掘业，不仅要承受资源递减的风险，而且由于与加工环节脱节、与消费市场脱节，企业还要面临经营风险。石油化工行业的上下游一体化有利于减少交易成本和降低上游企业的经营风险。目前世界上大部分石油公司实行石油化工上下游一体化经营。

过去我国石油行业的条条分割严重。采油的不能炼油，炼油的不能采油，产油的不能卖油，人为割断了上下游的联系，阻碍了资源优化配置。结果，产供销相脱节，企业与市场脱离，不仅严重影响了石油企业的竞争力，而且造成低效率的重复建设。

1998 年上半年的石油管理体制改革和企业重组从机构调整、政企分开

* 本文收录于刘世锦等著：《资本市场新论：与企业重组相适应的资本市场》，中国发展出版社 2001 年版。

入手，打破了过去的上下游分割、政企合一的石油工业管理体制，新组建了上下游、内外贸和产供销一体化的中国石油天然气集团和中国石油化工集团，加上中国海洋石油总公司，形成了几家大型石油企业竞争的局面。

组建两大石油集团主要理顺了两个关系。一是理顺政府和企业的关系。两大行政性公司变为经济实体和企业法人，行业管理职能交国家石油化工局负责，行业管理部门既不承担所有者职能，也不直接干预企业生产经营。二是理顺上下游关系。打破了过去小行业分割垄断经营，实现上下游、产销和内外贸三个一体化。

专栏 1

外国石油工业产业组织的基本情况

世界各国石油产业组织结构大致可以归纳为三种基本模式。

一是私有分散型。主要是以美国为典型代表的完全私有、分散经营的石油工业。美国没有国有石油公司，其石油工业是由几家大型跨国公司、几十家中型石油公司和上千家小型石油公司组成的。属于这种类型的国家不多，主要有澳大利亚、新西兰和英国等。英国的石油工业原来也是由政府控股的，20 世纪 80 年代中期实行了石油工业私有化。

二是国有集中型。由国家石油公司控制本国石油和天然气的勘探、开采以至加工和销售等。许多发展中国家产油国和部分发达国家石油进口国采用这种模式，主要是墨西哥、伊朗、巴西、埃及、科威特、沙特阿拉伯、意大利、奥地利和芬兰等。20 世纪 90 年代以后，一部分国家开始吸收私人资本进入石油天然气工业，但国家石油公司仍然掌握一定的股份。

三是公私并举，几家并存型。一国有少数几家国有和私有的上下游一体化的大型石油公司并存。其中有的国家是以国有石油公司为主，有的是以私有石油公司为主。属于这种模式的国家为数不多，主要是挪威、加拿大和法国等。

资料来源：王良才：《从世界各国石油工业的组织结构看中国石油工业改革》，《国际石油经济》1997 年第 4 期。

（一）我国石油化工行业进一步重组的任务

目前，石油化工企业重组仅仅完成了行政性资产划拨，理顺了一些大的关系，为企业进入市场、参与国际竞争提供了基础。下一步更关键的是如何引入竞争机制，使企业在竞争中通过资产重组，进一步理顺大集团和大公司间以及集团内部的关系，真正提高企业国际竞争力。石油化工行业的企业重组主要分三个层次。

1. 引入竞争机制，以市场为依托，进行大集团或公司间的资产重组，优化行业组织结构。石化企业重组的目的是根据石油化工行业的特点，形成几个能够参与国际竞争的大型企业，而不是进行大集团的区域性垄断经营。现在的几大石油集团或公司基本上是按地域来组建的。这并不等于要各大集团或公司画地为牢，实行区域性垄断经营。要防止打破了旧的上下游分割和部门垄断，又形成新的地域公司的市场和资源垄断。因此，要互相开放市场，实行大集团或大公司跨区域开采和销售，形成公平竞争。

南北两大集团的结构和组成不是固定不变的，企业要在竞争中生存和发展。重组后，两家大公司之间及公司内部一定要有一个进一步的调整和整合过程。过去各油田企业是区域分割的，不能跨地区经营；各石油加工企业也是各自为战。现在组成一个大集团，总公司与下属企业的行政关系已经变成产权关系，要克服过去内部分散竞争的局面，形成整体竞争优势。

现在石油化工市场上不仅是新组建的两大集团之间的竞争，还有中国海洋石油总公司等现有的石油企业也要参与竞争。在未来的市场竞争中，为生存和发展，企业将通过兼并、剥离等多种方式进行资产重组，调整产品结构和企业组织结构，淘汰一批，加强一批。未来的企业不是以规模取胜，而是以管理、市场运作和竞争能力取胜。

与此同时，国家石油化工行业管理部门应及早制定有关反垄断的法律或规定，确保在石油资源、石化产品和技术服务等方面形成统一的、开放的、有序竞争的全国性大市场。同时，对一些自然垄断环节，如输油管道的经营等，应实行必要的政府规制。

2. 打破集团内部“大而全”和“小而全”，进行集团内部资产重组，优化企业组织结构，形成集团整体优势。通过国有资产划拨形成两大石油化工集团后，还要进行集团内部资产重组和结构调整。这是一项艰巨和复杂的任务。在激烈的国际竞争面前，要克服过去油田管理局和石油加工企业各自为政、重复建设的局面，形成具有国际竞争力的大型企业。因此，集团内部的组织和管理结构设置要有利于发挥集团整体竞争优势，防止内耗和无序竞争。集团公司要能够集中调配资源，掌握财权和人事权。为形成集团内部整体竞争力，集团公司应主要抓以下几方面的工作：

一是集团公司要成为投资中心。石油行业是资金密集型产业，勘探、开采和深加工上下游一体化需要巨额投资。根据我国石油企业的现状，单靠一两个企业很难解决资金筹措问题。前些年，一些企业和地方没有足够的资金，重复建设了一批小炼油和小乙烯项目。为防止集团内部重复建设，实现规模经营，需要集团公司集中融资和投资。根据改革和重组方案，两大石化集团公司是由国家出资设立的国有独资公司，是国家授权的投资机构。集团公司作为国有投资机构，应集中财力，行使投资中心的职能，进行资本运营。

二是集团公司要成为战略规划中心。石油属于战略资源，其开发利用和进出口需要国家统一规划。由于石油资源分布不均，资源质量差别较大，要有效配置资源，形成整体竞争力，总公司应对石油勘探、开采、加工和进出口实行统一规划。这样，不仅有利于发挥集团整体优势，提高对外竞争力，而且有利于实施国家规划。

三是在经营方面，集团公司主要抓两头带中间，促服务。集团公司要在规模效益明显、共享资源多的领域实行集中的规模经营，提高效率。研究开发与销售网络是共用性较强的环节，集团公司要集中抓住技术研究开发和销售渠道建设这两个环节，为全集团所属企业服务；对进出口应实行统一对外，防止自相竞争。

集团公司与所属企业间的关系是搞集权管理体制还是分权管理体制，主要从提高管理效率出发来考虑，既要增强整体竞争力，又要调动各方面的积极性；既要借鉴国际经验，又要考虑我国石油体制的基础。鉴于两大集团的企业数量较多，并具有相对独立性，再加上集团公司是国有独资公司，为充分利用社会资金，实现石油企业产权多元化，集团内部可以实行事业部和子公司并存的混合制。要根据实际情况组建各种类型的子公司，形成一些利润中心。如，可以骨干企业为龙头，打破现有石油管理局和加工企业的界限，重新组建专业化公司；对少数特大型油田企业也可以组建上下游一体化的子公司；集团公司的投融资功能、销售网络功能和技术研发功能则可以采取事业部或分公司的形式。

3. 集中力量，围绕石油主业进行企业资产重组，发挥国有经济在石油行业的主导作用。石油行业是战略性产业，是目前国有经济确保的重点。但是，石油主业中还有一般性的加工企业，并不属于战略性行业，特别是大量企业办社会的第三产业和“副业”，这些又属于国有经济逐步退出的范围。因此，在石油企业资产重组中，要防止资产简单相加和“归大堆”，要在确保国有资本在石油战略主业的主导地位、提高石油主业竞争力的前提下，实行多层次的联合和剥离。

在两大石油化工集团内部要以资产为纽带，按现代企业制度构造现代化公司。资产重组要实行联合与剥离相结合，“抓大”与“放小”相结合，国有成分与非国有成分相结合。集团内部生产经营则要向以市场为导向的专业化方向发展。根据与石油主业的关联程度及其战略性，在集团内部形成控股、参股等不同层次的关系。石油主业也要引入非国有成分（包括外资）。国有资本则应逐步从那些与主业无关的企业中退出。

两大集团的多元化战略应在集团层次开展，而不是每个下属企业内部的多元化；多元化首先应围绕石油化工主业开拓产品和市场。对安置剩余职工的“三产”企业，为了社会稳定，国有资本不宜立即撤出，可采取“扶上马，送一程”，选择适当时机退出。但这类企业要在财务上真正独立，成为利润中心。

（二）外资和非国有资本如何进入中国石油化工市场

1982 年中国的石油勘探开发业就实行了一定程度的开放，但主要是在局部区域进行合作风险勘探开发。随着世界经济一体化的发展，以及中国加入 WTO，外国资本进入中国石油化工市场是一个不能回避的问题。外资进入中国市场有两种可能：一是外资新建石油化工企业，必然与现有中国石油化工企业形成竞争；二是利用外资进行石油化工行业重组，不仅可以引进国外资本和先进技术，提高产品结构，更重要的是有利于引进国外大型石油企业的管理经验，促进中国石油化工企业的改革。从中国石油化工行业的整体发展角度来看，引进外国资本时应利用外国资本和管理经验，使其参与石油化工企业重组。

石油化工行业利用外资有三种基本模式。一是合作勘探开发。这一模式是国家政策明确规定的。二是出让部分已探明储量，让外资参与共同开发。三是出让现有企业的部分产权，利用外资重组和改造现有企业。对一些老油田和老炼油厂可以采取第三种方式。前两种方式主要是解决勘探开发资金不足的问题，而第三种方式不仅能够解决资金不足问题，而且能够利用外资促进老企业转换经营机制。

专栏2

20世纪90年代世界石油业的兼并趋势

20世纪80年代世界石油业的兼并活动以实现多元化经营为特征，近年来世界石油业的兼并活动主要目的是优化资源配置、降低成本、加强核心业务、发挥规模效益，兼并对象以石油企业为主，跨行业兼并也侧重于谋求本行业的长远发展。兼并活动呈现出下游火暴、上游平静、天然气向电力渗透、私营企业收购国家石油公司股份的格局。

石油下游的兼并主要是炼油、石化与油品销售等企业的地区性资产合并，形成了一些新的地区性的炼油和油品销售联盟。如挪威国家石油公司（Statoil）与芬兰国家石油公司（Neste）的石化资产合并，组成Borealis控股公司，成为欧洲第一大、世界第五大聚烯烃生产企业。1996年10月以来，美国德士古公司（Texaco）、壳牌石油公司（Shell）和明星石油公司（Star）商洽建立炼油和市场销售联盟公司的事宜。该石油联盟组建后，资产可望超过100亿美元。美国托斯克（Tosco）以14亿美元收购了加州联合石油公司在美国西海岸的全部下游业务，包括运输系统，新企业占有美国石油产品市场15%的份额。1998年，美国的埃克森公司和美孚公司合并，资产达1 396.2亿美元，油气储量、炼油能力和乙烯的生产能力都居世界第一位；英国的BP公司和美国的AMOCO合并，资产达860多亿美元，油气产量居世界第三位，炼油能力居世界第二位。

上游兼并活动主要与储量买卖有关。进入20世纪90年代以来，世界石油市场供大于求。上游各国石油公司为了增强竞争力，均着手调整企业结构和经营战略，收缩勘探开发战线，把精力集中在那些更为有利的地区，购买这些地区的储量；同时，放弃或出售对它们不太有利的地区的零星储量。

石油业兼并的第三个领域是天然气企业向电力工业渗透。电厂方面愿意以天然气取代煤，以降低成本，提高效率，也希望得到稳定的天然气来源；对于天然气企业来说，不仅发电有利可图，更重要的是可获得可靠而稳定的天然气用户市场。

此外，石油企业兼并活动的另一领域是私营企业通过收购股份进入实行“私有化”（股份制）的国家石油公司。

资料来源：王才良：《近年来席卷世界石油业的兼并浪潮》，《国际石油经济》1997年第5期。

二、电力行业的改组

电力工业是重要的基础设施行业。由于输电环节是网络经济，具有自然垄断性；电力产品不能储存，发电、输电和用电几乎是同时发生，市场与生产环节需紧密协调。电力虽然属于可计费的非公共产品，但电力是现代生产和人民生活的必需品，其供给和定价对地区经济发展和人民生活水平有较大影响。因此，世界各国政府都注意加强对电力工业的管理。

（一）国外电力管理体制概况

目前，世界各国的电力管理体制大致可以归为三类。

1. 国家统一经营管理的电力公司。如韩国、法国基本是国家垄断性公司。全国只有一家国有电力公司，负责发电、输电和售电一体化，甚至包括电力技术研究开发、建设设计和施工管理公司。

2. 地区性公司。由于一个地区只有一个输电网络，因此不少国家的电力公司是按地区设置的，实行地区的发电、输电、售电一体化。如日本全国有 11 家地区性电力公司，除冲绳电力公司外，其余 10 家都是私营公司。10 家地区性私营电力公司的总装机容量约占全国总量的 70% 以上。此外，政府和几家大电力公司还共同投资于电源开发公司，该公司主要从事大型水电工程建设和运行，并将电力卖给几家大电力公司。同时 9 家电力公司和电源开发公司投资组建了原子能开发公司，建造和运行商用核电站。政府对电力企业的管理主要是制定法规、方针政策和技术标准，审批电力建设计划和发电供电计划，批准电价标准等。

3. 以私营为主的分散电力公司。美国是这种模式的典型代表。美国有约 10 家国有电力企业、2 010 家地方公共电力企业、930 家合作企业和 240 多家私营电力企业。1996 年私营电力企业的装机容量和发电量约占总量的 75%，公共企业占 10%。但是联邦政府和州政府都对电力行业实行一定的规制。如主管电力工业的能源部下设联邦能源规制委员会，管理趸售和州际交换电力的价格，审查和颁发水电工程许可证；管理电力有价证券的发行和购买以及电力行业资产合并与划分等。

专栏 3

美国各种所有制电力企业及其功能

美国的电力企业主要有四种所有制形式：投资者所有电力企业、公共电力企业、合作电力企业和联邦政府所有电力企业。这些企业因所有制形式不同，其经营目标和功能有所不同。

投资者所有电力企业是私营企业，它们可以在除了内布拉斯加州（Nebraska）以外的所有州，从事发电、输电和分配电力等项业务。其经营目的是通过电力服务，为投资者创造收益。这些企业的利润用来给股东分红，或者用来进行再投资。投资者所有电力企业的市场目标主要是一些大的、合并的市场，靠经济规模，按最低价格提供电力。有些投资者所有的发电企业被授权在某些地域进行垄断经营，但政府规定合理的收费标准，要求其对同类消费者收取可比价格。

公共电力企业是非营利性的地方政府机构，其融资渠道是市政府财政和售电收益债券。这类企业的主要目的是通过以成本价、高于基金的收益、社区贡献、增加运行的经济性和提高效率、减少收费等形式，为社区和附近的消费者提供服务。公共电力企业独立于任何一个政府机构，其主管负责人是由当地选民选出的。这种企业主要集中在内布拉斯加、华盛顿、俄勒冈、亚利桑那和加利福尼亚等州。尽管一些大的市属电力企业也生产和输送电力，但大部分企业主要从事电力分配业务。

合作电力企业由合作成员所有，其目的是为合作成员提供电力。合作电力企业主要在消费者较分散的农村地区从事电力服务。这些地区大都是投资者电力企业认为不经济的地区。合作企业根据各州的法律成立，由合作成员推选其董事会，实行董事会领导下的经理负责制。全国农村电力合作金融公司、联邦融资银行和合作银行等是合作电力企业的重要债务融资渠道。

联邦政府所有的电力企业是几个联邦政府的代理机构，其主要目的不是营利，但是要能够回收运营成本。美国联邦电力企业约拥有 180 个电站，大部分是联邦政府具有防洪和灌溉功能的水利项目。

资料来源：根据美国能源信息管理委员会（EIA）的报告整理。

从各国电力工业管理体制和产业结构来看，电力工业是政府管制行业，中央政府和地方政府都或多或少地参与电力建设和管理。

随着技术创新和组织创新，20 世纪 80 年代末以来，电力生产体制的变革带动了电力产业组织的变化。世界上许多国家通过纵向业务分解，将电力生产、分配和传输分离开来，在生产和分配环节引入竞争机制，使更多的企业得以进入电力生产和分配领域，提高了效率；为获取规模经济，电力传输领域仍然保持垄断经营。

近些年，许多国家开始进行电力管理体制的改革。各国的改革内容和改革步骤具有一些共性。如改革的重点放在放松电力管制，实行发电、输电、配电等各环节相互分离，在可竞争环节引入竞争机制，提高效益等。改革的程序通常是先分离后民营化。但是，由于各国电力工业基础和各级政府参与电力建设的程度不同，改革后的电力管理体制也有所不同。通常，人口密度分布相对均匀、中央政府强有力的国家，实行中央政府管理电力市场。在人口密度相对集中于某些地区、政府权利较分散的国家，则先由部分地方政府控制部分电力市场，而后逐步向中央政府管理市场过渡。

（二）我国的电力管理体制改革与现状

过去，我国电力工业管理体制基本上是政府经营。改革开放以来，特别是 20 世纪 80 年代中期以来，为解决电力不足问题，国家提倡集资办电，初步形成了投资主体多元化的局面。许多地方政府和企业，特别是地方政府办电的积极性很高，形成了一批地方政府或企业投资、参股的电力企业；同时，许多地方（特别是东南沿海地区）利用外资办电，资本市场也开始成为办电资金的一个来源，全国现已有 24 家电力企业在海内外上市。

过去相当长一段时间内，解决电力短缺、扩大电力建设资金来源、增加电力供应规模成为我国电力行业发展的主要任务。近些年来，随着电力供求矛盾缓解，电力管理体制的一些深层次问题逐步暴露出来。电力投资机制、电力产业组织结构以及管理体制等问题已成为影响电力行业发展的重要因素。目前，我国电力产业存在的主要问题有：

1. 电价形成机制导致电价不断攀升。电价形成机制主要存在两方面问题。一是保建设成本的电价机制造成电价不断上升。为缓解电力短缺的局面，调动各方面集资办电的积极性，20 世纪 80 年代中期以来，实行了老厂老价、新厂新价、新厂还本付息电价的政策。由于过去电厂融资渠道主要靠银行贷款，结果是老厂电价低，没有能力改造；新厂大量举债建设，而贷款一般要在10～15年内还本付息，有些甚至更短。因为电价敞着口子，投入酌定在电价中收回，电站业主不承担风险，在建设中不注意节约，导致一些电厂造价较高。二是各级地方政府都有权定电价，有些地方政府把电价加费作为政府财政的一项收入来源。由于我国的电力投资主体主要是各级政府，电力企业中就有地方政府的利益。直接利益与定价权力相结合，导致电价内外税费较高，电价不合理，不仅影响消费者的利益，也限制了电力市场的开发。

2. 电力投资体制造成电力市场的地区分割和垄断。实行集资办电以来，办电的资金来源主要靠各级政府根据国家有关政策收取电价附加费等来筹集。实际上，各级地方集资办电的一个主要目的是获得用电权。因此，电站的建设和布局主要依据地方政府集资的情况来确定，电力市场也就形成了地区割据和垄断。我国的发电企业可以分为五类：一是省网公司直接经营管理的发电厂。这类发电企业基本都是由国家拨款建设的老电厂，是电网经营企业的内部核算单位，实行收支两条线管理。二是国家拨款建设的独立电厂。这类企业按国家核定的上网电价向电网卖电，服从电网统一调度。上网电价一般按成本税金和利润核定，一厂一价，电价水平较低。三是合资建设的独立电厂。新建电厂基本都属于这一类，主要投资者是省网电力公司、华能集团、省市能源投资公司，还有少数外资或大型生产性企业。这些企业大多数是有限责任公司或股份有限公司，管理比较规范。这些电厂也是按国家核定的上网电价卖电，服从电网统一调度。上网电价一般按还本付息电价核定，一厂一价，电价水平较高。四是地方政府和企业投资建设的小火电、小水电和小油电。这类企业多由地方电力公司负责管理，老电厂基本按国家规定的小火电和小水电上网电价卖电，服从电网统一调度。新电厂大多数是按地方政府核定的还本付息电价由当地供电企业直接销售。五是以企业自用为主的企业自备电厂①。

从电网的管理来看，电网的建设以中央政府和省政府为主。电力调度则实行国家、大区、省、地区和县五级调度管理，因此，电力市场也被分割成小区块。我国目前已有6个跨省的大区电网和6个独立省网。尽管大区电网包括了全国大部分省份，而且无论省网还是大区电网的建设主要是电力部门

① 邵汉桥："电力市场改革面面观"，《电力政策研究》1998年第10期。

（或电力公司）投资，但省网仍然相对独立，电力调配还是以省内电源平衡为主。在一些自办电厂较多的地县，甚至搞县内平衡。造成这种现象的原因，除了电网技术方面的因素外，主要是电力投资体制的影响。

3. 政企不分和网站不分造成电力结构调整难。我国电力管理体制是政企合一。政府既是行政管理者，又是电力企业的所有者；大区电管局或省电力局既是电网的管理者，也是电站的所有者；各级政府既是电价的制定者，也是电厂的所有者。电网与电站之间、政府与电厂之间，形成了利益共同体。电网管理者要保护自己的电站，政府要保护自己的电厂，结果是地方小电厂屡禁不止，电力装机结构很难优化。外来的优质低价电没有市场，自己的高价低质电却受到保护，难以实现装机容量结构调整和跨地区资源优化配置，无法形成全国的电力市场。目前，在电力短缺有所缓解的情况下，存在跨地区送电难的问题就是一个很好的说明。在这种情况下，很难实现电力企业间的公平竞争。

新中国成立以来，我国电力工业管理体制曾经有过多次调整，但都是各政府行政管理部门之间的分权，没有多少本质性的变化。1998 年，我国电力管理体制进行了较大改革，组建了国家电力公司，不仅实行政企分离，还把促进发电和电力分配环节的竞争作为企业改革的目标。

（三）电力行业重组中亟待解决的观念问题

在电力体制改革和企业重组中，必须解决一些观念问题。

1. 垄断经营与独家产权的关系。自然垄断行业是指由一家企业经营比两家以上企业经营更有规模效益。垄断行业是独家经营，但不是独家所有。垄断经营的企业产权可以多元化，可以是公开上市的公众公司，也可以是少数股东组成的企业。电网的运营具有自然垄断性是指在一个地区电网只能由一家企业来运行，但这家企业可以由多个投资者组成。现行电力体制改革强调，电站企业可以产权多元化，而且目前已经形成多元化格局，电网继续由国有独资企业经营。其主要目的是由国家控制电价以保证公众的利益，由国家建设电网以防止电力输送受个别投资者的利益影响。

这种做法有其合理性。一方面，我国电网建设一直是国家负责，目前电网本身就是国有独资企业经营；另一方面，在没有形成完善的电力市场机制和规范的管理制度之前，电网交由其他所有者经营，可能影响电力的供应和公众利益。但这种体制也有其不利的一面。一是国家财力有限，仅靠政府投资将制约电网的建设和发展。自从电站建设投资多元化后，各地发电能力增长较快，而输电和配电网建设相对滞后，在某种程度上制约了电力的消费。二是在电站投资主体多元化的格局下，国有独资企业经营电网，可能形成非国有电站与国有电站之间上网问题上的不平等竞争。

因此，从长远发展和竞争的角度来看，国有独资企业经营电网应该只是一个过渡。但为防止个别投资者的利益影响电力供应，电网企业的产权结构可以是国有与公众股相结合。

2. 国有企业经营电网与政府规制电网的关系。20 世纪 80 年代以来，为增加电力供应能力，提出“电站大家建，电网国家管”。电网国家管有两种方式：一种是由政府投资建设和经营电网；另一种是无论谁经营电网，都由政府对电网运营实行必要的规制。规制的目的是制约电网垄断，保证发电企业公平竞争，审查收费标准，维护用户的利益。我国现行电力体制采用了第一种方式。其利弊已在前面作过分析。第二种方式不仅有利于电网投资主体多元化，而且可以在电网电站局部一体化的情况下，促进电站间的公平竞争。因此，从长远来看，实行电网规制有利于促进电网投资主体多元化和电站企业公平竞争。电网规制的重点应是如何促进公平竞争和确定合理的定价原则。

3. 网站经营活动分离与网站产权分离的关系。目前，电力体制改革的一个重点和难题就是如何实现网站分离。网站分离有两种提法：一种是电网和电站的所有权分离，就是电网企业与电站企业的所有者不是同一个。这种提法是防止电站企业与电网企业形成利益共同体，影响其他电站企业参与公平竞争。另一种是网站的经营活动分离，就是电网和电站的所有者可以是同一个，但是电站和电网分为两个独立法人，其经营活动是相互分离、独立核算的。目前我国电力改革方案基本依据第二种提法，国家电力公司既是大批电站的所有者，又独家经营电网。

在同一所有者的前提下，尽管电网和电站分为相互独立的法人，各独立法人要有自己的利益目标，但最终所有者的利益是统一的。尤其是国有独资电力公司内的两个独立法人子公司，母公司的决策将影响子公司的行为。因此，在这种情况下，必须对电网实行规制。

根据国际经验，完全的网站产权分离是不可能的。即使在市场经济发达的美国，也有几家电站企业共同投资于电网；还有电网电站一体化经营的企业，如田纳西管理委员会就既拥有电站，又拥有电网。网站产权联合有其合理性。从电站的角度来看，在竞争上网的情况下，希望通过参与电网投资而加强与市场的联系，同时可以分散建电站的风险。从电网的角度看，有些电网需要掌握部分调峰电站，保证电网的持续正常运行。一般来说，网站的产权关系与发电行业的组织结构有关，大致可以分为四种基本情况：（1）一个地区以几家大型电站企业为主要电源供应者时，几家电站企业可以共同投资电网，形成网站利益共同体。因为，这样不会影响其他竞争者。（2）一个地区基本上由一家大型电力企业开发电力时，可以实行网站一体化经营，其产权可以多元化，如日本的地区电力公司和美国田纳西流域委员会等。（3）电力完全由政府经营时，网站基本实行一体化，如法国。（4）当一个地区的电站企业相对分散时，通常是网、站相对独立。

在电网企业与部分电站企业有产权联系的时候，如何保持竞争上网？根据国际经验大致有以下几种做法：一是通过加强电网规制来实现。如美国的能源管制委员会就规定电网企业必须向所有用户公开其输电能力和收费标准，不允许有价格歧视。电网和发电一体化的企业必须实行功能分解，把输电业务与电力趸售和购买电力等其他活动分立。在使用自己的电网输电时，必须按与其他企业相同的普遍适用价格付费。二是在产权明晰的条件下，企业靠利益机制实现竞争。日本的区域性电力公司都是网站一体化的企业，虽然日本政府对电价的增长有限制，提高电价需得到政府的批准，但并未要求网站分离，竞争上网。因为日本的地区电力公司大都是私营企业，主要通过利润指标来决策经营活动，当购买其他企业的电力比自己生产划算时，他们就购买其他发电企业的电力。

4. 电站与电力企业的关系。电力行业的规模效益有两层含义：一是装机容量的经济规模。通常，同类能源机组装机容量越大，单位发电成本越低。二是电力企业的经济规模。一般来说，从企业长期稳定发展的角度出发，一个电力企业应有一批电站组合，保证企业的稳定收入。过去我国基本上是建一个电站，成立一个项目法人，组建一个新企业。近些年来也有一些大型电力企业进行跨地区电站投资，如华能公司等。同时，也出现了一些同一电站厂址有几座电站分属于不同出资人，产权不同的几家业主委托一个电力管理班子进行运营管理，出现了电力运营管理服务专业化的趋势。

从国际经验来看，一些大型电力企业可以在不同地区投资于各种规模和各种能源的电站。这样有利于电源企业的滚动发展，分摊电力投资风险。尤其在竞争上网的情况下，企业内部新老电站、各种能源电站的发电成本可以相互分担，企业以综合成本报价。

5. 垄断经营与经营权竞争的关系。电网属于自然垄断范畴，那么在自然垄断行业能否有竞争？如何引入竞争？自然垄断行业的竞争通常是对经营权的竞争。通过创造对垄断经营权的竞争机会可以提高服务质量和效率。尽管电网基本实行独家经营，但是政府通过特许经营权、承包招标等方式，在垄断行业引入有限竞争。为了实现社会目标，政府与经营者签订合同，明确规定价格、服务数量和质量等。如果经营效果不能满足要求时，可以通过更换承租者或经营管理层的办法来解决。

6. 政府定价与保护公众利益的关系。在许多市场经济国家电力价格也受政府规制。规制的目的是在保证公众利益的前提下，使投资者获得合理报酬。而现在一些市场经济国家放松管制的原因是，在一些人为垄断领域可以引入竞争，竞争将为公众带来更多的利益。但在自然垄断领域，如电网经营方面，政府对输电收费仍有一定规制。因此，在基础设施领域中是实行规制还是引入竞争，主要应根据行业的特点，以及如何保证公众所需服务的数量和质量来决定。

目前，我国电力供应也实行政府定价。在现行电力投资体制和管理体制下，各级政府受利益驱使，主要是地县政府，纷纷以各种名目加价，造成电价不断攀升，不仅影响了消费者的利益，也限制了电力的消费规模，影响了电力企业的利益。1998 年 11 月，中央政府不得不采取措施，清理了 265 项价外费。出现这种现象的主要原因有三：第一是观念问题，即电力产品应属于什么类型的产品。电力产品是可赢利产品，但并不是唯赢利产品。电力属于基础设施，涉及广大公众的利益。过去多年来国家压低电价来保护用户的利益，但是由于把社会目标放在第一位，采取低进低出的电价（国家通过控制煤炭等燃料的价格来保证低电价，造成上下游行业的利益转移），制约了电力的发展。改革开放以来，为了刺激电力生产的增长，采取了各种政策，如买用电权、在电价中征收建设费用等办法收取建设资金。这一政策在一定时期内产生了积极的效果，促进了电力的增长。但是这使许多地方政府形成了电力是棵“摇钱树”的概念，忘记了电力产品的基本属性。第二是权力分散问题。目前，我国从中央到县，各级政府都有定价权，而且实际的收费决策权在市和县一级。通常，电价控制权应相对集中。如美国的电价管制主要分两级，联邦政府规制跨州的输电价格，州政府管制本州内的电价。第三是利益问题。因为在电站和电网中都有地方政府的利益，有些地方政府为了自身的利益，甚至不惜牺牲广大消费者的利益。第四是没有公众参与和监督。目前，我国的电力定价是全封闭的“黑箱”操作，当地居民并不参与定价过程。而一些市场经济国家的电价确定原则是公开的，并接受当地居民监督，有时还要通过听证会才能决定价格变动。

（四）电力行业改组的目标和重点

基于我国电力工业基础和体制，近期改革和重组的目标应是改革投资体制，理顺价格形成机制，加快重组，建立电力市场规则，逐步引入竞争。电力体制改革和企业重组应重点解决以下问题：

1. 加快企业重组步伐。我国电力行业面临改革和发展的双重任务，企业重组要解决调整电力装机结构、电源结构和引入竞争两方面问题。在这种情况下，简单地实行网站分离、竞争上网有可能使一批负债新建的大规模电站处于价格劣势，从而难以调整电源结构和装机容量结构，优化资源配置。因此，我国电力体制改革要分步骤进行，以重组和机制建设引导竞争，把改革与调整电力结构和优化资源配置相结合。

一是打破一个电站一个独立法人的体制，实行一企多站、跨能源结构、跨所有者的重组，形成规模效益。为了便于将来电力企业竞争上网，电站企业的重组要根据电力平均成本原则，实行老厂与新厂相结合，火电、水电与核电相结合，保证新组建的电力企业（或公司）的平均单位发电成本接近地区的平均发电成本，以利于企业在基本相同的起跑线上起步。

实现企业经济规模有两种基本方式：政府行政划拨和企业自己根据市场情况进行重组。由于大部分发电企业是国有独资企业，企业的运营效益与各级政府的政策有关，因此，国有独资电力企业重组的第一步可以采取同一级政府资产行政划拨的办法，形成有一定规模的具有独立法人资格的发电公司，然后由企业在市场竞争中进行再重组。

二是实现网站功能分离，增加电网服务运营的透明度。目前，我国发电主体已经多元化，但相当一部分发电企业是网站一体的国有独资企业。在这种情况下，要促进各类企业公平竞争，应从两方面入手。一方面，在政企分开、电网真正实行企业化经营的基础上，实现网站功能分离，电网与电站独立核算；另一方面，建立有效的电网规制，公开与电网服务有关的信息，实行普遍适用性标准，防止价格和接入歧视，保证公平竞争。

三是收缩国有经济在发电行业的战线，增加国有资本对电网的投入。

目前，我国输电网和配电网的建设相对滞后，尤其是农村电网和城市配电网络建设滞后，制约了电力的消费增长。加强电网建设是下一步电力发展的重点。由于电网耗资大，回收期长，并具有自然垄断性；有些电网，如农村电网，不能赢利，甚至亏本运营。因此，电网建设和经营在相当一段时期内将以政府投资为主。发电行业是可竞争行业，民间资本也有较大投资兴趣。各省电网都拥有不少电站，电网企业可以出售电站的产权，收回部分电站投资，用于电网建设。这样不仅实现了网站的产权分离，而且解决了电网建设资金不足的问题，又保持了国有资本在电网建设中的主体地位。

四是从长远的观点来看，电网产权多元化将是一个趋势。目前我国这种产权单一的电网体制将影响电网的发展和各种所有制电站企业间的公平竞争。因此，应逐步实现电网企业产权多元化。一方面，因为电网投资不可能完全靠国家，为扩大电网建设投资，将来电网的产权结构必然多样化。另一方面，产权多元化有利于政企分开，促进电网企业化经营，使电网企业根据效益原则来经营。

2. 从优化结构提高效率出发，引入有限竞争，逐步实现竞争上网。竞争上网要有一个过程，主要依据电力供需情况。输电网络系统建设规模应根据当地的自然资源、劳动力价格、运输等各种要素成本而定。国际上许多国家是在电力供应相对充足、具有较健全的政府规制与市场机制相结合的条件下，逐步实现竞争上网的。在最早提出放松电力管制的美国，各州实现竞争上网的进度也不同。通常电价较高的地区能较早、较快地推进竞争上网。

逐步实现发电、输电和配电的功能分离，首先在发电和配电环节进入竞争。目前，各方面对在发电环节引入竞争已经取得共识，并初步形成了独立电厂的竞争格局。配电系统与市场需求相脱节的问题也已引起部分地方政府的重视。过去在电力供应短缺的情况下，难以在电力分配环节进行竞争。近年来，电力供应基本实现较低层次上的满足供应，应抓住有利时机，逐步在售电领域引入竞争，增加分配系统的灵活性和多样性，以满足各方面的需求。

实行分类竞争上网与政府管制相结合。我国的电力供应多年来一直处于短缺状态，近两年出现电力紧张暂时缓解，但装机容量结构不合理，大批小型老电站和一批新建大型电站共存；一批为应付电力短缺时新建的小油电、小火电亟待回收投入资金；电站的经营机制不合理，基本上还是以一个电站为独立核算单位。因此，引入竞争要与提高效率和调整结构结合起来。

我国的电价机制不合理，必须改革。但在企业重组、优化组织结构和真正市场化经营以前，要有一个过渡期。在这一时期，只能有限竞争上网。分类竞争主要是根据企业年限、一次能源种类和销售方式等分类确定价格，使同等条件的企业间展开竞争，提高效率。

3. 按现代企业制度改组电力企业。首先要明晰产权。产权明晰是进一步重组的先决条件。目前，成立国家电力公司，实现政企分离只是第一步，还要进一步明确地方和中央政府的产权。过去，地方政府和企业集资办电，都是把资金交省电力局，由省电力局负责建设、经营和管理。地方政府和企业参加分电分利，对产权的归属并无明确说法。现在，各省电力局划为国家电力公司的直属企业，地方政府和企业也相继提出了对电站的产权要求。参与利益分配仅仅是产权的一项内容，许多投资者更看重参与管理和经营决策，以保证资金的利用效率。

目前，国家电力公司作为国务院授权的电力投资主体和国有电力资产经营主体，不设董事会，实行总经理负责制。主要是因为国家电力公司是国有独资公司。在这种情况下，政府作为国有资产的所有者，则要通过合同等方式，明确一级全资公司（如电力总公司）的权利、责任、义务，并建立行之有效的国有企业监督机制和评价体系。

4. 逐步建立全国大电力市场。从电网调控的角度来看，电网越大，运行越安全；从资源配置角度来看，电网越大，越有利于资源的优化配置。但从目前国内的联网技术来看，建立跨区联网运行还有一定的技术难度；同时，现有的管理体制也限制了跨省和跨区调度。

首先，开放市场。建立全国电力市场要对网站一体化运营企业实现输电、发电和分配功能分离，建立透明的地区输电服务市场，逐步实现竞争上网。其次，促进发电企业平等竞争，电站业主可以跨地区投资。最后，实行电力分配与电网相分离，建立电力交易企业。

专栏 4

美国能源管制委员会 888 号令
有关开放输电市场准入的条款

美国联邦政府能源管制委员会（FERC）888 号令（Order 888）是鼓励趸售竞争，开放输电网和资产成本市场进入的法令。其中关于开放输电市场准入的主要条款如下：

1. 功能分解。888 号令要求拥有和控制电网的电力企业，为趸售和购电等使用自己的输电系统时，必须将趸售、购电与其他业务①分离，但并不要求企业解体。888 号令要求这类企业必须按与其他企业相同的普遍适用收费标准获得输电服务；必须公布其趸售、发电、输电和附属服务的各项收费标准；必须在用户使用的电力信息网上公开自己的收费和输电能力等方面的信息，使用户与其拥有统一的信息获得权力。

2. 非歧视性的开放市场准入收费标准。拥有和控制输电网的电力企业必须提交一个包括网络和以负荷为基础的服务、点到点的合同服务和其他附属服务的收费标准。其原则是向所有合格用户提供一个最低服务费用估计，以便用户可以根据这一标准来确定在进行趸售时，是否使用其服务。

3. 合伙和股份公司。有些拥有和控制输电网络的电力企业是紧密或松散的合伙电力公司的成员。这类企业必须提交个别的估计收费标准，或者合伙成员之间（供电组合）共享的估计收费标准，并要求他们按合伙成员共享的收费标准为所有的组合交易提供服务。同时，要求他们重组正在进行的运行组合，并向那些能够发电的非专业电力企业开放市场。

4. 互惠条款。拥有和控制电网的电力企业的输电用户必须同时向电网企业开放市场准入的服务。

5. 必须提供的服务。公共电力企业必须提供其力所能及的输电服务，而不仅限于目前正在提供的服务。其中包括六项附属服务：（1）计划安排；（2）系统控制；（3）发电企业的电压控制；（4）电力平衡；（5）管制和灵活反应；（6）运营储备和补充储备。输电的用户必须购买前两项服务。

---

① 指输电和发电业务。

6. 定价。888号令并未制定输电网、点到点和附属服务收费标准，但定价原则必须服从FERC的输电定价政策。

7. 合同改革。888号令要求分解功能，应用新的要求合同、新的协调合同和新的交易合同来提供试点服务。

8. 以市场为基础的费率。寻求趸售市场费率的电力企业不再被要求申报发电缺口，而是根据新建成的发电能力来报价。FERC将逐项分析现有的一级和二级电力市场。

5. 加强电力市场的法规和管理。电力产业重组和市场化的重要前提是加强市场法制建设。在市场经济条件下，行业管理的重点是弥补市场不足，主要是建立和维护市场秩序，创造公平竞争的环境，促进资源优化配置，制定行业规制，保护公众利益等。电力行业管理应是大行业管理的概念，实行跨地区、跨部门、跨所有制形式的全国统一管理，地方政府的行业管理职能应该弱化。行业管理的内容主要是建立和健全市场准入、反对垄断等法律和制度，促进公平竞争；制定电力的供给和消费政策及总体的电力发展规划等。行业管理手段主要是法律和经济手段。为保护广大消费者的利益，中央政府要加强对电力市场的监管，明确电力定价的规则、定价的权限等。

政府监管权力应相对集中到中央政府和省政府两级。建立公开透明的定价机制，实行中央政府和省政府两级管理体制。中央政府主要制定跨省和跨区输电和供电的规则和定价原则、各类电站的环境和安全标准；省政府主要制定省内电站的建设标准、输电和供电的规则和定价原则；地县政府只设立监督机构，不保留定价权。

专栏5

电力管制机构的可选方案

1993~1994年，我国综合经济管理部门与世界银行合作进行了“中国电力体制改革组织结构的选择”研究，提出三种电力管理机构设置方案。

方案一：在国家和省（包括直辖市、自治区，下同）主管电力的部门外，设立国家和省电力管制委员会。

在这个方案中，国家电力主管部门主要职能是批准发布政策法规，实施对电力工业的行业管理，不具体干涉企业的经济活动。与此同时，将电力的管制职能从政府各行政主管部门的职责中分离出来，集中交给新设立的国家和省两级管制委员会行使。省以下不设电力管制委员会。

电力管制委员会是由国家和省两级人民代表大会批准设置的电力监管机构，对同级人大负责，依法监管。电力管制委员会人员构成为电力专家、财务金融专家、法律专家、用户代表等；经费来源与政府无关，可以从电力企业的销售收入中征收。

这一方案的优点是集中行使管制权力，提高效率；体制较稳定，不受政府换届或其他因素影响；改变原来行政管电存在的权力分散、职责不清等弊端。缺点是管制权力从政府中分离出来后，政府部门与管委会之间可能产生一些矛盾；中国过去没有电力管制委员会，未经过实践验证，各方难以接受，高层管理部门难以下决心。

方案二：在国家和省电力管理部门内设置电力管制委员会。

在该方案中，电力管制委员会的职能、人员构成等均与方案一不同。国家级的电力管制委员会设在国家电力管理部门，省级应设在同级相应部门，省级以下不设管制委员会。委员会人员由同级政府任免，对同级政府负责。

与方案一比较，方案二容易得到各方认可，同时政府与监管机构不会产生矛盾。其缺点是管制与行政之间仍有相牵扯之处，易受地方政府干预和政府换届的影响；难以得到其他综合管理部门的支持，不可能集中履行电力工业的监管职能。

方案三：不设电力管制委员会，将上述职能交给电力管理部门履行。

显然，方案三符合现行《中华人民共和国电力法》的规定，现行电力行政管理体制不需要大的变动，各方也易于接受，同时减少了管理层次，有利于提高工作效率和调节政府与监管部门间的矛盾。其缺点在于政府可能要被迫设立专门管理电力的部门，增加了行政管理人员和行政开支。如果由于综合经济管理部门编制和行政经费的限制，不能设立专门管理电力的机构，那么有可能放松或放弃对电力工业的监管。

资料来源：朱成章："中国电力工业要不要管制"，《中国电力》1998年5月。

随着电力投资主体多元化和社会主义市场经济体制的建立，国有电力企业将作为市场中的普通一员参与竞争和经营。目前，国家特许电力公司经营跨地区的输电网络，为防止其歧视其他电力生产和分配者，国家行业管理部门应对输电领域进行必要的监控和规制。

三、电信行业的重组

（一）我国电信行业的改革与重组过程

20 世纪 80 年代之前，我国电信业是政企合一的一体化垄断经营。80 年代以来，我国电信产业的改革大体上经历了四个阶段。

第一个阶段，为了筹集发展资金，放松价格控制。80 年代开始，实行“以话养话”的政策，开征初装费和在邮电等服务中征收附加费等。同时，为调动地方政府的积极性，采取“统筹规划、条块结合、分层管理、联合建设”的政策，实行中央和地方双重领导。这些政策促进了电信业的发展。1979 ~ 1995 年全国邮电通信固定资产投资总额达到 2 700 多亿元人民币，其中中央政府财政投入仅为 70 亿元人民币，大约 1/3 的电信建设资金来源于电话初装费。但是在放松价格管制时，没有引入竞争，导致垄断定价，一定程度上损害了消费者的利益。

第二个阶段，局部引入竞争，但未能打破垄断。1993 年，电子部、电力部、铁道部等单位联合组建“联通公司”获得批准；对移动通信、传呼等非基本电信业务实行经营许可证管理制度，放松了进入管制，增加了对有线通信服务的平行竞争。

但是，由于联通公司与邮电部所属电信企业之间的规模和实力相差悬殊，加上邮电部利用已有的优势和行政权力，采取了一些反竞争的限制性措施，联通公司发展缓慢，未能对邮电部构成竞争。

第三个阶段，政企分离，水平分解，引入平行竞争。1998 年国家机构改革，电信业改革迈出了两大步。首先是政企分离。成立信息产业部，中国电信成为独立经营的电信运营商。信息产业部作为电信业的政府管理机构，对电信业实行宏观管理。然后是企业重组，先是将邮政业务和电信业务分离；接着按照替代性服务分类，对中国电信实行水平分解，引入平行竞争。

2000年，将中国电信分解为中国电信、中国移动通信以及中国卫星通信三家独立专业公司；并将中国电信的寻呼业务分离出来并入联通公司。其中，中国电信仍然是长途业务和固定电话业务一体化，联通公司是长话业务和寻呼业务兼容，其他各专业公司短期内仍只从事本专业的经营。因此，目前我国电信行业的竞争主要是不同通讯方式之间的平行竞争，只有中国电信与联通公司有一部分业务交叉。为了强化竞争，电信主管部门又为网通公司、吉通公司和铁通公司颁发了电信运营许可证，其中网通公司和吉通公司主要从事数据通信业务，铁通公司可以利用铁路系统的电信网络与中国电信在固定电话服务市场上展开竞争。

重组后，中国电信市场共有中国电信、中国联通、中国移动、中国网通、吉通、铁通和卫星通讯7家电信运营商，初步构造了电信市场分专业水平竞争的格局。但是，中国电信仍然是区域固定网和长途电话一体化经营，具有垄断地位。

与此同时，在行政指导下整顿电信价格。放松电信价格控制以来，由于垄断经营，电信价格节节上升，服务质量未见明显改善，群众意见很大。之后政府加强了对电信价格的监管，主要是降低初装费，公开价格信息，实行价格调整听证会制度等。2001年开始实行新的电信价格，缩短了计价时间。这次价格调整的本意是调整话费结构，降低话费，但实际效果是降低了国际长途电话收费，提高了国内的长途话费（减少了话费折扣时段）；仍然保持了群众有强烈意见的移动通信双向收费；市话收费方式单一。

第四个阶段，基础网拆分，电信企业重新组合。随着我国电信事业的发展和移动通信市场的开放，市场竞争主体增加，市场供求关系发生变化，固定电信领域的垄断与电信业发展的矛盾越来越突出：阻碍了公平竞争和电信资源的优化配置，导致严重的重复建设和资源浪费；影响了电信公共资源的分配，新兴电信企业难以参与平等竞争，全行业竞争性不强。

为了适应加入WTO带来的机遇和挑战，国务院于2001年年底批准了新的电信业改革和重组方案。新的重组方案主要是对中国电信进行拆分重组，大致以长江为界，将中国电信现有资源划分为南、北两部分。按光纤数和信道容量计算，南、北两部分分别拥有中国电信全国干线传输网70%和30%的产权，以及所属辖区内的全部本地电话网。中国电信北方部分和中国网络通信有限公司、吉通通信有限责任公司重组为中国网络通信集团公司（以下简称“中国网通集团”）。中国电信的其他资产归中国电信南方部分，继续保留“中国电信集团公司”名称。这次改革和重组的特点，一是打破“三大三小”、中国电信垄断固定电信领域的局面。在拆分中国电信的同时，对现有电信企业进行重组，形成了两家实力相当的、以固定电话业务为主、兼营专业服务的大型电信企业。重组后形成了中国网络通信、中国电信、中国移动、中国联通和铁通五大家电信企业，缩小了电信企业间的实力差距。二是突破了中国电信企业以水平竞争为主的格局，增加了电信企业之间的纵向渗透。原来电信企业中只有中国联通公司拥有本地电话和移动通信服务，重组后，现存的几家电信企业几乎都拥有固定网络业务和专业服务。三是允许两大集团公司跨地区互相渗透。两大集团公司可以在对方区域内建设本地电话网和经营本地固定电话等业务。四是进行股份制改造，成为股份有限公司。在改制过程中，要求清理各集团公司的资产，消除同行业企业之间的交叉持股。

由于本地固定网络具有自然垄断性质，因此，此次南北拆分重组的主要目的并不是在固定网络运营中引入竞争，而是在其他电信领域引入竞争和提高企业效率方面有积极作用。首先，缩小了几家电信企业的实力差距，形成了具有相当实力的电信企业，以便迎接进入 WTO 后的激烈国际竞争。其次，自然垄断行业的水平拆分有利于增加横向比较，减少企业内部跨地区补贴，促进企业提高效率。再次，改变了电信设备买方垄断的局面，有利于电信设备市场的竞争。最后，增加了专业服务领域中的竞争。重组增加了电信企业在移动、长途等专业服务领域的交叉竞争；同时，允许各大电信集团跨地区发展各自的本地固定网络，在本地固定网络领域引入了潜在竞争，造成了竞争压力。

综上所述，我国电信业的改革和重组为开展全面竞争打下了良好的基础。

（二）加强规制建设，深化竞争

1. 电信改革和重组中存在以下几个主要问题：首先，在引入平行竞争时缺乏明确的接入和互通互联的规制。在有线长途与基础服务一体化经营，特别是中国电信和中国网通拥有一体化业务的情况下，没有明确的接入规制，其他专业公司利用基础网时不能公平竞争。其次，竞争领域中的价格管制限制了竞争和发展。在引入平行竞争的条件下，可以适当放松价格管制，允许价格竞争。美国放松电信价格管制的经验表明，竞争将促进价格下降。

目前的定价规则，一方面实际上起了维护垄断、削弱竞争、控制需求的作用，如移动通讯双向收费在某种程度上限制了移动通讯的发展规模；另一方面，单一的两部收费价格不能反映不同消费群体的价格弹性。目前，国有电信企业中政府资产占大头，政府意图常常影响企业行为，企业的市场主体地位还没有真正确立起来。在这种情况下，可能出现两种情况：一方面，所有者不到位，企业责、权、利不统一，出现不良竞争；另一方面，同一个所有者的国有企业之间存在天然的关联交易，其他所有制企业难以参与公平竞争。

2. 下一步电信业改革应该侧重加强制度建设、深化竞争。一是制定明确的基础网接入收费标准。为了保证各种通讯方式之间的公平竞争，限制基础网的垄断力量，应该制定接入收费规制。国际上，为了促进公平竞争，改革和重组先是进行基础网与长途、移动通讯等专业服务分离，然后逐步允许纵向一体化。目前，在我国几家大型电信企业实行基础网和长途、移动通讯服务一体化经营的情况下，就更需要建立公开透明的接入报价系统和收费规制，促进公平竞争。

二是加强基础网的进入规制，进一步放开增值服务市场，引入更多营运公司。固定网络具有自然垄断性，规模效益明显，应实行进入规制。而专业增值服务的竞争性较强，为了充分发挥固定网的作用，应该进一步放开增值服务市场，允许专业公司之间业务交叉，引入更多的运营公司，增加专业服务之间的直接竞争，使消费者有更多的选择。在竞争领域，要加强反垄断和正当竞争的监督。

三是对电信定价要进行深入细致的分析和测算，科学调整电信价格。基础网络一旦建立起来，扩大需求，提高利用效率将有利于降低成本。而且居民的电话需求弹性较大，高电话收费将会限制需求，反而减少电信收入。因此，电信资费改革应根据不同消费群体的需求弹性，实行选择性收费模式，以满足不同消费群体的需要，扩大需求规模，提高网络的利用率。电信价格可以以边际成本为基础，略高于边际成本。降低价格，有利于扩大需求规模，回收固定投资。

四是逐步允许电视网和互联网进入通讯基础服务。为了防止重复建设，基础网的竞争主要是替代网之间的竞争，而不是通过新建基础网进行竞争。目前，国内有一些地区已经进行三网合一的试点。从长远来看，基础网的竞争是电话网、电视网和互联网之间的竞争。网络企业之间是竞争和协作的关系，谁也离不开谁。

五是进行企业内部资产的整合与调整，特别要防止交叉持股和关联交易。同时，要加快国有电信企业管理体制改革。

四、我国垄断行业改革和重组的特殊性

总体来看，1998 年以来，我国垄断行业的改革和重组进展很快，我们在短短的 3～4 年中完成了市场经济国家 7～8 年，甚至十几年才完成的改革。我国垄断行业改革与市场经济国家最大区别是：政资不分导致政企难分，政府对企业干预较多；政资合一代替政府规制，制度建设滞后，缺少对自然垄断的规制和反垄断法规等；国有企业的治理结构和经营机制不规范导致企业竞争行为不规范，出现恶性竞争或国有企业关联交易等等。因此，在垄断行业改革和重组过程中，除了要借鉴国外垄断行业如何分解业务、引入竞争的经验外，还要根据我国的实际情况，注意以下几个问题：

一是政府在制定政策时应该站在公正客观的立场上，保护广大消费者的利益。由于我国垄断行业大部分是国有企业或国有控股企业，政府是垄断性企业的所有者，在公众利益与企业利益发生冲突时，政府管理部门往往从所有者的地位考虑问题多一些。公共基础设施行业涉及广大公众的利益，政府管制要从整体利益出发，特别要保护消费者的利益。垄断性行业的重组，如果没有政府组织和公众参与的系统设计和规制，仅靠大企业自我设计和自我规范，难以达到预想的结果。

二是一定要制度先行。引入竞争要有市场组织政策和法律作保障。一方面，在具有垄断力量的公共事业行业，没有规制将损害公众的利益。在企业化经营的情况下，即使是国有独资公司，也需要政府对垄断的规制。另一方面，创造公平的竞争环境有利于优势企业发展，提高竞争效率。因此，引入竞争制度建设要先行。在我国垄断行业改革重组中，法律和规制建设滞后。到目前为止，既没有全国性的反垄断法，也没有出台限制垄断的行业性规制。在垄断行业放松管制、引入竞争的新形势下，竞争（反垄断）政策的作用越来越大。垄断行业重组引入竞争后，仍是非完全竞争行业，因此，需要竞争政策来保证公平竞争秩序，应尽快制定有关垄断规制和竞争政策，设立独立的监管机构，依法监督和规范企业行为。

三是进一步深化国有企业的体制改革，规范企业经营行为，提高竞争效率。形成有效竞争市场的一个重要前提是企业必须是一个真正的企业，按照市场机制来运作，否则，可能出现不计成本的恶性竞争。

四是需要过渡方案。我国垄断行业既没有规制的经验，也没有市场运作的经验，需要制度准备、人员素质和适应能力的准备。因此，垄断行业的改革和重组要有过渡方案，但是过渡方案不能为下一步改革制造障碍。特别是我国垄断行业大都是国有企业，以政府资产为主，企业通常服从政府的意志。在制订改革和重组方案中，政府与企业之间没有市场经济国家政府与私营企业之间的博弈，因此，需要政府对改革目标和方向进行正确判断，然后根据实际可能选择最优过渡方案。垄断行业的改革不是为了改革而改革，而是提高效率，保护消费者利益。制订改革和重组方案不仅要进行概念和理论上的分析，还要在深入细致调查研究和分析的基础上设计方案。如，制定价格规制就需要进行市场需求弹性、企业供应成本的分析，进行多方案比较；企业分解的规模和范围大小，要进行市场需求规模分析、企业供应能力分析和企业财务分析等等。

核电产业组织和管理体制的国际比较*

一、主要核电国家的核电产业组织

核电工业产业组织主要是指核电力企业、电站装备制造企业、核燃料供应和核电站建设各个环节的企业组织及相互关系。

（一）核电是电力产业的一个重要组成部分

国际上大部分核电国家的核电站是由电力公司投资建设的，核电站是电力公司的一部分，较少有独立的单一核能机组的电力企业。美国、英国、法国、日本、韩国、俄罗斯和乌克兰7个主要核电国家中，大部分国家的核电企业的产权归电力公司所有（见表1）。只有少数例外情况，如，20世纪80年代以前，英国的常规电站与核电站都是由国营中央发电局垄断经营；80年代电力产业私有化后，核电站曾经由国营的核电公司经营；1996年核电公司再次重组，大部分核电站的资产由私营的英国能源公司经营，一部分难以私有化的老反应堆则由国家核燃料公司接管。俄罗斯和乌克兰基本继承了前苏联原有的核电管理体制。前苏联原来的核能发电企业与其他常规电站企业一样，由电力和电气部高度集中建设和管理。后因切尔诺贝利核电站事故，国家专门成立原子能委员会，直接管理与核能有关的科研、生产和应用活动，核电站资产由原子能部接管。

---

* 本文发表于《国务院发展研究中心调查研究报告》1999年149号，1999年10月21日。

表1 主要核电国家的核电体制比较

	电力体制	核电站与发电企业的关系	主管部门
韩国	独家一体化国家电力企业	核电站是电力公司的一部分，国家电力公司下设原子能企业集团	通商产业部、原子能委员会、科学技术部
法国	垄断性的一体化国家电力公司	核电站由电力公司投资，电力公司以核电为主	原子能委员会
日本	10家地区电力公司，1家电源开发公司，1家原子能开发公司	原子能开发公司的产权由9家地区电力公司、电源开发公司以及少数其他企业所有，原子能公司在1981年后就没有建新的核电站。各大电力公司有自己的核电站	通产省、原子能委员会、核安全委员会
美国	分散的多元化的电力公司	电力公司投资建设核电站。全美109台核电机组，分别归48个电力公司所有	能源部、能源部下设联邦能源管制委员会、能源部内设核能局、核不扩散国际安全局等
英国	分散、私营的常规电力公司；2家公有核电公司	英国能源公司拥有69%的核电站，近期私有化；英国核燃料公司拥有31%的核电站（大部分是难以私有化的核电站）	电气事业局，并分别由能源大臣和负责苏格兰事务大臣主管
俄罗斯	政企合一的集中核电力企业	资产归原子能部所有。切尔诺贝利事故前，核电站与常规电站都归电力和电气化部所有	原子能部
乌克兰	政企合一的核电企业，内设多个核电厂	与俄罗斯的体制相似	核电委员会

资料来源：唐芳文：《外国核电管理体制比较》，原电力工业部信息研究所内部资料，1996年。

（二）核电企业与电网的关系

一般来说，核电企业与电网的关系与电力行业的组织结构有关。主要核电国家的发电企业与电网的关系大致可以分为三种基本情况。

一是一个地区基本上由1家大型电力企业开发电力时，实行网站一体化经营，其产权可以多元化，如日本的地区电力公司和香港的中华电力公司等。

二是实行电力垄断经营的国家，全国的电力主要由1家电力公司控制时，基本实行全国网站一体化，如法国和韩国。

三是当一个地区的电站企业比较分散时，通常发电企业相对独立于电网，但是一些大型电站企业也与电网企业有产权关系，如美国。

由于大部分国家的核能发电企业与常规发电企业融为一体，因此，核电企业与电网的关系也基本上是以上几种关系。

（三）核电站配套和服务行业的组织结构

1. 核电设备制造业。从国际上能够提供核电设备的国家的情况看，大部分核电设备制造企业都是研究开发、设计、设备制造和成套、安装和维修工程服务一体化的大型企业。

首先，核电设备制造企业的规模和集中程度与核电企业的规模和集中程度有关。一般来说，在核发电企业分散、核电规模较大的国家，有几家制造企业。如美国是分散型核电企业，有3家主要的核电设备成套企业；日本是地区性电力企业，核电站分散在几大地区电力企业中，也有3家主要的核电设备成套企业。但是，基本上是各家设备制造公司的反应堆型号不相同。反过来，在核发电企业相对集中的国家，核电设备制造企业也相对集中。如法国是垄断性国家电力公司，并以核电为主，全国只有1家核岛成套企业和1家常规岛成套企业。

其次，从制造企业的生产链条来看，核电设备制造企业主要有几种模式。一是集常规岛、核岛设备和核燃料组件于一体。有些核电设备制造企业直接提供核燃料组件，如美国的GE、西屋公司与ABB－CE公司、德国的西门子公司；有些核电设备制造企业虽不直接提供核燃料组件，但在核燃料公司中占较大比例的股份，如日本的三菱、日立公司、韩国的重工业和建设公司等。二是核岛设备、常规岛设备制造企业及燃料公司相互独立。如法国的法马通（法马通拥有燃料公司的股份）、加拿大的原子能有限公司；又如，美国有3家核岛设备成套制造企业，分别制造三种反应堆型，各家公司形成各自的技术特色。日本有3家主要的核电站设备成套制造公司，其中，三菱公司生产压水堆；虽然东芝公司和日立公司都生产沸水堆，但两家企业之间达成战略联盟，在主承包和分包合同的分工上形成了“轮流坐庄”的局面。

2. 核电站建设服务业。核电站建设服务业与核电企业的规模和组织结构有关，因此各国的核电站建设服务业的组织形式不同（见表2）。

表2　主要核电国家核电工业的组织比较

国家	核电产业主要构成	制造业	发电企业	核燃料	电站建设工程
美国	发电企业、核电设备制造企业和工程顾问公司	三大制造公司分别制造三种堆型	发电企业分散，主要负责电站运行管理	核燃料采冶实行许可证制；设备制造企业提供燃料组件	专业工程顾问公司负责电站工程设计、工程管理、系统成套等
法国	国家电力公司、法玛通公司、阿尔斯通公司和法国核燃料公司	法玛通公司提供核岛系统，阿尔斯通公司提供常规岛系统	国家垄断电力公司。国家电力公司负责工程设计和工程管理	国家核燃料公司从事完整的核燃料循环服务；核岛设备制造企业拥有燃料组件公司部分产权	电力公司、设备制造企业共同完成，电力公司为主
日本	电力公司、电站设备制造企业、核燃料公司	三大电站制造集团，三菱公司制造压水堆型机组，日立和东芝公司制造沸水堆型机组；制造企业负责成套设备	地区电力公司为主，全国11个电力公司，其中包括一家原子能发电公司	设备制造企业共同出资组建核燃料公司	设备制造企业和电力公司共同完成，以设备制造企业为主
德国	发电公司、西门子公司、核燃料公司	西门子公司负责核电站设备的研制		西门子公司控制核燃料公司的股份	
韩国	电力公司韩国重工业和建设公司（电力公司在其中有股份）	韩国重工业和建设公司负责设备供货和电站工程建设	垄断性一体化电力公司	电力公司内设核燃料子公司	电力公司内部的工程机构
加拿大	电力公司、原子能有限公司和常规电站设备制造企业	原子能有限公司提供核岛成套设备及安装和维修服务，常规电站设备制造企业提供常规岛设备	地区性电力公司	原子能有限公司采冶核原料，提供重水	

一是在电力企业分散的国家，核电站的建造主要由独立的 AE 公司来承担，如美国。

二是电力企业在某些地区相对集中，并具有地区垄断地位的国家，核电站的建设由发电企业、制造企业共同分担，各负其责，如日本。

三是在全国垄断性电力企业的国家，核电站服务大多是电力企业内部一体化，或者电力企业和制造企业形成联盟，如韩国。

3. 核燃料配套业。国际上，大部分核电国家有独立的核燃料企业。如法国、英国、德国、日本等国都有独立的核燃料公司，并从事完整的核燃料循环服务。其中，法国、日本的核电设备制造企业对核燃料公司拥有产权；一些国家的核电企业还出资共建乏燃料处理企业，如韩国的核燃料公司是电力公司的子公司，而美国的核燃料组件则是由核电设备制造企业提供的。

综上所述，各国核电产业组织模式不同，有的电力企业内部一体化程度较高；有的设备制造企业的内部一体化程度较高；有的电站服务业的专业化程度较高。从各国情况可以看出，核电产业组织与电力体制密不可分。一般来说，发电企业的集中程度越高，核电企业及相关环节的一体化程度就越高，如法国和韩国；发电企业越分散，核电配套服务业的专业化程度就越高，如美国。

二、主要核电国家的核电管理体制

世界上主要核电国家的电力体制和产业组织不尽相同，但核电的管理体制却有许多共同之处。其主要特征是核电企业实行双重行业管理。绝大部分核电国家的核能发电企业纳入电力管理体系，与常规电站不同的是，核电站要接受国家核行业管理部门的管理和监督。各国都设有原子能委员会或核能委员会，这些机构属于政府部门而不是军工部门，并管理军用和民用核能的开发利用。同时，核运行安全管理又独立于原子能或核能委员会，形成一个独立机构。下面介绍几个不同电力体制国家的核电管理体制。

（一）韩国的核电管理体制

韩国的核电站全部由韩国电力公司经营、管理。韩国电力公司隶属通商产业部，拥有全国电力装机容量的约 94%，发电量约占全国的 97%，其中核电发电量占34%左右。韩国电力公司中设有原子能企业集团公司，负责核电站的建设和运行，还设有独立的质量保证和安全办公室。

在韩国，原子能委员会（AEC）负责有关核电计划、安全、规章制度、放射性废物处置、工程和技术人员培训以及编制支持研究开发的预算等。原子能委员会隶属于科学和技术部（MOST），1986年升为副总理级，由一名副总理任主席。该委员会的成员由科学和技术部、能源和资源部、韩国电力公司的负责人，以及副总理推荐的三名成员组成。原子能委员会的办公室设在科学和技术部的原子能司，该司设有核电政策、核能研究与发展、核反应堆和辐射安全4个处。政府通过原子能委员会监督和协调核电工业中与核有关的事项。

韩国科学和技术部还设有一个独立的核安全和协调办公室，主要负责有关核安全问题的管理和核装置的实体防护问题，以及有关监督。

目前，韩国正在进行电力公司重组，部分常规电站逐步实现私有化，但核电站仍属于国家电力公司。

（二）日本的核电管理体制

日本政府中负责核电厂以及其他核设施的建造、运行、检查等过程的管理部门主要有通产省、运输省和科学技术厅。其中，通产省是电力工业的主要管理部门，通产省下设一个自然资源及能源委员会来管理包括核电在内的电力工业。各电力公司组成中央电力委员会和中央调度联络执委会，负责协调电力工业的工作。日本政府对电力工业的管理主要是制定法规、方针政策和技术标准，审批建设计划和发电、供电计划，批准电价标准，协调电力部门与其他部门间的关系等。同时，通产省负责促进和协调核领域的各项活动，包括负责推进核动力和核燃料循环的商业性活动。通产省的资源和能源厅主管审批和签发核设施的设置、建造许可证，监督和检查核设施的运行和使用情况，推动核电厂的改造，并对电力公司提出的核电设备改进方案进行评估，安排核设施的退役等。

日本原子能委员会和核安全委员会是负责审批核电开发计划，审查核安全的两个独立机构，受首相领导。首相根据法律责成这两个机构对核电开发的重大问题（包括技术发展方向、规划、核电厂立项、核安全等）提出建议，并充当决策顾问。科学技术厅主要负责核技术的研究和发展、核安全和核废料处置方面的计划和管理。科学技术厅下设原子能局和核安全局，具体负责有关事宜。

（三）美国的核电管理体制

1. 电力管理机构。美国联邦政府的电力管理分为两部分。能源部（DOE）是美国联邦政府的能源主管部门，负责制定和实施国家综合能源战略和政策，包括收集、分析和研究电力信息，提出电力政策，制定和实施电力技术研究开发计划等。联邦能源管制委员会（FERC）是一个独立的能源监管机构，与电力相关的监管职能包括：一是监管趸售和州际交换电力的电价，电网联接和准入；二是审查和颁发水电工程建设的许可证；三是监管电力部门的资产合并和划分、有价证券的发行和购买，确定州际的电力交换等。

2. 核工业管理机构。美国政府与核电工业管理有关的部门主要有：

（1）核管理委员会。核管理委员会的主要责任是管理商业核电反应堆，非电力的研究、试验和培训，反应堆、燃料循环设施、民用核材料的利用，以及核材料与废料的运输、储存和处置。其主要职能有：一是批准核装置和材料的制造和经营，包括出口和进口；二是为保证审查结果的执行，进行检查和调查，必要时强制执行；三是广泛地确认安全、防护和环境评价研究计划的执行。

（2）核废物协商局。该局是美国国会建立的一个独立的联邦机构，直接向总统报告。该局的任务是负责在国际和国内寻找愿意考虑的、能监测的、可恢复的储存核废料装置和地点。

（3）能源部的内设机构。能源部的责任是保证美国有充足的能源供应，核能作为重要能源，也是能源部管理的对象。能源部中设有专门的核电工业管理机构。

一是核能局。核能局负责管理、改进民用核电机组的工作，也负责先进空间堆、核电防护系统、海军核动力装置计划、同位素生产与分配等。该局还承担着对世界铀市场的评估工作，以期改善当地铀生产商的经济困难。核能局还为经济互助委员会国家提供高浓缩铀和低浓缩铀，还为使用苏式反应堆的国家提供核安全援助。二是民用反应堆废物管理局。该局是负责核废物贮存场地的选址和建设的审批工作。这个核废物场地是贮存商业反应堆中产生的高放废物（大部分是乏燃料）。三是环境管理局。该局负责管理、清除放射性材料造成的污染。四是能源研究局。能源研究局主要负责聚变和高能物理研究的计划工作。五是核不扩散和国际安全局。

3. 其他与核能有关的机构。

（1）核能协会。核能协会是核能工业的行业协会。核能协会是由美国能源协会、美国核能委员会、核管理和研究协会、爱迪生电气所的核电处等组成的一个协会。其主要任务是与核管会一起提高核电厂的运行效率，协助解决美国核能方面出现的问题。

（2）核电运行所。核电运行所的主要任务是帮助电力公司提高核电厂的效率和安全。它收集核电厂的运行数据，每隔 15 ~24 个月派技术专家到每个核电厂进行检查和技术评价。1983 年以来，该所每年都出版美国核电厂的性能指标。

（3）美国核学会。美国核学会是民用核能的专业科学、工程和教育组织。

上述各国的核电管理体制表明，核电企业要服从电力行业管理和核行业管理。尽管各国电力体制和产业组织有较大差异，放松电力行业管制的进程不同，各国电力行业管理的内容也不尽相同，但是核行业管理的内容却比较相近。因此，在借鉴国际核电工业管理经验时，可以根据我国电力体制的特点制定电力行业管理规则；而在核行业管理方面，则应遵循国际惯例制定核管理法规。

参考文献

唐芳文：《外国核电管理体制比较》，原电力工业部信息研究所内部资料，1996 年。

健全核电工业管理体制，促进核电产业组织合理化*

一、我国核电产业组织和管理体制的特征及主要问题

（一）我国核电产业组织的特征及主要问题

1. 核电企业的规模效益。我国现有的核电企业都是拥有单一核能发电机组的独立发电企业。核电企业的规模较小，大多是有两台机组或一台机组的独立法人。

发电企业的规模效益有两层含义：一是指电站装机容量的规模效益；二是指发电企业的规模效益。

从核电站装机规模来看，单机容量越大，发电成本越低。据日本三菱公司的资料，在核电站成本构成中，设备费用随装机容量增加而增加；装机容量增加对维护和运行费用影响较小；装机容量增加，燃料费用几乎没有变化。因此，装机容量从60万千瓦增加到120万千瓦，发电成本仅增加不到15%。但是，核电机组的容量受到电网能力的限制。一般来说，核电站的单机容量不能超过电网容量的10%，最好在5%左右；一个电网的全部核电装机容量不应超过规划的低谷容量。

从企业规模的角度来看，国际上很少有单一核能机组的发电公司，大都是有多种能源结构的混合机组的发电企业。这是由核电站的技术经济特点决定的。一是核电站的前期投资费用高，后期运行费用低。核电站运营的现金

* 本文发表于《国务院发展研究中心调查研究报告》1999年150号，1999年10月21日。

流量分布是前期支出较大，后期收入较大。因此，建设成本要在整个周期内分摊，最好有不同时期的机组组合。二是核电站带基荷运行，需要其他能源发电机组配合，特别是要有调峰机组合理组合。

由此可见，决定发电企业规模和电源组合模式的主要因素是企业的整体效益，即发电企业的平均电价是否具有竞争力。尤其在竞争上网的情况下，电价的竞争力不是指一个机组的电价，而是指企业的综合平均电价。但是由于核电是高新技术领域，特别是出于核安全的原因，核电站的安全运行管理要求较严。在核电发展的初期阶段，需要集中办核电站，培养技术、运行和管理队伍，积累经验。因此，在核电发展的起步阶段，可以建一些单一核能的发电企业。但从长期发展角度出发，地区性、单一核能机组的结构不利于企业自身长期发展，核电企业的经济规模发展方向应是跨能源和跨地区结构的。

2. 核电企业与电网的关系。目前，我国的电力企业主要分两大类。一类是发电和输电一体化的电力企业，如各省电力公司就是网站合一的企业。另一类是独立的发电企业。我国改革开放 20 年来新建的部分合资电厂、股份制电厂等大都属于独立发电企业。目前，我国核电企业几乎都是独立发电企业。

现有核电站与电网的关系主要是股权联系。如广东大亚湾核电站就有香港中华电力公司 25% 的股份，中华电力公司控制香港主要电网。其他一些在建电站企业中，也都有控制电网的省电力公司参与少量投资。在逐步实现竞争上网的情况下，核电企业与电网企业之间有两个问题需要注意。

一是保证购电问题。核电站具有带基荷安全运行的性能。据估计，核电机组的年发电量高于 5 500 小时/年，其效益高于同级的常规机组。因此，核电站与电网间应有一个较稳定的购电协议。但是，目前我国核电站中，除了已投入运行的核电企业与电网建立较稳定的购电协议外，其他在建核电企业与电网之间只有意向性购电协议，没有明确购电数量和价格。

二是核电价格的竞争力问题。根据国际经验，在核电发展初期，因为设备价格高、建设周期较长、运行经验不足、企业规模小等原因，核电站的造价和运行成本一般较高，一段时期内核电价格缺乏竞争力。但随着核电技术的标准化，核电站设备制造的国产化和批量化，核电站设备价格下降，核电企业也达到一定规模，电站造价和运行费用都降低了，核电价格具有了竞争力。我国核电正处于发展初期，核电的上网价格高出电网的平均上网电价，因此，根据目前的核电价格水平，主要在能源短缺和有电价承受能力的沿海地区发展核电。

3. 核电企业的产权结构。我国现有核电企业的产权结构主要有三种模式。第一类是中外合资。如广东大亚湾核电站是中外合资企业，国内的股份分配给各有关政府部门，港方投资是与电力市场结合的。第二类是中国核工业总公司（简称“中核总”，1999 年重组为中国核工业集团公司）独资。秦山一期电站是我国自主设计建造的 30 万千瓦核电站，产权归中核总所有。第三类是国有法人股合资，如岭澳核电有限公司、秦山二期、秦山三期核电站和连云港核电站。其股东是中核总、电站所在地方政府的投资公司和省电力公司（拥有电网），大部分由中核总控股。可以说，我国现有核电企业产权结构的基本特征是国有法人股组合，国有核专业公司控股。

核电企业产权多元化的结构取决于各类投资者的收益预期。中央政府投资核电的目的不是为了营利，而是扶持核电发展。特别是我国核电工业是军转民的支柱产业，在发展初期需要必要的扶持。世界上主要核电国家的政府都不同程度地参与核电的初期发展，即使是市场经济国家也是如此。大多数政府在核电技术不成熟阶段，即在军用反应堆技术转为民用核电技术或引进技术初期，出资或扶持建设前几座电站，待技术相对成熟、运行稳定以后，逐步放开市场，允许民间企业进入。

电网企业的投资收益不仅体现在直接的投资回报上，还体现在购电价格上。香港中华电力公司投资大亚湾电站的目的是以较低的价格获得稳定的电力供应。香港中华电力公司在广东核电合营公司中占有 25% 的股权，购买大亚湾电站发电量的 75%，并要求电价低于香港电力市场价格。

一般机构投资者或民间投资者的利益则主要体现在投资收益上。我国目前在建的几个核电站都是在电力紧张、电价不封顶的情况下决策上马的，各地政府和省电力公司希望能够增加电力供应能力。随着电力紧张局面的趋缓，加上发电领域要逐步实行同质同价竞争上网，投资者们对购电的兴趣减弱，更注重获得较高的投资回报。目前，电力投资者一般要求 15% 的投资回报率。结果，在商业贷款利率不高的情况下，出现了资本金比例越高、电价反而缺乏竞争力的现象。

4. 核电的建设和配套服务业。

（1）核电设备制造业。核电设备制造业主要分为三部分：核岛、常规岛和电站配套设备。常规岛和电站配套设备制造基本与常规电站设备通用，核岛设备制造相对独立。目前，国内常规电站设备的制造业比较成熟，主要有三大动力集团等。核岛设备的设计和制造业正在成长过程中，在有限的核电发展规模条件下，要防止重复投入，分散竞争。目前仅有的几套国内核电站设计和设备制造任务的总包或分包也有“撒胡椒面”的倾向。三个主要与核电有关的核研究设计院轮流参与各种不同堆型的设计，三大动力集团也或多或少地参与了核电站设备技术的引进、消化、吸收和设备制造。

（2）核电站建设服务。我国常规电站的相关服务业务内部一体化程度较高。国家电力公司所属的各省电力公司基本上是发电、输电和配电一体化，总公司拥有几家大型电力研究设计院和电站工程施工队伍，负责常规电站的系统设计、电站设备成套和工程建设等工作。

目前，我国核电的规模较小，没有形成能够提供一条龙服务的专业化核电站建设队伍。核电站的建设组织管理以电站企业为主，研究设计院进行设计承包，电站企业有一套工程技术和管理人员队伍，负责采购、建设组织和施工管理等。

（3）核燃料配套业。主要包括核原料的采冶、制造和废料处理等。我国核燃料配套企业并不直接在核发电企业内部一体化，而是在以核电为龙头的核工业集团内部一体化。

（二）我国核电工业管理体制的特征及主要问题

由于历史原因，我国核电工业管理体制有一定的特殊性。首先，以产权关系强化行业行政管理。核工业的投资是由国家控制的。1998 年机构改革以前，中核总是具有行业管理职能的行政性行业公司，即代表国家对核电工业投资，又行使行业管理的职能。目前，建成和在建的 6 个独立法人核电企业中，有 4 个是中核总控股，2 个中核总参股。

其次，核电站建设项目实行双重审批制度。以前，核电站建设项目是由电力部和核工业部（或中核总）会审，报国家计划委员会批准。根据 1986 年的国务院文件，在核电站建设项目前期工作中，电力部与核工业部的审批权限以厂址选择为界，各有侧重。厂址选择以前的各项工作主要由电力部负责审查，核岛部分的技术路线和核燃料供应方案主要由核工业部（后来改为中核总）审查。最后报国家计划委员会批准。建设施工中，国家核安全局负责审查建设方提供的核安全质量报告。同时，核电站运行管理也分成两部分：有关常规岛的运行和安全事宜由国家电力部管理；核岛运行和安全事宜由中核总管理。由于中核总既是行业管理者，又是投资和运营者，因此，尽管实行双重审批制度，但是由于产权关系隶属于核管理部门，核电企业仍主要接受核行业管理。

随着1998年的国家行政机构改革，实行政企分开，原电力部和中核总的行业管理职能分别转移到国家经贸委和国防科学技术工业委员会，核安全局划归环境保护局。因此，核电工业的管理体制也将随之进行调整。

二、调整和完善核电管理体制的基本原则

（一）核电工业的定位

1. 核电工业是军民兼容行业，核电企业属于民用领域。20世纪70年代以来，特别是改革开放以来，我国国防工业从原来独立封闭的体系逐步转向军民兼容的开放体系。此间，经过重大结构调整和改革，核电工业成为军转民的支柱产业，初步形成了以核电为龙头的军民兼容的核电工业体系。

核电工业中的部分企业是通过军转民形成的军民兼容企业，如核燃料循环、放射性废料处理等企业；一部分原本是民用企业，也可以接受军用装备订货，如核电设备制造业。但是，核电企业的最终产品是电力，属于民用领域。因此，从核电工业整体来看，核电工业是军民兼容的产业，但是核电企业是民用企业。

现阶段，我国发展核电不仅是为了增加电力供应能力，还要为发展核技术提供储备。因此，核电工业的管理体制实际上还存在在军转民过程中，如何解决军转民企业的行业管理问题。

2. 核电行业是电与核兼容的行业，具有跨行业的特性。核电企业提供的产品是电，具有电力行业的属性；同时，核电企业以核为燃料，又具有核行业的特殊性。过去，由于核电规模较小，又是军转民行业，核电企业相对独立于电力行业管理，以核行业管理为主，投资决策以行政命令为主。随着核电规模的逐步扩大以及电力市场的逐渐成熟，核电若要有大的发展，必须解决电与核两个行业管理的问题。

（二）核电管理体制中应注意的几个关系

由于我国核电工业发展的历史沿革，现行核电工业管理中存在一些矛盾和问题，某种程度上制约了核电的发展。在调整核电工业管理体制时，应注意处理好几个关系。

一是处理好电力行业管理与核行业管理的关系。核电企业作为电力企业，要服从电力行业主管部门的规划和管理；作为核应用企业，要服从核行业管理。核行业管理是针对全社会的各种核能利用活动，包括军用和民用领域。关键是应分清电力和核行业管理的职能和范围。

二是要分清所有权与行业管理权的关系。我国大部分核电企业由中核总控股。机构改革后，中国核工业集团公司作为一级企业法人，不再承担核行业管理责任。核电企业与中国核工业集团公司的关系是产权关系，而不是行业管理关系。国家授权中国核工业集团公司为国有资产的委托管理者。中国核工业集团公司作为所有者，可依法参与企业重大经营和管理决策。目前，国防科工委行使核行业管理职能，但由于核电企业跨行业的特性，国防科工委并不是核电企业的唯一行业管理部门。

三是分清军工行业管理的对象和职能。过去，军工行业管理的特点是：军工管理对象主要以产权隶属关系来划分的，由军工部门投资的企业，归军工行业主管部门管理。在军民兼容的体制下，一个企业可以既生产军品，又生产民品，很难确定哪个企业是军工企业，哪个企业是非军工企业。因此，军工行业管理的对象应是与军品研制有关的活动，而不是具体哪个企业，凡是与国防军事订货有关的研究开发和生产活动就应纳入军工行业管理。而一些企业虽然部分产权由原军工部门所有，但作为民用的生产活动则应服从所在民用行业的行业管理。

四是处理好市场机制与政府行为的关系。作为民用商业电站，核电的发展应主要依靠市场的选择。我国的核电发展规模最终取决于核电价格的竞争性及核反应堆运行的安全性。因此，核电的长期发展要靠核电企业的市场竞争力。

目前我国核电工业正处于一个发展的特殊阶段。一方面，核电工业处于发展初期，国家需要保存核电的技术队伍和储备核装置运行经验；另一方面，核电是清洁能源和高科技应用产业，一些核电技术的开发利用将带动其他共享技术行业水平的提高。因此，政府应对核电发展给予一定的政策支持，使核电能够与其他电力竞争。

三、健全核电管理体制与调整核电产业组织的有关建议

（一）改革和健全核电管理体制

目前，我们正面临着改革和健全核电管理体制的双重任务。由于我国核电工业管理制度不健全，既没有核电发展的法律和规划，也没有一个明确的核电发展战略，加上1998年国家机构改革打破了原有的政企合一的电力和核工业管理体制，新的核电管理机构和职能还没有到位，因此，要抓住改革和发展的时机，建立健全核电管理体制，促进核电的健康发展。

一方面，要通过改革使核电工业管理体制适应市场经济和民用需要；另一方面，要在改革的过程中制定必要的法律，明确管理机构及其职能，规范管理内容和程序。建立有中国特色的核电工业管理体制，要体现双重行业管理和军民兼容的性质。既要考虑电力行业的特点，又要考虑核应用行业的特点；既要考虑其最终产出的民用性，又要考虑核电配套行业潜在的国防意义。

1. 核电工业实行双重行业管理。作为民用电力企业，核电企业要服从电力行业管理和电力市场规则。电力行业管理的主要内容应是电力规划、电力法律的执行和电力交易的市场规则等。作为核能应用单位，核电企业要服从核能行业管理。核能行业管理的主要内容是核燃料的生产和销售活动，审查核电站的技术路线，制定核电设施的安全标准和规范等。

2. 建立核能利用方面的法律，明确核行业管理的对象和职能。核行业管理的对象应包括各种核能利用活动，包括军用和民用领域。主要职能是负责核技术开发管理，审批哪些核技术可以用于民用领域，审查军用和民用的核技术路线，制定核安全规范，管制核原料的开采及买卖等。核原料销售要实行专营制度，核燃料组件生产要实行许可证制。核的基础技术开发要由国家控制，民间企业可以进入民用核技术研究开发领域，核技术应用要获得核管理部门批准。

3. 核电工业是典型的军民结合的产业，要分层次划分行业管理。目前，改革和调整军工管理体系的主要任务是突破原来独立封闭的军工体系。建立

军民兼容的军工体系不仅鼓励军工企业发展民品生产，还要提倡民用企业为军工配套，利用民用企业来提供军品生产能力。

核电工业中有少数军民兼容、以军为主的企业，可以直接由军工行业管理部门管理。其余以民用为主的企业，不论产权归谁，其民用生产经营活动应服从所在民用行业管理。对大部分军民兼容的企业和研究机构，军工行业管理部门可以通过建立军用生产线或生产车间，支持潜在军用技术研究开发项目、军事订货生产的监督检查等方式，促进和管理民品生产企业为军工服务。

(二) 改革与发展相结合，逐步促进核电产业组织的合理化

从我国电力体制改革的趋势来看，电力产业组织结构的调整方向是网站职能分开，电力投资主体多元化，增加独立电厂，逐步竞争上网，形成电力大市场。因此，核电产业组织结构和企业组织结构调整要与大的电力改革和企业改革趋势相协调。

1. 核电投资主体多元化。核电要有一个大的发展，不能依靠政府投资，要发挥各方面的积极性，实现核电投资主体多元化。政府投资于核电的主要目的不是为了追求投资回报，而是为了促进利用清洁能源和发展高技术产业。但是商业化的核电站不能依赖国家投资，要靠市场竞争力。目前，在核电发展的初期，核电投资主体多元化应注意加强核电企业与电力市场的联系，把产权与购电合同结合起来。可以扩大电力企业的参与，逐步引入机构投资者。核电产权多元化还要与建立现代企业制度联系起来。

2. 核电服务业（电站工程设计和工程管理）应逐步实现专业化。今后我国电力企业改革和发展的趋势是投资主体多元化，发电企业向独立电厂、小业主的方向发展。核电企业要防止“大而全、小而全”，不再重复电站企业供养设计和工程管理队伍的路子。但是AE公司（Architect Engineering Industries Inc.）的发展要与核电的发展规模相适应，核电达到一定规模才能专业化。因此，组建AE公司要分步实施。第一步是研究机构依托核电项目，与核电企业结合，培养人才和队伍。第二步是逐步实现专业化，从核电企业中分离出来。今后新建核电站不需再另建队伍，要充分利用现有的技术力量。

有竞争才能提供良好的服务。不能搞单一的、垄断的核电AE公司，应搞综合电力的AE公司（包括核电和常规电站服务）。相互竞争的AE公司间，业务可以有所侧重，但绝不能独家垄断。

3. 改革核电科技组织和管理体制，解决核电技术研究开发和设计机构分散竞争的局面。应发挥现有各核电研究设计机构的优势，实行联合设计，合理分工协作，形成整体优势。要加强研究设计机构与企业的结合。核电工程技术研究设计院要以核电站工程为依托，与电站企业结合，积累经验，锻炼队伍，逐步实现工程设计和管理专业化。设备设计要依托设备制造企业，设计机构与制造企业结合，建立研究设计机构与设备制造企业联合研究开发的机制，逐步提高企业的设备设计能力。核电研究设计机构不应依附于一个制造企业，共性技术应与几家企业联合研究开发，在单一产品技术上可以与单个企业联合开发。

4. 集中优势发展核电站设备制造业。由于我国现有核电规模较小，“十五”期间核电发展规模也有限，因此，核电装备制造业的摊子不宜铺得太大，应打破现有区域性集团的界限，形成有竞争力的核电设备生产能力，组成大集团间的战略联盟。

5. 逐步形成跨能源结构、跨地区的核能发电企业。从国际经验和长远观点来看，核电企业可以通过各种能源结构、不同时期的电站组合，提高发电企业内部综合上网电价的竞争力。在核电发展初期，可以有少数单一核电机组的企业，积累建设、运行和管理经验；当核电技术、产业进入相对成熟阶段，逐步形成核电技术和管理人员市场后，可以通过资产重组或新增投资等多种方式实现核电企业跨地区、跨能源结构发展。

（三）市场经济与政策扶持相结合，促进核电发展

核电的长期发展主要依靠市场的选择。一是核电要有市场竞争力；二是核电的运行要遵循电力市场的规则。

目前，我国核电正处于发展的初期阶段，需要政府的政策扶持。一方面，核电工业是我国核工业军转民的支柱产业，担负着寓军于民的任务。核电企业又是核电工业的龙头，需要国家的扶持。另一方面，从扶持清洁能源和高新技术产业的角度出发，国家应在核电的发展初期给予一定的扶持。国家扶持核电的主要原则是：在发展初期，当核电的市场竞争能力不足时，国家给予一定的政策扶持，使核电企业经过努力能够达到与常规电站竞争的水平。可供选择的主要扶持措施包括：一是减免上网增值税；二是减免国产燃料组件进口材料的进口关税；三是加大对核电设备国产化技术研究开发的资助；四是可以由政府出资建设示范性核电站。

加快石油体制转变，提高石油行业的国际竞争力*

在被封锁状况下建立起来的石油和石化行业曾是我国民族工业的骄傲。但在对外开放、强手如林的大环境下，石油和石化行业是实现第二次创业，还是像啤酒、洗涤剂等行业那样被逐步蚕食掉，需要认真考虑。决定石油行业前途的关键，不在于个别企业的决心和努力，而在于能否在体制和产业组织等方面实现战略转变。

一、石油行业几个重大观念问题亟待澄清

要转变石油管理体制和改进产业组织，必须解决一些重大观念性问题。

（一）石油行业应该按大行业管理，不能按小行业管理

从国际石油行业发展情况看，大部分石油公司是石油勘探、开采、加工和销售一体化经营。而我国的石油行业则主要指石油勘探和开采业，是小石油行业的概念。

目前，我国石油行业的条条分割严重。采油、炼油、卖油相互分割，人为切断了上下游工业的联系，阻碍了资源优化配置。直到1995年，石油天然气总公司的原油产量接近全国的95%，而炼油能力不到全国的10%。近些年油田企业为了生存，建了一些非经济规模的小型炼油厂，形成新一轮的低效率的重复建设。

---

* 本文发表于《国务院发展研究中心调查研究报告择要》1996年第47号，1996年8月19日。

条条分割的行业管理体制增加了交易成本，造成部门利益冲突，重复建设严重，难以实现规模效益；由于产、供、销脱节，企业与市场脱离，严重影响了石油企业的竞争力。

（二）石油行业不是自然垄断行业，而是垄断竞争行业

根据国际经验和石油行业的特性，石油行业不是自然垄断行业，而是垄断竞争行业。而目前我国石油行业管理体制是在小行业分割基础上的垄断经营。中国石油天然气总公司、中国海洋石油天然气总公司、中国石油化工总公司和中国化工进出口总公司四大公司分别在陆上石油勘探开采、海上石油勘探开采、石油深加工和石油进出口各环节独占一块。行业内部也是区域分割，如一个油田一个法人，不能跨地区经营。由于资源条件不同，企业间非经营因素的收益差别较大；一些老油田资源接近枯竭，社会负担重，又不能跨地区经营，企业生存面临危机。

1993 年起我国已成为石油产品净进口国，预计到 2000 年全国原油供求缺口近 2 800 万吨。随着石油产品供求矛盾日益突出，必然要进一步开放国内石油市场。市场开放以后，用户将根据价格和质量来选择购买谁的产品。20 世纪 90 年代以来两次因进口引起国产原油和成品油的积压，就足以说明问题。如果国内企业继续靠保护性垄断生存，缺乏竞争意识和能力，那么国内企业将没有能力抵御外来竞争。

（三）石油行业必须实行企业化经营

我国石油行业的改革滞后于其他行业。其主要原因：一是国家把石油行业作为中央财政收入的重要来源加以控制；二是石油是重要的战略商品，担心企业化经营后，国家失去对石油行业的控制。但这些并不构成石油行业企业制度改革的障碍。首先，在石油价格接近国际市场价格、在财税体制改革的条件下，石油行业已不可能成为国家财政金库。第二，实现企业化后，国家可以通过对石油资源的所有权、石油企业资产所有权和产业政策来保证对石油行业的影响力。

我国陆上石油天然气开采行业一直实行国家指令性计划管理，企业没有真正成为独立自主、自负盈亏的经营主体：价格和流通受国家计划控制，并实行全行业产量总承包；各油田按产量指标组织生产，而不能根据效益原则决定生产量。近年来，我国多数陆上主力油田已进入总体递减阶段，石油资

源储采比由20世纪80年代的22%降至现在的约12%，每年自然递减产量2 000多万吨，老油田平均含水率已达80%以上。但为达稳产目标，“八五”期间陆上石油开采的综合成本每年增加22%，投资弹性系数已由五六十年代的1.83下降到八九十年代的不到0.20。

石油加工行业基本上是石化总公司内部承包。因多年来低进高出的特殊价格政策，石化企业获得上游开采业的转移效益，虽然表面上盈利较高，但实际效益并不一定好。1994年实行原油价格调整以来，我国石油价格接近于国际市场价格，一些大型石化企业也出现了亏损现象。

二、从体制入手，提高石油行业竞争力

从上述问题看，提高石油行业竞争力的主要任务是调整产业组织，实现资产重组，优化资源配置，提高整体效益。

（一）尽快合并石油和石化的行业管理，形成上下游一体化、产供销相结合的大石油行业管理

对石油行业实行上下游一体化成为共识，也有国际经验可供借鉴，但具体操作起来难度较大。各行业都想在保住已有利益的同时去吸收别人。目前已到了国家决断的时候。

目前，我国的石油资源管理、石油勘探和开采、加工及贸易被分割在四五个部门，没有一个部门能负责上下游一体化的行业管理，也没有一个部门能从国家的整体角度考虑石油行业的体制改革和发展政策。我国至今不能制定一个明确的、从大石油行业出发的石油产业政策。

实现上下游一体化的大石油行业管理不仅涉及石油开采和加工环节的政策和管理，还应包括石油资源的开发利用和保护、石油储备、石油产品消费和内外贸易、利用国外石油资源、行业组织和反垄断等环节的政策和管理。现有的几家大公司均难以承担这一任务。

因此，实行石油行业上下游一体化改造，首先要把行业管理职能从现有几家大公司中分离出来，由超脱于生产经营环节的行业管理机构承担，实行上下游一体化的大石油行业管理。

（二）用现代企业制度改造石油企业，实现企业化经营

目前，建立石油行业上下游一体化的企业制度的关键，是彻底打破条块分割的小行业垄断经营体制，在现有的石油天然气总公司、石化总公司、海洋石油天然气总公司和中国化工进出口总公司四个总公司的基础上，打破部门和地区界限，组成几家勘探、开采、加工、运输和销售一体化的、跨地区经营的大型石油公司。

石油行业以国有资产为主，在公司制改造时应先以法人持股的形式为主。石油行业上下游一体化的企业化改造有两种主要模式：一是在现有行业总公司基础上，通过法人持股的方式，组成上下游一体化的企业集团；再由国家经营性控股公司逐步向国家纯粹控股公司过渡。二是以效益好的大型石油企业为基础，通过兼并和法人持股等方式组成上下游一体化企业集团。两个方案各有利弊。以行业公司为基础，可能会在现有总公司的操作下比较平稳地实现跨地区的上下游一体化，但企业自主经营的问题不容易得到一次性解决；以大企业为基础，改革步子较大，有利于实现企业自主经营和淘汰不具备经营条件的企业，但因原有石油资源条件不同，可能造成企业利益分配不均，波动较大。

具体的一体化方式，可通过以资源为主的区域性一体化和以市场为主的一体化实施。以资源为主的区域性一体化是指在石油资源和加工企业集中的地区组成上下游一体化的企业集团。如大庆油田与大庆炼油企业、华北油田与华北炼油企业纵向一体化。逐步通过企业跨地区投资或持股实现企业跨地区经营。以市场为主的一体化是指以依靠进口石油的大石化企业为主，重点围绕石油深加工组成一体化企业集团。

可以进行两种方案的试点。在一些油田企业和炼油企业相对集中的地区，可以形成以大企业为核心的区域性的上下游一体化的企业集团；对比较分散的石油企业，可形成以总公司为核心的上下游一体化的企业集团。而一些不具备经营条件的企业则应被淘汰。

（三）抓紧石油行业体制改革和战略研究

实行石油行业企业化改造涉及国家、部门、地方和企业等方方面面的利益。目前我国油田企业办社会，社会负担过重也是实现石油企业改革的一大难题。

在现有利益格局下，如何对石油行业进行现代企业制度改造是值得认真研究的。究竟采取什么方案，要在充分比较的基础上，根据具体情况制定对策，不搞“一刀切”。改革既要分步骤进行，防止大的波动，也要使每一步改革不给下一步改革造成障碍。因此，石油行业体制改革和发展战略必须由国家通盘考虑。建议抓紧组织力量研究和制订石油行业的体制改革方案以及石油发展战略和产业政策。

再谈石油化工行业的竞争与重组*

加入 WTO 后，我国的石油天然气市场越来越开放，国内石油企业面临越来越大的竞争压力。目前，国内又展开了对石油行业组织和管理体制的讨论。讨论的重点是国内石油市场要不要竞争，如何通过新一轮重组提高石油企业的国际竞争力。一种观点认为，我国石油企业与国际上的大型石油公司相比，规模不够大。应对现有石油企业进一步集中重组，增强市场集中度。另一种观点认为，国内石油及其产品市场存在着区域性垄断，应该创造公平竞争环境，由企业自己根据竞争需要进行重组。本文重点从如何判断垄断和分析我国石油行业特征入手，探讨这个问题。

一、如何看待石油行业的垄断与竞争

（一）企业规模和市场份额不是判断垄断的唯一标准

判断垄断与否不能简单地根据企业规模和市场份额指标，而应将市场结构（集中度）与市场效果相结合，主要以市场效果为主。市场效果最终要看企业行为对消费者利益的影响，即对整个社会福利分配的影响。垄断企业是滥用优势地位控制价格，导致消费者利益损失，获得垄断利润，造成社会剩余分配不公平。垄断的结果导致社会效益损失和低效率。

市场集中不一定是垄断的结果，有些是竞争的结果。随着技术进步，一些行业的最小经济规模扩大了，规模经济性明显提高。在这些行业中，部分

* 本文发表于《国际石油经济》2002 年第 9 期。文章原名为《也谈石油行业的竞争与重组》。

企业的规模做大了，市场份额增加，价格却下降了。这是竞争带来的效率和技术进步的结果。优势企业与垄断企业的本质区别是对社会福利及其分配的影响。优势企业是通过竞争提高生产率，形成低于同行业平均成本的竞争优势。优势企业通常利用成本优势降低价格，对市场价格具有抑制作用，减少消费者剩余损失。因此，近些年来，有些国家调整了反垄断政策，其变化趋势是：从过去的市场份额控制转向效率分析；从统一标准控制转向更重视"现实表现"，把工作重点放在市场环境和竞争行为分析上；从过去注重国内市场的企业竞争转向注重国家竞争力。

市场是一个产品和地理区域的概念，垄断与市场开放程度和市场的规模有关。在开放的条件下，市场范围扩大到全球市场，一国企业的数量并不能反映市场是否垄断。有时，虽然国内只有一家企业，却要面临国际上众多企业的竞争。在一个封闭和分割的市场上，即使有多家企业也不一定有真正的竞争。一个国家的市场规模不同，同样数量的企业，竞争程度也不一样。

（二）石油行业是政府监管下的竞争性行业

从国际经验看，石油行业是上下游一体化经营的大型跨国企业和小型专业化企业并存的行业。近些年来，在大型跨国石油公司强强联合、规模越来越大的形势下，一些小型风险石油公司也增长较快①。

目前，国际上的石油终端市场（如加油站市场）是一个竞争激烈的市场。尽管国际上几家大型跨国公司在全球石化行业的市场占有率较高，但是这些公司在欧美零售市场上的占有率却是有限的。据统计，埃克森美孚、壳牌和BP阿莫科等10家大型石油公司在美国加油站市场上的份额大都在10%左右，最高也不超过20%②；在英国，英格兰、威尔士、苏格兰和北爱尔兰等区域汽油加油站市场上，前十大公司的总销售份额不超过70%，单个公司的最高份额也不超过20%③。而目前，我国的石油批发市场和零售市场的集中度远高于这个比例。

由于石油是战略资源，石油行业不同于一般竞争性行业，世界各国政府都非常重视对石油资源和市场的监控和管理。但是，因为发展阶段、石油的

---

① 蒂莫西·布利克利，戴夫·吉，罗恩·休姆："大石油，小型化"，《麦肯锡高层管理论丛（V）》，经济科学出版社1998年版。

② 资料来源：www. datametrixinc. com。

③ 卢向前："互联网开创油品零售新纪元"，《国际石油》2001年第4期。

供求及经济管理体制不同，各国的石油工业管理体制不同。在一些发达的市场经济国家，特别是一些石油进口依存度较高的国家，石油市场是开放的。政府主要通过市场组织政策，如制定市场准入标准、建立石油储备体系、反垄断法等，维护石油市场秩序，保护国内消费者的利益和国家石油安全。比如，埃克森公司和美孚公司合并时，为了防止地区市场过于集中和形成区域性垄断，联邦贸易委员会在审查其兼并申请时，要求出让两家公司在部分地区的炼油厂和加油站资产，以降低其区域终端市场占有率。而在一些发展中国家，特别是一些曾经是殖民地的石油资源国，则往往直接由国家公司控制石油资源的开采和供应。

（三）我国石油化工行业的市场特征

1998 年，我国石油化工行业重组，打破了上下游分割的行业性垄断，组建了两个上下游一体化的大型石油化工集团——中国石油化工集团公司（简称“中石化”）和中国石油天然气集团公司（简称“中石油”），加上中国海洋石油总公司（简称“中海油”）和中国化工进出口总公司（简称“中化公司”）。其中，中石油和中石化是真正的“上下游一体化”经营；中海油主要从事海上勘探开采，近两年才开始发展下游加工行业；中化公司主要从事石化产品进出口业务。尽管我国石油行业形成了可竞争的格局，但并不等于国内市场形成了有效竞争。

我国三大石油天然气集团或公司基本上是按地域来组建的，石油天然气资源和下游批发市场也是按地区划分的。在石油勘探开发环节，三大集团或公司“划地域而治”，除了三家大型石油公司外，还有一些小型地方企业。

成品油的批发环节实行严格的进入管制，中石油和中石化拥有成品油批发权，并被授权制定批发企业布局规划，报国家经贸委审批。1999 年起，两大石油公司以外的合格成品油批发企业可由两大石油公司依法采取划转、联营、参股、收购等方式进行重组。

零售环节曾有一段时间放开，由地方政府会同有关部门审批成品油零售和加油站业务，出现了地方加油站重复建设、过度竞争的局面。2000 年，国家经贸委转发了中石油、中石化《关于加油站（点）清理整顿有关问题的紧急通知》，两大石油公司参与清理和整顿加油站的工作。2001 年起，各地区新建的加油站统一由两大集团全资或合资建设①。两大石油公司为了争夺下游市场，展开了激烈的加油站之争，结果出现了两大国有石油公司竞相抬价收购加油站的现象。目前，全国约有 8 万家加油站，两大公司约占 50%，销售量占 60% 以上。

目前，我国石油天然气行业的市场监管体制不健全，以行政审批为主，缺少行业统一的市场准入标准和独立的监管机构。目前，加油站的安全、环境和设备能力标准基本上是两大公司的自律性标准，没有全国统一的行业标准；石油行业的管理分散在各级政府的行政部门，加油站等成品油零售点审批权力在地方政府部门手中，各地在审批加油站时，标准不统一，掺杂使假、偷税漏税、缺斤短两、加油机不符合标准的加油站屡见不鲜。同时，建设加油站要由两大石油公司参股和批准，相当于赋予两大石油公司行业管理职能，造成了新的政企不分。目前的石油勘探开采管理，一方面，由于历史原因，勘探开采权利按区域分割，缺乏储量市场，大部分石油资源分区域集中在少数大企业手中；另一方面，由于执法不严，在地方保护下，一些地区出现地方企业乱采现象。

由此可见，我国石油天然气行业的市场组织特点是资源和市场的区域性分割与局部过度竞争并存。造成这种局面的主要原因，一是人为的资源和市场区域分割增加了企业的竞争成本；二是政府指导定价扭曲了市场价格信号，缺乏石油市场机制；三是批发市场的人为垄断，国内油品批发市场以两大石油公司为主和油品进口以三家大型国有公司为主；四是市场秩序的法律不健全，缺少独立的市场监管机构，在某种程度上授予大企业集团行使政府职能。由于我国没有反垄断法和独立的石油天然气市场监管机构，不敢也不能在石油天然气行业放开竞争。

（四）两大石油集团的加油站之争

两大石油集团的加油站之争引起了社会广泛关注。有观点认为，这说明国内石油市场过度竞争，因此需要合并重组。实际上，产生问题的主要原因是政策和体制因素的影响。一是在价格管制和市场保护的情况下不可能形成有效竞争。现在成品油仍然实行关税保护下的国家指导浮动价格体系，国内

---

① 《国务院办公厅转发国家经贸委等部门关于进一步整顿和规范成品油市场秩序意见的通知》，国办发［2001］72 号。

成品油价格高于国际市场价格，在终端市场上有利可图，因此，各种资金纷纷投向加油站和油品销售，造成加油站的重复建设，过度竞争。二是行政保护导致低市场分割和垄断。由于油品进口与成品油的批发环节实行严格的进入限制，进口和批发经营权控制在少数大型企业手中，缺少竞争，石油价格难以下降。过去，加油站的审批权在地方政府手中，地方保护主义导致加油站市场地区分割和低水平分散重复建设，真正有实力的企业难以跨地区经营加油站。三是现行国有企业运行机制下的非规范竞争。目前，两大石油集团为国有企业，中石油和中石化的国有股占90%。在现有国有资产管理体制和国有企业经营管理机制下，一方面，企业负盈不负亏，经营者的责、权、利不相称；另一方面，两大石油企业的社会包袱沉重，负有稳定社会的职能，难以与国际大公司竞争，政府又不得不给其一定垄断权力，结果导致两大石油集团不惜血本地进行加油站之争。现行国有企业管理体制和运行机制决定了两大石油公司的非规范市场行为。两大石油企业加油站之争的主要原因是缺乏公平竞争和规范的市场环境。

二、石油化工行业重组应注意的问题

我国石油化工行业面临着新一轮重组。重组的目的是增强产业竞争力，其最终目标是保护消费者和用户利益，提高效率和社会整体效益。

（一）促进我国石油行业发展的关键是体制问题

提高我国石油企业的竞争力主要是靠扩大规模，还是靠改进管理体制？有观点认为，我国石油企业与国际上的大型石油公司相比，规模不够大。因此，提高竞争力就要扩大规模。下面，通过国内外比较来看规模与竞争力的关系。

1. 国际比较。从销售收入来看，2001年，中石油和中石化的销售收入已经位居世界第5位和第10位。根据2001年年底的统计数据，中石油与中石化集团的总资产分别相当于埃克森美孚的58%和47%，两家总资产合计是埃克森美孚的105%，比一个埃克森美孚还要大，但是两家公司的合计营业收入却只有埃克森美孚的43%，合计净利润只是埃克森美孚的35%。如果比较劳动生产率，国内企业的效率就更低了。仅中石化的在职职工就是三家世界石油巨头的职工人数之和。由此可见，中国石油企业竞争力不强主要不是因为企业规模不够大，提高企业竞争能力的当务之急是如何提高企业的效率和转变经营机制，而不是追求企业规模。

2. 国内比较。两大石油公司与中国海洋石油公司相比，2001 年，中海油总公司的销售收入利税率是 45%，而中石油和中石化分别不到 20% 和 10%。中海油总公司的在职职工只有 2 万多人，而中石油和中石化却是上百万职工，中海油的人均营业收入是两大公司的 4 倍还要多。中海油在国际上是一个小型石油公司，但是在国内的石油公司中，它的经营机制是最早与国际接轨的，虽然规模不大，但效益较好，其在股市上的表现也好于其他两家石油上市公司。由此可见，做大不等于做强。由于历史原因，两大石油集团背着沉重的包袱，把所有石化企业合成一个企业只能是重吃“大锅饭”，把好企业拖垮。因此，当务之急是改革现行企业管理体制，规范企业治理结构，理顺集团公司与上市公司的关系，使企业轻装上阵。

（二）石化企业进一步重组应澄清的几个问题

一是做大不等于做强，企业重组应以效率为目标。我国石油行业总体规模不小，四大石油公司中两个进入世界财富 500 强，但是我国石油企业的效率很低。这种低效率的合并，只能加大管理成本。

二是先改革后重组。1998 年第一次行政性资产划拨重组后，各大集团内部的资产结构调整还没有完成，集团公司中原有的社会包袱还没有解决，配套资产之间的关系还没有理清，核心业务上市公司与集团公司的利益关系还未理顺。在这种情况下，改革才能增强企业市场竞争力。

三是市场制度建设先行，建立公平竞争环境。目前，我国石油行业缺乏必要的监管机制和与市场秩序规制相关的法律。市场经济国家有反垄断法（或促进竞争法）、限制不正当竞争法等规范市场竞争秩序的法律来确保公平竞争的环境。

四是下一轮重组应是企业市场行为而不是政府行政行为。目前，三家石油公司已经在海外上市，重组将直接影响上市公司的市值。企业的业绩不是赢得上级政府主管部门的满意，而是要获得资本市场和消费者的满意。从国际经验看，大型企业重组是复杂工程，要根据企业的优势进行重组。因此，石油行业的下一轮重组应充分发挥市场机制，实行优胜劣汰，防止“拉郎配”和“抽肥补瘦”的做法。下一步三大石油企业的重组重点应该是地域和产业链条的互相渗透。

（三）健全石油工业管理体制和有序引入竞争

石油天然气工业改革和重组的重点是建立石油工业管理体制和有序引入竞争。

1. 制度建设要先行。石油行业是战略性行业，各国政府都对石油行业进行必要规制。尤其在开放竞争的市场上，需要建立规范、透明的制度和规则，对政府管理的要求更高。根据市场经济国家的经验，政府在石油天然气行业的管理职能主要有以下几个方面：一是要建立国家能源管理体制，实行石油战略管理。目前，国内的电力、煤炭、石油天然气等分散在不同部门管理，没有一个部门制定统一的能源政策和战略。石油天然气工业作为能源工业的一部分，其发展要服从能源总体发展战略，在国家能源整体战略的基础上制定石油发展战略。石油战略管理包括石油供应和消费政策、能源安全和储备政策、石油天然气技术政策等，主要手段是财税政策、金融政策，资助研究开发、制定技术和环境标准等。

二是建立市场准入制度，严格执法。通过制定环境标准、技术标准、产品标准、设备能力标准等进行行业规制，在标准面前各种所有制企业、各种投资者平等。如上游开采领域采取许可证制度，实行公开竞争招标；下游销售环节建立统一市场准入标准。

三是针对石油行业制定促进竞争和反垄断的政策。除了天然气管道运输环节以外，石油天然气行业的其他环节都是可竞争的，可以用竞争政策限制垄断和不正当竞争行为，维护市场公平竞争。

四是在自然垄断环节实行政府规制，限制其垄断力量。规制不一定就是控制价格，而应要求垄断企业按公平定价原则，公平对待所有用户。

五是进行石油供求市场信息服务。一方面，政府根据石油市场信息服务和分析制定能源政策；另一方面，政府发布市场供求信息，为企业决策提供依据。

2. 根据上下游各环节的技术经济特点，有序引入竞争，采取不同的监管机制。由于石油天然气行业各环节的技术经济特点不同，市场组织结构和竞争性也不相同，因此监管重点不同。

上游石油天然气资源开采环节在实行许可证制度的基础上，建立储量市场，促进储量流动，提高资源开采效率。勘探开采环节引入竞争的主要目的是：一方面，一个区域允许两家或两家以上的企业勘探开发，可以减少资源的区域性垄断，增加下游的竞争力；另一方面，勘探环节引入竞争有利于增加石油天然气资源储量，防止一些企业长期控制一些区域而不进行勘探投入，促进企业增加勘探投入和资源储量资产的流动。

石油加工业的规模效益比较明显，国外大型乙烯企业的装置规模是80万吨、上百万吨，而我国乙烯企业的生产装置规模较小。因此，石油加工企业的主要问题是提高技术和管理水平，实现经济规模，提高竞争力。同时，通过反垄断和反不正当竞争法规维护公平竞争。

下游销售环节，特别是加油站是竞争性市场，主要靠市场准入制度，通过安全标准、环保标准、产品标准、储备能力标准等进行控制。销售网络是占领石油市场的关键。目前，国际上大型石油公司重组的主要战略就是整合下游市场，向销售环节延伸。销售网络规模效益比较明显，特别要防止区域性垄断。一些市场经济国家对地区石油零售市场份额有限制，如世界上一些大型石油企业尽管在全球具有庞大的销售网，但在一个地区的市场份额是有限的。从美国的情况看，大型公司在一个州的销售网点占有率平均在15%左右。因此，我国石油产品的零售环节面临如何相对集中和防止垄断的双重任务。应逐步放开石油进口权，增加下游市场的竞争性。

天然气管道运输环节具有一定的自然垄断性，管道运输的垄断和竞争与市场规模有关。我国的天然气产业还在发展初期，输气管道还没有形成网络，大部分生产者和用户之间都是单线联系，而且需求规模有限，目前还不可能像欧美国家那样引入竞争。应该实行管道运输特许经营权的公开招标制度，引入建设和经营权竞争；在上游开采环节，一个地区允许多家企业勘探开采，增加买方的竞争性；同时，实行运输与销售分离，加强对管道运输定价原则的规制。石油运输管道因为有其他运输工具平行竞争，其垄断性比天然气管道弱。

3. 加快国有石油企业改革，建立现代企业制度。形成有效竞争市场的一个重要前提是企业必须按照市场机制来运作。否则，竞争压力不仅不会变成提高效率的动力，反而可能导致企业伸手向政府要政策，或者可能出现不计成本的恶性竞争。一是应该整体解决现有企业的社会包袱，而不是每个油田企业自己解决；二是要建立合理的企业治理结构，实现责、权、利相统一的所有权与经营权分离；三是明确国有企业的考核目标，建立有效的激励和惩罚机制，实行职业经理人制度。

加强和发挥科技型央企的产业共性技术平台作用*

一、产业升级需要产业共性技术支撑

我国正处于经济转型发展和产业升级的关键时期，迫切需要产业技术支撑企业创新和产业升级。一方面，部分制造业的产品进入中高端市场，与发达国家和跨国企业的竞争加剧，引进技术难度增加。另一方面，随着技术进步加速，技术研发的复杂性和成本增加，企业对外部技术的需求越来越大，越来越迫切。特别是部分企业技术创新正从引进技术消化吸收转向自主研发与引进技术相结合。实现自主创新，需要加强竞争前的应用基础研究，为企业的产品和工艺创新提供技术平台。

产业技术的形成和发展大体经历三个阶段：基础研究、应用研究、产品和工艺技术开发阶段。其中，应用研究位于基础研究与最终产品技术研发之间，是产业技术发展的重要环节。一方面，应用研究利用基础研究成果探索实用技术；另一方面，企业在应用研究成果的基础上进行产品和工艺技术研发。由于应用研究大部分是竞争前的研究，其成果应用面较广，共用性较强，也被称为“共性技术研究”。

目前，我国大部分企业缺乏应用研究能力，大学的研究成果又与企业需求相差甚远。缺乏产业共性技术研发能力已成为影响我国企业创新能力的重要因素之一。因此，应尽快从产业升级和企业创新的需求出发，进行产业共性技术供应能力的布局。尤其是在那些门类多、企业分散的行业，更需要产

* 本文发表于《国务院发展研究中心调查研究报告择要》，2010 年第 103 期。

业技术研发平台。即使在发达的市场经济国家和地区，也有一些独立的、为行业服务的应用技术研究机构。如，德国的弗朗霍夫学会、瑞典的卓越中心、日本的产业技术综合研究所、美国的卫生健康研究所和能源部的国家实验室，以及我国台湾地区的工业技术研究院等。近年来，各地纷纷仿照台湾工研院等模式，围绕特色产业群建立应用技术研究机构，这充分说明产业发展和企业创新需要行业技术研发和服务平台。如何建立行业共性技术发展平台，是建立国家创新体亟待解决的问题。

二、转企后行业大院大所的共性技术平台功能减弱

1999 年起，国家部委所属的应用研究机构实行企业化转制改革。其中有十几家具有行业应用技术研发平台功能的大院大所（如钢铁研究院、有色金属研究院、矿冶研究院、机械科学研究院、纺织科学研究院、建材科学研究院等），直接归国务院国有资产监督管理委员会（简称“国资委”）管理，成为央属大型科技企业（简称“科技型央企”）。

转制后，由于体制原因，科技型央企的共性技术研发能力明显减弱。一是因为按照生产型企业考核其实物资产保值增值和利润增长，导致科技企业“追求营利”和规模。为了生存，这些科技企业把主要精力用于短平快的项目，无力投入基础性研究和共性技术研究。加上国家对科技型央企的科研基础设施投入不足，资助项目大都是竞争性项目，共性技术研究没有稳定经费支持，无法维持研究队伍。二是转制后，科技型央企一定程度上与同行企业形成竞争关系，成果内部产业化，难以发挥行业平台作用。特别是 2009 年以来，部分科技型央企再次并入大型国有企业集团，成为企业集团的二级单位。尽管母公司都承诺保持其为行业服务的功能，但实际上它们不仅难以继续享受以前国资委的一些灵活政策，而且有些院所进入竞争性行业的某个企业集团后，母公司的竞争对手业更不愿由其提供服务。

三、积极探索加强科技型央企产业共性技术平台作用的路子

多年来，国家有关部门在大学、科研机构和企业设立了不少国家实验室、工程中心、技术中心等，但大都是针对某一技术领域和学科方向，研究领域窄，没有系统集成能力。而且仅是政府“发牌”，缺乏稳定投入和有效的监督管理机制，无法发挥共性技术平台的作用。而科技型央企长期从事应用技术研究，积累了较雄厚的技术基础和研究人才，在行业共性技术研发、科技成果产业化、工艺技术工程化等方面具有明显优势。因此，要充分发挥其行业共性技术平台的作用。

构建行业共性技术平台，需要配套的组织形式和有效的管理机制。根据国际经验，行业应用技术研究机构大都采取非营利机构或国家实验室的组织模式，并保持相对独立性。鉴于我国非营利机构的法律尚不健全，以及行业科研院所已转为企业，并部分进入国有企业集团的现实情况，建议从两方面入手提高科技型央企的行业共性技术平台作用。

（一）改进考核机制，体现科研机构的特点

科技型央企作为生产型企业并无优势，其主要优势是创造知识和无形资产。因此，对这类科技企业不应按生产经营性企业对待，应弱化对其实物资产保值增值和利润增长率的考核。一方面，应重点考核其研发投入和为企业提供技术服务的情况，包括国家重点项目承担情况，与企业的研究开发合同、技术服务和成果转化等。另一方面，应降低其税负，把更多资金用于科研投入和激励人才。

（二）借鉴美国能源部国家实验室委托承包人运营管理的模式（简称“GOCO”），在科技型央企设立行业共性技术实验室

美国能源部国家实验室“GOCO”模式的核心是“政府所有，承包人运行”。有以下几个特点：一是能源部拥有国家实验室的产权，即实验室的厂址、建筑物和设备归能源部所有。二是委托承包人来运行管理国家实验室，承包人一般为大学或公司等。通常，基础研究类实验室委托大学管理，应用

研究类实验室委托企业管理。三是能源部与承包人签订委托管理合同，明确各自的权利和义务，依照合同进行管理与运作。四是国家实验室的研究经费主要来自于能源部和社会委托的研究项目，承包人的管理经费由能源部拨付。管理合同规定了实验室工作绩效考核内容和办法，能源部根据绩效考核结果，支付委托管理经费。五是能源部拥有其资助的国家实验室研究成果的知识产权，授权承包人对研究合同执行过程中的发明、发现等知识资产进行鉴定、保护，及其许可与转让谈判。

因此，建议在科技型央企设立国家行业共性技术研究实验室，并将其从“营利”业务中剥离出来，做好以下几方面准备工作：（1）明确所有者与业务管理部门。目前，科技型央企属于国资委管理，为避免资产划拨可能出现的问题，行业共性技术实验室的产权可继续归国资委所有。由于共性技术研发活动必须与行业发展密切结合，应由行业政策制定和实施的主管部门负责实验室的业务指导和管理。因此，建议行业主管部门和国资委共同作为委托人，以行业主管部门为主。科技型央企为承包人。（2）建立一套行业共性技术实验室的认定标准，明确其行业服务的功能，划清与科技型央企其他业务的边界。（3）建立绩效考核制度，重点考核其承担国家重点项目、产学研合作、科研成果转化和技术转移的情况等。（4）建立管理国家行业技术实验室的专项经费，用以支付国家级行业共性技术实验室的委托管理费。（5）规范委托合同，明确委托方与承包人的权利、责任和义务，以及知识产权的权属与转移机制，建立透明的经费收支、资产处置制度等。

上述模式可以在现有体制下实施，既无需做大的变动，又有利于加强和发挥科技型央企的产业共性技术平台作用。可先在少数集中度较低行业的科技型央企进行试点，在试点中总结经验，逐步完善。

第 三 篇

市 场 规 制

反垄断法的国际比较与借鉴*

为了规范市场秩序，限制垄断和促进竞争，不少国家制定反垄断法和并购准则，规范企业的并购行为。总的来看，反垄断法和企业并购政策的基本原则，一是禁止垄断和卡特尔协议。垄断是指企业通过并购、收购或低价倾销等手段，把其他竞争对手从市场上排挤出去，从而确定自己在市场上的垄断地位，并以此支配市场。许多国家通过反垄断的法律，对危害竞争的垄断企业实行分割。

二是限制削弱竞争的并购。市场集中有利于发挥规模经济的作用，但过度集中又会产生垄断，从而限制竞争。由于企业并购是实现市场集中的主要途径，因此，各国反垄断法都对导致市场过度集中的企业并购，尤其是对大企业之间的并购加以必要的规制和严格审查程序。

三是禁止滥用市场力量。所谓滥用市场力量是指在市场中居支配地位的大企业，凭借其自身实力对其他企业施加影响，迫使其他企业按照自己的意愿行事，从而妨碍市场竞争。具有市场力量的大企业并不等于垄断，只有那些利用其市场力量，采取非法行为的企业才是垄断企业。因此，各国的反垄断法都对价格歧视、排他性独家交易、搭配销售和限定销售区域等滥用市场地位的行为加以限制。

本文重点介绍和比较美国的反垄断法和欧共体的促进竞争法。

---

* 本文发表于《国务院发展研究中心调查研究报告》2001年第50号，2001年3月22日；转载于《经济研究资料》（2002年第8期）。

一、美国的反垄断法和企业并购政策

（一）美国的反垄断政策和法律框架

在美国，不少法律与反垄断有关，其中最主要的有三个。这些法律的主要目的是保护和促进竞争，降低价格，鼓励创新和给消费者更多选择，但各有侧重。

1.《谢尔曼法》。早在1890年美国国会就通过了第一部反垄断的法律——《谢尔曼法》。《谢尔曼法》是反垄断的基础法，主要针对贸易中存在的垄断问题，重点是禁止垄断和共谋。

《谢尔曼法》禁止任何限制交易的协议。所谓限制交易是指交易中的反竞争活动因素超过有利于竞争的因素。《谢尔曼法》规定，任何用来限制交易或者商业活动的合同，无论是以信托、共谋或是其他方式，都是非法的。任何人签订这类合同或者从事任何形式的共谋，都将被认定为犯有重罪。公司将被处以不超过1 000万美元的罚款；或者个人将被处以不超过35万美元的罚款，或不超过3年的监禁；或者同时对公司和个人实施上述处罚。

《谢尔曼法》对垄断的判断依据，一是按区域和产品划分的市场力量，主要以市场占有率为依据，如果某个企业的产品市场占有率为80%~90%，可以视为市场力量很高；二是当事企业采取了某些掠夺性定价或排他性的行动。

2.《克雷顿法案》。1914年通过的《克雷顿法案》的重点是防止价格歧视和通过产权重组形成排他性经营。《克雷顿法案》认定价格歧视、排他性和限制性合同，削弱竞争的公司之间交叉持股、互派董事等行为是违法的，并且对不正当竞争作出一般规定。

《克雷顿法案》限制不正当竞争：禁止卖方对不同买方实施歧视性价格，但是允许对不同品质、不同等级或销售数量的产品实施差别价格；在上述条件相同时，只能根据销售成本或运输成本的差别，相应减少价格，并且卖方只能是为了竞争进行善意降价。该法认为，除了提供与购买和销售有关的服务以外，任何从事商业活动的人在商业活动中支付或接受佣金、回扣、津贴或其他补偿都是不合法的。

《克雷顿法案》还限制企业间削弱竞争和形成垄断的权益或资产交易，规定从事交易活动或者对交易活动有影响的任何企业都不得擅自进行可能会持续地减弱竞争，或有利于形成垄断的并购活动，即以直接或间接的形式获得其竞争对手的部分或全部权益或资产。若进行这种购并活动，须事先向贸易委员会申请，得到批准后方可进行。但是，不影响竞争程度的单纯投资行为不受限制。

《克雷顿法案》规定，当公司违犯任何反垄断法的处罚条款时，授权、指示或者直接实施违法行为的公司董事、管理人员或者代理人触犯了法律，将被处以不超过5000美元的罚款，或不超过1年的监禁，或者同时处以罚款和监禁。

该法还规定，当任何人、公司和机构的业务或财产受到违反反垄断法的行为的损害时，都可以提出诉讼请求，并且可以要求获得相当于3倍损失和诉讼费用的赔偿，其中包括律师费用。

3.《联邦贸易委员会法》。《联邦贸易委员会法》主要是对重组并购进行管理，防止重组并购中的垄断行为。《联邦贸易委员会法》规定，任何并购必须获得联邦贸易委员会或者司法部的批准，未经批准资产不得并购为一体。联邦贸易委员会和司法部联合实施反垄断法，共同提出了企业并购准则。该准则概述了联邦贸易委员会和司法部对横向和纵向并购的有关政策。贸易委员会还被授权禁止任何个人、合伙人和公司在交易活动中或任何影响交易的活动中利用不公平竞争以及欺骗性手段。

还有其他一些辅助性法规有助于主要法律的实施。如，1970年防止敲诈勒索及贪污组织的《瑞欧法案》涉及反垄断的内容；《哈特—斯考特—海罗迪诺法案》规定一定规模以上的购并活动必须先报贸易委员会等等。

（二）20世纪60年代以来美国企业并购准则的变化趋势

美国的反垄断法主要明确了反垄断的基本原则、分析因素、审查程序和惩罚措施等，司法部和贸易委员会编制了企业购并准则，为处理并购案提供指导。企业并购准则概括了对购并采取的具体政策，介绍了监管机构在分析并购活动时采用的分析框架和标准，以减少执行反垄断法过程中的不确定性。企业并购准则包括横向并购和非横向并购准则，以横向并购准则为主。从1968年颁布第一个并购准则起，几次修订，最终形成1992年的并购准则。

1. 1968 年的并购准则以市场集中度为主要判据。为了在市场上保持一定数量的小规模企业，防止形成共谋的条件，1968 年的并购准则根据市场特征，详细规定了兼并企业的市场份额标准。并购准则规定，当市场中 4 家最大企业所占市场份额之和（CR4）达到或超过 75% 时，两个企业不能并购的条件是：主并企业的市场份额为 4% 以内，被兼并企业的市场份额为 4% 或以上；主并企业的市场份额为 10% 以内，被兼并企业的市场份额为 2% 或以上；主兼企业的市场份额为 15% 以内，被兼并企业的市场份额为 1% 或以上。

当该行业的 4 家最大企业的市场集中度指标低于 75% 时，主并购企业的市场份额和被并购企业的市场份额不能超过一定限额（见表 1）。

表 1　　1968 年美国企业购并限制条件

主并企业的市场份额上限	被购并企业的市场份额上限
5%	5% 或以上
10%	4% 或以上
15%	3% 或以上
20%	2% 或以上
25% 或以上	1% 或以上

2. 1982 年并购准则改进集中度标准，细划市场范围。1982 年并购准则仍然以横向并购为主，但有两个主要改进：一是提出了新的划分市场范围的方法和规则，即哪些产品、哪些企业应划为同一市场；二是引进了新的方法来测定市场集中度，即赫芬达尔 - 赫尔希曼指数（简称为 HHI 指数）。HHI 指数等于某一行业市场中每个企业市场份额的平方之和。HHI 指数考虑了企业规模分布和集中度两方面因素，是对简单的集中度指标的改进。

1982 年并购准则根据 HHI 指数将市场集中度分为高、中、低三类：当 HHI 指数小于等于 1 000 时，为低集中度市场；当 HHI 指数大于 1 000 并小于等于 1 800 时，为中集中度市场；当 HHI 指数大于 1 800 时，为高集中度市场。

1982 年并购准则规定，在低集中度市场中，不管并购企业的市场份额是多少，一般都可以得到批准。在中等集中度市场中，如果 HHI 上升小于 100，一般可以获准。如果并购后的 HHI 上升 100 以上，就可能得不到批准。在高集中度的市场中，并购后 HHI 上升小于 50，一般会得到批准；HHI 上升在50~100之间，有可能得不到批准；如果并购使HHI上升100以上，不会得到批准（见表2）。准则规定，对非横向并购来说，除了需要考虑对横向并购适用的标准外，还要考虑进入阻碍、排除竞争对手等其他因素。

表2 1982年美国企业购并条件

市场分类	HHI增加值
HHI ≤ 1 000	不受限制
1000 < HHI≤1 800	<100
HHI > 1 800	<50

3. 1992年并购准则突出了效率分析。随着快速技术进步和全球经济一体化的趋势，企业规模不断扩大，并购政策也随之变化。1994年4月，美国司法部和联邦贸易委员会联合发布了新的1992年横向并购准则。这一新准则总结了实施1968年和1982年准则的经验教训，反映了美国在反垄断经济学理论和法学理论方面的进展。新的兼并准则淡化了市场份额指标，突出了效率指标，强调了并购对竞争趋势的影响分析，提出了评价并购的竞争效应的分析框架和具体标准，详细解释了如何分析并购行为是否导致反竞争效应，以及特定的市场要素是否影响这种效应。

二、欧共体国家的促进竞争法

欧共体国家的反垄断法有两个层次。一是由欧共体委员会制定的条约，主要是促进竞争的法规。欧共体的竞争法是从《罗马条约》派生而来的，其中第85条款禁止共谋，禁止任何限制、防止和调整成员国之间竞争的行为；第86条款禁止具有支配市场地位的企业滥用其支配力。另外，各国又有自己的反垄断法规。除了根据国情设立一些附加要求外，共同体各国的反垄断法规基本上参照欧共体的原则。

（一）欧共体的并购规则（Merger Regulations）

欧共体的并购规则于1989年颁布施行。该规则采取事前控制的原则，规定凡是符合共同体规定规模的并购都应提前通知欧共体委员会，由委员会决定是否并购。

欧共体的并购规则规定，其调整对象是符合共同体规定规模的企业的集中行为。这种集中行为既包括原先相互独立的两个或两个以上企业的并购，也包括至少已经控制了一个企业的自然人或企业，以购买股份或资产、签订合同或通过其他直接或间接等方法取得对一个或一个以上其他企业的全部或部分控制权。

欧共体的并购规则规定企业集中（并购）行为能否获得批准的标准是：该集中行为是否创造或加强了市场垄断地位，从而导致共同体市场上某一独立部分的竞争受到显著损害。其中，市场垄断地位的关键指标是市场份额。根据并购规则，所谓创造市场垄断地位是指 A 公司通过并购的方式取得 B 公司的控制权，或是 A 和 B 两公司共同设立一个集中型的公司 C，在第一种情况下的 A 公司和第二种情况下的 C 公司可能由此获得市场垄断地位。加强市场垄断地位是指一个公司通过并购其他公司来加强已有的市场垄断地位。通常，欧共体委员会不会批准那些既加强了市场垄断地位，又对竞争造成损害的并购活动。

（二）欧共体成员国的法律

在某些情况下，各成员国的国内反垄断法将发挥作用。一是在共同体的法律没有规定，且只对本国产生影响的情况下，可以应用国内法律；二是成员国法律是对共同体法律没有涉及的领域的补充；三是成员国对并购说明有不同的要求。因此，一般来说，各成员国的法律大都比欧共体的法律更严格。

三、欧共体促进竞争法与美国反垄断法的比较

欧共体的促进竞争法与美国反垄断法在基本原则上有许多共同之处，但是由于外部环境不同，具体的分析方法和操作程序有所不同。

（一）欧共体促进竞争法与美国反垄断法的共性

一是两个体系判断违法的要素相似。欧共体《罗马条约》第 85 条款和美国的《谢尔曼法》是禁止垄断和共谋的，而且判别依据类似。两个法律都认定除了明显的书面协议外，其他能够被证明具有共谋行为的做法都是限

制竞争的。但两者都不限制有2家以上企业参与的单边行动（指企业各自决策，没有共谋和协调地提高价格和限制产量的行动）。

二是两个体系在审查并购案时都重点关注对竞争的影响，考虑的因素也比较相近。美国和欧共体的反垄断执行机构和法院都对竞争者之间的协议、相关价格，以及具有强市场力量的企业间的协议和并购进行重点审查。

三是两个体系都重点限制滥用市场力量，并用市场份额来衡量市场力量。尽管《罗马条约》第86条款与谢尔曼条款有些不同，但在案例分析时，第86条款采取与美国非结构学派①类似的分析方法。欧共体的法律并不直接对垄断起诉，而是对正在滥用支配地位的公司起诉。支配地位是由市场力量指标来决定的，市场力量是通过市场份额、相关市场识别和进入障碍等因素分析来判断的。

四是两个体系的处罚力度开始趋向接近。过去，欧共体法律的实施政策和惩罚措施的严肃性较之美国法律有较大差异。近些年来，欧共体加大实施力度，采取了严格的处罚办法。欧共体采取行动抵制水泥行业的卡特尔就是一个典型例子。由于许多公司卷入由水泥行业协会推动的固定价格和分配市场份额的活动，欧共体委员会对其处以2.5亿美元的罚款，包括对每个参与者处以3 000万美元的罚款。

五是两个体系不仅可以作为反垄断的诉讼依据，而且具有防御作用。美国的反垄断法经常被作为辩护使用，进行反垄断反诉，无效和无用的防御会成为反诉的有用工具。

六是两个体系都采取并购前的报告制度和近似的分析方法。两个体系都允许知识产权许可、合资、战略联盟、标准化和协会活动等。

（二）欧共体的促进竞争法与美国反垄断法的主要区别

一是对限制贸易活动的行为采取不同的程序。欧共体的法律在实践中更具有规范性，对哪些协议可以不受法律限制，都作了明确规定。而美国的反垄断法对垂直垄断案主要靠因果分析来判断，具有较大灵活性。

二是对非价格的垂直限制处理不同。美国反垄断法的重点是促进竞争；

① 经济学中，对企业并购行为的分析和判断有两种基本理论。一是从市场结构角度出发，主要根据市场集中度指标来分析和判断企业并购重组的性质，被称为结构学派。二是效率理论。效率学派主张不应仅仅根据市场集中程度来判断企业并购行为是否合法，而要根据效率来灵活判断企业并购的性质，被称为非结构学派。

而罗马条约的主要目的不仅仅是促进竞争，更重要的是创造欧洲共同市场，防止共同市场被分割成分离的各国市场。这一目标引导欧共体委员会和法院对非价格的垂直限制采取了完全不同的分析方法。欧共体的法律非常重视分割市场的企图，因此，公司在欧洲建立销售网络时要格外小心。在美国，有选择的分销战略很容易通过合理性分析；而在欧洲，有选择的分销战略不仅可能违反85（1）条款，个别排除的做法还可能被证明是不合法的。因此，限制分销商进入某一成员国的协议是不允许的。

三是经济理论和案例分析方法的不同。欧共体的许多分析方法，特别是用于垂直限制和垄断方面的分析方法类似于20世纪60年代美国反垄断法中采取的分析方法。美国的芝加哥学派认为产品间的竞争比产品内的竞争更重要；而在欧共体的法律中，这两者在垂直限制分析中是相关因素，同等重要。欧共体的法律对占主导地位的企业并购案的分析方法是严格按照扩大垄断和掠夺性定价等经济理论的；而美国的反垄断法则注意效率分析。

四是实施法律的环境不同。与美国的情况完全不同的是，欧共体内各成员国都有各自的行动权利。

五是对并购的处理不同。尽管美国和欧洲的法律都要求在并购前进行说明，但是欧共体对未进行说明的并购案并不提出质询；而美国法律则对不满足报告要求的并购案提出质询。

六是对合资和战略联盟的态度不同。美国法律认为，合资是分离体之间的协议，不属于并购的范畴；而欧共体法律认为合资属于并购（根据控制并购原则）或协作（根据85条款）。近来，欧共体在对合资和战略联盟的个案处理上也采取了放松限制的原则。

两个法律体系在执行程序等其他方面还有一些区别。如，在欧共体的法律中，限制知识产权许可和限制协会都可能违反85（1）条款；在欧共体某些成员国的法律中，价格歧视是被允许的，如法国和德国。

综上所述，我们可以看出，欧共体和美国有关并购政策的主要理论依据仍然是市场结构理论。两个体系都明确禁止损害竞争的并购行为，而与其相对应的并购准则的目的也是为了避免市场结构过度集中，保持市场上有足够多的企业，以促进有效竞争。因此，并购准则更多的是一种预先控制的方法。当并购发生于低集中度的市场或并购不损害竞争，而有利于规模经济时，反垄断法和并购准则一般不予禁止。

四、几点启示

在建立市场秩序政策方面，我国是先从制定反不正当竞争法入手，现在还没有反垄断法。由于过去国内大部分垄断都是国有垄断，反垄断问题还没有引起足够的重视。目前，我们已加入 WTO，制度环境要与国际接轨。制定反垄断法不仅可以规范国内企业的重组行为，使其与国际惯例接轨，而且可以防止大型跨国公司在我国进行行业性垄断。因此，应该抓紧制定和出台反垄断法。

目前，我国正处于经济转型阶段，市场机制不完善，市场秩序不规范。一方面，政府行政干预造成垄断和不公平竞争。如，行政区划体制下地方保护造成地区性市场分割严重；行业保护依然存在，部分行业把行政性限产保价或提价作为主要调控手段；行政控制和国有企业在某些行业形成垄断。另一方面，大型跨国公司利用技术和资金优势在部分行业形成垄断力量。根据我国的实际情况，借鉴国际经验，在制定反垄断法时应注意几个问题。

一是借鉴欧洲的经验，在反垄断法中注意防止地区市场的分割。与国际上的大型企业相比，我国企业规模普遍偏小，产业组织结构特点是低水平分散竞争，地区保护严重，因此，我国反垄断法应注意防止市场分割和区域性垄断，促进建立全国大市场。

二是借鉴美国经验，在制定法律的同时，也制定出详细的实施条例。由于我国目前市场机制还不健全，竞争环境不公平，企业经营不规范，很难像欧共体那样制定明确的重组标准，因此，要先明确基本原则，确定分析程序和分析因素，规定审查程序和惩罚措施。同时，制定实施细则，在细则中明确可实施的具体标准，根据实践不断完善和补充细则。

三是突出保护消费者利益和促进有效竞争。应对我国现行市场条件下垄断行为的特点进行深入细致的分析，特别是对大型跨国公司的垄断行为进行分析研究，根据实际需要确定一段时期内的反垄断重点。第一，重点限制利用共谋手段抬高价格，危害消费者和用户的利益。第二，重点限制利用掠夺性定价和排他性手段等形成行业垄断地位。第三，根据行业成熟程度和可竞争性，分类确定市场份额标准，防止大型跨国企业在我国实行行业性垄断。

四是加强信息和分析方法研究等基础工作。从国外反垄断法的执行情况可以看出，在审查并购案时，要进行深入细致的分析和研究，如市场集中程度、市场需求弹性、行业供应成本等信息都是决策的依据。而我国经济管理部门的市场信息和分析方法都比较薄弱，因此，要加强基础工作，使反垄断法真正发挥作用。

五是建立相对独立的反垄断监管部门。反垄断管理不仅需要公正、客观地执行反垄断法，而且要进行大量的调查研究和分析，因此，需要相对独立的机构来承担这一任务；同时，反垄断管理是一个理论性较强、理论与实践紧密结合的工作，需要一批素质较高的专业人员。目前，反垄断工作在我国还刚刚起步，要加强这方面的人才培训。

从企业并购准则看美国反垄断法的实施*

一、反垄断法在美国企业并购准则中的应用

在实施反垄断法过程中，美国联邦贸易委员会和司法部共同编制了企业并购准则。准则把市场份额和集中度指标作为分析并购对竞争影响的起点，在鉴别并购案是否有反竞争或垄断行为之前，并购监管机构还要分析市场条件、进入障碍、效率和破产等其他影响市场竞争的因素。

根据企业并购准则的规定，监管机构决定是否可以批准并购案的分析过程主要包括五个步骤。第一步，估计并购是否增加市场集中度，是否导致集中的市场及其影响程度。第二步，从市场集中度和其他反映市场特征的因素出发，分析并购是否会产生不利于市场竞争的潜在影响。第三步，估计进入市场的适时性、可能性和有效性。第四步，分析通过购并是否能够获得任何竞争对手不可能通过其他途径获得的收益。第五步，估计交易方是否会破产，是否会退出市场。在进行具体并购案分析时，有以下几个特点：

（一）在细化的市场上使用市场集中度和市场份额指标

由于存在替代品、产品差别性、区域市场差别和买方的差别性等因素，在进行具体案例分析时，只有在细分市场上使用市场集中度和市场份额才有效；否则，将会高估或者低估市场力量。

在其他条件相同的时候，市场集中度会影响一个企业或少数企业成功形成市场力量的可能性。一般来说，市场占有率很小的企业很难在独立采取的

---

* 本文发表于《国务院发展研究中心调查研究报告》2001年第49号，2001年3月22日。

限产提价行为中获利。因此，在市场份额不够集中的市场上，为了行使市场力量，只有通过采取集体行动，才能控制产出，提高价格，从而形成共谋。但是在分散的市场上，形成共谋的难度较大。除非并购活动能够大幅度地增加集中度和导致市场集中，否则企业并购不可能增加或有利于增加市场力量。因此，对于不能较大程度地增加市场力量或形成市场集中的并购行为，监管机构通常无须进行进一步的深入分析。

（二）分析市场条件

尽管有些市场的集中度较高，但因为市场条件不同，形成垄断和共谋的难易程度不同。因此，监管机构在决定是否干预并购之前要对市场条件进行细致分析。

在实际中，有些市场条件有利于形成协调关系，有些则可能阻碍协调关系；有些协调关系不一定形成对消费者有害的垄断结果，并不违反反垄断法。因此，并购监管机构要区别哪些协调关系违反竞争原则，哪些不违反。分析中需要注意的问题：一是协调关系不一定在企业间形成复杂的协议，可以是遵守一些简单的承诺，如共同价格、固定差价、稳定市场份额、顾客和市场的划分限制等。二是不完全的协调关系也会危害竞争，但不完全的协调关系往往不可能持久或不可能存在。三是有关竞争对手和市场的关键信息也可以促进协调关系。四是由于技术和管理特征造成企业的行为具有相似性，并不属于共谋，不违反反垄断法。五是有些市场条件限制协调行动。如，产品的差别性、因经营方式差别造成信息的不完全性等因素都可能限制协调关系的形成。

为了简化分析，监管机构通常采取纵向和横向比较的方法分析市场条件。如果在某一市场上，并购前企业之间有明显的协调关系，而并购后并没有改变这一明显特征，那么现在的市场条件仍然可能有利于形成共谋。如果以前其他地区同类可比市场上有明显的企业共谋现象，那么本地相似的市场条件就可能有利于共谋。监管机构通常只对有利于形成协调关系的市场条件下的并购案进行进一步深入分析，否则不作进一步追究。

（三）分析进入障碍和进入盈利性

进入市场的难易程度影响市场力量，在进入障碍越大的市场上，现存企业的市场力量就越强，越容易形成垄断地位。在进入障碍较低的市场条件下，合并不太可能产生或强化市场力量。因为并购以后，诸多市场参与者既不能够集体地、又不能够单方面地将价格升至高于合并以前的价格水平，并有利可图。在产业发展初期阶段，新的市场进入者可能防止反竞争的并购，或者降低和消除并购对竞争的不利影响。

因此，监管机构比较关注进入障碍较大的市场上的企业并购，对低进入障碍市场上的并购一般无须深入分析。

监管机构主要从三个方面来评价新的进入者是否能够防止或消除反竞争效果。一是新进入者是否会在适当的周期内对市场产生显著的影响。如果需要较长时间才能对市场形成显著影响，则进入者不会影响市场竞争效果。二是进入者是否有利可图，以及对影响竞争的合并可能作出什么样的反应。当新进入者会产生显著的沉没成本时，潜在进入者必然从长期角度评估其进入的盈利性。能够充分地消除垄断的进入应使价格降低到并购之前的水平，甚至更低，因此，进入的盈利性由并购前的长期价格水平来决定。三是新的进入者是否能够保证市场价格降低到并购前的水平。要实现这一目标，通常需要多个企业进入市场或一个大规模企业进入市场。由于现存企业的控制，存在一些进入限制，如果进入者不能得到必要的资产，进入者会因达不到必要的销售规模而无利可图。

监管机构通常还要考察一个潜在进入者实际可能采取的进入方式，而不去判断谁是潜在进入者。监管机构将分析进入市场的全过程，其中包括计划、设计、管理；同意、许可、其他批准手续；建设、改造、运营生产设施；市场促销；营销渠道、顾客满意程度测试、资格标准等。通常，可以参考最近期的进入案例，无论它们是成功的还是不成功的，都可以作为分析的依据，据此判断新进入者可能采取的必要行动、要求以及进入方案的特点。

（四）分析并购的效率

管理机构关注合并是否会产生显著的净效率。对横向并购来说，可以认识到的效率越大，并购案就越容易通过。效率包括实现规模经济、生产设施能够更好地一体化、工厂专业化、更低的运输成本以及与专业生产和服务等相关的效率。随着国际竞争越来越激烈，并购的效率分析越来越重要。

在效率分析中，不仅要考虑社会剩余的增加，而且要考虑国家产业竞争力。特别是在审理近些年的大型购并案中，监管机构更多地从国家整体利益出发，把增强国家产业竞争力作为一个重要目标。对世界市场上的寡占垄断行业，不是以国内市场集中度为依据，而是考虑世界市场的集中度，为了提高国内企业的国际竞争能力，美国政府积极支持甚至促成一些特大型企业的兼并重组。如美国波音公司与麦道公司的合并，以及大型石油企业的兼并等。

（五）分析破产与退出资产

如果并购企业之一面临破产，其资产可能退出相关市场时，并购不太可能产生或提高市场力量。主要有几种情况：一是将要破产的企业不能够在近期内履行财务义务；二是根据破产法企业不能实现重组；三是将要破产的企业不能有其他并购方案，并且如果将其有形和无形资产保留在相关市场上也不会增加市场的竞争；四是将要破产企业的资产退出相关市场。

二、反垄断法在几个典型重组案例中的应用

如何在并购案例分析中运用反垄断法的原则和并购准则，往往需要对具体情况进行具体分析。下面介绍几个典型案例的分析和处理，以加深对反垄断理论及其应用的理解。

（一）AT&T 与柯达胶片冲印一体化案的比较

如何区别反竞争的一体化和竞争性一体化，AT&T 与柯达公司的案例是一个很好的说明。在 1982 年 AT&T 解体以前，AT&T 公司实行包括提供长途、市话服务，以及通讯设备制造和研究开发在内的一体化经营。AT&T 通过设计专门的技术标准，并封锁网络标准信息，以排斥其他制造企业。当美国司法部反垄断处受理此案时，AT&T 在申述中举出柯达公司的例子。柯达公司开发出一种新的胶卷，这种胶卷只能用柯达公司自己制造的设备才能冲印，而且对冲印其照片使用的化学试剂保密，从而形成胶卷生产和冲洗上下游一体化。最终，司法部判 AT&T 的行为是反竞争的，并未判柯达的行为是反竞争。

AT&T 和柯达一体化的主要区别：一是行业特点不同。1982 年以前的电讯设备下游市场几乎都被 AT&T 垄断，可以说 AT&T 是电讯设备的垄断买主；而胶卷行业的用户是分散的竞争性买主。二是柯达公司开发了一个新的

产品，尽管柯达产品的开发导致其他厂商（主要是 Berkey）的成本增加，但是他们仍然可以生产新的产品。实际上，柯达的行为促进其他胶片生产厂商进一步研究开发，以求技术进步。而 AT&T 是按其设备标准设计公共网络标准，如果其他制造商不采用 AT&T 的标准，其设备就无法与公共网络连接。

因此，可以说柯达公司是利用竞争优势，而 AT&T 公司是滥用市场力量，其一体化和保密是反竞争的。由此可见，一体化行为是否违反反垄断法，主要根据是一体化企业是否滥用市场力量，关键要分清滥用市场力量和发挥竞争优势的区别。

（二）波音公司与麦道公司的合并案

波音公司和麦道公司分别是美国航空制造业的“老大”和“老二”，居世界航空制造业的第 1 位和第 3 位。1996 年年底，波音公司用 166 亿美元兼并了麦道公司。在干线客机市场上，合并后的波音公司不仅成为全球最大的制造商，而且是美国市场唯一的供应商，占美国国内市场的份额几乎达 100%。但是美国政府不仅没有阻止这起兼并活动，而且利用政府采购等措施促成了这一兼并活动。其主要原因是：首先，民用干线飞机制造业是全球性寡占垄断行业，虽然波音公司在美国国内市场保持垄断，但在全球市场上受到来自欧洲空中客车公司越来越强劲的挑战。面对空中客车公司的激烈竞争，波音公司与麦道公司的合并有利于维护美国的航空工业大国地位。其次，尽管美国只有波音公司一家干线民用飞机制造企业，但由于存在来自势均力敌的欧洲空中客车的竞争，波音公司不可能在开放的美国和世界市场上形成绝对垄断地位。如果波音公司滥用市场地位提高价格，就相当于把市场拱手让给空中客车。

由此可见，美国政府在监管企业购并时，不仅仅根据国内市场占有率来判断是否垄断，还要考虑在整个市场范围内是否能够形成垄断。对全球寡占垄断行业，需要分析全球市场条件，而不局限于本国市场范围；同时，还要考虑国家整体产业竞争力。因此，在执行反垄断法时，美国政府还是以国家利益为重，为了提高美国企业在全球的竞争力，支持大型企业的重组和并购。

（三）家具连锁店的合并案

在进行并购案分析中，市场集中度只是一个参考指标，关键要看合并后企业对市场的操纵能力。1998年美国两大办公家具连锁店（STAPLES与OFFICE DEPOT）的合并案就是证明。家具市场是一个极具竞争性的市场，其中有成千上万的零售商。如果按照传统观点，监管机构对家具商店的合并不应存在疑问。但是，联邦贸易委员会的经济学家通过对这两个销售商每一种商品的销售价格和销售数量进行非常细致的观察，发现在同一城市中，STAPLES的价格比OFFICE DEPOT的价格低，但是在没有OFFICE DEPOT的城市里，STAPLES的价格要贵一些。经济学家由此得到充分的证据：STAPLES与OFFICE DEPOT合并后，很可能提高价格。因此，法院没有批准这个合并案。

美国司法部的一些人认为，如果能够得到有关市场价格等类似的数据和信息，没有必要去定义市场，可以直接通过这些数据分析和预测并购行为可能对市场产生的影响。法院也接受了这个观点。

（四）对分解微软公司的不同意见

微软公司是世界上最大的软件公司，占世界软件市场的80%以上。2000年以来，有19个州和哥伦比亚地区法院指控微软公司利用其市场力量非法挤垮竞争对手。地区司法部提出了把微软公司分解为两个企业的方案，而一些经济学家则从市场效率的角度出发，对司法部的设想提出不同意见。

哥伦比亚地区法院的法官认为微软的行为在一定程度上是反竞争的，不仅侵害了消费者的利益，更重要的是打击了竞争对手。一是微软占有巨大的稳定的市场份额；二是微软公司把浏览器捆绑在视窗操作系统上，把软件系统固化到芯片上，从而阻止竞争对手进入市场；三是微软的操作系统到目前为止还没有真正的竞争对手①。

而一些经济学家认为，如果把微软的操作系统和办公应用软件分离，将产生以下几个主要问题：一是如果垂直分解微软公司，微软的操作系统仍将占市场的85%以上，办公应用软件也将占据美国市场的90%以上，因此，两个企业都可以分别在各自的市场区划中占垄断地位，很可能两个公司都提价，危害消费者利益；二是如果水平分解微软公司，那么小型公司在销售视窗软件时，可能竞相压价，不利于维护知识产权；三是分解微软公司的目的是为了促进竞争和技术创新，希望其他企业能开发出与微软竞争的软件。但

① “美国地方法院认定微软垄断事实”，www. sina. com. cn，1999年11月6日。

是靠分解微软达到这一目的希望较小①。

比较微软和波音两个案例，尽管微软在操作系统市场上的垄断程度还不如合并后的波音公司对美国国内干线飞机市场的垄断程度高，但监管机构没有制止波音公司和麦道公司的合并，却提出分解微软的建议。微软与波音的不同境遇，充分反映了全球化背景下美国的反垄断战略：为了保持市场竞争，促进技术进步，要继续坚持反垄断，但是否对一个企业采取反垄断措施，则要从全球竞争而不仅是国内市场竞争着眼。波音与微软案的最大不同在于：微软在操作系统市场上还没有一个像样的竞争对手，再加上美国计算机产业在世界上的优势地位，即使分解微软也不会影响美国在这一市场上的垄断地位。而波音有空中客车这样强劲的竞争对手，如果波音不与麦道合并，美国航空工业的整体优势就不能充分发挥，最终可能损害美国的国家利益。

从上述案例分析中可以看出，尽管美国反垄断部门在执行反垄断法的过程中采取了灵活处理办法，但遵循了几个主要原则：一是反垄断的目的是保护市场的有效竞争性和消费者的利益。美国政府在批准并购案时，不仅仅是根据市场集中度指标，还要看兼并后的市场效率。如家具公司的市场占有率并不高，但是兼并后消除了竞争对手，可能导致提价，因此，这种兼并不能被批准。二是判断垄断的标准不是以企业规模大小来决定的，关键看是否滥用了市场力量。具有市场力量的企业不一定是垄断，只有利用市场力量采取了不正当手段才被判为垄断。如分解 AT&T 是因为它利用垄断地位排斥其他竞争者，影响了竞争。三是考虑国家整体利益。由于美国的计算机行业在世界已经占据明显的优势地位，而微软的软件和硬件一体化严重影响了行业竞争和技术创新，解体微软不会影响美国计算机行业在世界的竞争力，反而可能加大国内竞争，促进创新将进一步提高其产业竞争力。尽管最终微软并未被分解，但其审判中表现出的思想充分说明，美国的反垄断政策还考虑到企业行为对整个国民经济的影响。

① “分割微软利与弊”，www.sina.com.cn，2000 年 4 月 29 日。

反垄断的原则、判定标准与实施*

反垄断法是实施竞争政策的重要法律，目标是通过限制垄断，促进公平竞争，最终保护消费者利益，合理配置社会资源。其基本原则是通过有关法律和政策，限制企业的垄断行为，维护公平竞争的市场环境，提高资源配置效率。由于反垄断法的目的是促进公平竞争，因此，有些国家把反垄断法称为竞争法。竞争是手段，不是目的，所以在制定和实施限制垄断政策时需要重点澄清以下几个问题：

第一，限制垄断是保护消费者和用户利益，而不是保护弱势竞争者。在实施反垄断政策时容易出现的误区是把保护竞争者作为目标，把限制垄断变成保护竞争者，其结果是限制了有效竞争。限制垄断主要是限制反竞争和损害消费者利益的行为。

第二，限制垄断政策是促进有效竞争而不是限制规模。有效竞争的目的是促进企业在长期竞争中通过创新和技术进步提高效率，形成经济规模。因此，限制垄断的政策并不是限制企业因规模经济获得的优势地位，而是在规模经济和竞争之间寻找平衡点。

第三，限制垄断政策的核心是促进公平竞争环境，而不是限制企业获得竞争优势。有了公平竞争环境，垄断者就没有生存空间，因此，保证公平竞争是限制垄断政策的重点。限制垄断是反对滥用市场力量，用不正当手段削弱竞争，获得垄断地位。

第四，限制垄断是促进社会剩余合理分配，而不是限制企业盈利。利润是鼓励企业投资和创新的激励机制，但是应该保持在一个合理的范围内。限制垄断政策是在消费者和生产者之间合理分配效益。

* 本文发表于《国际商报》，2004年6月28日。

第五，限制垄断政策允许合法垄断，限制非法垄断。垄断也有合法与非法之分，限制垄断政策要对合法和非法垄断实行差别对待。有些垄断是合法的，不能反。如专利保护制度授予技术创新者一段时间的排他权利、规模经济决定的自然垄断等。

在制定和实施反垄断法过程中存在一些难点：如何处理经济规模与反垄断的关系；如何区分优势企业与垄断企业；如何区别合理降价与恶意降价；如何处理公平与效率；如何在生产者和消费者之间合理分配效益；如何既限制垄断，又实现有效竞争等。

近些年，部分国家已相继调整了反垄断政策，改进了反垄断法的实施，其变化趋势是从市场份额控制转向效率分析；从统一标准控制转向更重视现实表现，把工作重点放在市场环境和竞争行为分析上；从注重国内市场的企业竞争转向注重全球市场上的国家竞争力；从全面监督企业重组转向对容易形成垄断的行业进行监控。

一、怎样判断垄断行为

反垄断法对垄断行为作了规定，在具体实施中而应遵循以下几个原则：

一是长期均衡原则。企业在短期内难以进入和退出市场，长期竞争才能达到市场供求均衡。垄断行为是指那些获取长期垄断地位的措施。因此在判断企业是否有垄断行为时，不是看其短期效果，而是要分析企业行为对市场结构的长期影响。

二是有效竞争原则。公平竞争的目的是促进企业在长期竞争中获得经济规模，提高效率。如果经济规模扩大了，平均成本降低了，降价的余地增加了，对消费者有好处；如果竞争导致企业生产者剩余为负，就是过度竞争。因此，要在鼓励竞争和实现规模经济之间寻求平衡。

三是技术进步和创新原则。限制垄断的目的是为了促进技术进步和创新。当一个企业拥有市场力量时，区分优势企业和垄断企业的一个重要标志是其是否阻碍了技术进步和创新。因此，企业通过技术进步获得市场力量是合理的，而阻碍行业技术进步和创新的行为就是垄断行为。

四是社会福利原则。优势企业与垄断企业的本质区别是对社会福利总量的分配具有不同影响。限制垄断不是不允许企业营利，而是要在生产者和消费者之间合理分配社会剩余，促使部分社会剩余从生产者向消费者转移。

二、怎样区别优势企业和垄断企业

反垄断不是反规模，不是限制企业做大做强，因此反垄断要区别什么是优势企业，什么是垄断企业。

优势企业是指那些用低于同行业其他企业的平均成本进行生产，获得超额利润的企业。优势企业的平均成本低于一般企业，在相同价格下，优势企业将获得高于其他企业的利润，而且有较大的降价余地。在竞争性市场中，优势企业可以利用成本优势，在适当的时候降低价格，扩大销售规模，提高市场占有率。在市场中做大做强的优势企业与垄断企业有本质区别。

一是市场力量的形成过程不同。优势企业是通过竞争和创新形成成本优势，从而具有对市场价格的潜在影响力；垄断企业则是滥用市场力量，利用市场力量采取排他性反竞争行为。

二是对价格的控制力不同。垄断企业是利用市场力量抬高价格获得垄断利润，而优势企业的价格控制能力主要表现在降低价格与竞争对手进行竞争，并仍然可以获得利润。由于存在竞争者，优势企业通常并不能通过提高价格来增加收入，往往是利用成本或质量优势提高性价比。因而在竞争条件下，优势企业对市场价格具有抑制作用。

三是社会福利的分配效果不同。垄断企业是在最初靠垄断力量定价造成消费者剩余的损失；优势企业则可以在并不增加原有市场价格的条件下，通过竞争带来成本节约或品质提高，在不减少消费者剩余的同时增加生产者剩余。

四是优势企业向垄断企业转化的条件是缺乏足够的竞争者。当市场上有足够的竞争者时，优势企业的存在有利于促进竞争，提高效率，导致价格下降。但是，如果市场上竞争者有限，优势企业可以通过价格战略挤垮竞争对手，最终形成垄断地位。当优势企业利用降价来挤垮竞争者，获得垄断地位，然后再提高价格时，就构成垄断行为。

五是优势企业与垄断企业的主要判断依据是对技术进步和创新的影响。优势企业具有创新动力，推动行业技术进步；而垄断企业不仅自己缺乏创新动力，还阻碍行业技术进步。有些行业的技术进步速度很快，最小经济规模扩大了，规模经济性更加明显。在这些行业中，一些大企业的市场份额增加，价格却下降了。如宽带技术大大提高了长途电话线路的容量，降低了单位成本，结果是企业规模扩大，边际成本降低，价格也降低了。在技术快速进步和经济全球化的时代，技术创新是降低成本、提高效率的有效途径。垄断企业的判断标准也因此发生了变化，不再仅是市场份额和企业规模，而以是否阻碍技术进步和技术创新为重要判据之一。如果一个企业阻碍了技术进步和技术创新，就降低了整个社会效率，具有垄断性；如果一个企业通过技术进步而不是利用不正当手段获得市场力量，并且能够不断提高效率，降低价格，企业的市场力量就是合法的。

三、我国实施反垄断政策应注意的问题

与市场经济国家相比，在我国许多垄断行为是各级政府支持下的企业垄断和不公平竞争。因此，要建立公平竞争的市场环境，首先应规范各级政府行为，明确政府在反垄断过程中的作用。政府的责任是创造公平的竞争秩序和环境，起监督和仲裁作用。

根据我国的实际情况并借鉴国际经验，制定反垄断法和并购政策时应注意十个问题。

（一）限制政府行政管理导致的垄断，促进建立全国统一大市场

首先要限制行业保护导致的垄断行为，创造各种所有制企业公平竞争的市场环境。其次是限制地方保护主义，防止地区市场分割。由于行政区划和现行税制的影响，我国出现了低水平分散竞争、地方保护主义严重等问题，因此我国反垄断法应借鉴欧洲经验，注意防止市场分割和区域性垄断。

（二）突出效率和国家竞争力原则

目前我国企业重组面临两个问题：一方面，与国际大企业相比，企业规模普遍偏小，需要通过重组实现经济规模；另一方面，各级政府和一些大企业追求进入500强，为扩大规模，把诸多企业合并起来，但却不注意效率。因此，企业重组目标应该是形成经济规模，提高效率，增强竞争力。目前，国际上反垄断法和竞争法都趋向于突出效率原则，特别是美国在实施其反垄

断法时，充分体现国家竞争力标准。因此我国在制定反垄断法时，应注意效率分析，而不是简单地限制规模。

（三）突出保护消费者利益和促进有效竞争

长期政资合一的国有企业管理体制使政府在制定政策时往往从企业的利益出发，因此，要在立法程序和公众参与方面保证立法的公正性和客观性。反垄断立法要吸收各方利益主体参加，要广泛听取各类企业和广大消费者的意见。

（四）突出阶段性重点

在对我国现行市场条件下垄断行为的特点进行深入细致分析的基础上，确定阶段性反垄断重点。第一，重点限制利用共谋手段抬高价格危害消费者和用户利益的行为。第二，重点限制利用掠夺性定价和排他性手段等不公平竞争形成的行业垄断地位。第三，根据行业成熟程度和可竞争性，分类确定市场准入、质量、安全和环境标准以及企业重组细则。第四，整治地方保护和行政干预造成的垄断。

（五）加强对并购的反垄断管理

为了防止通过并购形成区域和行业垄断，应对企业并购设置市场份额限制。比如，美国埃克森公司和美孚公司合并时，为了防止地区市场过于集中和形成区域性垄断，美国联邦贸易委员会在审查其兼并申请时，要求出让两家公司在部分地区的炼油厂和加油站资产，以降低其区域终端市场占有率。有些国家政府出于对国家经济安全的考虑，对跨国购并采取审查措施，或保留部分审批权。美国《艾克森－弗洛里奥条款》规定，当国家安全受到威胁时，美国政府有权阻止外国企业收购美国公司。韩国过去对跨国购并有比较严格的限制，但 1997 年金融危机以后，放松了这方面的限制，只是对国家安全、公共健康和环境保护比较敏感的行业保留限制权利。同时，对新增投资的优惠高于购并投资。我们应该研究跨国购并的规律，根据国情，从保护国家安全的角度出发制定对跨国购并的管理。

（六）法律相对原则

我国目前市场机制还不健全，市场竞争环境不完善，企业经营不规范，很难像欧共体那样制定明确的重组标准。因此，要先明确基本原则，确定分析程序和分析因素，规定审查程序和惩罚措施，同时制定实施细则。在细则中明确可实施的具体标准，根据实践，不断完善和补充细则。

（七）法律原则要与国际接轨，实施过程中根据实际情况进行个别豁免

日本限制垄断法的原则接近欧美国家，但在实施过程中，根据不同发展阶段对一些不成熟行业制定豁免性法律条款。美国则从国家安全和整体利益的角度出发，设置一些豁免条款。因此，我国在制定反垄断法时，其基本原则要与国际接轨，实施中要从国家安全和产业成熟性两个方面出发，制定豁免条例。

（八）加强信息和分析方法研究等基础工作

从国外反垄断法的执行情况可以看出，在审查购并案时，要进行深入细致的分析和研究，如市场集中程度、市场需求弹性、行业供应成本等信息都是决策依据。我国的经济管理部门在市场信息和分析方法方面都比较薄弱，因此，要加强基础工作，使反垄断法真正发挥作用。

（九）建立独立的反垄断和竞争监管机构，形成独立的执法体系

反垄断是为了促进形成全国市场，因此，不仅要制定相关法律和市场准入规则，还要有保证法律实施的执法体系。司法部门和一些重要法规执行管理部门应实行垂直领导。首先，保证司法机构不受地方政府干预，公平执法，保证全国性行业法规的执行。其次，建立相对独立的反垄断监管部门。反垄断管理不仅需要公正、客观地执行反垄断法，而且要进行大量的调查研究和分析，因此，国家应授权一个独立机构专门负责反垄断法的实施监管。对具有自然垄断性质的行业应实行独立监管，如电力规制管理机构、电信规制管理机构、交通规制管理机构等。

（十）加强人才培训

反垄断管理是理论性较强、理论与实践紧密结合的工作，需要一批素质较高的专业执法人员。目前，反垄断工作在我国还刚刚起步，要加强这方面的人才培训。

政府规制垄断价格的基本模式与选择*

价格规制是政府规制自然垄断行业的一个重要手段。在自然垄断行业，各国政府都不同程度地控制垄断经营者的价格。由于具有自然垄断性的行业大都是涉及保障国民经济和人民生活的重要行业和领域，如电网、铁路、电信等，因此，政府控制自然垄断价格的目的是在保护消费者利益的同时，鼓励经营者投资，实现供求平衡。其基本原则：一是普遍性服务的原则，保证满足低收入人群的基本需求。二是鼓励投资的原则，保证经营者能够补偿成本，投资者获得合理的投资回报。三是提高效率的原则，从供应和需求两个方面促进提高效率。一方面，通过控制价格促进生产者节约成本，提高生产率；另一方面，通过保持适度价格水平，防止消费者过度消耗和浪费资源。

一、几种常用规制价格的定价原则

由于自然垄断行业的边际成本总是低于总平均成本，因此，垄断行业面临定价困难。如果按照边际成本定价，其价格等于或低于总平均成本，企业没有盈利或亏损；如果价格高于总平均成本，企业虽然有盈利，但是消费者剩余减少。减少的消费者剩余一部分被转化为生产者剩余，一部分成为社会福利净损失。因此，在规制自然垄断产品和服务价格时，政府规制部门要寻求一个合适的价格，使厂商既能够提供足够的产量，又能补偿其成本。实际上，规制价格是实现社会福利在生产者和消费者之间转移的一种手段。下面介绍几种常用的规制价格定价原则及其优缺点。

---

* 本文发表于《国务院发展研究中心调查研究报告》2001 年第 197 号，2001 年 12 月 9 日。

（一）成本定价模式

成本定价有三种基本模式。

一是边际成本定价加补贴。在自然垄断行业，按边际成本定价可以实现社会福利最大化，消费者将获得全部消费者剩余。但是，经营者却要亏损，没有积极性进入这个行业，从而造成供不应求。因此，政府在采用边际成本定价时，通常要给企业一定数量的补贴，弥补企业的亏损。

二是平均成本定价。按平均成本定价，企业不亏损，也不盈利，但存在消费者损失。在政府不给补贴，由企业自己实现收支平衡时，通常按平均成本来确定价格。在按平均成本定价的情况下，有些垄断企业往往通过发展其他业务，如上下游一体化经营等，利用其他环节的高价来实现交叉补贴。这样，就会减少其他行业的社会福利。

三是两部收费模式。在实际中，按成本定价时，常常采用两部收费的办法。所谓两部收费就是根据固定成本和边际成本，将价格分为两部分：一部分反映基础设施投入的固定费用；另一部分反映单位价格，就是每提供一个产品或服务的边际费用。如，现在国内的市话收费分为月租费和计次费。月租费应该反映固定成本，计次费则应该反映打一次电话的可变成本。又如，美国的天然气运输收费就是两部差别收费。天然气管道运输费为容量预留费和使用费两部分。其计算公式为：

$$P = V \times \left(\frac{P_f}{\gamma} + P_V \right)$$

其中，γ 为容量因子，P_f 为容量费率（或固定费率），P_v 为使用费率（单位价格），V 为平均日运输量。$V\times$（P_f/γ）为容量预留费，是用户对运输管道的占用费，主要用来回收管道的固定成本。$V\times Pv$ 是使用费，主要用来回收可变成本部分。容量因子与用户运输量的稳定性有关，等于 1 个月的日平均运输量与每日最高运输量之比。一些稳定大用户的月平均日运输量等于日最高运输量，其容量因子为 100%；对需求量不稳定的用户来说，月平均日运输量与日最高运输量之间的差别越大，容量因子就越小，单位运量的运费就越高。

按成本定价的方法存在两个主要问题。首先，生产者没有提高效率的积极性，消费者面临高价格的风险。因为以成本为基础，成本越高价格越高，成本降低价格也随之降低，生产者没有降低成本的压力和积极性。价格定高了，消费者受到损失；价格定低了，生产者没有积极性，还会造成供不应求的局面。其次，由于信息不对称，政府难以了解企业的真实成本，因此，不仅不可能准确地按成本定价，还可能要承担一部分虚假成本的补贴，从而背上沉重的负担。

（二）差别价格模式

差别价格模式也称“拉姆赛定价”（Ramsey Price）。差别定价是指在相同生产成本条件下，同一种质量的商品对不同需求弹性的用户群实行不同价格。拉姆赛定价是在企业面对多种用户时，采用差别收费方式。

拉姆赛差别价格是“在以收支平衡为前提条件下实现福利最大化”[①]，（Ramsey 1927），即在销售收入等于总成本、利润为零的收支平衡条件下，消费者剩余最大化时得出的价格为：

$$\frac{P_i - MC_i}{P_i} = \frac{(\lambda + 1)}{\lambda} \times \frac{1}{\varepsilon_i} > 0$$

i 类用户的消费者剩余最大化价格为：

$$P_i = \frac{MC_i}{1 - R/\varepsilon_i}$$

其中，MC_i 为边际成本，为 i 类用户的需求弹性，$R = \frac{(\lambda + 1)}{\lambda}$为拉姆赛指数。

拉姆赛差别价格是一种次优价格，其含义是：在保证生产者收支平衡的情况下，消费者剩余最大化的价格由生产者的边际成本和各用户群的需求弹性决定，所有的用户都必须按照相同的系数 R 打折。这种差别价格不同于以获得最大垄断利润为目的的价格歧视。在公共行业采取拉姆赛差别价格是以实现消费者剩余最大化为目标。两者差别的关键是打折系数，这个系数将一部分垄断利润分配给了消费者。在拉姆赛差别定价中，政府主要控制和监督打折系数。

差别定价模式的优点：一是与传统单一垄断定价模式相比，差别价格可以减少福利损失，增加社会福利剩余。但是，与竞争定价相比，减少了消费者剩余，增加了生产者剩余。实际上这是一种社会福利的转移。二是可以根

---

① ［日］植草益：《微观规制经济学》，中国发展出版社 1992 年版。

据用户的实际支付能力和需求特点定价，充分利用现有能力，尽量扩大产出量，补偿生产者的成本，调动生产者的积极性。

在实际应用中，差别价格主要是根据用户的需求弹性、支付能力和基本需求量等因素，以用户可接受的水平来确定价格。一般来说，对需求弹性越大的用户群，其价格越低，越接近边际成本；对需求弹性越小的用户群，其价格越高，价格超出边际成本的幅度越高。普遍性服务的价格较低，额外服务的价格较高。如，欧美国家对工业、居民和发电企业用天然气实行差别价格：需求弹性较小的居民用气价格高于需求弹性较大的工业用气；在工业用气中，大规模用气的发电企业的价格低于一般工业企业的价格。

使用这种模式需要注意以下问题：首先，根据消费者的需求弹性确定价格，有时与普遍服务的目标相矛盾。因为生活必需品的需求弹性较低，定价却较高，而政府希望作为必需品的消费者价格低一些。因此，往往采取两部定价，基本需求量之内的价格较低，超出一定基本用量部分的价格较高。其次，这种模式的关键是要正确进行市场细化，取得每个细化市场的需求弹性信息，需要大量的用户信息和进行细致分析工作。最后，由于采用差别定价模式时，一部分用户的价格高于另一部分用户，可能出现一部分用户补贴另外一部分用户的现象。为了防止这种现象发生，一般最低定价不能低于边际成本。

为了克服以上问题，在实际应用中，常常用选择性定价来代替拉姆赛定价。如，设计几种不同的两部价格。一种是固定费用较高，边际费用较低。这种模式有利于大规模用户，鼓励用户更多利用已有能力；同时适用于经济规模较大的企业。另一种是固定费用较低，边际费用较高。这种模式适用于用量较小的用户，也适用于经济规模不大的企业。可选择的两个价格满足了各种用户的需求，给用户选择余地。如上海市以前在居民用气定价时采用的是定额价格，用量超过一定额度时价格提高。有关方面在进行上海市用气量分析时，发现用气量多的家庭主要有两类：一类是人口多，但是低收入家庭；另一类是高收入家庭，各种设施多，用气较多。因此，如果普遍提高超额气价，高收入的人家可能不在乎，但是高收费对于多人口的低收入家庭来说则负担过重。因此，根据供气企业的成本结构、消费者的收入和消费特点，采取了选择性收费的办法，提供两种收费方式。一种是收取固定费用，边际费用较低；另一种是无固定费用，边际费用较高①。

（三）合理收益率定价模式

合理收益率定价的基本原则是允许被管制企业的定价高于运行成本，保证经营企业获得正常利润。合理收益率实际上是资本的机会成本（包括债务资产的利息），合理收益是由债务资本的利息与自有资本的正常利润组成。合理收益率②的计算公式是：

$$\Phi=\frac{D}{A}\times i+\frac{E}{A}\times p$$

其中，A 为有用资产，D/A 为资产负债率，i 为贷款利息率，E 为有用资产中的权益资本，E/A 为资产权益率，p 为资本的机会利润率。这种模式的优点是给投资者以信心，往往用于行业扩张阶段和供不应求的情况。如，在基础设施的 BOT 项目中，投资者都要求政府确保一个投资回报率。

这种定价模式的主要问题：一是不鼓励企业降低成本。尽管按合理收益率定价时，企业的成本可能低于成本定价时的成本，但这种模式并不具备鼓励企业降低成本的机制。二是企业为了获得较多利润可能过度进行固定资产投资，造成资源配置扭曲。三是这种定价随着企业的融资方案变化，导致一厂一价。如我国新建电厂的还本付息价格就是典型的例子。

因此，为了防止过度投资，政府在审查定价时往往采取一种谨慎的态度，认真审查哪些资产是有用的，哪些是没有用的。有用的资产可以获得一定的回报，无用的资产则不应获得回报。政府可以在特许经营权招标时，引入竞争机制，选择合理收益率的投资者。

（四）价格上限模式

价格上限又称“RPI—X 模式”，就是把自然垄断产品和服务的价格与生产资料价格指数和劳动生产率结合起来。上限价格是以基期价格为基数，在此基础上确定一个收费增长率。这个增长率与企业的实际成本变化无关，等于市场上生产资料价格增长率减去要求的公共部门生产率增长率，即

$$P_t = P_{t-1}\left[1 + (RPI - X)\right]$$

---

① 张富强：《城市公用事业良性发展研究》，同济大学经济与管理学院，1998 年 12 月。

② ［日］植草益：《微观规制经济学》，中国发展出版社 1992 年版。

其中，RPI 是指生产资料价格指数，通常用零售物价指数代替；X 为要求的被管制行业企业应有的生产率增长率。

价格上限模式不同于成本和收益率定价方法，这种管制价格的变化独立于企业的成本。其优点：一是管制价格变化与企业的成本无直接关系，可以避免信息不对称造成的定价中的水分以及政府的管理成本。二是有利于鼓励企业降低成本，提高生产率，企业可以享有降低成本带来的利润。三是在价格上限范围内，企业具有定价的自由，有利于促进竞争。

在采用这种定价模式时，要注意两方面问题。一方面，最初基础价格要定得适当，如果基础价格太高，消费者剩余减少；如果基础价格太低，生产者没有积极性。另一方面，要注意合理确定生产率增长系数 X。如果生产率增长系数过高，企业降低成本的利润将大部分转移给消费者，企业的压力太大，也难以实现。另外，生产资料指数也在不断变化，因此，使用这种方法需要认真测算生产资料指数和行业实际生产率的增长，适时调整系数。

（五）利润分摊模式[①]

在这种模式下，政府先根据预计成本来确定价格，然后监控企业的成本变化情况，定期调整价格。如果实际成本低于价格，政府要求企业降低价格。企业降低价格的动力来自两个方面：一方面，从政府的角度出发，政府希望通过降低价格把一部分高额利润从企业转移给消费者；另一方面，从企业战略的角度来看，如果企业的目标是扩大市场份额，而不仅仅是利润最大化，企业就可能愿意在一段时期内降低价格。

为了鼓励企业增加产出规模，降低成本，不能把企业降低成本和扩大规模带来的利益全部转移给消费者，要在消费者和生产者之间合理分配这一效益。利润分摊模式允许企业在一段时间内通过降低成本获得较高的预期利润，然后重新核定价格，通过适当降低价格把企业节约成本带来的利润转移一部分给消费者。这种方法的激励机制关键在于允许企业获得高利润的周期长短。如果周期太短，企业没有积极性降低成本；如果周期太长，消费者将受到较大损害。为了解决这个矛盾，有人提出，当企业自愿把价格降至最高限额以下，政府应允许企业将低于最高限价的那一部分损失计入未来的

---

① Richard Green, Martin Rodriguez Pardina, Resetting Price Controls for Privatized Utilities: A Manual for Regulators, The World Bank, 1998.

收入。

二、根据行业特点选择定价模式

比较上述几种规制价格模式，价格上限模式简便易行，而且比较适合放松管制、引入竞争的新形势。其他方法都是以成本为定价基础，由于信息不对称，政府很难获得真实、正确的成本数据。过去，各国普遍应用成本定价和合理收益率定价模式，20 世纪 80 年代末期以来，随着垄断行业放松管制和逐步引入竞争，价格上限模式开始流行起来。

在实际应用中，应根据行业特点、发展阶段和市场供求平衡等具体情况来选择定价模式。在选择定价模式时，应主要考虑以下几方面因素：

从产业发展阶段看，当行业处于扩张阶段时，可以采取合理收益率定价模式。主要原因是：在扩张阶段，一方面产品供不应求，另一方面基础设施需要超前发展，因此，这一时期的首要任务是满足消费者的需求。合理收益率定价模式可以保证投资者获得一定回报率，有利于吸引社会对基础设施的投资，扩大供应能力。否则，若在一定时期内不能回收投资，投资者将不愿意投资于这一领域。

从市场供求平衡情况来看，当市场供大于求时需要通过扩大需求，提高基础设施利用率来降低企业成本。此时，采用上限价格，有利于企业降低成本，提高效率。

从产业的经济规模来看，在经济规模明显的行业，固定资产投资巨大，而可变成本很小。在这种情况下，产出规模越大，分摊到单位产出和服务的固定成本就越小，平均成本就越接近于边际成本。此时采取接近于边际成本的定价模式，固定收费定得低一些，可以鼓励用户多消费，有利于扩大需求，充分利用基础设施能力，降低平均成本，加快企业回收成本。如，改革后的英国电力报价系统基本采取边际成本报价的模式，核能发电企业按零边际成本报价，以获取基荷供应权利，提高设备的利用率。这实际上获得了系统的平均电价。又如，长途电话采用宽带以后，长途线路的容量增加，通过降低长途电话收费来提高线路的利用效率，不仅不会减少收入，反而加快了固定投资的回收。

从需求分布来看，有些基础设施利用率随着季节、时段和用户的需求弹性发生变化。因此，要根据需求流量的特点采取差别定价原则，调节需求，引导用量均衡化。如，电力供应一般在高峰期价格较高，低谷时则降低价格；需求弹性大的用户价格低一些，需求弹性小的用户价格高一些。

从服务对象来看，有些行业的产业属于基本生活必需品或服务，具有普遍服务性质，因此，要满足低收入阶层的生活必需，可以采取选择性两部价格。

从上面的几种模式可以看出，垄断行业的规制价格是人为选择一个适当的价格来协调生产者和消费者之间的利益，减少社会福利损失。但是，无论采取哪种方式，还是要存在一部分社会福利剩余损失。因此，人们寻求引入竞争的办法来提高效率，减少社会福利剩余损失。在不能实行竞争的自然垄断行业，政府还要保留一部分规制。

政府对垄断行业的规制主要分为两个方面：市场进入规制和价格规制。两者是互相联系和互相影响的。市场进入规制影响了市场组织结构，在不同的进入规制条件下，价格规制依市场进入规制而变。在进入限制减少，竞争性增强的情况下，价格规制也相应放松；反之亦然。如何选择定价模式和收费方式，关键是要做细致的核算工作，不仅要核算企业的边际成本和固定成本，还要分析消费者的需求弹性和消费特点等，并考虑进入规制等因素。

开放市场下的油气行业监管*

加入 WTO 以后，我国石油天然气市场进一步开放。继 2002 年 1 月 1 日，原油、成品油、天然气、液化石油气的进口关税税率一次性减让到位之后，自 2004 年 1 月 1 日起，成品油国际贸易进口取消配额管理，改为自动许可管理，同时取消成品油、天然橡胶、汽车轮胎的进口配额许可证管理。根据我国加入 WTO 的承诺，2004 年年底将开放成品油零售市场，2006 年底开放原油和成品油批发市场；勘探开发将允许外资有限制地进入。与此同时，保留政府对部分石油天然气产品的定价和指导价权力。在市场日益开放的条件下，如何监管石油天然气行业？带着这个问题，本刊记者对国务院发展研究中心技术经济部、研究员吕薇博士进行了专访。

本刊记者：我国石油天然气市场面对一个日益开放的市场，在这种情况下，对行业的监管显得尤为重要。您认为政府相关部门对油气行业的监管要把握怎样的原则？

吕薇：在开放市场的条件下，如何监管石油天然气行业是一个亟待解决的问题。我们需要借鉴市场经济国家的经验，从过去以行政管理为主转向用符合市场经济的手段管理市场，加快制定石油天然气市场的监管法规，健全组织，形成有序竞争，确保国内广大消费者和企业的利益，提高产业竞争能力，促进石油天然气行业的健康、持续、协调发展。也就是说，既要有序引入竞争，也要建立规范的市场竞争秩序，加强市场监管。

本刊记者：石油天然气行业是我国实行计划经济时间最长的行业，油气市场机制还不完善。那么，油气行业监管在制度建设方面需要注意哪些问

---

* 本文是记者夏丽洪对作者吕薇的专访，发表于《国际石油》2004 年第 2 期。

题？

吕薇：用一句话来概括就是“制度建设要先行”。具体来说，需要注意四个方面的问题。

一是要建立能源管理体制和实行石油战略管理。在较长时间内，我国能源管理体制不稳定，电力、煤炭、石油天然气等分散在不同的部门管理，没有一个部门制定统一的能源政策和战略。2003 年，国家发展与改革委员会设立了能源局，加强了对能源政策和战略的管理，迈出了能源统一规划和管理的第一步。石油天然气工业作为能源工业的一部分，其发展战略要服从能源总体发展战略。石油战略管理包括石油供应和消费政策、能源安全和储备政策、石油天然气技术政策等，主要手段有财税政策、金融政策、资助研究开发、制定技术和环境标准等。

二是建立符合市场经济规律的油气市场准入制度。例如，上游开采领域采取许可证制度，下游销售环节建立统一进入标准。

三是针对石油行业制定有关促进竞争和反垄断的政策。除了天然气管道运输环节以外，石油天然气行业的其他环节都是可竞争的，需要利用竞争政策来限制垄断和不正当竞争行为，维护市场公平竞争。

四是在自然垄断环节实行政府规制，限制垄断力量。规制不仅仅是控制价格，而是要求自然垄断企业按公平定价原则，公平对待所有用户。

本刊记者：对石油天然气行业的监管，政府的作用主要体现在哪些方面？

吕薇：石油天然气行业是重要的能源行业，各国政府都对其进行必要的监管。政府的主要作用是为油气产业发展提供一个制度框架和政策环境，引导企业满足国家对油气资源、能源安全，以及清洁和安全的环境的需要。具体来说，政府的作用体现在几个方面：一是建立油气勘探开发的公共政策和战略，采取各种计划和活动来鼓励各种所有制企业实现政策目标；二是建立和实施绩效、限制和惩罚标准，以确保企业活动与公共利益相一致；三是有效管理矿产和土地资源，促进油气资源能在有效和环保利用的基础上可持续开发。

本刊记者：油气行业有其特殊性，生产经营环节较多，如何针对不同的环节，开展有效监管？

吕薇：根据上下游各个环节的技术经济特点，有序引入竞争，应采取不同的监管机制。

一是石油天然气资源开采环节。上游石油天然气资源开采环节实行许可证制度，开展竞争招标。勘探开采环节监管的目标是合理保护和有效利用国家石油天然气资源。这一环节既要打破资源地区垄断性分割的局面，又要防止抢占油井、油田和储量的非法开采及破坏资源的问题。上游勘探环节是政府直接管制下的竞争，实行许可制度下的竞争招标。在勘探环节引入竞争的主要目的是：一方面，一个区域允许两家或两家以上的企业勘探开发，可以减少资源的区域性垄断，增加下游的竞争；另一方面，勘探环节引入竞争有利于增加石油天然气资源储量，防止一些企业长期控制区域，不进行勘探投入，促进企业增加勘探投入和资源储量资产的流动。通过勘探、采矿权使用费标准、最低工作量和许可证期限、环保等方面予以调控和监管。在实行许可证制度的基础上，建立储量市场，促进储量流动，提高资源开采效率。

二是石油加工环节。石油加工业的规模效益比较明显，国外的大型乙烯企业的能力是80万吨、上百万吨，而我国乙烯企业的规模较小，大部分只有30万吨、十几万吨。因此，石油加工企业的主要问题是提高技术和管理水平，实现经济规模，提高竞争力。石油加工环节的监管，在加强环境、安全和石油储备能力等市场准入标准的同时，还要通过反垄断和反不正当竞争法规维护公平竞争。

三是石油销售环节。石油销售，特别是加油站是竞争性市场，主要靠市场准入制度，通过安全标准、环保标准、产品标准、设备能力标准等进行控制。销售网络是占领石油市场的关键。目前，国际上大型石油公司重组的主要战略就是整合下游市场，向销售环节延伸。销售网络规模效益比较明显，特别要防止区域性垄断。一些市场经济国家对地区石油零售市场份额有限制，例如，世界上一些大型石油企业尽管在全球具有庞大的销售网，但在一个地区的市场份额是有限的。因此，我国石油产品的零售环节面临如何相对集中和防止垄断的双重任务。

四是天然气管道运输环节。这个环节具有一定的自然垄断性。管道运输的垄断和竞争与市场规模有关系。我国天然气产业还在发展初期，输气管道还没有形成网络，大部分生产者和用户之间都是单线联系，而且需求规模有限，目前还不可能像欧美国家那样引入竞争。应该实行管道运输特许经营权的公开招标制度，引入竞争；从上游开采环节引入竞争入手，一个地区允许多家企业勘探开采，增加买方的竞争性；实行运输与销售分离，加强对管道运输定价原则的规制。

本刊记者：在开放的市场中，在建立规范的市场竞争秩序的过程中，我国的油气生产经营企业如何更快地进入角色?

吕薇：要加快国有石油企业改革，建立现代企业制度。形成有效竞争市场的一个重要前提是企业必须是一个真正的企业，按照市场机制来运作。否则，竞争压力不会变成提高效率的动力，可能导致企业伸手向政府要政策，或者出现不计成本的恶性竞争。目前，我国石油天然气行业以国有企业和国有控股企业为主，而且长期实行计划经济管理，历史包袱较重。我认为，石油行业国有企业改革一是应该整体解决现有企业的社会包袱，而不是由每个油田企业自己解决；二是建立合理的企业治理结构，实现责、权、利相统一的所有权与经营权相分离；三是明确国有企业的考核目标，建立有效的激励和惩罚机制，实行职业经理人制度。

本刊记者：目前，我国已经启动了西气东输项目，天然气行业进入了新的发展阶段；与此同时，如何建立天然气行业监管体制的问题也已提到议事日程。借鉴国外先进经验可以让我们少走很多弯路，请您谈一谈天然气行业发展阶段和市场结构与政府监管框架的关系。

吕薇：根据各国经验，天然气行业的发展大致可以分为四个阶段，在不同的发展阶段，监管重点因市场特征而异。

第一个阶段是天然气行业发展初期。这一阶段的市场特征是基础设施匮乏，天然气市场规模小，只有少数市场参与者，市场法规不健全，投资风险较大。在这个阶段，大多数国家政府的政策目标是发展基础设施，增加天然气储量和提高天然气在能源结构中的比例。相应的政策重点是鼓励对天然气开发和利用的投资，允许投资者有较高的回报。欧洲一些国家政府（如英国、法国等）还直接对天然气行业进行投资。这个阶段天然气的发展以项目为主，产业组织特点是天然气开发和管道运输一体化，供应者和用户之间主要靠长期合同避免风险。为了防止垄断卖方和垄断买方定价，政府对价格有一定管制。

第二个阶段是天然气行业成长阶段。这一阶段的市场特征是基础设施有了一定发展，市场参与者增加，市场竞争增强，开发和基础设施建设投资风险降低。在这个阶段，大多数政府的政策目标是鼓励持续发展和开拓市场，合理配置资源，缩小政府投资和干预的范围。其政策重点是鼓励开发天然气资源，扩大天然气普及率，促进用户市场发展。政府开始制定天然气政策，确定天然气行业监管框架，在勘探开发和输配环节实行专营制度。在这个阶段，天然气产业发展注重规模经济，供应、运输企业和用户之间的交易以照付不议合同为主。

第三个阶段是天然气工业进入成型期。这一阶段的特点是天然气需求市场和基础设施都已经达到一定规模，有众多的市场参与者。但是，市场竞争不够充分，市场效率不高。在这个时期，大部分政府的政策目标是通过竞争提高效率，增加社会福利，减少政府财政负担。其政策重点是建立政府控制下的监管机构，限制垄断，促进公平竞争，保护消费者利益。相应的具体措施是将供气和管输分离，管道运输维持垄断经营；供气环节引入竞争，提倡由用户进行选择；开始实行国有资产民营化等等。

第四个阶段是形成成熟的竞争市场。这一阶段的特点是天然气市场基本饱和，众多市场参与者和多种气源之间竞争激烈，利润空间缩小；天然气供应链上各环节独立运营，形成高效的市场结构，价格透明。在这个阶段，政府的政策目标是通过竞争创造高效率市场，在大部分环节实行市场调节，政府仅规制自然垄断环节——管道运输。此时的政策重点是：取消所有竞争领域的政府控制，建立高效的交易市场，取消供应商与用户之间的照付不议合同，用户普遍自主选择。

以上四个阶段是对大多数国家天然气行业发展过程的基本概括。实际上，各国天然气发展有其特点，不一定严格按照这四个阶段发展。因此，对建立监管体系来说，关键是根据市场特征来确定监管重点，而不是机械地划分发展阶段。

本刊记者：根据您了解的情况，发达国家，比如美国，在天然气行业监管方面有哪些特色？

吕薇：美国天然气产业的发展和规制变革经历了一个长期的过程，每一步变革都与天然气产业发展规模和可竞争性紧密相关。它主要经历了以下几个阶段：

第一个阶段：联邦规制的建立。1938 年以前，美国的天然气生产、运输和分配受各州法规规制，因此，天然气市场是地区分割和垄断的。生产者只能将天然气卖给受州政府规制的销售商，销售商再卖给最终用户，阻碍了跨州销售的竞争；由于各州分散立法导致跨州建设长距离管道的成本和盈利性都不确定，限制了跨州管道建设。

1938 年，美国国会通过了《天然气法案》，其主要内容为：一是建立联邦的天然气规制。美国能源规制委员会负责监管州际之间的天然气销售和管道设施建设，跨州管道只需服从统一的联邦规制。二是确定了建设跨州输气管道的申请程序和标准。三是制定了成本加合理收益率的运输费标准，允许管道投资者回收投资并营利。这一法案促进了天然气产业组织结构的变化，出现了独立的管道公司。天然气生产者把天然气卖给独立的管道公司，管道公司再卖给批发销售公司或最终用户。

第二个阶段：以价格控制为主的规制。20 世纪 50 年代，美国对天然气的需求加速增长，天然气价格大幅度上升。1954 年，政府开始控制跨州销售的天然气井口价格。但是，由于价格定得太低，导致天然气市场供不应求。20 世纪 70 年代中期，出现了严重的天然气短缺，许多新用户买不到天然气；1976～1977 年冬季，跨州天然气不得不实行配额。

为了扩大天然气的供应量，1978 年，国会通过了《燃气政策法案》，试图通过价格激励促进开发新气源和非常规天然气（如煤层气）。但是，国会担心天然气资源正在被耗尽，为了保留稀缺的天然气资源，又于同年通过了《燃料使用法案》，限制新建以天然气为燃料的工业锅炉和电力企业，并对不同类型的供应者设置了不同的价格上限。

这次规制调整主要是实行差别供应价格和限制使用，对天然气产业组织并没有多大影响。但是，随着新开发天然气价格的上升，非常规天然气的开采迅速膨胀。事实表明，天然气短缺并不是因为资源储量不足，价格管制才是造成供应能力不足的一个主要原因。

第三个阶段：以市场为导向，放松管制。到 20 世纪 80 年代后半期，随着天然气市场的成熟，国会开始取消早期制定的一些规制和政策，天然气规制更多地倾向于市场导向。1987 年，国会废除了 1978 年的《燃料使用法案》，两年后通过法案取消了实行近半个世纪的天然气价格控制，完全放开井口价格，天然气井口价格最终由市场供求决定。

此时，天然气市场存在的主要问题是市场价格不透明。按照传统的方法，生产者将天然气卖给受管制的管道公司；再由管道公司转卖给受管制的销售公司；销售公司加上运输和销售成本后，打捆销售给最终用户。结果，生产者和最终用户之间的价格信号并不清晰。

第四个阶段：成熟市场竞争。20 世纪 90 年代以后，美国天然气行业才真正放松管制和引入竞争。90 年代初，美国从加拿大进口大量天然气，并免除进口关税，从而降低了国内天然气价格，扩大了市场需求，建成了全国天然气管道网络，具备了放开竞争的条件。1992 年，联邦能源管制委员会通过了636号法令，从分离销售与管道运输入手改革和重组天然气行业。

首先，要求管道公司把天然气运输与其他各种服务（主要是销售）分开。消费者可以从任一生产者处购买天然气，生产者也可以直接向最终用户和批发商卖气，生产者之间展开争夺用户的竞争。结果，促进了天然气用量的增加，刺激了勘探开发的投资。

其次，要求管道公司公平地提供管道服务。尽管天然气产业上下游已经形成了竞争市场，但是，由于规模经济性和环境保护的要求，管道公司具有自然垄断地位。因此，天然气规制要求管道公司对所有的市场参与者提供非歧视性的管道运输服务，并根据成本加合理收益率的原则规制管道收费，以吸引足够的管道投资，提供有保障的管道运输服务。

值得一提的是，美国天然气规制随着产业组织结构和市场特征不断进行调整。但是，规制中对环境保护的要求一直没有放松过，而且越来越严格。环境保护标准已经成为限制进入的一项重要内容。

本刊记者：根据您对美国天然气行业发展的研究，您认为其中还存在哪些问题？

吕薇：任何规制和改革模式都不可能十全十美，我们了解到，美国天然气行业规制体制上有一些主要问题亟待解决。

一是各环节的政策协调。目前，美国的天然气供应商、销售商和用户之间大都采取现货交易或期货交易，较少签订“照付不议”的长期合同。但是，管道公司需要“照输不议”的长期合同保证稳定运量。主要有两方面原因：一方面，管道建设投资巨大，回收期长，金融投资者要求稳定的回报；另一方面，联邦能源管制委员会在审批新建运输管道时，要审查市场落实情况，没有足够的长期合同难以批准。因此，管道运输的“照输不议”合同与天然气市场的竞争形成了一定的矛盾。目前，还没有找到理想的解决办法，只能靠管道公司与用户进行谈判和协商解决。

二是政府监管部门的协调。美国的天然气规制和管理也是分散在不同的部门，新建项目的审批环节较多，程序复杂，产业界抱怨较多。在20世纪70年代大规模开发阿拉斯加天然气时，由于运输距离长，运输管道还要经过加拿大，按照原来的分散管理程序可能延误时间。1976年通过的《阿拉斯加天然气运输法案》（简称ANGTA）授权成立联邦巡视员办公室（Office of Federal Inspector），其主要职能是协调各监管部门以及管道路经的州政府之间的关系，集中和简化审批程序。同时，设计了吸引管道建设和开发投资的政策和机制。后来由于美国的石油天然气供应情况好转，在一期工程建成后，阿拉斯加天然气输送计划于1982年停止。1992年撤销了巡视员办公室，并将其职能移交给能源部。进入21世纪以来，美国又准备重新启动阿拉斯加天然气传输系统的二期计划，在两院和政府之间开展讨论。2002年3月，参议院通过了S. A. 3069和S. 517议案，提出建议：成立联邦协调机构；建立80亿美元的联邦政府贷款担保；由能源部长组织进行有关政府合作的研究；采取有关减免税的政策等。国会将审理这些议案。

本刊记者： 您认为发达国家在天然气行业监管方面的成功经验对我们有哪些启示?

吕薇： 根据对发达国家天然气行业监管方面问题的研究，我认为对我国的启示主要有以下几点：

一是在天然气工业发展过程中，政府和市场都在发挥作用，关键是要分清政府职能和市场功能。政府的正确角色是规范市场秩序，建立鼓励基础设施发展的政策框架，而不仅是进行价格管制。由于天然气行业监管部门相对分散，在一些大型项目建设中需要中央政府发挥协调作用，根据不同发展阶段的特点制定鼓励行业发展的政策。

二是要根据市场特征确定政府规制的重点。政府规制和竞争政策的最终目的是促进产业发展和保护消费者的利益，保证天然气工业的可持续发展，使生产者和消费者都从中获得效益。在天然气产业发展的不同阶段，市场结构特征不同，可竞争性不同，规制和政策重点不同。在天然气发展初期，增加供给就是保护消费者的利益，政策重点应是鼓励基础设施建设和增加供应量；当供应充足、市场趋于饱和时，政策重点应转向促进竞争，提高效率，降低价格。

目前，我国的天然气行业正处于鼓励基础建设投资和培育市场的阶段。因此，现行监管体制要充分考虑产业发展的需要，不可能一步进入竞争阶段。应该在上游勘探开发环节引入竞争，一个地区允许几家企业勘探开采，增加卖方的竞争性。同时，重点鼓励天然气替代污染能源，促进下游用户多元化。为了鼓励管道网络建设和增加供应量，在一段时期内应该允许签订天然气供应和运输的长期合同。

三是天然气的下游市场要与天然气产业发展配套。天然气在我国还属于新能源范围，目前，天然气行业的发展和管理与相关用户行业不同步。比如，培育天然气市场需要鼓励天然气发电。但是，目前我国电力行业正在改革重组，实行网站分离和竞争上网，而天然气行业处于成长期，天然气供应以“照付不议”合同为主。因天然气发电企业不能与电网签订长期供电合同，就不可能在采购天然气时签订“照付不议”合同，两者之间形成了断档。因此，应该政策协调，对天然气发电采取鼓励政策，并允许签订长期供电合同。

四是在制定天然气行业准入标准时，要突出环境保护的原则，防止无序竞争。美国联邦政府在发放天然气资源开采、管道和站点建设许可时，特别强调环境标准，只有一些确有实力和规范的企业才能进入。

本刊记者：您认为应如何解决垄断监管的缺位问题？

吕薇：根据国际上的经验，大部分国家的石油天然气行业实行政府与监管部门分离，设置相对独立于政府的监管部门。目前，我国的反垄断法还没有出台，油气行业可竞争环节缺乏限制垄断的法律依据，没有独立的监管部门，而且具有自然垄断性的天然气管道运输也没有独立的监管部门等等。因此，我国的石油天然气行业面临着健全监管部门和完善法律法规的双重任务。

美国战略石油储备体系与国际比较*

石油战略储备是一项应对石油供应紧急情况的国际性政策。1973 年世界石油危机以后，不少西方市场经济国家相继建立了政府战略石油储备体系。从 1996 年起，我国就已经成为石油和石油产品净进口国。目前，我国的石油和石油产品进口已占全部供应量的 1/3。据估计，2020 年进口依存度将超过 50%，因此，建立国家石油储备体系越来越紧迫。我们就如何建立石油储备体系的问题访问了美国能源部，听取了能源部石油战略储备办公室官员的介绍。

一、美国战略石油储备体系的运行机制

1973 年巴以战争导致中东石油供应中断，石油价格猛涨，引发世界性石油危机，一度造成美国石油进口中断，给经济带来巨大损失。1974 年 11 月，在美国等西方市场经济国家的倡导下，国际能源机构（简称 IEA）成立，其主要职能是协调成员国的石油储备行动。1975 年，美国国会通过了《能源政策和储备法》（简称 EPCA），授权能源部建设和管理战略石油储备系统，并明确了战略石油储备的目标、管理和运作机制。

（一）企业商业储备超过政府战略储备

美国的石油储备分为政府战略储备和企业商业储备。美国政府战略石油

* 本文根据《国务院发展研究中心调查研究报告》2002 年第 124 号（2002 年 8 月 13 日）和“高度集中的美国战略储备”（发表于《中国石油》2002 年第 3 期）整理。

储备规模居世界首位，但企业石油储备远远超过政府储备。目前，全国石油储备相当于150天进口量，政府储备为53天进口量，仅占1/3。

美国企业石油储备完全是市场行为，既没有法律规定企业储备石油的义务，政府也不干预企业的储备和投放活动，企业根据市场供求和实力自主决定石油储备量和投放时机。政府主要通过公布石油供求信息来引导企业，免除石油进口关税和进口许可费等政策也起到鼓励企业增加石油储备的作用。

（二）政府战略石油储备的功能是防止石油禁运和供应中断

联邦政府的战略储备是非军事用项目，其目标是防止石油禁运和中断石油供应，平时不轻易动用。中断石油供应是指某些石油输出国的石油出口突然中止或急剧下降，导致国际石油供应量在短期内出现日平均供应量减少数百万桶的情况。国际能源组织把某个或某些成员国石油供应缺口达到7%以上，作为实行紧急石油分享计划的主要量化指标。

根据EPCA，联邦政府向市场投放能源战略储备的方式主要有三种。一是全面动用。当石油进口中断和国内石油产品供应中断，以及遭遇破坏或者不可抗逆的原因造成的“严重能源供应中断”，导致相当范围和时间内石油产品供应大幅减少，价格严重上涨，对国民经济产生严重负面影响时，可以全面动用战略储备。二是有限动用。当出现大范围和较长时间的石油中断供应时，可以部分动用战略石油储备。但动用总量不能超过3 000万桶，动用时间不能超过60天，储备石油低于5亿桶时不能利用。三是测试性动用。主要是在紧急动用时发生故障测试储备设施系统是否能够正常运行。测试动用总量不得超过500万桶。全面动用和有限动用都需要总统决定，测试性动用和分配授权给能源部部长。

还有一种轮库（Exchange）形式的动用。通常，轮库是解决因油品品质或短期内区域性能源短缺造成的石油供应企业交货问题，用联邦储备与企业储备进行临时交换。如，2000年美国西部地区的石油天然气紧缺，克林顿总统批准用2 300万桶储备石油与企业轮库，并要求企业在2001年3月以前归还。

自建立石油战略储备以来25年间，美国政府仅在1991年海湾战争期间以直接销售的方式向市场投放了3 300万桶储备原油。1985～1990年，进行了两次试销售；1996～2000年，进行了4次轮库。

（三）根据综合因素适时调整战略石油储备规模

决定战略石油储备量时主要考虑进口绝对量、经济对石油价格的敏感性和储备成本等因素，还要考虑石油中断的可能性。EPCA 授权的最大联邦战略储备规模为 10 亿桶，计划储量是 7 亿桶原油和 200 万桶加热油。从 1977 年正式储油开始，1994 年达到最高储存量 5.92 亿桶，1985 年曾达到相当于 114 天进口量的最高储备天数。目前，联邦战略储备的实际储量是 5.67 亿桶，相当于 53 天进口量。

美国政府和国会根据国内需求和国际局势适时调整战略石油储备量。1991 年冷战结束后，美国政府放松了石油储备。2011 年“9·11事件”以后，石油储备受到重视，布什总统于同年 11 月宣布要增加战略石油储备，到 2005 年达到 EPCA 规定的计划储量。

（四）政府所有和决策，市场化运作

美国战略石油储备的运行机制可以概括为：政府所有和决策，市场化运作。战略石油储备由联邦政府所有，从建设储库、采购石油到日常运行管理费用均由联邦财政支付。联邦财政设有专门的石油储备基金预算和账户，基金的数量由国会批准，只有总统才有权下令启动战略储备。战略储备的决策程序是由能源部、财政部和白宫预算办公室会商，向总统提出方案；总统同意后，再向国会提出建议，由国会批准，才能生效。增加石油储备的预算是由财政部门一次拨给战略储备办公室。销售石油回收资金的使用不必经国会批准，可以用来补充石油储备。如果扩大储备规模，追加资金需经过国会讨论批准。

由于战略储备量比较大，其采购和投放可能影响石油市场价格。为了避免对市场价格的冲击，战略石油的采购和投放基本上采取市场招标机制。储备石油一部分来自政府招标采购，还有一部分是以联邦石油资源的租金征收。招标采购中，40%来自与墨西哥国家石油公司签订的长期供应合同，其余是市场现货招标采购。通常选择价格低迷时采购，既要避免引起市场价格波动，又要防止造成石油储备资金损失。

战略石油储备的投放也采取招标机制，政府向石油公司招标，再由石油公司按市场价格销售，回收资金交财政部的石油储备基金专门账户，用来补充石油储备。

战略石油储备系统的运行管理方式是：政府制定规划和政策，委托民间机构管理站点日常运行。联邦战略石油储备办公室设在能源部华盛顿总部，由一位能源部部长助理主管，负责储备政策和规划；设在新奥尔良的项目管理办公室负责具体项目的实施、运行管理。联邦战略石油储备办公室与民间公司签订管理和运行合同，由其负责站点的日常运行、维护和安全保护。

（五）根据成本效益分析确定战略石油储备技术路线和储备量

政府在确定石油储备技术方案和储备量时，要进行成本效益分析。石油储备的效益是中断石油供应可能带来的损失。据美国能源部的分析，石油价格增长1倍，GDP将下降2.5%左右；每桶石油价格上升10美元，将给美国经济造成每年500亿美元的损失，经济增长率将减少约0.5个百分点。石油储备的成本包括：储备设施的一次性投入、采购石油所需资金、运行维护费用等。

美国具有得天独厚的石油储备条件。墨西哥湾附近的路易斯安那州和德克萨斯州境内集中分布着500多个盐穹，靠近石油化工产业带。联邦政府利用这些盐穹建成了四个大型储备基地，既临近码头，又距大型炼厂不远，还有发达的管道设施可以快捷地把储油传输到用户手中。盐穹储油技术是目前世界上成本最低的石油储藏技术，在美国修建盐穹储库的成本大约是每桶容积1.5美元；每桶储备石油的日常运行和维护费用是25美分。如果采用地上储罐设施，每桶容量的设施投入需要15~18美元，至少是盐穹的10倍。美国政府用于战略石油储备投资共约200亿美元，其中40亿美元用来修建储油设施，160亿美元用来采购石油。每年的日常运行和管理费用约为1.6亿~1.7亿美元。

二、美国石油储备体系与其他国家的比较

美国的战略石油储备体系是一种比较典型的模式，IEA成员国因地制宜建立其石油储备体系，各有千秋。为了广泛借鉴国际经验，下面重点介绍日本、德国和法国的石油储备模式，与美国模式进行比较。

（一）多层次的石油储备体系、多样化的民间储备运作机制

IEA 成员国的石油储备体系都是由政府和民间储备组成的，政府战略储备只是石油储备的一部分。政府战略储备管理体制大同小异，企业储备的管理和运行机制差别较大。

美国的石油储备体系分为两个层次：政府战略储备和企业商业储备。政府和民间储备体系相对独立，企业储备完全市场化运作。

德国、日本和法国的石油储备体系不同于美国，可以分为三个层次：政府储备、法定企业储备和企业商业储备。法定企业储备是法律规定的企业储备任务，政府对法定储备进行不同程度的干预。德国法律规定了政府和储备联盟的储备义务。政府战略储备由联邦财政支付，承担 17 天储量。储备联盟是德国石油储备的主体，由大型炼油企业、石油进口、销售公司和使用石油发电厂组成，承担 90 天的储备义务。储备联盟根据联邦政府的指令投放石油，储备费用来自银行贷款和消费者交纳的储备税。另外，德国的法律还规定石油炼厂要保持 15 天的储备，石油进口公司和使用石油的发电厂保持 30 天的储备量，政府不干预企业储备的投放，费用也由企业自己承担。

20 世纪 50 年代，日本的有关法律就规定了企业的石油储备义务。1974 年日本加入 IEA，建立了政府石油储备。政府建立石油专门账户，通过征收石油税筹集储备资金。根据日本《石油储备法》，一定规模以上的炼厂、销售商和进口商都要按规定比例承担石油储备任务，企业向市场投放储备石油时要经过通产省批准。政府为法定企业储备提供低息贷款、加速折旧等政策。法律规定以外的企业商业性储备由企业自理。

法国是最早建立企业石油储备制度的国家，以法定企业储备为主。早在 1925 年，法国有关石油法就规定，在发放进口原油、石油副产品的经营许可证时，要求经营者有前 12 个月经营量的储备能力。1993 年实施的新石油法规定，每个石油经营者都要承担应急石油储备义务，并维持上一年原油和油品消费量 26% 的储量，相当于 95 天的储备量。法国的战略石油储备专业委员会（简称 CPSSP）代表政府负责制定储备政策和战略储备地区分布计划，向石油公司征收建立和维护石油储备的费用等，并代理一部分企业的石油储备任务。1998 年 CPSSP 管理和支配 950 万吨战略石油储备，占全国储备义务的 58% 。CPSSP 并不具体运行和管理石油储备站点，而是委托石油公司和安全储备管理有限责任公司运作管理。

综上所述，各国分配法定企业储备义务的主要方式，一是按经营石油企业的规模分配储备义务，如日本；二是根据销售额或消费额按比例分摊储备义务，如德国和法国。法定企业储备的管理和运作机制有三种。一是日本模式：在政府规划指导下，规模以上企业分散储备。二是德国模式：企业组成联盟，统一规划和布点，集中筹集资金和运行管理。三是法国模式：政府授权专门机构代理部分法定企业储备。

（二）石油储备规模与一次能源结构和石油进口依存度有关

根据国际能源机构的研究和规定，成员国应该保持相当于 90 天进口石油量的储备（包括公共和私人部门的储备）。但是，实际上各国的石油储备总量都超过了 90 天。各国的石油储备模式与一次能源结构、石油资源分布和进口依存度有密切关系。总的来看，一次能源消耗中石油比例越高、石油进口依存度越大，石油储备的规模就越大。

首先，石油储备规模直接与进口依存度挂钩。美国的石油消费量约占世界供应量的 1/3，进口依存度为 60% 左右，其石油储备规模与石油进口量挂钩。日本、德国、法国的石油进口依存度在 98% 以上，石油储备规模与消费量挂钩（见表 1）。

表 1　美国、德国、法国、日本石油储备

国家	石油占能源比例（%）	进口依赖程度（%）	储备量	政府储备比例（%）
美国	40	60	151 天进口量	35（54 天）
德国	40	98	117 天消费量①	15（17 天）
法国	38	98	99 天进口量②	58
日本	50	99.6	161 天消费量	52%（85 天）

注：①德国石油储备联盟为储备主体，拥有 90 天的储备量。

②法国战略石油储备专业委员会代理和支配的数量。

资料来源：日本、德国、法国的数据根据内部研究报告整理，美国的数据是美国能源部提供的 2001 年的数据。

其次，石油在一次能源中的比例越高，储备天数越多。日本的石油消费占一次能源的 52%，而且国内几乎没有石油资源，石油中断的可能性和造成的损失最大。因此，日本的石油储备天数最多，政府储备的比例也较大。

最后，石油储备集中程度与石油储备条件、大用户的集中程度有关。美国具有得天独厚的石油储备条件，有相对集中的石化产业带，在靠近石化产业带的墨西哥湾附近两个州境内集中分布着大量盐穹。因此，联邦政府集中建设了4个储油基地。日本的石油主要靠进口，国土又是狭长岛屿，炼厂分散在沿海地区，因此采取分散储备的模式。

三、几点启示

（一）明确战略石油储备的功能定位，分层次建立石油储备体系

根据国际经验，石油储备分为政府战略储备和常规储备。战略储备是防止战争或突发事件导致石油中断供应造成国民经济巨大损失，不能简单地用来调节石油市场价格波动。常规储备则可以用来调节石油市场价格波动。

目前，我国石油消费占一次能源比例不到30%，进口依存度约30%，预计到2020年石油进口将达到50%以上。从目前的能源结构和石油供应情况看，建立石油储备的主要目标还是防止市场供求关系引起的大幅度石油价格波动。因此，应该实行战略储备与常规储备相结合，建立政府储备与企业储备明确分工的石油储备体系，根据石油价格波动的幅度和时间区段来区分动用战略储备和常规储备的条件。战略储备主要是为了防止突发事件造成石油供应中断，应该由政府财政来承担；常规储备主要用来进行市场调节，以企业为主，政府政策引导，企业按市场规律运作。

（二）实行企业储备义务与市场准入相结合，建立法定企业储备制度

目前，我国还没有建立政府石油战略储备，企业石油储备量也非常低。据估计，几家大型石油公司的周转库存只有7天的消费量。我国每天的石油消耗量达500多万桶，仅靠政府的财力难以支撑大规模的石油储备需求。因此，应该借鉴德国、日本和法国的经验，建立法定企业储备制度，把石油储备量与市场准入标准相结合，尽快提高企业的石油储备能力和储备量。

法定的企业石油储备功能不仅仅是为企业生产周转，还具备调整市场供求价格的功能。根据目前我国石油企业的实力、石油工业管理体制，可以借鉴德国的经验，采取储备联盟的方式，由政府和联盟统一规划和政策引导，

集中筹集资金，集中运作管理。

（三）根据成本效益分析，制定长期总体规划

石油储备是一个长期战略，主要石油储备国都是经过一段时间才达到规划储备规模。因此，应尽早根据石油供求预测，进行石油储备的长期总体规划；要根据突发事件中断石油供应的可能性以及石油价格波动对经济的危害来确定政府的战略石油储备数量和法定企业储备数量。

石油储备是一项耗资巨大的工程，提高石油储备的效率是保证石油储备体系正常持续运转的重要因素。我国石油资源分布和市场分布不均衡，石油资源主要在东北部和西部地区；而炼厂主要在沿海经济发达地区，而且比较分散。我国只有少数小规模的盐穹，还远离石油产地，石油储备的成本比较高。因此，要通过深入细致的成本效益分析，进行多方案比较，选择石油储备的技术路线和布局。

（四）加快建立石油储备体系的配套措施

从国际经验来看，政府战略储备和法定企业储备都是先立法后行动。因此，应抓紧石油储备的立法。

目前，国内石油市场价格波动的主要原因，一方面是企业缺乏储备，另一方面是石油市场机制不健全。因此，要防止石油价格大幅度波动，除了加强石油储备以外，还要尽快取消进口石油的配额制，放开自主经营权，建立石油现货市场和期货市场等，让企业依据市场需求自主决定石油进口量及时机。

产业组织和管理体制因素对垄断行业改革模式的影响*

——英、美电力体制改革比较

根据国际经验，由于各国垄断行业的产业组织结构和管理体制不同，其改革和重组的模式与结果不同。下面通过比较英国和美国的电力体制改革，分析产业管理体制、规制方式和产业组织结构对改革和重组模式的影响。

一、英国电力体制改革及成效

（一）英国电力改革的步骤

英国的电力改革是从撒切尔政府开始的。改革以前，英国的电力产业组织结构是国有体制下的高度一体化垄断经营。中央电力生产局主要负责发电、传输和大批量批发，其发电量占全国市场的绝大部分份额，并控制了整个电力产业的大部分投资。电力委员会负责电力产业政策，但没有电力调度权。同时，全国有14个地方电力局，作为独立的公共企业负责本地的电力分销活动。其中南苏格兰电力局和北苏格兰水电局是两个在各自地区范围内从事电力生产、传输和分销的垂直一体化电力局，具有相对独立性，其余12个地区电力局则从中央电力管理局购买电力，在本地区进行分销。

在国有垄断经营的管理体制下，英国电力产业面临几个问题。首先，由

---

* 本文发表于《国务院发展研究中心调查研究报告》2001年第196号，2001年12月9日。

于不允许新的进入者进入电力产业，用户没有选择权。其次，因为没有竞争压力，不存在破产危险，企业的经营效率低下。最后，由于企业经营决策要服从政府的政治需要，企业管理没有明确的目标，常常要承担一些政府交给的特殊任务。如，政府为保护煤炭工业，迫使国有电力企业以煤炭为燃料，增加了发电成本；为减少公共企业借款，政府提高电力价格。因此，迫切需要改革电力体制，引入竞争。

英国电力工业改革主要分为四个步骤。第一步是在发电领域引入竞争。1983 年，《能源法》颁布，取消了非公共企业进入电力行业的限制，允许各种所有制的独立电厂自由使用国家电网。同时，要求地方电力分销公司公布电力价目表，允许其向私人电力公司直接购买电力。由于政府没有对一体化经营的中央电力生产局进行必要的规制，使其能够利用已有的网络优势，通过调整价格结构来阻碍新的竞争者进入电力市场。结果，中央电力生产局凭借一体化垄断经营的优势，通过提高输电成本中的固定费用，降低电价，从而使新进入的发电企业处于不利地位。由此可见，在引入竞争过程中，仅仅放开市场还不够，还要对现存企业的垄断力量进行必要的限制，才能够真正形成竞争局面。为保证公平竞争，即使是国有网络公司也需要政府规制。

第二步是改革电力管理体制，加强政府规制。1989 年 7 月，英国政府再次修订《电力法》，确定新的电力产业管理体制框架，促进了电力产业的进一步重组。按照 1989 年《电力法》，成立了新的电力规制办公室。其职责是保证满足对电力的所有合理需求，保护消费者的利益；促进电力生产和供应的竞争，保证电力企业的权力；保证电力生产与经营的安全以及环境保护等。电力规制办公室还负责监督企业执行经营许可所规定的条款，发放新的经营许可证，修改原来经营许可条款。电力产业的规制主要内容是限制垄断，促进竞争：一是防止从事自然垄断性业务的企业滥用垄断力量，对垄断业务实行最高限价政策；二是采取适当的规制措施，促进电力生产和供应企业之间的竞争。

同时，垄断和兼并委员会通过反垄断调查，对电力企业行使监督权；公平交易委员会从保护消费者利益和公众利益不受侵害的角度出发，监督电力市场。

第三步是电力企业重组。在实行私有化之前，英国政府对中央电力生产局进行横向和纵向分解。横向分解是把中央电力生产局的发电资产分为国家电力公司、电力生产公司和原子能电力公司三家大型电力企业。纵向分解是实行电力生产和传输相分离，把中央电力生产局的输电资产划归新组建的国家电网公司，主要负责全国电网的运行和电力调配。与此同时，12 个地区电力管理局改为地区电力公司，负责配电和销售服务，共同拥有国家电网公司，并允许其拥有一定比例的发电能力。

第四步是国有电力公司实行私有化。1988 年英国政府公布了对电力产业实行私有化的白皮书，私有化从非核电站和电网入手。1990 年年底，英国政府首先对 12 个地区电力局及其合资组建的国家电网公司实行了私有化。接着，1991 年 3 月出售了国家电力公司和“电力生产公司”的大部分股票；南苏格兰电力公司和苏格兰水电公司也都实现了私有化。

（二）改革后政府促进竞争的措施

完成了上述改革和重组以后，在政府规制的促进下，英国电力生产和销售市场逐步形成了竞争机制。1989 年电力产业重组后，英国的发电市场形成了双头寡占垄断的局面，国家电力公司占电力市场的 52%，电力生产公司占电力市场的 33%。在寡头垄断情况下，企业继续通过各种方式操纵市场价格。因此，在重组和私有化后，电网销售价格一直呈上升趋势。尽管政府通过管制干预价格上涨，电力容量费只下降到原来位置，边际价格却继续上涨。1993 年，电力管制办公室评价了电网价格后，得出了国家电力公司和电力生产公司拥有垄断力量，并滥用这种力量的结论，要求两家企业向其他竞争的发电企业出售一部分电站，停止实施操纵电网价格的不正当行为。1994～1996 年，国家电力公司和电力生产公司分别出售了 400 万千瓦和 200 万千瓦的发电能力，从而使竞争对手的发电能力增加了 1 倍[①]，在很大程度上提高了电力市场的竞争程度。这不仅抑制了两家公司对电价的控制能力，也扩大了消费者的选择余地。

1989 年的重组主要实行了发电和输电的纵向分离，但是在电力销售市场上一定程度地保持了配电和销售的一体化经营。尽管引进了二级售电公司，并开放了大用户批发市场，但地区电力公司不仅负责配电服务，还保留了一部分售电垄断权。

为了削弱输、配、售电一体化的垄断力量，英国政府继续通过重组和放宽进入限制，进一步分解一体化经营公司：1994 年以前，地区电力公司被授予 1 000 千瓦以下用户的垄断销售权，1994～1998 年被授予 100 千瓦以下用户的垄断销售权，直至 1998 年才完全放开零售市场。1995 年年底，国家

---

① 王俊豪著：《英国政府管制体制改革研究》，上海三联书店出版社 1998 年版。

电网公司成为独立上市公司，与地区电力公司实行产权分离。

英国电力改革主要是从发电和零售两个环节引入竞争，输送电网和分销电网仍然保持着垄断，政府对电网实行规制。

二、美国电力重组和放松管制

（一）美国电力体系的特点

美国的电力企业比较分散，特别是许多配电和输电企业是地区性企业，规模并不大。从表1可以看出20世纪90年代末美国电力企业的分布特点。

第一个特点是配电行业比较分散，企业规模较小。第二个特点是发电企业和高压长距离输电企业规模效益比较明显，企业规模较大，相对集中。第三个特点是发电、输电和配电一体化经营比较普遍。尽管联邦能源规制委员会已经要求分离发电和输电功能，不少电力企业仍然同时拥有发电资产和输电网络资产的所有权，形成利益一体化。第四个特点是电力企业的所有制与其业务功能有关。公共企业主要经营地区配电业务；合作企业主要经营配电和输电业务；投资者所有的电力企业（IOUs）主要从事发电业务，其装机容量占全国的66%，发电量占全国的68%；联邦企业主要从事发电或发电与输电一体化。第五个特点是大部分企业从事配电业务，约有27%的企业从事发电业务，独立的发电和输电企业比例较低。

表1　　1998年美国电力企业的分布情况　　（单位：%）

	IOUs①	公共企业	合作企业	联邦企业	总计
配电	1.1	42.8	23.2	0.0	67.1
发电与配电	0.8	12.7	0.7	0.1	14.3
发电、配电、输电一体	4.4	4.2	0.6	0.1	9.3
配电与输电	0.2	1.8	2.3	0.0	4.4
发电与输电	0.3	1.1	1.3	0.1	2.8
输电	0.2	0.3	0.6		1.1
发电	0.3	0.4		0.1	0.8

注：①IOUs为投资者所有的公共电力企业。

资料来源：美国能源信息管理局："The Changing Structure of the Electric Power Industry 1999: Mergers and Other Corporate Combinations"。

（二）美国电力体制改革的步骤

20 世纪 90 年代初，美国能源委员会决定对电力系统进行改革。1992 年通过能源政策法案后，美国电力市场开始引入竞争。一直到 1996 年，开始在两个州进行改革试点，现在已有 20 几个州开始和正在准备开始改革。改革主要采取以下措施：

一是限制垄断企业的市场力量，实行输电、发电和销售功能分离。根据美国的法律，电力企业被分为两类：效能企业（Utility）和非效能企业(Nonutility)。效能企业是指从事发电、输电或批发电力和配电业务的企业，主要是那些经营网络或一体化垄断经营的企业；非效能企业主要是指利用工业废气和小规模的独立发电企业。由于大部分 IOUs 是发电、输电和配电一体化经营，为了限制企业的市场垄断力量，联邦政府要求 IOUs 出售一部分发电资产，实行发电和输电功能分离。

二是建立独立的输电代理机构和电力交易市场。为了控制自然垄断环节和一体化经营企业的垄断力量，设立独立电网调度员（ISO）和电力交换所（PX）等机构。独立电网调度员是一个独立的非营利性机构，代输电网络企业运行和管理网络。其主要作用是保证各种发电企业出售的电力都能够公平地通过高压电网输送；同时还负责电网运行控制和实时电力市场管理，负责输电系统的规划、控制和安全运行等。电力交换所是构成电力交易市场的一个重要机构，电力交换所采取公开报价的方式，其主要作用是保证价格信息公开化，为各类发电企业竞争报价创造条件。

三是开放销售市场，取消批发价格的规制，允许消费者直接选择电力供应商。有些州对零售价格实行规制，允许供应商在零售价格中回收转换成本，如加州；对自然垄断的输电环节保留政府对价格的规制，政府主要规制输电收费标准；在销售环节要求发电企业公开生产能力信息，在交换市场以公开报价的方式进行交易。

四是区域配电网公司基本保持垄断经营。由于美国电力改革是在联邦政府指导下以州为主的改革，因此，各州的改革步骤和具体措施不同。比如，有的州不仅放开批发市场价格，还放开零售价格；有的州放开批发价格，却保留对零售价格的规制；有的州还没有改革。但总体来看，各州的改革方向是遵循联邦政府确定的基本原则的。

电力改革以后，联邦和州政府都保留了对电力行业的一部分规制。美国的电力市场规制较为复杂，根据发电、输电、配电和售电的特点，由多家联邦和州规制机构参与管理。输电环节是垄断经营，受到联邦政府和州政府的规制。美国联邦能源委员会负责跨州输电交易的管理，包括批准输电线路的建设和输电费；对地区输电组织（RTO）或独立电网调度员有管辖权。州政府负责批准州内输电线路的选址和输电收费标准。配电系统是包括从变电站到用户电表的一整套分配系统，具有自然垄断的特点，长期以来没有引入市场竞争，一直处于规制状态。美国的配电企业本来就比较分散，不少是社区集资兴办的，州公共事业委员会负责对配电环节的监管。发电领域的规制分别由州政府和联邦政府负责，规制内容主要是环境保护和安全方面。联邦能源规制委员会负责发放水电站许可证；州公共事业委员会负责批准州内电站厂址和制定州电站环保标准；环保局负责实施“清洁空气法”的条款以及制定、监督火电站的排放标准和排放量。

三、英、美电力行业重组模式的差别及其主要原因

尽管美国和英国的电力行业都经历了改革和引入竞争的过程，但是，人们普遍认为英国的电力改革和竞争相对成功一些。实际上，这与两国电力行业管理体制和产业组织结构的差别有较大关系。

（一）英、美电力体制的主要差别

电力体制改革以前，英、美的电力管理体制和产业组织结构有很大差别，主要表现在以下几个方面：

1. 两国的电力管理体制不同。美国的电力管理以州政府为基础，各州都有自己的电力法规，联邦政府主要管理跨州的电力传输和销售；英国的电力管理是全国统一的。因此，两国的电力产业组织结构不同。

2. 两国电力产业集中度不同。无论是改革前还是改革后，与美国相比，英国的电力产业集中度较高。重组以前，国有的英国电力公司控制全国大部分电力市场，12 个配电网络是地区性公司。美国电力企业（包括发电、输电和配电企业）比较分散，而且有许多小型的公共和合作电力企业；电网主要是以地区为基础，一些电网企业的覆盖面较小。

3. 两国电力企业的产权结构不同。美国电力企业的产权原本就是多元化的，

有联邦企业、公共企业、合作企业和投资者所有企业等。改革前，英国的电力企业以国有企业为主，大部分是中央政府和地方政府出资兴建的企业（见表2）。

表2　　　　美国和英国电力行业改革比较

	美国	英国
改革前市场结构	1. 电力企业分散经营，多种所有制形式； 2. 各州有自己的电力管理法律，联邦法律只负责跨州输电和售电； 3. 电网和配电网企业相对分散。	1. 发电、输电、配电实行国有一体化垄断经营，电力企业以国有为主； 2. 12个国有地区电力管理局，主要负责本地区的配电业务。
改革步骤	1. 从成本控制入手，趸售业务引入竞争； 2. 实行输电与发电功能分离，电网分散所有； 3. 企业重组靠市场机制； 4. 跨州管制从控制价格和限制进入转向促进竞争，限制垄断； 5. 各州的改革进度和规制内容不同。	1. 取消私营企业进入限制； 2. 对发电、输电和售电纵向分离的同时，对发电企业进行横向分解；输电和配电一体化经营； 3. 加强对电力的管制，对输电价格进行上限管制； 4. 对发电和输电企业实行私有化； 5. 地区网络公司共有全国网络。

（二）英、美电力体制改革的主要差别及原因

由于上述管理体制和产业组织结构的差别，英、美电力改革和引入竞争的方式与效果也不尽相同。

一是两个国家电力改革和引入竞争的动力不尽相同。英国电力改革的主要动力是减轻政府的财政负担，提高电力企业的效率，因此，由中央政府设计改革方案，进展快，行动统一。美国电力改革的主要动力是防止电力成本进一步上升，促进新能源的发展和利用，节约消费者和政府的电力开支。美国是联邦政府指导下的各州电力改革。联邦政府提出总体思路和法规，具体的改革和引入竞争的程序则取决于各州的立法，一些电价较高的州改革积极性较高。因此，美国各州的电力改革进度不均衡，差距较大。目前，只有二十多个州已经和正在进行改革。

二是原有电力管理体制不同，改革后的规制体系不同。由于美国是联邦制国家，电力管理实行联邦和州政府两级管制，电力市场管制体系较为复

杂。改革后根据发电、输电、配电和售电的特点，由多家联邦和州规制机构参与管理。因此，出现了一些州规制与联邦规制不够衔接的现象。

英国的电力行业原来是由政府垄断，实行全国统一管理，因此，改革后也延续了中央政府一级规制的体系。

三是原有企业的所有制结构不同，改革成本的承担者和消化途径不同。英国的电力改革是先进行国有企业重组，后进行私有化，改革的沉淀成本在国有产权转移过程中消化了。改革前，英国的电力行业几乎是国有独家垄断经营；改革初期，政府通过统一规划和行政划拨来完成国有企业的纵向和横向分解，企业重组的过程较短；重组后再进行私有化改革。政府在进行国有电力企业重组过程中考虑到私有化的需要。如政府担心私有投资者不愿意购买核电企业，将核电与其他电力企业的产权分离；私有投资者从收入的角度出发，希望地区电力公司从事多项服务，因此，允许地区电力公司从事一定比例的发电业务，并且在1995年前拥有国家电网公司的产权等。

美国的电力企业本来就是多种所有制形式，而且一些大型发电和电网企业多是私有企业。企业重组是在政府指导下，主要靠市场机制进行，改革和重组的时间比较长。特别是重组的沉淀成本不可能完全由私有企业来消化，因此，改革与重组中沉淀成本问题比较突出，改革的难度也比较大。

四是原有电力企业的集中度不同，引入竞争的难易程度和转换成本不同。英国参与竞争的发电企业的数量较少，主要是三家大型电力企业和几家小型发电企业；美国有2700家电力企业。英国的输电网络是统一的全国电网，重组后仍然是独立的国家电网公司集中管理运行，其产权先是由12个地区电网公司共有，后又独立上市。美国输电网络的区域性比较强，在产权比较分散的条件下一体化经营，因此，不可能像英国那样通过政府一个命令就实现厂网分离。实施输电与发电和售电功能分离后的管理也比较复杂，为了扩大统一调度电网的范围，要通过独立的电网调度员（ISO）将分散的电网集中起来运行管理。

英国电力企业重组相对简单，主要是垂直一体化分解和横向产权分解，功能分解与产权分解基本一致。而美国的电力企业重组比较复杂，一方面，功能分解与产权分解不同步，既要实行发电和输电一体化企业的产权分解，又要进行一部分功能分解。另一方面，由于电力企业比较分散，竞争导致部分企业兼并联合，一部分电力企业倒闭，还出现了输电和售电一体化合并。

由于企业的垄断力量不同，电力行业的竞争成本和效益不同。英国的电力企业相对集中，竞争程度不如美国的电力企业激烈，引入竞争的转换成本相对较低。英国电力企业的成本节约大部分转化为企业利润。在美国的电力重组和竞争中，由于企业比较分散，竞争相对激烈，竞争形成的转换成本较高，一部分企业损失较大，部分损失转移到价格中。

综上所述，英、美电力改革模式的成效与原有的电力体制和管理体制有关，甚至与国家的政体有密切关系。美国的电力产业组织和管理体制比英国复杂，因此，其改革难度大一些。由此可见，我国在进行电力体制改革和重组时，不能照搬某一个国家的成功经验，而要根据国内的实际情况，参考有关国家的经验和教训。

美国加州电力危机对我国电力体制改革的启示*

2000年夏天以来，美国加州出现了电力供应和电力企业财务危机。对此，美国国内存在着两种不同看法。一种观点认为这是电力改革的失误，要求重新管制电力市场；另一种观点认为是由加州电力规制的弊端造成的，呼吁进一步推动改革，用经济杠杆来调节电力供求之间的不平衡。

我国正处在电力改革的方案设计阶段，认真分析和总结加州电力危机的经验教训，有利于提高电力改革和重组的效率。

一、加州电力体制改革和重组

1996年，加州成为美国第一批进行电力市场改革的州，主要采取了以下放松管制和重组措施：

第一，对三家大型电力企业（IOUs）实行功能分离。一是实行电网所有权与经营权分离，要求IOUs将电网交给电网调度员（CAISO）运营管理，保留其对电网资产的所有权。二是要求IOUs出售部分发电资产，其发电量的市场份额由1996年的55%降至1999年的15%。三是要求IOUs在电力交换市场上买卖电力。

第二，设立独立的电网调度员和电力交换所（PX）。CAISO是一个非营利性机构，其主要作用是保证各种发电企业出售的电力都能够公平地通过高压电网输送；同时还负责电网运行控制和实时电力市场管理，负责输电系统

* 本文发表于《国务院发展研究中心调查研究报告择要》2001年第17期，2001年6月11日。

的规划、控制和安全运行等。CAISO不属于任何一个电力公司，也不拥有任何设备，管理加州75%的高压输电网络。PX是电力交易市场的一个重要机构，其主要作用是保证价格信息公开化，为各类发电企业竞争报价创造条件。几家大型IOUs必须在PX买卖电力，其他发电企业也可以在PX上买卖电力。

第三，放开批发价格和允许用户选择供货商。首先放开了批发价格，为促进竞争，政府还禁止IOUs的电力批发企业与发电商直接签订长期购电合同；同时，允许消费者自己选择电力供货商，约有2%的居民和32%的企业改换了电力供货商。但是，批发销售市场相对集中，三家大型IOUs为加州3/4的人口提供服务。

第四，保留对发电、输电和售电的部分规制。发电领域的进入规制主要是环保。由于加州的环境保护标准较高，排放收费较高，加州政府要求大部分发电企业将燃油和天然气两用机组改为单独用天然气的发电机组。为保证消费者的利益，补偿IOUs因改革和重组造成的转换成本，州政府与三家IOUs达成协议，在放开批发价格后，将其零售价格锁定在1996年6月的价格水平，并对消费者承诺在1998年4月~2002年降低10%的价格。加州的输电费以成本为基础定价，允许回收运输和转换成本。

二、加州电力危机的主要原因

导致电力危机的直接原因是：2000年夏季的炎热气候造成电力需求剧增，导致电力供不应求；天然气价格上升导致发电成本增加；零售与趸售价格改革不同步，零售价格与趸售价格之间出现大幅度逆差，使电力批发企业陷入财务危机，两家最大的IOUs多次发出破产申请。

经过深入分析不难发现，造成电力危机的主要原因是传统的规制不能适应新环境。

首先，价格规制不适应市场规律。主要存在两方面问题。一是加州政府在放开电力批发价格后，仍对零售价格实行控制。一方面，价格不能反映供求关系和成本，导致过度用电；另一方面，零售价格与趸售价格之间的逆差造成批发商财务亏损。二是限制长期购电合同，按现货市场价格交易，新建电站的未来市场前景没有把握。因此，投资者不愿意进行发电投资。

其次，在放开批发价格后，没有解决进入限制问题，缺少足够的竞争者。加州 25% 的电力要从外州购进。进入 20 世纪 90 年代以来，新经济的发展、人口膨胀，计算机和互联网的普及使用电需求剧增。几年前，电力产业界就预见到该地区电力与经济发展不平衡，提出要新建 25 个电站（容量为 15 500兆瓦）的计划，但由于选址、发放执照和环保等缘故，州政府仅批准了 5 个机组。结果在几年间，加州电力需求增加了 11%，发电能力却下降了 2%。由于加州的环境保护要求较严，不少老的发电企业因交不起环境保护费用而关门，新电站也因环保费用太高而没人愿意建。

加州的电力市场是一个以州为主的区域性市场。由于电网与相邻地区电网的联接比较弱，制约了从外州购电。在没有足够的新进入者、进口电力竞争压力有限的情况下，一些大型电力企业利用垄断地位，不合理地抬高价格。

最后，销售企业和发电企业形成利益共同体。虽然三家 IOUs 的电力买卖都要在电力交换所进行，由于保留了部分电站资产的所有权，他们既是卖主，又是买主，实际上还是利益一体化。加州的消费者曾于 2000 年 11 月起诉 14 家发电企业合谋抬高价格。据有关方面调查，两大 IOUs 的债务中约有一半是自己关联企业的债务，即使在严重亏损的情况下，两大公司仍能拿出几十亿美元给股东分红。

综上所述，加州电力改革和重组的措施相互之间不配套，有些作用被抵消：取消了批发价格的限制，却限制零售价格；允许用户自己选择电力供货商，批发市场却依然保持寡占垄断，而且零售价格固定；电力短缺需要鼓励电力投资，而限制长期合同和高环保收费以及低电价却阻碍了投资者的积极性；为实行批发销售与发电功能分离，成立了电力交换所，批发销售商与部分发电企业却是关联企业，存在利益一体化关系等等。

三、加州电力危机的几点启示

为了缓解电力危机，美国联邦政府和加州政府采取了一些紧急措施。联邦政府曾于 2001 年 1 月和 2 月间，实施天然气和电力紧急供应，要求州外电力公司和天然气公司向加州售气售电。州政府主要从两方面解决电力危机。首先，从价格入手。2001 年 1 月批准零售价格提高 7% ~15%；6 月两大电力公司的大工业用户的电价将再一次提高52%。其次，从解决电力企业的财务危机入手。州政府与企业签订长期购电合同，利用能源公共基金和发行债券来支付居高不下的购电费用；允许IOUs的批发企业从自己的电力企业购电等。这些大都是临时性措施，只能暂时缓解购电困难问题。长期的解决办法是引入促进电力发展的机制，通过改革促进有效竞争，提高加州的电力供应能力和效率。

电力改革和重组是一个复杂的系统工程，加州的电力改革为我们提供了重要的经验教训。

一是只有在拥有足够竞争者的情况下，放松价格管制才能降低价格。放开趸售价格是为了在发电企业之间展开竞争，降低成本和价格。政府限制零售价格则有保护消费者利益和保证电力企业回收一部分成本的双重目的。但是，由于竞争不充分，发电企业利用垄断地位抬高价格。因此，在放开市场价格的同时，必须放松市场进入限制，保证市场竞争的有效性。

二是打破地区的限制。在网络产业，网络的容量是限制竞争的一个重要瓶颈。在分割的局域网络市场上，因缺乏充分竞争，放松管制可能会导致垄断定价，损害消费者的利益。如，1999年6月加州政府放开圣迭戈天然气和电力公司的零售价格后，其电价提高了3倍，消费者发出抱怨，政府不得不再次控制其价格。保证供应能力有两种措施：一种是打破电网的地区分割，形成跨州甚至更大范围的电网联系，促进资源在地区间流动；另一种是放松本地市场的进入管制，允许新的进入者。比较两种方式，扩大电网范围的方法更有利于资源的有效配置。加州缺乏便宜的水电，主要靠天然气发电，价格较贵，而其他地区的发电成本低于加州，利用外州资源有利于更大范围的资源优化配置。最终采取哪种方式，要靠技术经济分析来决定。

三是减少实质上的利益一体化，削弱企业垄断力量。通过CAISO实现IOUs的发电与输电功能分离取得了较好效果，主要原因是由一个独立的电网调度员运行和管理电网。而利用PX实现发电和批发销售功能分离的效果不佳，主要是因为IOUs既是卖主，又是买主，在没有足够的竞争压力下，关联公司之间不会去主动压价。因此，只有在充分竞争的情况下，PX才会有较好的效果。

四是建立鼓励投资者进入的机制。从改革的角度出发，长期合同可能减少竞争，影响提高效率。但从实际情况来看，长期合同不仅可以分散企业经营风险，稳定价格，还可以增强投资者回收投资的信心。因此，应该允许保留一部分长期稳定的合同。特别是在产业扩张阶段，长期合同有利于促进新的进入者，增强市场竞争性。是否签订长期合同，应该由供求双方决定，而不是由政府禁止。电力投资规模大、建设周期长，企业避免风险有两种途径：一种是通过一体化经营，实行企业内部补贴，但是可能出现不平等竞争和垄断；另一种是通过一部分长期合同保证稳定收入，但会削弱短期竞争。一体化经营与长期合同相比，长期合同更接近于市场机制。因此，可以实行两种交易：通过长期合同保证有效率的电站企业的基本稳定收入；波动的那部分可以通过现货市场来调节。

五是在竞争不充分的情况下，公共基础设施领域需要政府规制。在自然垄断环节需要政府规制，这一点已经达成共识。对于非完全竞争的公共基础设施领域是否要有一定的规制，意见不同。由于发电企业的规模效益比较明显，大规模的电力企业效率比较高，具有竞争优势。在有足够的供应能力和竞争的情况下，这些大企业可以发挥竞争优势，降低价格；但是在没有形成有效竞争时，这些企业则可能形成垄断力量。因此，政府应该采取反垄断和价格规制等措施，削弱其垄断力量。

政府规制要在稳定与效率之间进行选择，既要保护消费者利益，又要保证企业的权利。首先，价格规制要能够反映供求关系，零售价格和批发价格的变化应该尽量同步。其次，价格要能够反映成本，允许经营者经过努力而营利，以鼓励投资者。如，价格上限模式（即价格等于基础价格加上生产资料价格指数减去给定生产率指数）既能反映成本变化又能体现效率原则。

参考文献

[1] 黄玮：《从加利福尼亚电力危机看美国电力工业现状》，《2001 年美国科技情况反映》第 3 期。

[2] 美国能源部能源信息管理局（EIA）："California's Electricity Situation - briefing for the Staff of the U. S. House of Representatives", Feb. 9, 2001。

[3] Daniel Weintraub: "Are California Utilities Victims or Bandits in Suits", Bee Column, SACBEE NEWS, Feb 20, 2001.

制定和实施限制滥用知识产权的反垄断措施*

提到知识产权制度，人们首先想到如何保护知识产权。实际上，还存在着如何限制滥用知识产权的问题。如，专利制度的实质是在授予创新者或知识产权所有者阶段性排他权利的同时，要求其公开技术，使更多的人能够使用创新技术，促进社会技术进步。但是，有些企业以保护知识产权为名，采取反竞争的手段独占市场，形成垄断，超出了知识产权制度的保护范围。结果，侵害了广大消费者的利益，阻碍社会技术创新，违背了知识产权制度鼓励创新和推动技术进步的基本原则。因此，限制滥用知识产权是知识产权制度的重要组成部分。

随着经济全球化和贸易自由化趋势的加强，知识产权已经成为产业竞争的重要工具。进入 WTO 以后，我国的市场更加对外开放，一些外国公司正在利用其知识产权优势，采取各种方式抢占和垄断我国市场，阻碍我国制造产品出口。但是，我国没有反垄断法等符合市场经济的办法制约滥用知识产权侵害国家、企业和消费者利益的行为，在竞争中处于被动局面，迫切需要相应的法律法规约束滥用知识产权的垄断行为。

一、WTO 协议中关于限制滥用知识产权的规则

《与贸易有关的知识产权协议》（简称“TRIPs”）提出知识产权保护的

---

* 作者吕薇，林平，本文发表于《国务院发展研究中心调查研究报告择要》2003 年第 75 号，2003 年 7 月 13 日。

目标是："保护和实施知识产权应当有助于技术创新、技术转让和扩散，增进社会福利，维护技术知识的创造者和使用者的共同利益，实现权利和义务的平衡。"TRIPs 在强调保护创新者利益的同时，明确提出成员方可以在 TRIPs 规定的范围内，采取适当的措施限制滥用知识产权。虽然 TRIPs 协议没有详细罗列反竞争的滥用知识产权行为，但指出了技术许可中存在的主要反竞争行为。如，要求以许可技术为基础的再创新成果的优先权；为防止有效期以外的竞争，采取强制性一揽子（或打包）许可等。

目前，WTO 还没有就反垄断问题达成协议，各成员方根据国内反垄断法处理滥用知识产权的非法垄断问题，一些发达的市场经济国家制定了限制滥用知识产权的专门法规。

二、国际上与保护知识产权有关的反垄断措施

（一）制定专门的保护知识产权的反垄断法规

滥用知识产权的垄断行为具有一定的特殊性。尽管美国、日本和欧洲等有比较完善的反垄断法（或促进竞争法），但还是专门制定了限制在技术交易中滥用知识产权的反垄断法律法规。如，美国联邦贸易委员会和司法部联合发布《知识产权许可的反垄断指南》，欧共体委员会制定了《技术转让规章》，日本制定了《专利和技术秘密许可中的反垄断指南》。

（二）限制技术许可中滥用知识产权的垄断

限制滥用知识产权的反垄断法规从维护知识产权公平竞争出发，重点防止技术许可过程中的反竞争行为，以促进技术进步和保护消费者利益。各国法律中定义的滥用知识产权的垄断行为主要包括：限制性许可，限制被许可人的创新活动，限制横向竞争，限制被许可人的经营范围和竞争，限制使用过期专利，限制许可专利的使用等。如，美国司法部在处理微软垄断案时，并没有因为其市场份额大而拆分微软公司，而是针对微软公司强迫计算机制造商购买带有新功能的视窗操作系统的排他性限制合同条款，以及在浏览器上显示微软的商标标识等妨碍竞争的非法行为，判定其违反反垄断法。

（三）限制恶意闲置专利，促进技术利用

闲置专利有两种：一种是专利本身没有商业价值，不能形成消费者所需要的产品，或是社会上已有更先进的专利技术或产品。另一种是恶意闲置专利。专利所有者注册或收购专利的目的是为了防止别人获得和使用类似专利，以阻止竞争对手。反垄断法主要限制恶意闲置专利。

根据国际经验，处理恶意闲置专利的措施主要有两类。一是利用反垄断法处置闲置专利。在美国和其他一些发达的工业化国家，以收购方式获取他人专利技术和商标，并使之闲置起来的做法可能被判为违反反垄断法（或促进竞争法）。二是对防止闲置专利实行强制许可。不少国家的专利法中明确禁止闲置专利，并设有强制许可的规定。

TRIPs 协议允许各成员方政府在两种情况下实行强制许可。首先，在国家处于紧急状况下实施强制许可。其次，如果有用户向专利所有者提出使用专利的申请，并愿意支付合理的报酬，却长期得不到许可。在实施强制许可时，成员方必须遵守三个条件：一是付给专利所有者合理的报酬；二是实施专利的主要目的是满足国内市场需求，而不是用来出口；三是专利技术的使用只限于必要的范围和期限内。实际上，一个国家很难在较大范围内实行强制许可，通常只能对极少数专利进行强制许可。如非洲国家对艾滋病药物实施强制许可。

还有一些国家出于公共目标，促进一些权利人未用的闲置专利的转让和实施。日本政府为了支持中小企业技术进步，曾要求国内一些大公司向小企业无偿转让闲置专利。

（四）利用反垄断法补充知识产权法律

根据美国的版权保护法，不能要求软件版权所有者公布其软件源代码。但是，为了实现软件兼容，与微软合作的企业微软要求公开部分源代码，保证接口程序兼容，并就此提出诉讼。美国司法部在协调时，认可了合作企业的要求，把公开接口源代码作为限制微软垄断的措施之一。

三、关于实施防止滥用知识产权的反垄断措施的建议

目前，我国尚未出台反垄断法，知识产权法律中也没有可操作的反垄断

措施。一方面，法律法规不健全。与保护知识产权有关的反垄断条款分散在合同法、专利法、反不正当竞争法、技术进出口管理条例等不同的法律和行政规定中，缺乏可操作性和完整性。例如，《技术进出口管理条例》中涉及了跨国技术转移中的部分垄断行为，适用面较窄，缺少惩罚措施，不能满足实际需要。另一方面，执行主体以行政执法为主，执法部门分散。如，《反不正当竞争法》的执法主体多元化，各部门执法力度不同；知识产权行政执法由各地区的行政管理机构负责，存在地区执法差别和地方保护现象等等。

在激烈的国际竞争中，一些发达国家越来越多地利用知识产权绝对优势保护自己的利益，限制发展中国家的利益。因此，我们要在加强知识产权保护的同时，尽快制定防止滥用知识产权的反垄断法律法规，在合理保护知识产权所有者利益的基础上，维护国内消费者和生产企业的合法利益。

（一）制定统一适用的限制滥用知识产权的反垄断法律法规

首先，借鉴美国、日本和欧洲一些国家的经验，制定专门的反垄断指南，或在专利法中增加可操作的限制滥用知识产权的条款。我国是发展中国家，技术来源以引进技术为主，应把反垄断重点放在防止技术转让中滥用知识产权的垄断行为。其次，细化和补充现行专利法中有关强制许可的规定，形成可操作的措施。其重点是，采取必要措施抑制恶意闲置专利，禁止通过恶意收购竞争者专利技术和商标的方式限制竞争。在未来的反垄断法中应加入防止滥用知识产权的内容。

（二）加强反不正当竞争法对保护知识产权的作用

一方面，要加大反不正当竞争法对商品标识权、商业秘密和商业信誉权的保护范围和保护力度；另一方面，利用反不正当竞争法限制利用知识产权进行价格共谋、非法排挤竞争对手，以及强行搭售等非法垄断行为。

（三）建立相对独立的执法队伍

为了保证执法的公平和公正性，需要相对独立的执法队伍，并统一执法解释和监督。根据市场经济国家的经验，反垄断执法分为两个层次：司法部门和准司法部门。在美国，除了司法部门受理反垄断案件外，联邦贸易委员会也负责调查和处理部分垄断案。我国反垄断法还未出台，相应的执法体系还未建立。由于知识产权垄断行为主要发生在技术贸易中，可以责成负责国内外贸易的商务部统一执行与保护知识产权有关的反垄断法规。从长远来看，应借鉴国际经验，建立专门的准司法机构负责反垄断执法。

（四）抓紧人才培训

限制滥用知识产权的执法需要既具备知识产权方面的知识，又有反垄断知识的复合型人才。我国在这两方面的理论和实践都比较薄弱，人才短缺。因此，要提前进行人才培训，尽早为实施相关法律培养执法队伍。

以信用信息服务体系为突破口建设区域信用体系*

信用制度是市场经济的基础，进入 WTO 后，我们面临的最大挑战之一是信用体系不健全。

一、信用信息服务体系是信用体系的重要组成部分

（一）法律体系是信用制度的基础，信用信息体系是必要条件

信用体系包括4个基本体系。一是信用法律体系，其中包括立法和执法两部分。与信用有关的法律及执法体系是信用制度的基础，是人们遵循信用的行为准则和规范。法律的目的和作用是增加违约成本，限制违约行为。只有当违约成本大大高于违约收益时，人们才会选择遵守合约。二是信用交易体系，包括各种信用交易活动主体和交易规则。三是征信体系，主要是信用信息披露和信用评估，属于社会监督的范围。信用是建立在相互了解的基础上，只有充分了解有关信息，才可能建立信用关系。信用信息的披露和查询制度可以对行为主体起到事先约束作用，促进人们提高信用意识。但是，由于个人或单个企业征集信用信息的成本太高，为了提高信息收集和利用效率，需要专业机构来征集信用信息，进行信用评估。四是增信体系，通过第三者来提升企业和个人的信用。如，担保、抵押、保险等等。在这四个体系中，法律体系是基础，信用信息体系是必要条件，信用交易体系是主体，增

* 本文发表于《国务院发展研究中心调查研究报告》2002年第175号，2002年11月19日。

信体系是补充。

（二）美国征信体系的基本特征

市场经济国家经过上百年的时间在竞争中建立和形成了信用信息服务体系。信用信息服务基本上实行商业化运作，先有竞争，后有兼并集中；先有服务，后有法律规范。美国是信用信息服务体系最发达的国家之一，其征信体系分为个人征信和商业征信两部分。

1. 个人征信体系。个人征信体系是收集消费者历史信用记录，主要服务于个人信用消费、就业等。授信者根据信用报告来判断某个潜在的用户是否有良好的信誉，如，银行在提供个人消费信贷、购房贷款以及企业雇佣员工时都可以查询个人信用报告。美国有三家全国性的信用局从事个人征信服务，还有一些小型的个人信用调查机构。信用局以提供个人标准信用信息为主，其他公司大都是在信用局的信息基础上进行深入调查，也有一些是信用局的分销商。美国制定了专门规范个人征信活动的法律，如《公平信用报告法》、《平等信用机会法》等。这些法律主要从信息的收集及其应用程序与范围、保护个人隐私与消费者权利、公平授信及处罚办法等方面作出明确规定。

2. 企业征信体系。美国的企业征信体系分为两大类：一类是提供企业信用信息服务，供社会查询；另一类是提供专业资信评级服务。

（1）提供企业信用信息服务。企业信用信息主要来源于受信者、公共信息和企业自愿提供。企业信用信息查询服务有两种：一是提供标准信息，主要包括企业识别信息、企业基本概况、管理层信息、与银行的往来记录、与客户的往来记录、关联公司的情况、财务数据和公共记录。企业的公共信用记录主要指法院、税务机关、海关等政府部门掌握的企业记录，包括破产、纳税、经济纠纷的判决等。一些大型征信机构与政府有关部门签订长期协议，以便及时获得有关企业的公共信息。二是提供非标准信息，主要是根据用户的需求进行深入调查，并进行评估。美国有许多从事企业信用调查的专业机构，如，最大的邓白氏公司的数据库中收集了来自世界5700万家企业的信息档案。美国政府采购时要求参与投标的企业提供其在邓白氏公司的企业号码，以便了解企业的信用记录。

（2）提供专业资信评级服务。如，国际上最大的评级公司标准普尔和穆迪公司，专门对发行债券、股票上市的企业，以及一些大型金融机构等进行信用评级。

美国没有专门的商业征信法律，商业征信活动主要依据公司法、反垄断法等已有相关法律；政府公共信息的披露和使用遵循专门的法律；其余商业信息收集和披露则本着企业自愿的原则。

美国有专门的法律来规范政府信息披露，鼓励使用政府信息。如，美国“宪法第一修正案”规定政府机构不得以任何形式限制公众对政府信息的使用；“版权法”规定版权保护不适用于政府的文件、报告等；1967 年通过的“信息自由法案”（Freedom of Information Act）建立了美国政府信息公开制度，规定了可以公开的政府信息范围，并对政府机构的信息收费标准作了原则性规定。1995 年，美国通过了“精简公文法”，其目标是防止信息垄断，禁止政府机构从事信息的商业性开发等。

在美国，信用信息的使用基本是市场化的，实行用户自愿的原则，但在某些领域需要实行强制性征信。如，美国政府采购项目要求投标企业提供邓白氏公司的企业号，以便考核其信用情况；政府采购需要财政部指定的担保机构为投标企业提供信用担保等等。还有一些行业性惯例要求征信和信用担保，如，国际建筑工程师协会要求所有的大型工程承包都要有专门机构的信用担保等。

二、从需求出发，以区域信用信息服务体系带动信用体系的建设

市场经济国家在长期的市场经济过程中，逐步建立了企业和个人征信体系，对提高社会信用发挥了积极作用。我国正在从计划经济向市场经济过渡，加快市场经济体系形成，迫切需要建立征信体系。

（一）我国信用信息体系存在的主要问题

目前，除了法律体系不完善、惩罚力度不够、信用观念不强、有法不依和执法不严以外，我国信用体系面临的一个重要问题是信息不对称，缺乏信用信息。由于缺乏信用信息，交易成本过高，失信的企业得不到应有的惩罚，扰乱市场秩序。

我国信用信息分散，缺乏信用信息收集和披露制度。一是政府和司法部

门的信息不公开，分散在各个部门。如，工商局掌握企业法人及其注册资本和年检信息；公安和法院系统掌握个人犯罪记录和合同纠纷判决等情况；税务部门掌握企业和个人纳税情况等等。有些政府部门利用这些信息作为创收的资本。二是授信主体的信用信息分散，缺乏一个交流和共享的机制。有些部门为了自己的利益不愿意公开相关人的信息。如，有的银行不愿意将不还钱的企业名单透露给别人，希望这些企业能够从别人那里借钱来还自己的账。三是缺乏有关信用信息收集、披露的法律。我国征信业还处于发展初期，数量少，行为不够规范。四是缺乏信用观念，信用信息的市场需求相对不足。

我国征信体系建设不能靠其自发发展，需要政府推动。目前上海、北京、浙江富阳、汕头等几个区域性的信用信息服务系统无一不是在地方政府推动下建立起来的。

（二）从建立区域信用信息体系入手，以点带面逐步建立全国的信用信息服务体系

信誉是个人、企业和地区的重要无形资产，信用体系是地区市场经济的公共平台。一个地区的信誉程度高，整个地区的企业都受益。反过来，如果一个地区的信誉低，整个地区的企业都将受到影响。比如，在20世纪80年代，温州有些企业生产劣质鞋，结果温州鞋成为假冒伪劣产品的代名词。后来，温州人为了消除这一影响，付出了很大的努力，现在温州鞋业已经走向世界。由此可见，树立地区的信誉品牌，对整个地区经济和企业发展至关重要；一个地区的信誉要靠政府、企业和个人的信誉来建立和维护。

信用信息披露制度具有社会监督作用，建立信用信息服务体系有利于提高个人和企业的信用观念。当信用信息体系建立起来以后，如果你的信息不入网，人家查不到你的信用信息，很可能就不跟你做生意了；如果你有不好的信用记录，别人也不敢与你打交道了。因此，建立信用信息服务体系可以提升地区内企业的整体商誉。对一个区域来说，区域的信用信息体系建立起来了，容易查询信用信息，人家就愿意与这个地区的企业进行交易。

由于我国地区经济社会发展不平衡，加上许多有关企业或个人的信用信息掌握在地方政府手中，因此，应从建立地区信用信息服务体系开始，逐步建立全国性的信用信息服务体系；通过局部地区试点，不断总结经验，完善法律和规章，然后在全国推广。

（三）分层次建立信用信息体系

社会信用是由个人、企业和政府信用组合而成的，区域信誉体系的特点是以个人信用为基础，企业信用为主体。因此，征信服务体系分为个人征信和企业征信两个基本部分。

个人信用信息以标准信息为主，主要用于个人消费信贷、就业等各方面。建立个人征信系统，不仅对发展和规范个人信用消费有积极作用。对创业的中小企业来说，业主和主要管理人员的信用非常重要。目前，建立个人征信体系的难点是个人信用信息过于分散，信息征集难度大；个人消费信用不发达，需求较弱。因此，个人信用信息的建立与地区个人消费信用活动发展程度有关。

企业征信体系有三个层次。一是整合政府信息，建立公共信息系统。公共信息系统以披露企业基本情况和不良行为为主，可由工商、税务、质量检查、打假、公安和法院等部门联合建立公共信用信息平台。政府公共信息系统是非营利性的，其使用基本不受限制。

公共信息披露有两种渠道：一种是政府部门直接披露；另一种是允许商业性机构以公共信息为基础，在竞争的前提下进行增值服务。目前，在专业信用信息服务机构不发达的情况下，各地可以先建立公共信息披露系统。

二是建立商业性企业标准信用信息服务体系。企业标准信用信息系统以客观反映企业的信用信息为主，其中主要包括企业识别信息、企业基本情况、主要管理人情况、企业财务状况、银行债务情况以及公共信息等。由商业性机构进行收费服务。

三是企业资信评级体系。资信评级是根据特定用户需求或特定用途，对企业进行深入的调查分析，最终给出信用评估。

在这三个系统中，公共信用信息、标准信用信息系统具有客观性和普遍适用性，有利于增加社会监督。而资信评级的行业特点强一些，具有一定的主观性。

在经济社会发展的不同阶段，国家信用管理的重点不同。目前，我国正处于建立信用环境，树立全民信用观念的时期。近期，信用信息服务体系的重点应放在失信和违约信息的披露，以及提供标准信息查询等方面。从长远角度来看，应建立以商业性征信机构为主、政府基本信用信息为辅的信用信息服务体系。在商业征信市场发展初期，应以政府公共信息为基础，推动企业标准信用信息服务体系的建立。可以先从建立公共信息查询系统入手，逐步发展商业性的企业标准信息服务体系。

（四）根据需求建立征信体系

由于我国地区经济和市场环境发展不平衡，不可能短期内在全国范围内建立统一的信用信息服务体系。各地应根据本地企业、经济和社会发展的需要，开展建立信用信息服务体系的试点。

目前，国内有些地方已经根据实际需要开始信用信息服务试点。如，上海的个人征信体系已经建立了有240万个消费者的个人信用信息库。为了防范金融风险，提升金融中心的地位，上海银行系统建立了系统共享的“企业黑名单”。为了促进企业提高信用意识，加强社会监督，北京工商局开通以披露企业不良信息为主的红盾315信息网站；为了树立中关村品牌，中关村科技园区成立企业信用信息服务中心，收录8000多家企业的信用信息，向专业征信公司开放。前些年，汕头市一些企业不讲信用，影响了汕头地区的形象，为了推动汕头工业强市和吸引外资，汕头市政府推动建立企业信用信息系统，系统开通的当天就有10万人次访问。又如，浙江富阳市早在2000年就建立了企业合同执行情况信息网，但由于该网的信息不能满足社会需求，又建立了工商企业信用信息资料库。

三、加强信用信息服务体系的管理

（一）制定政府公共信息披露法，保证公共信息可获得性

政府和司法部门掌握的公共信息是信用信息的重要组成部分，应由社会共享。我国的信用信息服务业还处于萌芽期，加上许多有用信息掌握在各级政府，尤其是地方政府部门手中，一些基础数据库的建立还需要政府推动。因此，应从制定开放政府公共信息的法规和制度入手，促进政府信息公开化。

政府信息不能用于以营利为目的的商业性开发，政府信息机构不能参与市场竞争。在市场经济国家，政府一般不直接提供征信服务，而是由专业机

构进行，政府部门提供公共信息时只收取查询和提供的基本费用。目前，我国的专业征信体系还未建立起来，可以由掌握公共信息的政府部门委托专业机构提供公共信用信息服务。如，北京的红盾315企业信用信息网站就是专业网络服务机构与政府签订服务合同。应允许专业征信机构在政府公共信息的基础上开展增值服务，但要防止公共信息被少数商业性机构垄断。

（二）制定征信业法规和管理办法，实行分类管理

信用信息服务业的法律和规章是从确保数据的真实性、客观性、公正性，以及维护个人或企业的知情权和合法权利出发，规范征信机构的设立和职能，以及信息收集、使用、传播程序和方式等。如，美国有关个人信用信息的法律《公平信用报告法》，对收集、查询和使用个人信用报告的有关程序、公平收费和保护个人隐私等方面都作了明确规定。我国在进行信用信息服务管理时，应注意以下问题。

1. 制定有关征信业的法律，规范商业性征信机构运作程序。征信机构的管理规范重点是确保信息真实性、公正性和客观性，以及保护个人隐私等，制定对信用信息的获取、查询和使用程序和范围等。我国征信行业的管理和规范还要注意防止提供虚假信息。

2. 引入竞争机制。在市场经济国家，个人和企业征信都是商业化运作，并通过竞争保证信息质量，培育征信机构的信誉。征信行业竞争不同于其他行业，不是价格竞争，而是信息的准确性、真实性和客观性的竞争。在发展商业征信体系时，既要防止价格竞争造成虚假信用信息，又要防止少数信用机构垄断信息。因此，要适度引入竞争。从国际经验来看，有些行业惯例是属于用户为了保证信息的准确性和评价的客观性而提出的要求，如，为了防止弄虚作假，需要互相验证信息，个人信贷机构通常至少需要两家以上的征信机构出具个人信用报告。

3. 发挥征信服务机构协会等行业自律组织的作用。在美国，征信服务机构协会等行业自律组织对规范征信市场发挥了重要作用。行业协会主要在行业定价、保证信息真实性和准确性，以及保证非公共信息合理使用和传播等方面发挥较大作用。

4. 根据不同的征信对象和信息来源，实行差别管理。一是个人征信与企业征信管理不同。如，消费者个人的自我保护能力较差，个人征信会涉及个人隐私；而企业有一定的手段来保护商业秘密。因此，国外的通常做法

是，对个人征信机构的运作程序管理严格一些，而针对商业征信机构的法律规范则少一些。

二是公共信息和非公共信息的收集和传播范围不同。政府公共信息的使用和传播一般不受限制，而非公共信息只能有选择地传播。公共信息服务是非营利性的，收费标准受到管制；而非公共信息服务具有营利性。

三是标准信用信息服务和评级服务的管理不同。标准信用信息具有固定的格式和标准，要求具有客观性，使用面相对宽一些，具有一定的法定性；而企业信用评级具有主观性，属于个性化服务。因此，法律上对标准信息服务的管理应相对严格。尽管信用报告都是收费的，但法定标准信用报告的收费上限通常是受限制的。如，美国的信用局是法定的提供个人信用信息的机构，其标准个人信用报告的价格上限受法律约束。我国征信业处于发展初期，应主要制定个人和企业标准信用信息服务业的管理办法。非标准的差别化信用信息服务属于个人和企业间的自愿行为，不需政府干预。

四是征信体系不同于授信行业的内部评价体系。银行、保险、担保等重点授信行业的业务特点不同，风险控制目标不同，有一套体现各自特点的评价分析程序。征信体系提供的是通用信用信息，不能代替金融、保险等行业内部审查评价。

（三）自愿与强制相结合，推动信用服务体系的建设

一般来说，企业与个人是本着自愿的原则进入征信体系的。如，在征集信息时通常要获得个人和企业的同意，查询信息时需要当事人的授权。但实际上，在信用社会中，不进入征信体系的个人和企业没有信用记录，就无法进行市场交易和受信，就可能会损失很多机会。因此，形成一个公开、公平的信用信息网络后，企业和个人就会主动要求进入这个网络，无需强制进入。

有一些信用信息不需要个人或企业同意，可以在一定范围内进行披露和共享。如，政府和司法部门的纳税记录、犯罪记录等公共信息应是可供查询的。

为了推动信用体系的建立，可以在特定领域和环节实行强制性征信。如，政府采购应要求查询参加竞标企业的信用信息；政府实施资助和扶持计划时应查寻申请者的信用信息资料等。政府作为征信报告的用户，可以选择提供信用报告的征信机构，但一定要保证征信机构的独立性，以防止行政指

令性征信，造成利用征信寻租。

（四）把建立信用激励和惩罚机制与征信体系结合起来

建立征信体系的最终目的是通过信用信息披露，使人们了解企业和个人的信用，营造没有信用就无法生存的社会氛围。一方面，失信行为靠法律惩罚，使其失信成本大于所得；另一方面，要靠信用信息披露，增加社会监督力度，促进企业和个人自觉遵守信用。法律是事后惩罚，信用信息是事先约束。建立信用激励和惩罚机制，首先要从政府做起，要提高政策的稳定性和政府信用，要加大对失信企业的惩罚力度，鼓励守信企业，在信用面前各种所有制企业一视同仁。